지오프리 블레이니의

평화와 전쟁

지오프리 블레이니의

평화와 전쟁

지오프리 블레이니 지음 / 이웅현 옮김

 리북

지오프리 블레이니의
평화와 전쟁

초판발행일 / 1999년 10월 10일
2판발행일 / 2004년 5월 20일

지은이 / 지오프리 블레이니
옮긴이 / 이웅현
펴낸이 / 이재호
펴낸곳 / 도서출판 리북
등 록 / 1995년 12월 20일 제13-663
주 소 / 서울시 영등포구 양평동4가 190
　　　　신한하이빌 402호
전 화 / 02-2068-6435   팩 스 / 02-2068-6752
정 가 / 15,000원

ISBN 89-87315-58-4   03340

　지오프리 블레이니(Geoffrey Blainey)는 우리에게 그다지 알려져 있지는 않지만 영어권 역사학계에서는 그 학문적 권위를 인정받는 오스트레일리아의 경제사학자이다. 블레이니는 다양한 분야의 탁월한 수많은 저작으로도 유명하지만 적어도 이 책을 가지고 판단한다면 그는 기존의 전쟁이론들을 증거를 가지고 비판, 검토하는 전통주의와 실증주의적 테크닉을 겸비한 역사가인 동시에 국제정치에 있어서의 냉철한 힘의 계산을 강조하는 현실주의자이다.

　그가 복잡하게 보이는 지적인 프로세스를 통해서 전달하려고 하는 결론적인 메시지는 크게 두 가지이다. 하나는 국제관계에 있어서 국가의 지도자는 자국이 처하고 있는 현실 속에서 자국의 국력에 관한 객관적인 평가를 해야 한다는 점이다. 즉 국제평화를 위해서는 국가 스스로가 처한 현실과 처지, 도전이 가능한 때와 후퇴해야 할 때를 정확하게 알아야 한다는 것이다. 다른 하나는 평화를 원한다면 전쟁을 이해하라는 점이다. 전쟁과 평화는 동전의 양면과 같은 것이어서 어느 한 테마를 유리시켜 연구하는 것은 전쟁 혹은 평화의 본질을 이해하는 데 원천적인 장애로 작용한다는 것이다. 흔히 인용되는 베게티우스의 경구 "평화를 원하거든 전쟁을 준비하라"(*Qui desiderat pacem, praeparet bellum*)는 명제를 빌어 표현하자면 블레이니는 "평화를 원하거든 전쟁을 이해하라"(*Qui desiderat pacem, comprhendet bellum*)고 말하고 있는 것이다.

　'전쟁과 평화'에 관심이 있다고 해서 반드시 이 주제에 관한 골치 아픈 연구서들을 읽어낼 수 있는 인내심과 지적 능력을 지니고 있지는 않을 것이다 가벼운 마음으로 톨스토이나 레마르크를 읽으며 전쟁의 히상과 평화의 환상을 그려보는 것으로는 어쩐지 허전하다고 느끼는 사람도 있을 것이다. 서로 다른 장르의 작품을 분석의 과학성과 서술의 문학성이라는 기준을 가지고 비교할 수는 없지만 단지 가독성(可讀性)이라는 면에서는 무게와 깊이에 있어서 양자의 중간 정도에 위치하는 적당한 작품이 바로 지오프리 블레이니의 이 책이라고 할 수 있다. 진리를 밝혀내겠다는 호전적인 자세와 감정을 잡아보겠다는 낭만적인 태도 사이의 어중간한 마음가짐만으로도 충분히 흥미롭게 읽을 수 있다는 것이다. 진리는 본래 모호한 것일지도 모르고 전쟁과 평화의 본질도 어쩌면 어정쩡한 것일 수 있지 않은가?

본서는 역자가 국내에서 대학원 박사과정에 재학 중이던 1987년 가을 학기에 수강한 고려대학교 강성학 교수의 『전쟁론』 세미나에서 리처드 포크와 새뮤얼 킴(Richard A. Falk and Samuel S. Kim, eds., *The War System: An Interdisciplinary Approach*, Boulder: Westview Press, 1980)이나 그레이엄 앨리슨(Graham T. Allison, Albert Canesale, and Joseph S. Nye, eds., *Hawks, Doves, and Owls: An Agenda for Avoiding Nuclear War*, New York: W. W. Norton & Co., 1985)의 딱딱한 저작 등과 함께 텍스트로 소개된 것(Geoffrey Blainey, *The Causes of War*, Macmillan Press Limited, London, 1973)을 읽으면서 재미있는 스타일에 매료되어 번역해 두었던 것이다. 단지 흥미로운 서술방식에 매력을 느껴 번역했던 것이고 특별히 출판을 위해서 번역한 것이 아니었기 때문에 그 후 학위과정을 수료하고 늦은 유학을 시작하면서 10년이라는 세월이 흐르는 동안 번역해 두었다는 사실조차 잊고 지내왔던 것이다.

유학시절 기분전환 삼아 손을 댄 프레드릭 포사이스와 탐 클랜시 등에 빠져 있을 때 추리소설의 스타일로 씌어진 전쟁연구서가 있었다는 데 생각이 미쳤고, 서가 한 구석에 처박혀 있던 2천여 매에 가까운 원고를 찾아내어 워드 프로세서로 옮기는 작업을 해 두었던 것이다. 번역 후 벌써 12년이라는 세월이 흘렀고, 따라서 역자 개인으로 보아서는 사회과학이나 영어에 관한 한 어느 정도의 지식의 폭과 깊이가 더해졌을 것이다.

물론 지금 다시 번역을 한다고 해서 10여 년 전의 번역보다 더 나아지리라는 보장은 없지만 좀더 올바른 이해와 정확성을 기하기 위해서 원본과 번역문을 다시 한 번 대조하여 수정하는 작업을 거치지 않을 수 없었다.

역자는 여러 가지 외국어에 관심을 갖고 초보적인 수준에서 공부한 적은 있지만 특히 영어에 관해서는 정규 학교과정에서 요구하는 것 이외에는 별달리 특별한 과정을 통해서 공부한 적이 없다. 영어권 국가에서의 흔해 빠진 유학이나 여행경험도 전무하다. 따라서 영어로 된 책을 번역하고 더욱이 출판까지 한다는 것은 주제넘은 짓일지도 모른다. 그러나 영어를 매개로 해서 사회과학을 공부하기 시작한 지 이미 십 수년이 지났고, 또 그 사이에 수많은 영어 및 기타 외국어 문헌의 번역작업을 경험한 사회과학도로서, 아무리 흥미를 느껴서 번역한 것이라고는 해도 양서(良書)의 번역원고를 10년 이상이나 잠재워 두는 것은 나태와 태만의 소치가 될 것이라는 생각이 들었다. 스스로의 태만을 자책하기보다는 주제넘은(?) 일을 해보는 것이 오히려 개인의 인생에 있어서는 의미 있는 일이 될 수도 있다는 생각에서 용기를 내기로 했다.

역자서문이라는 볼 품 없는 지면이지만 가족에 대해 언제나 지니고 있는 애정과 고마움, 눈물 섞인 미안함의 표현을 빼놓을 수는 없다. 언제나 정의와 원칙에 대해 온몸으로 가르쳐 주시면서 어려움 속에서도 의연함을 잃지 않으시는 부모님, 짧지 않은 역자의 유학기간 내내 외로움과 그리움 속에서도 밝은 모습으로 역자를 기다려 주었고 또 여전히 침묵으로 격려해 주는 아내 현영(鉉始), 그리고 '나의 2세들'인 선미(仙美), 우평(宇枰)은 초라한 몇 마디로 감사를 대신하기에는 너무나 거대한 역자의 우주이자 존재이유이다.

세기말 1999년 10월
이 웅 현

　이 책은 1700년 이후에 발생한 국가간의 모든 전쟁에 대한 관찰을 토대로 쓰여졌다. 이 책에서 주장하고자 하는 바는 전쟁과 평화에는 우리가 그 동안 간과했던 패턴과 실마리가 발견될 수 있다는 것이다. 본서는 역사 해설서라기보다는 차라리 지적인 추리 소설에 더 가깝다고 할 수 있다. 따라서 독자들이 원한다면 이 서문은 지금 당장 읽지 않고 에필로그로 나중에 읽어도 좋을 것이다.

　전쟁을 분석한다는 것은 마치 국가들이 도대체 왜 싸움을 하는가에 대한 여러 가설들이 북적대는 경기장으로 들어서는 것과 같다. 이 경기장에는 상충하는 생각들이 평화롭게 공존하는 것처럼 보인다. 수많은 책과 논문들이 서로 자신의 해석을 내세우며 다른 해석들을 무시하기도 한다. 사실 정치학자들이나 인류학자 또는 여타의 학문연구자들보다는 역사가들이 전쟁에 관해서 더 많은 저술 활동을 해 왔는데, 이들 역사가들 사이의 대부분의 논쟁은 일반화된 이론보다는 특정 전쟁의 세부적인 원인을 중심으로 이루어졌다. 다시 말해서 전쟁에 대해 널리 알려진 일반론들이 본격적으로 논의되어 본 적이 없는 것이다. 그러한 일반론들은 우리들 마음속에 뿌리 박고 있는 인간 행태에 관한 개념들과 상충하거나 혹은 합치하기 때문에 본능적으로 거부되거나 아니면 수용되는 것이 보통이다. 그러나 전쟁에 관한 부적절한 설명들을 그냥 지나쳐 버린다면 더 탁월한 설명들을 모색하는 데 실패할 수밖에 없다. 이 책의 한 가지 목적은 상호 모순되는 전쟁 이론들을 서로 대조하여 그 설득력을 비교하거나 적어도 역사적인 증거들과 함께 검토해 보려는 데 있다. 상처받거나 소멸되어 가는 듯한 이론들 중에는 필자에게 확신을 심어 주었던 것들도 있었다.

제1부에서는 평화에 대한 유명한 설명들의 약점을 지적할 것이다. 제2부에서는 싸울 것인가 싸우지 않을 것인가 하는 국가적인 결정을 좌우하는 데 뚜렷하게 작용하는 요인들을 검토할 것이다. 그리고 그러한 요인들의 전반적인 영향력이 '세력균형과 전쟁'이라고 명명된 장에서 요약될 것이다. 제3부에서는 찬양이나 비난 또는 당파성이 어떻게 잘못된 전쟁 이론을 도출하는가 하는 점을 논의할 것이다. 왜냐하면 어느 한 국가나 또는 국가 내의 어느 한 집단만이 각각의 전쟁에 대한 책임을 뒤집어써야 한다는 것은 거의 도그마와 다르지 않기 때문이다. 그러한 도그마는 베트남 전쟁의 원인에 관한 빈곤한 국제적 논쟁에도 반영되어 있다. 전쟁과 평화는 교호적인 관계의 여러 국면이며, 상호 경쟁하는 국가들은 그 관계 속에서 불가분의 한 쌍으로 인식되어져야 한다. 그러한 상호관계를 깨닫게 되면 가장 영향력 있는 몇몇 전쟁 이론들과 과거의 전쟁들에 대한 가장 인기 있던 이미지들이 빛을 잃게 될 것이다. 예를 들어 진주만 공격에 대한 미국식의 해석, 전쟁의 주모자로서의 자본주의에 대한 러시아인들의 비판적 강조, 그리고 핵무기 출현 이후 관심을 끌어 왔던 우연이나 사고에 의한 우발 전쟁(accidental war)의 이론들이 퇴색해져 갈 것이다.

책의 마지막 부분인 제4부에서는 '전쟁의 다양성'에 관한 여러 의문들에 대해 해답을 제시하는 시도를 할 것이다. 무엇 때문에 두 국가가 장기간에 걸쳐 다투는 숙명적인 관계로 발전하는가? 어떤 요인들 때문에 두 국가 사이의 전쟁과는 구별되는 대전이나 세계 전쟁이 유발되는가? 그리고 어떤 요인들이 전쟁을 장기전 또는 단기전으로 이끌어 가는가? 이러한 의문들에 대해서 논의한 책이나 논문들은 거의 없으며, 이 의문들을 전쟁과 평화의 원인에 대한 폭 넓은 물음들과 밀접하게 연결하여 논의한 적도 없다. 우리가 간과해 왔던, 어떤 전쟁들은 장기전이었고 어떤 전쟁들은 단기전에 그치고 말았는가 하는 의문 검토들이야말로 전쟁과 평화의 수수께끼를 풀어 가는 데 중심적인 것들이다. 어떤 전쟁은 왜 단지 한 달 동안만 지속되었는가 하는 것을 탐구하는 것은 전쟁을 종식시키는 요인들에 대해서 주의를 집중하는 것과 다르지 않다. 무엇이 전쟁을 종결짓게 하는가를 조사하는 것은 분명 평화를 초래하는 요인들을 검토하는 것이 될 것이다. 평화의 원인을 검토하다 보면 반드시 전쟁의 원인을 뒤집어 생각하게 되는 것이다. 이 책의 마지막 부분에서는 전쟁의 발발, 지속, 종결 그리고 평화 기간의 지속과 단축 등이 하나의 인과 관계의 틀로 설명할 수 있다는 래디컬한 결론이 제시될 것이다. 동일한 설명의 틀, 동일한 요소들은 전쟁과 평화의 연속선상에서 각각의 단계를 이해하는 데 매우 중요한 것들이다.

그러한 단계를 가장 극명하게 드러내는 것은 아마도 평화의 발생일 것이다. 이것이야말로 전쟁의 원인에 관한 통찰력을 시사해 준다. 얼핏 보기에 이러한 주장은 터무니없는 것처럼 보일지도 모르지만, 전쟁으로부터 평화로의 이행은 본질적으로 평화로부터 전쟁으로의 이행의 역상이라는 이야기를 달리 표현한 것에 불과하다. 무엇이 국가로 하여금 서로의 싸움을 멈추게 하는가 하는 것은, 무엇이 국가로 하여금 서로 싸움을 시작하게 하는가에 대한 설명과 반드시 관련성이 있을 것이다. 평화의 발생은 전쟁의 원인을 연구하는 사람들에 의해서 전적으로 무시되어 왔다. 그러나 오히려 이러한 상태가 왜곡적인 선전이나 감정에 덜 물든 상태에서 접근할 수 있기 때문에 평화를 분석하는 것이 더 쉽다.

이 책의 결론 중의 하나는 역사의 연구가 전쟁을 이해하는 데 본질적인 실마리를 제공해 준다는 것이다. 핵무기의 출현으로 국제관계가 철저하게 변화한 것은 아니다. 지난 250년간 각 세대의 많은 사람들은 그들 자신의 시대가 독특하고 그렇기 때문에 과거로부터 배울 것이 별로 없다고 생각해 왔지만, 그들의 신념은 잘못된 것이었음이 판명되었다. 각각의 전쟁과 그 전쟁의 세대가 유별나고 독특한 특성을 지니고 있기는 하지만 익숙한 일반적인 요인들의 영향을 받고 있기도 하다. 전쟁의 오랜 계보와 많은 평화의 시기들을 검토하면서 얻을 수 있었던 예상외의 결과 하나는 핵시대에 있어서 광범위하게 지지 받는 대부분의 관점과 주장들도 오랜 계보들 속에서 발견되었다는 사실이다. 1700년과 1971년 사이의 수많은 전쟁들에 대한 관찰을 통해서 얻을 수 있는 주요한 장점은 일반론과 가설들을 쉽게 검증할 수 있다는 데 있다. 그러나 그러한 검증은 거의 이용되지 않고 있는 실정이다. 전쟁의 원인을 연구하기 위해서 수 백만 달러를 지출하는 연구재단조차도 이론의 예증으로서 역사적인 사례들을 몽땅 낚아 올리려 하기보다는 낚시 바늘을 사용하는 데 그치고 있다.

　마지막으로 여러 개념들의 정의(definition)에 관해 한 마디 덧붙여야겠다. 이 책에서 쓰여지는 '전쟁'과 '평화'라는 말은 국가간의 전쟁과 평화를 의미한다. 내란(civil war)은 국가간의 전쟁에 영향을 미쳤을 경우에만 논의될 것이다. 그러나 경우에 따라서는 내란과 국가 간 전쟁의 구분이 모호해질 때가 있다. 1861년부터 1865년 사이에 북미 대륙에서 치러졌던 전쟁은 미국의 내란으로 알려져 있지만, 만일 이탈해 나갔던 남부 연방이 승리했더라면 그렇게 명명되지는 않았을지도 모른다. 남북 전쟁은 두 주권 국가 사이의 전쟁으로 시작되었고 각각의 주권국가가 대통령은 물론 사법부, 군대에 이르기까지 모든 정부 기구들을 갖추고 있었기 때문에 필자는 그 전쟁을 국제전으로 분류하고자 한다. 국제전과 내란을 구분하는 것이 언제나 쉬운 일은 아닌 것처럼 언제 평화가 끝나고 전쟁이 시작되는가 하는 것을 정의하기도 항상 쉽지 만은 않다. 1963년부터 1966년까지 발생했던 말레이지아와 인도네시아의 충돌은 사소한 전쟁이라고 불리울 수도 있고 아니면 평화의 교란 상태라고 불리울 수도 있다. 그러나 740명의 사망자가 발생했기 때문에 소규모의 전쟁이라고 해야 할 것이다. 다른 정의가 아닌 어떤 특정한 정의를 선호한다고 해서 필자가 주장하고자 하는 내용의 큰 줄기가 영향받지는 않을 것이라 믿는다.

　이 책에서 거론되는 지역 역시 명확하게 정의된 것은 아니다. 처음에 의두했던 대로 유럽이 전쟁에만 국한시켰더리면 보디 더 산뜻해졌을지도 모르지만 북아메리카, 중국, 일본, 그리고 많은 유럽의 식민지들을 끌어들이지 않고서는 유럽의 전쟁과 평화를 분석하는 것이 불가능했다. 이 책에서 논의된 가장 오래 된 전쟁은 1700년 스웨덴이 협해를 통해서 덴마크를 침공한 사건이며, 가장 최근의 사건으로서 언급된 전쟁은 1971년 벵갈만 북부에 대한 인도의 침공이다. 이 책에서는 이 두 전쟁 사이에 있었던 시간적으로나 공간적으로 흩어져 있기는 하지만 나름대로의 공통점을 지닌 100여 건에 가까운 전쟁들이 다루어질 것이다.

본 주제에 관한 연구 작업을 하면서 필자는 많은 사람들로부터 도움을 받았다. 이 책에서 제기된 논점들 — 더욱 중요한 것은 제기되지 않은 논점들일 것이지만 — 에 관해서 토론할 기회가 있었던 점에 대해서는 K. S. 잉글리스, F. B. 스미스, 캔버러의 워렌 레넌 중령, 멜버른대학교의 맥스 찰즈워스, J. P. 포거티, R. D. 프리먼, A. 호거트, P. 존슨, D. F. 맥케이, D. E. 케네디, J. R. 포인터, J. 레메니이, A. G. 톰슨 씨 등에게 감사드린다. 오스트레일리아 국립대학의 아서 번즈는 모든 장들을 읽고 귀중하고도 가치 있는 날카로운 비판과 함께 따뜻한 격려를 해 주었다. 또한 필자는 러시아어 문장의 즉석 번역에서부터 오스트레일리아에서는 구할 수 없는 절판된 서적들의 구입에 이르기까지 많은 어려운 작업과정에서 멜버른대학 베일류도서관의 직원들에게 신세를 졌다. 원고를 타이핑해 준 에드거 부인에게도 감사를 드린다. 뿐만 아니라 이미 『역사연구』(Historical Studies) 1971년 10월호에 그 대부분이 실렸던 제5장을 본서에 묶어서 다시 출판할 수 있도록 허락해 준 『역사연구』의 편집위원회에도 감사드린다.

1972년 2월
멜버른 대학에서
지오프리 블레이니

● 차 례

● 역자서문
● 저자서문

제 **1** 부　**평화의 미스터리**
　　제 1 장　평화에 대한 이해 / 16
　　제 2 장　맨체스터의 신조 : 자유주의자들의 평화론 / 37

제 **2** 부　**전쟁의 구조**
　　제 3 장　남가일몽 : 다가오는 전쟁에 대한 꿈과 망상 / 58
　　제 4 장　어부지리 : 제3국의 개입가능성이 전쟁에 미치는 영향 / 89
　　제 5 장　희생양 이론 : 살짝수염벌레와 희생양 / 103
　　제 6 장　전쟁의 경제학 : 전쟁자금과 경제적 충동 / 130
　　제 7 장　전쟁의 기상학 : 계절과 전쟁 / 145
　　제 8 장　세력균형과 전쟁 / 160

제 **3** 부　**보이지 않는 전쟁의 도발자들**
　　제 9 장　우발적인 전쟁 / 184
　　제10장　목적과 무기 / 210
　　제11장　고장나면 : 진주만의 신화 / 225

제4부　여러 가지 형태의 전쟁들

제12장　흑해의 오월동주 / 250
제13장　장기전 / 263
제14장　단기전 / 290
제15장　확전의 미스터리 / 321

결 론

제16장　전쟁과 평화 그리고 중립 / 342

• 참고문헌 / 348
• 색인 / 359

제1부

평화의 미스터리

제 1 장 평화에 대한 이해
제 2 장 맨체스터의 신조 : 자유주의자들의 평화론

제**1**장
평화에 대한 이해

I

전쟁의 원인에 관하여 출판된 서적들을 살펴보면 전쟁의 원인에 대해 언급된 부분이 천 페이지 정도에 달한다고 했을 때 평화의 원인에 대해 직접적으로 언급하는 부분은 단 한 페이지에도 미치지 못한다. 그렇지만 논리적으로 전쟁과 평화의 원인은 서로 맞물려 연결되어 있을 수밖에 없다. 어떻게 해서 유럽이 평화로운 상태에 있었는지에 대한 설명이 빈약하면 유럽이 전쟁 상태에 빠진 이유가 무엇인가에 대한 설명도 빈약해질 수밖에 없다. 전쟁에 대한 효과적인 진단은 평화에 대한 효과적인 진단에 반영되는 법이다.

국제 평화를 연구하면서 부딪치게 되는 한 가지 장애물이 있다면 그것은 아마도 평화가 정상적인 상태라는 널리 퍼진 가정일 것이다. 그러나 그러한 가정은 정확한 것이 아니다. 미국의 탁월한 사회학자인 피티림 소로킨(Pitirim Sorokin)은 몇몇 주요한 유럽 국가들이 전쟁으로 소모한 햇수를 계산한 적이 있다.[1] 그에 의하면 자신의 출생지 러시아가 지난 천년 동안에 계속해서 25년 동안을 평화로운 상태에서 지낸 것은 단

---

1) Pitirim A. Sorokin, *Social and Cultural Dynamics*, 3 vols. (New York, 1937), Vol. 3, pp. 351-2.

한 번뿐이었다. 러시아는 25년마다 적어도 한 번 이상의 대외적인 전쟁을 경험한 것이다. 소로킨의 계산에 의하면 러시아는 서기 901년 이래로 백 년에 46년 정도는 전쟁 상태에 있었다. '나는 항상 러시아인들만이 유별나게 호전적인 줄 알고 있었다'고 평하는 사람들에게 소로킨의 조사 내용은 그다지 위안이 되지 못한다. 소로킨의 연구에 의하면 영국은 정복왕 윌리엄(William the Conqueror) 시대이래 백 년 중에 56년 정도는 유럽의 어느 지역 심지어 열대 지방에서까지 전쟁을 하고 있었던 것이다. 스페인은 그 보다 더 많은 시간 동안 전쟁을 경험했다.2)

평화의 원인에 대한 상세한 분석이 부족한 또 다른 이유가 있다. 역사가들에게 있어서 그것은 강력한 이유가 된다. 역사가들은 대개 입수 가능한 증거에 얽매여 있다. 사건을 연구하는 데 있어서 그들은 주로 외교문서, 회고록, 신문, 팜플렛, 그리고 기타 전해져 내려오는 손으로 씌어지거나 인쇄된 문건들에 의존한다. 이러한 기록들은 정치나 군인 혹은 관찰자가 전달하고 싶어하는 의견이나 뉴스 거리가 있을 때에만 작성된 것들이다. 각각의 기록은 마치 요즈음의 일간 신문 기사와 마찬가지로 그 기록자의 뉴스 감각에 따라 취사선택된 것이다. 전쟁이란 것은 평화보다 더 뉴스 가치가 있기 때문에 기록들은 평화보다는 전쟁의 원인에 대해 더 많은 언급을 하고 있다. 그러나 평화의 기록들도 전쟁의 기록들만큼이나 광범위하다. 다만 확연하지 않을 뿐이다. 전쟁의 원인을 조명해주는 빛 바랜 기록 문건들일지라도 함축적으로는 평화의 원인에 대해서

---

2) 서로 다른 국가들의 호전성이나 군사적인 기질 등을 측정하는 데 이러한 수치를 사용하는 것은 위험하다. 소로킨 자신이 지적한 것처럼, 주의를 해야 하는 한 가지 이유는 바로 그러한 수치가 중요한 전쟁과 중요하지 않은 전쟁 그리고 단지 몇 개월 동안 수행된 전쟁과 수년 동안에 걸쳐서 치러진 전쟁 사이의 구별을 하지 않고 있다는 점이다. 더욱이 여러 나라와 국경을 접하고 있는 국가나 많은 식민지를 보유하고 있던 국가는 한 국가와 이웃하고 있는 국가보다 더 교전의 가능성이 컸을 것이다. 어쨌든 소로킨의 통계 수치는 보통 생각들하고 있는 것보다는 더욱 빈번하게 전쟁이 일어났었다는 사실을 보여주고 있다.

도 틀림없이 조명해 준다. 평화롭게 끝난 국제적 위기를 논의한 문서라면 어떤 것이든지 전쟁과 평화 모두의 거울이 되는 것이다. 그럼에도 불구하고 왜 평화가 때로는 뉴스 거리가 없는 진공 상태 즉 복잡한 설명이 필요 없는 망각 상태처럼 보이는가를 알아내기는 어렵지 않다.

평화에 대한 현대 역사가들의 설명은 주로 19세기에 초점이 맞추어져 있다. 그 시기에는 눈에 띌 정도로 평화적이었던 두 개의 긴 기간이 있다. 하나는 워털루 전쟁으로부터 1848년의 짧은 전쟁 혹은 1853년의 크리미아 전쟁까지의 기간이다. 다른 하나의 평화 기간은 1871년의 프러시아 - 프랑스 전쟁으로부터 — 비록 대부분의 공통된 의견들이 긴 평화의 끝을 1914년이라고 주장하고 있기는 하지만 — 19세기의 종결시까지이다. 결국 각 평화의 시대는 약 한 세대 정도의 시간이 되는 셈이다. 아무리 지속 기간이 짧거나 또는 사소한 것이라 할지라도 역사상의 모든 전쟁에는 이름이 주어진 반면 이와 같은 긴 평화의 기간들에는 붙여진 이름이 없다는 사실에 주목해야 한다.

이 평화로운 시기에도 전쟁이 없었던 것은 아니었다. 다른 시기의 전쟁에 비해서 이 시기의 전쟁은 단지 횟수가 적고 짧았으며, 주요 강대국들 간의 충돌이 없었을 뿐이다. 그러나 현대의 대부분의 관찰자들의 눈에는 이 시기가 특히 평화로운 것으로 비쳐졌으며 국제 평화의 천년 왕국이 궁극적으로는 도래하리라는 확신에 찬 희망을 갖도록 했던 것이다. 이 두 시기가 그다지도 평화로웠던 것은 무엇 때문일까? 몇몇 유능한 학자들이 그 답을 제시한 적이 있다. 그들의 설명은 중요하다. 왜냐하면 근세기의 많은 시기 동안 평화를 촉진해 왔다고 그들이 믿는 조건들에 대해서 대담한 일반론도 함께 제시하고 있기 때문이다.

II

루이스 리처드슨(Lewis F. Richardson)은 평화의 십자군이었던 수천 명의 퀘이커 교도 중의 한 사람이었다. 그 자신의 십자군적 활동은 바로 평화의 원인에 관한 탐구였다. 리처드슨은 1881년 타인(Tyne) 부근의 뉴 캐슬 지방에서 태어나 케임브리지대학에서 과학을 전공했다. 그 후 토탄을 채굴하고 램프를 제작하는 회사에서 연구 업무를 하다가 여러 대학에서 물리학을 가르치기도 했다. 1차 대전 초기에는 기상학자로서 기상관측에 몰두했다. 전선에 관심을 가지기는 했지만 사람이 죽는 장면을 보아야만 한다는 섬뜩한 생각에 그는 퀘이커교의 야전 위생 호위대에 들어가 서부 전선에서 부상당한 프랑스 보병들을 돌보았다. 그 곳에서 그는 1919년 자비로 출판될 전쟁에 관한 자신의 첫 번째 저작을 집필했다. 자신의 작품을 각색해서 조카인 랠프 리처드슨 경으로 하여금 직접 무대에서 공연하도록 노력했지만 많은 관심을 끌지는 못했다. 그의 첫 번째 저작의 제목은 『전쟁의 수리심리학』(*The Mathematical Psychology of War*)이었다.

리처드슨은 만일 학자들이 전쟁에 관한 체계적인 연구를 하기만 한다면 그 원인에 대한 가치 있는 실마리를 발견해 낼 수 있으리라고 생각할 만큼 낙관적이었다. 그리고 스스로 두 대전 사이의 시간과 말년의 대부분을 전쟁 연구에 전념하였다. 그는 수학자의 한 사람으로서 정확한 측정이 가능하다면 언제나 사회과학에 응용되어야 한다고 믿었다. 일흔 한 살에 스코틀랜드에서 사망할 때까지 그는 부지런하게 전쟁과 전쟁을 유발시킬 수 있는 원인들을 추출, 계산, 측정했다. 그 계산 결과의 많은 부분들이 그가 사망한 뒤에 『결사전의 통계학』(*Statistics of Deadly Quarrels*)이라고 명명되어 출판되었다.

루이스 리처드슨은 1820~1949년 사이에 발생한 전쟁을 연구하여 유의미한 그러나 부정적인 결론을 얻었다. 그 중 가장 흥미로운 것은 널리 퍼져 있던 통념들에 도전하는 그의 연구 결과일 것이다. 공통의 언어가 국가간의 오해를 감소시킬 것이라고 열렬히 갈망하는 사람들과는 달리 리처드슨은 공통의 언어를 사용하는 민족들이 평화롭게 공존하는 통계적인 증거를 발견할 수가 없었다. 영어 사용국들은 서로 싸웠고, 독일어

를 사용하는 민족들도 서로 다투었다. 또 다른 인기 있는 가정 중의 하나
인 극단적인 부와 빈곤이 전쟁의 원인이 된다는 주장에 대해서도 "이
기간동안에 그다지 큰 영향을 미친 것 같지는 않았다."는 결론으로 반박
했다. 그에 의하면 국제 평화를 위해서는 국가들의 부의 수준을 고르게
하면 된다는 어떠한 계획도 결국은 도박에 지나지 않는다는 것이다. 그는
또한 국가들 간의 관계가 유교를 제외한 어떤 종교를 공유한다고 해서
반드시 개선되었다고 생각하지도 않았다.

　　리처드슨의 긍정적인 결론 중의 하나는 전쟁이란 어떤 의미에서 뿌리
깊은 마음의 병을 닮은 것이라는 점이었다. 그 질병에 대한 공통적인
치료제는 불행하게도 전쟁 그 자체였다. 그는 오히려 "길고도 격렬한
한 판의 승부가 전쟁을 경험한 사람들에게 면역성을 제공해 줄 것"이라
고 주장했다.[3] 그러나 10년 내지 20년의 세월이 흐르면 그러한 면역성은
사라지게 되고 그렇게 되면 그 다음 세대는 열광적으로 전쟁에 돌입한다
는 것이다. 1920년대 런던에서 전쟁에 관한 서적들이 인기 없었던 시절을
회상하면서 그는 전쟁에 대한 면역성이 쇠퇴해 가는 한 가지 슬픈 징조가
바로 1929년 에리히 레마르크(Erich Remarque)의 베스트 셀러『서부 전선
이상 없다』(All Quiet on the Western Front)가 불티나게 팔리는 현상이라고
생각했다. 리처드슨은 또 1차 대전 종결 후 약 5년 동안 군용 배낭을
짊어지고 하이킹하는 것이 뜸해진 것은 아마도 그것이 사람들로 하여금
보병 훈련을 연상케 하기 때문일 것이라고 생각했다. 그러한 군용 배낭이
다시금 인기를 끌게 된 것은 슬프고도 불길한 징조라는 것이다.

　　전쟁 권태증(war-weariness)에 대한 리처드슨의 증언은 그가 그렇게도
자주 추구했던 수학적인 연구 조사의 결과라기보다는 오히려 군용 배낭
에 대한 그 자신의 개인적인 인상으로부터 도출된 것으로 보인다. 그러나

---

3) 전쟁 면역성에 관한 리처드슨의 견해는 Lewis Richardson, *Arms and Insecurity*
(London, 1960), pp. 232-5 참조.

그의 견해의 많은 변형들은 많은 세심한 관찰자들의 의견과 일치하고 있다. 영국의 장군 아이언 해밀턴 경(Sir Ian Hamilton)은 1926년에 사람들이 전쟁에 대한 열광과 전쟁에 대한 권태 사이에서 완만하게 오락가락하고 있는 것 같다고 다음과 같이 경고한 적이 있다. "훌륭한 유럽인들이 1926년에 전쟁을 혐오하고 있다고 해서 1914년에도 그들이 전쟁을 혐오하고 있었고, 1964년에도 전쟁을 혐오할 것이라고 생각할 수는 없다."[4] 제1차 세계대전과 그 후유증을 경험했던 많은 역사가들이 자기들의 시대가 나폴레옹 전쟁 이후의 시대 분위기와 흡사할 것이라고 생각하고 싶어하는 것은 이해할 만 하다. 워털루 전투 이후의 유럽의 장기적인 평화에 대한 가장 인기 있는 설명은 분명히 탈진 혹은 권태의 이론이었음에 틀림없다.

전쟁 권태증 이론은 1945년 출간된 대담한 저작『역사의 연구』(A Study of History)의 제9권에서 아놀드 토인비(Arnold J. Toynbee) 교수에 의해서 더욱 — 딱 들어맞을 정도로 — 확대되었다. 루이스 리처드슨과 마찬가지로 토인비 역시 제1차 세계대전 직전에 성년이 된 세대에 속하는 사람이었다. 그리고 1919년 파리 평화회담에 파견된 영국 대표단의 젊은 구성원의 한 사람으로서, 불과 5년 전만 하더라도 많은 유럽인들이 원기왕성하게 뛰어든 바로 그 전쟁에 대해 이제 지치고 피곤해 하는 태도들을 목격하곤 했다.

토인비는 인류 역사의 여러 세기를 거슬러 올라가면 약 100년 정도를 완전한 한 주기로 하는 전쟁과 평화의 주기가 발견될 수 있다고 믿었다. 각 주기에는 정연한 차례대로 대전(general war), 평화라는 이름의 휴지기, 일단의 소규모 군소 전쟁들, 평화라는 이름의 단절기, 그리고 마지막으로 또 다른 대전의 발생 등의 여러 단계가 있다는 것이다. 하나의 완전한 주기가 1815년과 1914년 사이의 유럽에 해당되기는 하지만 그 이전의

---

4) Sir Ian Hamilton, 'War' in *Encyclopedia Britannica*, 13th edn (London, 1926), p. 981.

세기에도 그러한 주기가 있었는가 하는 점은 매우 의문이다. 그럼에도 불구하고 아무튼 토인비의 눈에는 그와 같은 패턴이 존재하는 것으로 비쳐졌고, 전쟁 권태증 이론에 대한 더욱 강력한 해석에 의해서 설명될 수 있는 것처럼 보였다.[5] 그의 '잠정적인 심리학적 설명'에 따르면 나폴레옹 전쟁과 같은 대전은 사람들의 마음과 정신 속에 아주 깊은 인상을 심어 놓기 때문에 사람들이 자기들의 자식들에게는 이러한 경험을 강요하려고 하지 않는다는 것이다. 그러므로 결국 한 세대 동안에는 전쟁의 발발이 강력하게 억제된다. 그리고 평화롭게 성장한 그 다음 세대는 일련의 전쟁, 예를 들면 크리미아 전쟁에서부터 프러시아 - 프랑스 전쟁에 이르는 일단의 전쟁들에 기분 좋게 뛰어 든다. 그러나 그들의 부모들이 그들에게 물려 준 전쟁 혐오증이 아직은 남아 있기 때문에 그 전쟁은 다소 제한적이다. 그러므로 이러한 전쟁들은 오래 지속되지 않고 곧 한 동안의 평화 기간에 의해 대치된다. 그러나 점차 전쟁의 참화에 대한 기억은 평화시에 성장한 세대만을 남겨 놓고 완전히 잊혀지게 되고, 남은 세대는 결국 맹렬하고 무제한적인 세계대전을 또 시작한다. 그리고 다시 전쟁은 전쟁에 대한 저항감을 지닌 세대를 양성하고 그에 따라 장기적인 평화의 시대가 도래한다는 것이다.

토인비 교수의 이와 같은 광범위한 이론은 찬사를 받을 만 하지만 전쟁 권태의 리듬으로부터 너무 많은 것을 기대하고 있는 것 같다. 그의 이론은 은연중에 오랜 평화를 향유해 온 지역일수록 우리가 주의해야 한다고 경고하고 있다. 스웨덴과 카나리아 군도 등을 주의하라! 뿐만 아니라 그의 이론은 스스로를 뒷받침할 만한 증거가 부족하다고 볼 수도 있다. 도대체 그는 사람들이 전쟁에 싫증을 느낀다는 사실을 어떻게 알아냈단 말인가? 그것은 단순히 오랜 평화가 있었다는 사실로부터 도출된 결론이 아닐까?

---

5) Arnold J. Toynbee, *A Study of History*, 12 vols. (London, 1969), Ⅸ, pp. 322-6.

게다가 1800년 이전의 시기에는 그와 비슷한 전쟁과 평화의 주기를 발견하기가 어렵고, 제1차 세계대전 이후에는 그러한 주기가 불규칙하게 이루어져 왔다는 사실을 쉽게 발견할 수 있다. 토인비는 자신의 이론에 의하면 전쟁에 대한 정신적인 면역성이 아직은 한창이어야 할 시기에 제2차 세계대전이 발생했다는 사실 때문에 당혹스러웠다. 적어도 그는 그 딜레마를 풀어 보려고 했다. 즉 자신의 이론이 허점이 있다거나 그렇지 않으면 인간의 본성이 바뀌었다거나 하는 둘 중의 한 가지 사실을 인정해야만 했다. 비슷한 곤경에 처한 대부분의 사람들이 그렇듯이 토인비는 자신의 이론을 옹호했다. 그는 제2차 세계대전이 '명백하게 인간의 본성에 어긋나는 것'이라고 주장하고만 것이다.6)

토인비의 이론을 거부한다고 해서 반드시 전쟁 권태증이 역사의 어떤 시기에 평화를 촉진하는 요인들 중의 하나였다는 소박한 생각마저 부인하는 것은 아니다. 그러나 그러한 생각은 주의 깊게 검토할 필요가 있다. 때로는 전쟁 권태증이 워털루 전투 이후의 장기적인 평화의 본질적인 요인으로 간주되기도 하지만, 1870년대 이후에도 유럽에서는 정치가들이나 거리의 청소부들이 전쟁에 지쳤다는 징후 없이 마찬가지로 오랜 평화의 시간이 유지되어 왔다. 몇몇 역사가들은 워털루 전투 이후의 장기적인 평화의 촉진 요인으로 전쟁 권태증을 지나치게 자주 강조한다. 그리고 두 번째로 도래한 장기적인 평화 기간에 대해서는 아무런 설명 없이 지나쳐 버린다. 자신들이 지닌 열쇠로는 그와 같은 미스터리를 풀 수 없게 되자 미스터리는 버리고 열쇠만을 고집스럽게 흔들어대는 것이다.

1918~1939년 사이의 덧없는 평화에 주목해 보면 전쟁 권태증의 징후는 풍부하다. 하지만 과연 그러한 권태증이 궁극적으로 평화를 촉진하였는가 하는 점에 대해선 논쟁의 소지가 있다. 만약 전쟁 권태증이 네빌 체임벌린(Neville Chamberlain)의 유화정책이라는 우산을 지탱하는 우산살

6) 제2차 세계 내선에 관한 토인비의 견해는 *Ibid*., p. 326n을 참조.

중의 하나로서 영국과 프랑스의 대독일 정책을 구성하는 한 요소가 되었고 결국 히틀러의 자신감을 부추겨 주는 작용을 했다면, 전쟁 권태증은 절대로 평화의 촉진 요인이라고 불려질 수 없는 것이다.

전쟁 권태증 이론은 대개 국가를 개인으로 인격화한다. 예를 들면 독일은 지쳤다거나 프랑스는 탈진 상태에 빠졌다라고 하는 식이다. 그러나 사람들이 장기전에 대응하는 방식은 개인에 따라서 그리고 전쟁에 따라서 크게 다르다. 스코틀랜드의 경제학자 애덤 스미스는 18세기에 영국이 치른 가장 긴 몇몇 전쟁들을 경험했는데, 1776년에는 다음과 같은 불만을 털어놓았다. "행동이나 감정의 분출이 이루어지는 전쟁터라는 무대와는 멀리 떨어져서 거대한 제국의 도시나 지방에 사는 사람들 대다수는 전쟁의 불편함을 전혀 느끼지 않는다. 그러면서 자기 조국의 함대나 군대가 이룩한 승전의 소식을 신문에서 읽는 즐거움을 편안하게 만끽한다." 그는 또 슬픈 어조로 다음과 같이 덧붙였다. "자기들로부터 이러한 즐거움을 박탈해 버리는 그리고 눈에 보이는 수많은 정복의 희망과 국가적인 영광을 빼앗아 가 버릴 수도 있는 평화의 회복에 대해서 그들은 공통적으로 불만스러워 한다."[7] 23년간의 짧은 휴식기간 이후 치러진 나폴레옹 전쟁의 종결 시에도 누가 지쳐 있었는지 확인할 수가 없다. 영국의 많은 섬에서 전쟁 기간에 많은 이윤을 챙긴 농부들이나 수공업자들에게는 아마도 전쟁보다는 그 이후의 평화가 더 견디기 힘든 것이었을지도 모른다. 프랑스에서도 긴 전쟁이 끝난 것처럼 보였던 1815년 엘바 섬의 짧은 유배로부터 탈출한 나폴레옹 보나파르트의 예기치 않았던 귀환에 대한 많은 사람들은 전쟁에 대한 권태증에서 비롯하는 무관심으로 일관하지는 않았다. 나폴레옹은 재빨리 워털루 해전을 치르기에 충분한 군대를 끌어 모을 수 있었던 것이다. 마찬가지로 20세기의 중국에서도 기나 긴

---

7) Adam Smith, *An Inquiry into the Nature and Causes of the Wealth of Nations* (London: Everyman edn., 1954), Vol. II, p. 402.

내전이 일본의 침략에 대항하는 전쟁으로 이어졌다. 1945년 일본이 철수했을 때 전쟁 권태증 이론에 따르면 분명히 중국은 장기적인 평화를 기대했어야 했다. 만일 어떤 국가가 20년 동안 전쟁으로 탈진해 있었다면 그것은 분명 중국을 지칭하는 것이었다. 그러나 곧 바로 내전이 시작되었고 1949년 공산당이 본토를 장악할 때까지 전쟁은 멈추지 않았다.

전쟁에 대한 열광 혹은 전쟁에 대한 싫증 등이 분명하고 예측 가능한 결과들을 초래하지는 않았다. 예를 들어서 전쟁 권태증은 전쟁의 가능성을 높일 수도 있고 경우에 따라서는 평화의 기회를 증가시킬 수도 있었던 것이다. 이와 같이 항상 변화하는 태도와 분위기는 전쟁과 평화에 관한 어떤 이론에도 설명 능력을 제공해 준다. 최근의 전쟁에 대한 기억은 정치 지도자들의 태도뿐만이 아니라 전쟁을 수행하는 데 필수불가결한 지지 여론의 근원인 수십 만 대중의 태도에도 영향을 미친다. 한 국가의 개전 또는 종전 결정은 그 이후에 도래할 전쟁이나 평화가 어떤 것일까 하는 구상에 기초를 둔다. 그리고 그러한 구상에 영향을 미치는 요소들 중의 하나는 과거의 전쟁이나 평화 기간에 대한 유동적이고도 짙게 채색된 기억인 것이다.

III

모름지기 장기적인 평화의 시대는 호전적인 에너지와 야심의 강력한 배출구가 존재한다는 점을 전제로 한 것이다. 때때로 유럽의 국가들은 증기 기관으로 표현되었다. 수십 년이 지나면 국가들은 싸움으로 폭발해 버리는 잉여 증기를 갖게 되고 또 수십 년이 지나면 이용할 수 있는 모든 증기는 평화를 추구하는 데 필요하게 된다. 한 역사가는 "인간은 점점 더 부유해지는 데 정신이 팔려 있기 때문에 전쟁을 준비할 시간이 없다"고 기술한 적이 있다.[8] 또 다른 역사가는 "국가는 그 에너지를 국내적인 성장과 산업의 확장에 집중시킨다"고 서술하기도 했다.[9] 또 다른 역사가에 의하면 "산업화는 자칫하면 국제적 투쟁에 쏟아질지도 모를 에너지를 흡수한다"고 한다.[10] 또 어떤 역사가는 나폴레옹 전쟁 이후 유럽 인구의 급격한 팽창을 잉여 에너지가 끓고 있는 위험한 가마솥에 비유하기도 한다.

> 경직되고 인공적인 권력 국가의 구조 속에서는, 더구나 유럽 대륙과 같이 제한된 영역 안에서 붐비고 있는 상태에서는 막 싹트고 있던 근대 문명의 방대한 에너지(놀랄 만한 인구 증가는 이것의 한 지표에 지나지 않는다)가 배출될 만한 광대하고 적절한 활동 영역을 발견할 수 없었다. 앵글로색슨족은 이런 면에서는 다소 행운이었다고 볼 수 있다. 아무튼 이리하여 한두 가지의 형태로밖에 해소될 수 없었던 이 에너지는 혁명이나 전쟁에서 그 배출구를 찾았던 것이다.[11]

미국이라는 방대한 앵글로색슨족의 영역이 수백 만 명의 유럽인들에게 배출구를 제공해 주기도 했지만 1861년부터 1865년 사이에 희생된 약 60만 명의 병사들의 무덤이 되기도 했다는 사실은 논쟁에 그다지 큰 충격을 주지 못했다.

"급속하게 증가하는 인구의 막대한 에너지는 경제적인 측면에서의 세계 정복에서 수많은 배출구를 찾고 있었다"고 또 한 사람의 역사가는 주장했다.[12] 그는 평화적인 에너지로 혼잡했던 19세기 중엽의 세계를

---

8) A. J. P. Taylor, *The Struggle for Mastery in Europe 1848~1918* (Oxford, 1954), p. 255.

9) T. A. Parmer, 'Military Technology', Ch. 29, in Kranzberg and Pursell, *Technology in Western Civilization*, I (New York, 1967), p. 491.

10) R. A. Preston, S. F. Wise and H. O. Werner, *Men in Arms: a history of warfare and its interrelationship with western society* (New York, 1964), p. 199.

11) Ludwig Dehio, *The Precarious Balance: the politics of power in Europe 1494~1945*, tr. from German (London, 1963), p. 188.

12) John Ulric Nef, *War and Human Progress: an essay on the rise of industrial civilization* (New York, 1963), pp. 353, 382.

목격하고 있었다. "골드 러시, 철도 건설, 개인적인 악한을 제거하려는 투쟁, 증기선의 건조, 습지와 사막을 정복하기 위한 동력 장치의 이용 등이 사람들을 무척 바쁘게 묶어 놓았기 때문에 사람들은 서로 싸울 준비에 대해서 생각할 시간이 전혀 없었다." 나중에 그 현기증 나는 에너지는 가라앉은 것처럼 보였다. "19세기로부터 20세기로의 전환기에 이룩한 물질적인 성공에 의해서 제공되는 편리함이 점점 더해 가면서 사람들은 더 많은 한가한 시간을 갖게 되었다. 사람들은 그 빈 시간을 몽상 또는 공포와 증오의 표출로 채우려는 유혹에 저항할 수 없었다."

이상은 전쟁 비행론(a delinquent theory of war)의 예들이다. 따분하고 한가하기 때문에 길거리에서 싸움질이나 하는 젊은 녀석들과 국가가 다르지 않다는 것이다. 즉 만일 국가가 눈코 뜰 새 없이 바쁘다면 죄를 저지를 수가 없다는 것이다. 이 이론의 몇 가지 변형들은 거의 모두가 광산이나 공장에서 24시간 움직이지 않는 것은 곧 파멸을 부를 것이라는 점을 암시하고 있다. 대부분의 변형된 이론들은 국가가 개인과 같아서 두 손을 가지고 있고 따라서 어려움에 부닥쳐야만 동시에 두 가지 일을 수행할 수 있을 것이라고 가정한다. 그러나 1960년대 후반의 미국은 베트남 연안의 고요의 바다(the Sea of Tranquillity)에 군대를 상륙시킴과 동시에 인종 폭동이나 산업 팽창 그리고 도처에서 발생하는 연좌 농성, 히피 족들의 사랑의 모임 등에 대비한 에너지를 비축해 둘 수 있었다. 19세기에도 한편으로는 국가가 전쟁을 수행하고 있는 와중에 다른 한편으로 사람들은 부를 축적하는 데 여념이 없었고, 어떤 사람들은 오히려 국가가 전쟁 중에 있었기 때문에 부유해지기도 했다. 미국인들은 금을 캐고 철도를 건설하며, 악한을 제거하면서도 19세기의 가장 격렬한 전쟁이었던 '남북 전쟁을 치를 준비에 대해서도 생각' 할 시간이 있었다. 이와 같은 전쟁 비행론을 약간 변형시킨 이론이 바로 전쟁에 관한 경제적 해석이다. 그에 따르면 경제적인 역경은 전쟁을 조장하는 반면 활기찬 번영은 평화를 촉진한다고 한다. 실증적인 증거들을 살펴보면 이러한 가실이 맞지 않는 것처럼 보이기도 하지만 경제적인 상황과 전쟁 사이에는 중요한 연관성이 있는 것 같기도 하다. 이에 대해서는 제6장 '전쟁의 경제학'에서 논의될 것이다.

IV

비행론에서는 국가가 평화적인 목적 추구의 과정이 아니면 호전적인 목적 추구의 과정으로 흡수될 수 있는 에너지를 고정적으로 비축하고 있다고 가정한다. 좀더 비관적인 설명에 따르면 국가는 끊임없이 호전적인 성향을 지니고 있다는 것이다. 그러므로 장기적인 국제 평화의 시대는 각국 정부들이 시민항쟁에 손이 묶여 있거나 그것에 신경을 곤두세우고 있을 때 도래하는 경향이 있다고 한다. 케임브리지에서 천여 페이지에 달하는 저서 『나폴레옹 시대 이후의 유럽』(Europe since Napoleon)을 저술한 데이비드 톰슨(David Thomson) 박사는 워털루 전투 이후 40년 동안 전쟁보다는 혁명이 더 많이 발생했다고 주장한 적이 있다. 그는 아마도 '혁명이 전쟁에 대한 일종의 대체물로서 봉사해 왔을 것'이라고 주장했다. 뿐만 아니라 그는 어느 정도의 비행론 같은 것을 부언하고 있다. "외부의 적보다는 내부의 적이 훨씬 더 직접적이고 위협적으로 보인다. 그리고 내란은 나중에 가서야 호전적인 민족주의의 원인으로 전환되는 전투적인 기질을 흡수하게 된다."[13]

그런데 이런 식의 설명이 직접적으로 야기하는 곤란한 점이 한 가지 있다. 그러한 긴 평화의 기간 중 가장 격동적이었던 해는 1848년이었다. 세인트 피터스버그로부터 스코틀랜드에 이르기까지 모든 군주들과 평범한 시민들은 1848년이 소란한 한 해였다는 점에 동의하고 있었다. 스코틀랜드의 한 신사가 멀리 떨어져 있는 태즈메이니어(Tasmania)의 친구에게

---

13) David Thomson, *Europe since Napoleon* (London, 1966), p. 111.

보냈던 편지의 내용처럼 "워털루 전투의 포연이 흩어져 사라진 이래 1848년과 같이 중요한 사건들이 발생했던 적은 없었다. 현재는 혼돈 상태이고 미래는 미스터리이다."[14] 수많은 대륙 도시의 시가전으로부터 멀리 떨어져 있던 스코틀랜드에서조차 경건한 많은 사람들이 '종말은 아닐지라도 어떤 강력한 변화가 가까워졌다'고 예측하고 있었다. 그리고 몇 년이 지난 뒤에는 '구세주로서의 그리스도가 지상에 나타날 것'이라고 예언하고 있었다. 편지를 쓴 스코틀랜드인이 그러한 광신자들 중의 하나는 아니었다. 그는 단지 '제국의 붕괴, 정부의 몰락 그리고 왕국의 무정부 상태 등'으로 인해서 마음속에 인상지어진 1848년의 분위기에 대한 예리한 관찰자에 불과했다. 자, 그런데 만일 시민 소요가 국제적인 전쟁의 기회를 감소시킨다면 1848년과 1849년은 국제적인 전쟁으로부터 해방되었어야 했을 것이다. 그러나 반대로 그 시기에 4건의 전쟁이 발생했으며 모두 시민항쟁으로부터 비롯된 것이었다. 장기적인 유럽의 평화 기간은 1853년의 크리미아 전쟁 발발과 함께 끝난 것이 아니라 사실상 1848년 혁명이 발생했을 때 종료되었던 것이라고 주장할 수 있다.

톰슨 박사는 혁명이 전쟁의 대체물이었을 것이라고 암시하면서 장기적인 국제 평화의 기간은 시민항쟁으로 점철되어 있다고 주장했다. 그러나 그는 별 다른 증거를 제시하지 못했다. 1870년대에 시작된 장기적인 유럽 평화의 두 번째 시대가 놀랄 만큼 혁명이 없었던 시대였다는 점을 감안한다면, 그의 주장은 주의 깊게 검토할 필요가 있다.

19세기의 평화에 대한 또 다른 해석은 주로 강력한 정치가의 영향력을 지적하고 있다. 첫 번째 시기에는 영국의 파머스턴(Palmerston)이 평화의 창조자라고 일컬어졌고, 두 번째 시기에는 독일의 비스마르크(Bismarck)가 그렇게 불려졌다.[15] 파머스턴과 비스마르크는 그들의 오랜 경력의

---

14) R. S. Skirving의 편지, P.L. Brown, ed., *Clyde Company Papers* (London, 1959), Vol. Ⅳ, p. 358 참조.

15) 파머스턴의 영향력에 대해서는 Donald Southgate, '*The Most English Minister …'*:

어떤 단계에는 평화의 창조자였을 지는 모르지만, 그들의 영향력의 정도는 그들이 활동했던 시대적 배경 속에서만 평가될 수 있다. 국가들 사이의 평화적인 관계를 망치로 두드려서 만들어 내는 정치가로서의 그들의 능력은 적어도 자신들의 망치 솜씨보다는 자신들이 살고 있는 시대의 환경적 속성에 의해서 더욱 좌우되었다. 더욱이 그들의 솜씨란 것도 알고 보면 자신들의 조국이 제공해 준 망치의 종류에 의존할 수밖에 없었다. 파머스턴은 세계에서 가장 강력한 해군력의 뒷받침을 받고 있었고, 비스마르크는 가장 강력한 육군을 배경으로 지니고 있었던 것이다. 따라서 그들의 영향력 중에서 얼마만큼이 그들의 개인적 특성이나 정책으로부터 나왔으며, 얼마만큼이 당시의 국제적 상황으로부터 도출되었는가 그리고 또 얼마만큼이 우세한 군사적 뒷받침 때문에 가능했는가 하는 점들을 찾아내야만 한다.

지도자의 지식 즉 인식과 목적은 전쟁과 평화의 발생을 설명하는 데 필수적이긴 하다. 그러나 전쟁과 평화의 일반론이 되기 위해서는 선택된 요소들이 전쟁과 평화를 결정해야 하는 지도자들의 마음에 영향을 미칠 경우에만 유효하다. 동시에 현재와 같은 지식의 상태에서 어떤 지도자들을 위대한 평화의 창조자라느니 또는 악랄한 전쟁광이라느니 하고 단정하는 것은 대개 억측인 경우가 많다. 파머스턴이든 히틀러이든 비범한 사람의 영향력을 평가하기 위해서는 지도자들이 비슷한 상황에서 정상적으로는 어떻게 행동하는가에 대한 지식이 필요하다. 지도자들의 행동에 대한 증거는 앞으로 전개될 많은 장들에 간접적으로 제시되어 있다.

the policies and politics of Palmerston (London, 1966), p. xv 참조; '파머스턴은 1830~31년과 1848~49년에 대전을 방지하기 위해 주의를 기울였다'고 저자는 표현하고 있다. 또한 p. xxii 참조: 비스마르크의 영향력에 관해서는 A. J. P. Taylor, 'Otto Bismarck', Encyclopaedia Britannica, 1962, Vol. III, pp. 659~68 참조; p. 663에서 "그(비스마르크)는 유럽에 베를린 회의 이후 30년간의 평화를 제공해 준 평화 시대의 일급 건설자였다"라고 기술하고 있다.

V

19세기에 많은 정치가들이 평화를 유지하기 위해서 많은 일을 했다고 주장하는 역사가들이 있는 반면 다른 역사가들은 위대한 사상이 평화를 수호했다고 주장하기도 한다. 후자의 주장을 옹호하는 한 사람이 존 네프 (John Ulric Nef)였다. 그는 '제1차 세계대전 당시 보병으로 복무하기 위해서 수 주일의 짧은 기간동안 훈련에 참가한 적이 있었다'고 회상했다. 그러나 정전이 되었기 때문에 그는 미국을 떠나 '대량 학살'에 가담하지 않아도 되었고 그 대신 경제사가가 되어 영국 석탄광업의 발흥 그리고 1540~1640년간의 소란스러웠던 경제 생활에 관해 연구했다. 그는 이와 같이 매우 오래 전의 사건들 즉 아르마다 해전이나 종교 전쟁 시대의 소란스러움을 연구하다가, 좀더 광범위한 전쟁과 평화의 원인에 대해 관심을 갖게 되었다. 그는 '내가 태어나던 시대에 유럽인들과 미국인들 사이에 널리 퍼져 있었던 것으로 보이는 우호적인 태도와 전례 없는 평화적 상황들은 어떻게 설명할 수 있을까?'하는 의문을 제기했다. 그가 이러한 의문을 제기한 것은 일본이 진주만을 폭격하기 수개월 전의 일이 었는데, 미국이 한국 전쟁에 막 참전했을 때 그는 그 답을 찾아내었다.16)

네프 교수는 섬세한 카펫에 지성적이고 물질적인 영향력들을 마치 수를 놓듯이 얽어 놓아서, 그의 주장으로부터 몇 개의 문장만을 인용하는 것은 카펫의 실이 끊어질 수도 있는 위험성이 수반되는 일이다. 그는 고상한 이념이 평화를 유지시킨다고 주장했다. "1815년 이후의 단순한 정지 상태 이상의 평화를 만들어 낸 것은 주로 유럽에서 발전되어 오고 또 18세기의 위대한 철학적, 문학적 그리고 예술적인 작품들에서 강력하고도 영향력 있게 표출된 문명, 관습, 법률 및 제도 등이었다."17) 그의 견해에 의하면 평화는 영국의 새로운 경찰력으로부터 『톰 브라운의 학창

---

16) 네프의 저술의 배경에 관해서는 John Ulric Nef, *War and Human Progress: an essay on the rise of industrial civilization* (New York, 1963), p. v-vii참조.
17) Nef, p. v-vii.

시절』(*Tom Brown's Schooldays*)과 같은 책에 이르기까지 다양한 곳에서 표출되는 많은 영향력들의 도움에 의존한다. 그래서 플래시맨(역자 주: 『톰 브라운의 학창 시절』의 등장인물) 같이 약자를 못살게 구는 녀석은 주로 '보편적인 평화와 문명을 이룩하려는' 광범위한 운동에 의해서 국제사회라는 대학으로부터 추방되었다는 것이다.[18] 그래서 점점 더 파멸적인 전쟁을 불러 일으켰을 수도 있던 100년간이 놀라울 정도로 평화스러웠다. 아! 그러나 일단 그러한 평화적인 문명의 영향력들이 호전적인 영향력들에게 자리를 양보해 주기 시작하자 점증하는 기술적 재능이 만들어내는 강력한 대포나 대량의 순양함들을 막아낼 만한 것이 아무 것도 남지 않았다. 이리하여 20세기의 파멸적이고 참혹한 전쟁들이 발생했다. 이런 것들이 네프의 평화론의 핵심이다.

문명의 가치 척도 변화의 윤곽을 그려내려면 비범한 재능이 필요하다. 네프는 그러한 재능을 지니고 있었다. 아마 그 어떤 저술가도 르네상스 이후 시대의 전쟁과 평화에 대한 태도를 추적하는 데 있어서 그 만큼 능란하지는 못했을 것이다. 그런데 1815년부터 1914년까지의 기간에 전쟁을 억제한 것이 평화 애호의 문명이라는 것이 네프의 주장이라면, 그 사이에 발생했던 많은 군소 전쟁들은 어떻게 설명할 수 있을 것인가? 어째서 지성적이고 도덕적인 억제력은 1848년의 전쟁, 크리미아 전쟁, 멕시코 전쟁, 이탈리아 전쟁, 남북 전쟁, 그리고 세 차례의 프러시아 전쟁 등을 방지하는 데 실패했는가? 어째서 같은 세기의 한 시대는 상대적으로 평화로웠음에도 불구하고 동 세기의 다른 시대는 심각한 전쟁 투성이였는가를 네프의 이론으로는 적절하게 설명할 수가 없다.[19]

네프의 대담한 이론은 또 다른 검증을 거쳐야만 한다. 만일 폭력과

---

18) 플래시맨의 추방에 관해서는 Nef, pp. 345, 356 참조.
19) 네프는 앞에 언급된 저서 354-5면에서 자신의 평화론을 위협하는 몇몇 전쟁들을 설명하기 위해 용감한 시도를 하고 있지만 별로 성공을 거두지 못하고 있다. 그는 크리미아 전쟁은 물론 몇 가지 다른 전쟁들을 설명하는 것을 잊고 있다.

증오에 대한 도덕과 지성의 지배력이 국제 전쟁을 억제할 수 있을 만큼 강력한 것이었다면 그러한 힘은 내란도 억제할 수 있어야 했을 것이다. 네프는 그 힘이 그 만큼 강력하다고 믿고 있었다. 그의 주장에 의하면 워털루 전투로부터 모든 미국인들을 몰아 넣었던 섬터(Sumter) 전투에 이르는 46년 동안은 국가간의 전쟁, 서방 국가의 국내적인 폭력 사태, 해적 행위, 그리고 기타 거의 모든 종류의 범죄 행위 등으로부터 비교적 자유로웠던 기간으로서 전무후무하다고 할 수 있었다.[20] 그러나 그가 주장하는 밝은 미덕의 시대를 인정하기는 어렵다. 사실상 그 기간은 내란과 혁명이 분출한 시대였다. 그러므로 이미 앞에서 살펴 본 바와 같이 데이비드 톰슨은 이 시기의 시민 소요가 국가간의 전쟁 가능성을 감소시켰다고 주장했던 것이다.

VI

어쩌면 온건한 조약으로 종결된 전쟁이 훨씬 더 지속적인 평화를 창출해 내는 것인지도 모른다. 그래서 1814년의 파리 조약과 1815년의 비엔나 조약을 체결했던 사람들이야말로 장기적인 평화 시대의 창조자라고 추켜세우는 역사가들도 있다. 그러나 미국의 통찰력 있는 한 역사가가 지적한 것처럼[21] 그러한 칭찬은 너무 과장되어서는 안 된다. 왜냐하면 1814~15년의 중요한 결정들은 사건의 소용돌이에 의해서 금새 변경되었기 때문이다. 오히려 이와는 반대로 동 세기의 두 번째 평화 시대는 가혹하고도 징벌의 성격이 강하다고 평가되는 조약이 체결된 뒤에 도래한 것이었다. 1871년 독일이 프랑스로부터 빼앗은 영토와 황금이 후일 제1차 세계대전의 주요 원인으로 간주되기도 했지만, 1871년의 가혹한 조약은

---

20) Nef, p. 445.
21) E. V. Gulick, *The New Cambridge Modern History*, Vol. IX, pp. 666-7.

확실히 긴 평화 시대의 개막을 알리는 것이었다는 점을 회상하는 것도 유익한 일일 것이다. 지난 3세기 동안 가장 불행한 결과를 초래한 평화 조약은 제1차 세계대전 종결 시에 체결된 베르사이유 조약이었다. 베르사이유의 영향력에 대한 강조는 매우 흥미롭다. 즉 20년만에 또 한 차례의 세계대전을 초래했다는 사실로부터 부분적으로나마 그 조약에 가해지는 비난을 이해할 수 있다. 비난은 두 가지이다. 즉 어떤 사람들은 그 조약의 가혹함을 비난하기도 하고 또 다른 사람들은 그 조약의 경제적 효과를 비난하기도 한다. 1920년대 초반 중부 유럽에서 하늘 높은 줄 모르고 치솟던 인플레, 1930년대 초반의 세계적인 경기 침체 등은 종종 베르사이유에서 전승국들에 의해서 내려진 경제적 결정이 그 원인이라고 비난받았다. 베르사이유 체제가 세계 경제를 얼마나 황폐하게 만들었는가 하는 것은 매우 고통스런 문제이다. 독일에게 요구된 막대한 전쟁 부채가 이미 위험 수위에 도달해 있던 국제적인 상황을 더 악화시키기만 했다고 주장할 수도 있겠다.[22] 그러나 1920년대와 1930년대의 경제적인 질병은 전승국가들이 프랑스에서 회동하기 전에 이미 발생한 사태와 경향들을 주로 반영한 것이었다. 즉 1914년 이전부터 상존해 온 취약한 자본주의 체제, 통화제도를 이끌어 갈 만한 경제적, 정치적 지식의 빈곤, 경제적 조건과 태도에 대한 전쟁의 영향, 그리고 전쟁 동안 런던으로부터 뉴욕으로의 금융 지배력 이전의 가속화 등이 반영되어 있었던 것이다.

이러한 주장의 일부는 베르사이유 체제가 전후 20년간 국제 관계에 중대한 영향을 미쳤다는 신념을 고무시킨 1919년의 역작 『평화의 경제적 결과』(The Economic Consequences of Peace)에서 더욱 세련된 형태로 나타났다.[23] 케인즈가 파리 평화 회담으로부터 피곤한 몸을 이끌고 귀국해서

---

22) Robert Triffin, *Our International Monetary System: yesterday, today, and tomorrow* (New York, 1968), pp. 25-7.
23) J. M. Keynes, *The Economic Consequences of Peace* (London, 1919). 1919년 이전의 경제 구조에 관해서는 pp. 22-3 참조.

2개월 동안 온 심혈을 기울여 이 책을 집필했을 때 그는 독일에 부과된 경제적 형벌이 초래할지도 모를 결과들을 강조하기 위해서 자신의 탁월한 지적, 정신적 재능을 활용했던 것이다. 그러나 그 역시 경제적 흉조들이 이미 만연해 있기 때문에 온건한 조약이 절실하게 요구된다고 강조했다. 이미 오래 전부터 세계 곳곳의 항구와 공장들을 연결하고 있는 거미집과도 같은 교역 및 차관의 구조는 매우 섬세한 것이라고 케인즈는 설명했다. 그러므로 그 거미집의 어느 한 줄이라도 팽팽하게 만드는 평화조약은 위험하다는 것이다. 아이러니컬하게도 케인즈의 베스트 셀러는 몇 년 뒤에 전혀 다른 메시지를 연상시키게 되었다. 많은 대담한 예측들처럼 나중에 발생한 사건들 때문에 대중의 기억 속에서 그 색조가 바뀌어졌다. 케인즈가 경제적 위험성에 대해서 경고한 대로 그리고 실제로 그런 위험들이 발생하면서 평화 조약이 점차 그러한 위험의 원인이라고 비난받게 되었던 것이다. 더 이상 그의 책이 읽혀지지 않게 된 후로 사람들의 기억에 남은 것은 그 제목 '평화의 경제적 결과' 뿐이었다. 사실 케인즈는 1919년 이전부터 항존해 왔던 대부분의 '결과들'을 지적했었다. 그리고 1936년에 방대한 경제학의 영역에 관해 다시 집필하여 더욱 유명해진 그의 『일반 이론』(The General Theory)이 함축하고 있는 의미들 중의 하나도 사실은 그 관대한 베르사이유 조약조차도 세계적인 경기 침체는 물론 그로 인해서 발생한 정치적인 사건들을 막아내지는 못했을 것이라는 점이었다.

어떤 사람들은 제1차 세계대전을 종결지었던 베르사이유 조약의 가혹함이 제2차 세계대전의 주요 원인이었다고 주장하기도 했다. 만일 이러한 주장이 타당한 것이라면 1945년 독일에 강요된 요구 조건에 대해서는 더 강력한 비난을 할 수도 있을 것이다. 왜냐하면 1945년 이후의 독일이 1918년의 경우보다 더 가혹한 취급을 받았었기 때문이다. 독일은 4반세기 이상 동안 외국 군대의 점령을 감수하지 않으면 안되었다. 그리고 이 점령을 위해서 본래 독일 제국의 심장부였던 프러시아 지방이 독일의 주영토로부터 제공되어야 했다. 고도(古都) 베를린은 분할되거나 장벽이 둘러졌으며 때로는 포위되기도 했다. 분명히 제2차 세계대전 이후에 독일에게 강요된 배상금은 1차 대전의 경우보다 가벼운 것이기는 했지만 그렇다고 하더라도 1920년대에 독일로부터 징수된 배상금은 독일로 흘러 들어간 미국의 차관에 비하면 아무 것도 아니었다.

18세기에는 온건한 평화 조약들이 잇달아 체결되었었다. 18세기의 전쟁들은 패전국들에게 징벌적인 조건들을 강요하면서 종결되지는 않았었다는 점에 거의 모든 역사가들은 동의하고 있다. 그러나 불행하게도 관대한 평화 조약은 곧 이어 또 다른 전쟁을 수반하는 것이 보통이었다. 아마도 가장 온건한 평화 조약은 9년간의 전쟁이 끝나면서 1748년에 체결된 조약일 것이다. 그러나 1756년까지 유럽 대륙의 거의 절반이나 차지하는 국가들이 이른바 7년 전쟁에 **빠져들었다**. 유럽 국가들에 의해서 수행된 식민지 전쟁들을 보더라도 가혹한 평화 조약이 곧 바로 보복 전쟁을 야기한다는 생각은 지지하기가 어렵다.

관대한 평화 조약은 우호적인 국제 분위기를 조성한다고 믿고 싶은 사람이 있을지도 모른다. 그러나 그것은 거의 적용될 수 없기 때문에 그러한 분위기를 조성하지 못한다. 전쟁이 관대한 조약으로 종결되는 것은 대개의 경우 승전국가가 가혹한 조건을 강요할 만큼 강력하지 못하기 때문이다. 그럼에도 불구하고 제시된 증거의 비중으로 보아 가혹한 평화 조약은 평화 기간을 더 연장할 것이라고 주장된다. 그리고 그렇게 보이는 데에는 강력한 이유가 있다. 가혹한 조약은 대부분 결정적인 승리로 끝난 전쟁의 결과이다. 그리고 그렇기 때문에 결정적인 승리는 좀더 지속적인 평화를 촉진하는 경향이 있다고 주장되는 것이다.

제 *2* 장
맨체스터의 신조: 자유주의자들의 평화론

I

19세기만이 유별나게 긴 평화의 시대를 향유할 수 있었던 이유는 무엇인가 하는 미스터리는 유능한 지성인들에게는 그다지 심각한 문제도 되지 않았다. 그들은 과거에는 사람들 사이의 오해와 불만이 많은 전쟁을 야기하는 원인이 되었지만 지성과 상업의 발달로 인하여 그러한 오해와 불만이 줄어들고 있다고 믿고 있었다. 이 이론의 추종자들은 대개 인간 본성에 대해서 낙관적인 견해를 지닌 민주주의자들이었다. 사실 이들은 영국보다는 프랑스에서 먼저 출현하기 시작했지만 결국 영어 사용국들의 세계에서 가장 영향력 있는 세력을 형성했다. 그리고 그들이 마음의 고향으로 삼고 있던 곳은 세계 구석구석에 면제품과 자유무역의 철학을 수출하고 있던 산업도시 맨체스터였다.

이 맨체스터의 사도들은 국제 시장이야말로 낙원이라고 믿고 있었다. 그들은 상품과 사상의 국제 유통, 국제 유통을 촉진하는 제도의 창출, 그리고 유통을 방해하는 제도의 폐지 등을 주장했다. 국가가 부유해진 이유는 정복활동 때문이 아니라 상업활동 때문이라고 그들은 주장했다. 복지의 확대는 위협에 의해서가 아니라 합리적인 토론에 의해서 가능했다는 것이다. 그들에게 있어서 평화의 요새는 다름 아닌 사상 및 상품의 교환을 촉진하는 제도적 장치들 — 의회, 국제회의, 대중 신문, 의무교육,

공공 열람실, 저렴한 우표, 철도, 해저 전신, 대형 정기 여객선, 그리고 맨체스터산 면제품의 매매와 교환 등 — 이었다.

워털루 전투이래 지속되어 온 긴 평화는 점차 상품과 사상의 국제 유통의 결과로 설명되기 시작했다.[1] 맨체스터의 상인이자 세계 시민이었던 리처드 코브덴(Richard Cobden)의 전기를 집필했던 한 작가는 "선진 계몽국가들 사이에 상업의 자유가 구축되었던 바로 그 시대에 인류의 관심이 모든 국제 문제로 쏠렸던 것은 결코 우연이라고 할 수는 없었다"고 기술하고 있다.[2] 로버트 필 경, 윌리엄 글래드스턴, 존 스튜어트 밀, 많은 경제학자들과 시인, 저술가들, 그리고 영국의 컨소트 공 앨버트 선제(Albert the Good) 등도 이와 비슷한 생각을 갖고 있었다. 앨버트 선제는 1851년 런던의 신축 수정궁에서 개최된 만국박람회를 후원하면서 평화의 축제와 무역 박람회는 동의어라는 생각을 널리 퍼뜨렸다. 수정궁의 박람회는 아마도 세계 최초의 평화 축제였을 것이다.

유리와 철강으로 만들어진 수정궁에서 증기 기관차와 전신 설비는 기계공학의 경이로서 찬양되었는데, 실제로 그것들은 평화의 전달자인 동시에 화합의 도구였다. 1850년 영국 해협을 가로질러 설치된 전신 케이블은 해저의 우호선으로서 환영을 받았다. 1858년 대서양의 해저 전신 케이블 완공식은 또 하나의 친선 의식이었으며, 해저를 가로질러서 최초로 타전된 전문은 다음과 같은 평화 선언이었다. "유럽과 미국은 전신이라는 통신수단에 의해서 하나로 통합되었다. 하늘에는 영광, 땅에는 평화, 그리고 인류에게는 우정이 함께 하기를!"[3] 그러나 이 해저 케이블은 곧 절단되었기 때문에 이듬해 발생한 프랑스 - 오스트리아의 교전 소식

<hr />

1) 이러한 생각들을 '맨체스터 신조'(the Manchester creed)라고 이름 붙인 이유는 자유무역의 상징으로서 그리고 이 신조에 대한 자유무역 경제학자들 사이의 인기의 상징으로서 맨체스터가 명성을 지니고 있었기 때문이다.

2) Lewis Apjohn, *Richard Cobden and the Free Traders* (London, 1880), p. 234.

3) R. J. Cruikshank, *Roaring Century* (London, 1946), p. 72.

이나 1861년 미국이 내전으로 분열되었다는 소식을 전하지 못했다.

전신과 철도, 증기선 등이 강력한 평화의 촉진제 역할을 하고 있다는 생각을 하고 있던 영향력 있는 예언자들 중에 헨리 토머스 버클(Henry Thomas Buckle)이라는 사람이 있었다. 버클은 1850년대에 거대한 런던 도서관의 채광 아래서 공부했던 젊고 부유한 런던의 독신남이었다. 그는 유럽의 문명화에 영향을 미쳤다고 생각되는 것들에 대해서 폭넓은 연구와 조사를 하고 그 결과를 힘찬 문장으로 표현했다. 평화의 궁전에서 유럽 챔피언들과 시합을 벌일 정도로 탁월한 체스 선수이기도 했던 그는 인간사란 것도 체스의 규칙처럼 명확한 규칙의 지배를 받는다고 믿고 있었다. 그리고 그의 작품들 속에는 이러한 규칙들이 구석구석 스며들어 있다.4) 그의 『영국 문명사』(History of Civilization in England) 제1권은 1857년에 출간되었고, 제2권은 1861년에 출간되었는데 모두 영국의 독자들에 의해서 탐독되었을 뿐만 아니라 프랑스어, 스페인어, 독일어, 헝가리어, 그리고 히브리어 등으로 출판되기도 했다. 러시아어로는 네 차례나 번역되었다.

버클의 논지 가운데 하나는 서구에서 호전적인 정신이 쇠퇴해 가고 있다는 것이었다. 자유 사상가의 한 사람으로서 그는 이 쇠퇴의 원인이 도덕적인 영향에 있다기보다는 지식과 지적 활동의 발달에 있다고 생각했다. 군사적인 활동 자체가 화약의 발명으로 인해 많은 사람들의 일시적인 활동으로부터 소수의 전문적인 활동으로 변화했기 때문에 결과적으로 평화적인 목적을 추구할 수 있는 많은 사람들의 재능이 발휘될 소지가 마련되었다는 것이다. 이런 맥락에서 '인류 역사상 가장 중요한 책이라고 할 수 있는' 애덤 스미스의 『국부론』도 상업정책을 통해서 이웃 국가를 빈곤하게 하기보다는 부유하게 할 때 국가의 수익이 극대화된다는 사고

---

4) *The Dictionary of National Biography*, 27 vols. (Oxford, 1968), Vol. III, pp. 208 - 11.

를 일찍부터 인식, 보급했다는 것이다.5) 애덤 스미스에 의하면 전쟁 및 공격적인 중상주의를 대체하는 자유무역이야말로 상업적인 번영의 길이었다. 그리고 낡은 정신은 국가들을 서로 다투도록 만들었지만 새로운 상업정신은 국가들로 하여금 서로 의존하지 않을 수 없도록 만들었다는 것이 버클의 주장이었다.

상업이 국가들을 서로 맺어 준 것과 같이 증기선과 철도는 여러 민족들을 연결해 주었다. '접촉이 잦을수록 서로를 존중하는 마음이 싹트게 된다'고 버클은 주장했다. 프랑스인들과 영국인들은 서로 잘 알게 되자 서로에 대한 민족적 편견을 억제하기 시작했는데, 이 과정에서 철도나 증기선만큼 그들 사이의 우호정신을 고양해 준 것은 없을 것이라는 게 버클의 신념이었다. 그가 자신의 명쾌하고도 유려한 문장에서 확언한 것처럼, "새로 부설된 모든 철도, 해협을 왕래하는 활기찬 증기선 등이야말로 지난 40년 동안 지구상에서 가장 개명된 두 민족의 운명과 이익을 결합해 준 장구하고도 공고한 평화의 유지를 위한 특별한 보장수단"이라고 할 수 있었다.6) 버클은 해외여행이야말로 가장 훌륭한 교육이며 동시에 평화의 촉진에 박차를 가하는 수단이라고 생각했다. 그런데 그는 1862년 다마스커스 근처를 여행하던 중에 장티푸스에 걸려서 생을 마감하고 말았다.

호전적인 정신이 유럽에서 쇠퇴해 가고 있다는 버클의 주장이 크리미아 전쟁의 발발로 손상을 입지 않았을까 하고 생각하는 독자들이 있을지도 모르겠다. 크리미아에서 전투가 시작되었을 때 버클은 마침 그 부분을 집필하고 있었다. 그리고 그와 같은 비판을 예상하면서 다음과 같은 논리를 전개했다.

---

5) Henry Thomas Buckle, *History of Civilization in England*, 3 vols. (London, 1885), Vol. I, p. 214.
6) *Ibid.*, p. 223.

우리가 가담하고 있는 이 대규모 싸움의 특수성은 그 싸움이 발생했던 상황 바로 그대로이다. 즉 이 싸움은 문명화된 국가들 사이의 이익 충돌 때문이 아니라 아직껏 유럽에 잔존하고 있는 가장 미개한 두 군주국, 러시아와 터키 사이의 불화 때문에 발생했다. 이것은 매우 중요한 사실이라고 하겠다. 과거 에는 전례 없이 긴 평화가 두 문명국 사이의 불화 때문에 파괴되곤 했지만, 현재의 상황에서 매우 특징적이라고 할 수 있는 것은 개명되지 못한 러시아 인들이 더 미개한 터키인들에게 공격을 가함으로써 평화가 파괴되고 있다는 점이다.[7]

그런데 버클이 설명하지 않으면 안되었던 점은 왜 자신이 문명의 우상 으로 삼았던 영국과 프랑스가 야만인들의 전쟁에 열광적으로 가담했는 가 하는 것이었다. 이에 대한 그의 설명은 매우 간단했다. 즉 영국과 프랑스의 군대가 머나먼 크리미아를 향해서 출발했다는 사실이야말로 이 국가들이 문명국가라는 증거가 된다는 것이다. 영국과 프랑스는 '이기 적인 목적을 위해서가 아니라 야만스런 적들의 침략으로부터 문명세계 를 보호하려는 목적으로 칼을 뽑아 든 것'이라고 그는 기술했다.

버클이 생을 마감하던 그 해에 미국에서 시작된 파괴적인 내전은 그의 이론에 치명적인 일격을 가한 사건이었음에 틀림없었다. 그럼에도 불구 하고 오히려 미국의 내전 발생으로 버클의 지지자들은 더욱 고무되었다. 그들은 미국의 남북전쟁을 야만주의 및 야만적인 노예제도에 대항하여 발생한 또 하나의 십자군 전쟁이라고 해석하고 있었다. 바로 이 4년간의 전쟁이 종결될 즈음 아일랜드의 경제학자인 케언스(J. E. Cairnes) 교수는 '모든 선진적인 근대 문명의 조류들'이 평화의 방향으로 꾸준히 흘러가고 있다는 생각을 확인시켜 주는 설득력 있는 논문을 발표했다.[8] 그는 북부 연방이 전쟁 기간에 외국의 지지를 열망했던 과정이야말로 국제적인 사건에 있어서 여론의 힘이 점증하고 있다는 징표라고 생각했다. 그는

---

7) *Ibid.*, p. 195.

8) J. E. Cairnes, 'International Law', *Fortnightly Review* (November, 1865), p. 123.

계몽된 여론은 주로 자유로운 상업활동의 팽창, 철도와 증기선 그리고 근대 언어의 연구 등으로부터 생성된다고 믿었다. 헨리 토마스 버클이라면 근대 언어에 대한 케언즈의 강조에 동조했을 것이다. 그 역시 19세기의 언어를 사용하고 있었던 것이다.

무지와 오해가 전쟁의 씨앗이라는 생각은 국제어 — 그렇게 해서 선택된 언어가 민족주의의 색채를 띠지 않을 경우 — 가 평화를 조성할지도 모른다는 희망을 불러 일으켰다. 1880년 남부독일의 사제인 슐라이어(J. M. Schleyer)는 자신이 직접 만든 중립적인 언어를 발표하면서 그 이름을 볼라퓌크(Volapük)라고 지었다. 볼라퓌크어는 불과 10년만에 100만 명의 학생을 확보했다고 알려지면서 소문과 같은 속도로 거의 모든 문명지역에 퍼져 나갔다. 1889년에는 283개의 볼라퓌크어 연구그룹의 대표단이 파리에서 회동했는데, 그 회합의 만찬에서 시중을 드는 웨이터들까지도 다음과 같은 선언문을 볼라퓌크어로 구사할 수 있을 정도였다.

> 나는 전세계의 인류 동포들 특히 민족간 유대를 위한 위대한 수단의 하나로서 볼라퓌크어를 신봉하는 교양인들을 사랑합니다.[9]

민족간의 단합을 위한 언어로서 에스페란토라는 경쟁적인 언어가 출현한 것은 그보다 2년 전이었다. 러시아인 외과의사이자 에스페란토어의 발명자인 자멘호프(Zamenhof)는 폴란드어, 독일어, 이디시(Yiddish)어, 그리고 러시아어 등이 모두 사용되는 분쟁 지역 출신이었다. 그리고 그는 자신이 만든 에스페란토어가 인종간의 의견 차이를 개선시킬 것이라고 믿고 있었다. 그러나 이미 오래 전부터 에스페란토어의 지지자들과 볼라퓌크어의 지지자들은 서로 다투고 있었다. 볼라퓌크어의 문하생들조차도 자신들의 보편적인 언어가 반드시 화합을 가져다 주는 것은 아니라는 사실을 발견했다. 그들은 문법에 관해서 다투고 난 뒤 분열되고 말았다.

---

9) *Encyclopaedia Britannica*, 1910 - 11, Vol. XXVIII, p. 178.

제1차 세계대전 이전의 세대에게는 맨체스터의 복음이 결코 완벽한 것은 아니라는 경고들이 많이 나타나고 있었다. 철도와 국제 운하, 증기선과 선하증권 등과 같은 평화를 도래시키는 그 수단들이 몇몇 전쟁의 배경에 뚜렷하게 모습을 보이고 있었던 것이다. 수에즈운하는 국제 교역의 훌륭한 대동맥이었지만 바로 그 이유 때문에 영국과 프랑스는 운하의 관할권에 강력한 이해관계를 지니고 있었다. 수에즈운하가 없었더라도 1882년의 이집트 전쟁이 발생했을까 하는 의문이 생길 정도이다. 시베리아 횡단철도는 건설부문의 위대한 업적이자 유럽과 아시아를 연결하는 강력한 연계선이지만, 마찬가지로 이 철도가 없었더라면 1904~05년의 러일전쟁은 발생하지 않았을지도 모를 일이다. 그렇다고 해서 이 새로운 상업의 대동맥들이 그 두 전쟁을 유발했다는 것은 아니다. 그러나 이러한 사례들은 여러 민족을 연결해 주는 것은 그것이 무엇이든지 평화의 도구가 된다는 가정이 갖는 위험성을 여실히 보여 주었다. 맨체스터 신조는 그를 추종하는 많은 사람들에게는 하나의 도그마였기 때문에 그들은 상반되는 증거들이 출현하더라도 자신들의 고려대상에서 제외해 버리곤 했던 것이다.

II

무지와 오해가 평화의 적으로 인식되자 확실히 좀더 많은 상호이해의 수단들이 요구되었다. 제1차 세계대전 이전의 약 반세기 동안에는 그러한 요구들이 배가되고 있었다. 1870년대에는 우편, 전신, 저작권 및 도량형 등을 조정하기 위한 국제사무소가 2개의 경쟁적인 국제법 기구와 함께 창설되었다. 1880년대에는 국제의원연맹이 탄생되었는데, 많은 국가의 의원들은 이 기구를 통해서 중재에 의한 국가간의 관계 조정이 촉진되기를 희망했다. 1889년 파리의 국제 박람회에서는 대표단들이 커피와 콜빵을 볼라퓌크어로 주문할 정도의 회합 무대가 형성되었고, 많은 국가의 평화 단체들이 이제는 최초의 국제회의를 조직할 수 있을 정도의 세력을 갖추게 되었다. 그 후로 약 20년 동안 그들은 7차례의 국제회의를 개최했다. 각국 정부들도 평화에 관한 국제회의를 주창했다. 러시아의 니콜라이 2세는 1899년의 헤이그 회의의 소집을 후원하여, 비록 군비경쟁의 중지에 합의하는 데에는 실패했지만 기구(氣球)를 사용한 발사와 폭약사용의 금지결의 등을 포함한 여러 가지 문제들의 합의에 성공하기도 했다. 제1회 헤이그 회의에는 24개국이 참여했지만 1907년의 회의에는 44개국이나 참가했다. 각국 지도자들이 이러한 회합을 성공적으로 이끌어 가게 되자 1917년으로 예정된 세 번째 회의에서는 거의 전세계에 걸쳐서 전쟁을 대체할 수 있는 그 무엇을 조정해 낼 수 있지 않겠는가 하는 희망이 급속히 확산되었다.

평화가 규범으로써 자리를 잡아가고 있다는 생각을 전파하는 데에는 금전적인 동기도 한 몫을 하고 있었다. 즉 국가간의 평화를 유지하는 방법에 관한 가장 훌륭한 에세이에 50파운드의 상금과 금메달을 수여하는 제도가 생겨났고, 유럽의 많은 도시에서 광범위한 붐이 일었다. 이러한 아이디어는 스웨덴의 앨프리드 노벨에 의해서 더욱 구체화되었다. 노벨은 무연화약인 다이너마이트를 발명, 전쟁터에서의 사망률은 증가시켰지만 대기 오염은 감소시키는 데 공헌한 장본인이었다. 1896년 노벨은 리비에라에서 사망했는데, 자신의 막대한 유산을 5개 부문 — 과학부문 3개, 문학 부문 1개, 그리고 국제 우호증진 부문에 1개 — 에서의 국제적인 업적에 대해 영구적으로 시상하는 제도를 만드는 데 이용하도록 했다. 이것은 지식의 개척과 평화의 개척이 동시에 이루어진다는 생각을 반영한 것이었다.

맨체스터, 워싱턴, 헤이그 그리고 하이드 파크를 포괄하는 이러한 위대한 십자군적 행동들은 진보와 인간의 선(善)에 대한 신념을 내포하고 있는 것이었다. 이와 같은 이상주의와 그를 상징하는 묘비명은 국제법의 권위자 토머스 버클레이(Thomas Barclay) 경의 평화에 관한 논문에 잘 나타나 있는데, 이 논문은 1911년판 『브리태니커백과사전』에 수록되어 있다. 버클레이 경은 자유로운 통신의 교류와 면제품 의류의 유통이 바로 평화의 나팔이라는 신조의 아성인 블랙번의 직물 공업도시 랭카셔 출신 하원의원이었다. 인류 역사상 유례없는 가장 참혹한 전쟁이 시작되기 3년 전, 버클레이 경은 우호정신의 지배를 자신 있게 예언하고 있었다. 미국 대륙에서는 '전쟁 원인의 제거와 평화 유지를 위한 적극적인 방법의 발달로 전쟁이 사라질 수 있다는 생각이 놀라운 속도로 현실화하고 있다' 면서 기뻐하고 있었던 것이다.[10] 미국이야말로 '평화가 인류의 정상적인 상태'라는 생각을 개척한 국가라고 그는 칭찬했다. 거대한 규모의 군대에 임기 복무를 하기 위해 수백만 명의 시민이 징집되고 있던 유럽 대륙에서 도 상서로운 조짐이 보였는데, 징집된 병사들은 전투를 위한 훈련뿐만 아니라 시민적 책임의 수행을 위한 훈련도 받고 있었다. 독일의 경우에는 군대에서 징집된 병사들에게 복종하는 것만을 가르치는 것이 아니라 사고하도록 가르치고 있다고 버클레이는 기술하고 있다. 같은 맥락에서 그는 한 때 그토록 호전적이었던 프랑스가 훈련소와 주말 야영훈련 등의 제도를 통해서 유럽에서 가장 평화적인 국가로 변모했다고 믿었다. "이 리하여 대륙의 군국주의는 이성의 지배에 공헌하는 바로 그 요소들과 결합되었다"고 그는 결론지었다.[11] 국제회의와 국제협약의 증가 그리고 평화를 요구하고 평화를 위해 노력하자는 여론의 홍수에 고무된 버클레 이는 전쟁의 원인들이 궁극적으로는 제거될 것이라고 예언했다. "많은 진보적인 사람들이 이제 전쟁은 국가들이 국내적인 복지를 강화하기 위해서 필요로 하는 인류화합과 협조에 대한 우발적인 교란상태에 불과 한 것이라고 간주되고 있다."[12]

10) Sir Thomas Barclay, 'Peace', *Encyclopaedia Britannica*, 11th ed. (London, 1910~ 11), Vol. XXI, p. 7.
11) *Ibid*, p. 7.
12) *Ibid*, pp. 4-5.

3년 뒤에 세계적인 위기가 발생하자 이들 진보적인 사람들에게도 군대에의 편입이 요구되었고, 수천 명의 사람들이 징집되었다. 평화 선호의 영향력들은 지리멸렬 상태로 전락하고 말았다. 그리고 『브리태니커백과사전』 제20판은 '평화'라는 항목에서 1919년의 평화회담에서 승전국가들이 어떻게 패전국가들을 응징했는가에 관한 긴 에세이를 싣고 있었다.

III

　　만일 해외 여행이라든가 세계적인 상업망, 민주적인 토론, 2개 국어의 구사능력, 올림픽 게임, 에스페란토어, 그리고 기타 다수의 요인들이 정말로 평화를 촉진했다면 제1차 세계대전은 말 그대로 비극적이고도 우발적인 사건이었다고 할 수 있을 것이다. 전쟁이 발발하던 그 해 여름에는 전례 없이 많은 유럽인들이 여행을 하고, 회의에 참가하고, 휴가를 즐기거나 외국에서 일을 하고 있었다. 만일 버클이나 케언즈 그리고 앨버트 선제 등이 장수하여 1914년 6월에 해협을 왕복하고 있는 증기선이나 국제선 침대열차가 붐비는 모습을 보았더라면, 독일의 온천장 호텔이나 리비에라의 호텔에서 여러 나라의 언어들이 지껄여지는 소리를 들었더라면, 그 해 여름을 위해서 준비된 국제회의의 목록들을 단 한 줄이라도 읽었더라면, 혹은 그들이 맨체스터와 세인트 피터스버그의 수로를 통해서 운반된 독일 제품의 창고들을 보았더라면, 그들은 아마 그 해 가을의 유럽은 평화로울 것이라고 예언했을 것이다.

　　4년 동안 지속되면서 세계의 거의 모든 '문명' 국가들을 휩쓸고 지나간 전쟁은 이들 십자군적인 자유주의자들의 모든 가정을 일시에 뒤엎어 버리고 말았다. 물론 이들 대부분은 국제평화를 위한 운동이 경우에 따라서는 좌절될 수도 있다는 여지를 남겨 놓고 있기는 했다. 천년왕국이 도래하기 전에는 야만인들과 전제군주에 대항하는 전쟁이 치러질 수도 있었다. 사실 제1차 세계대전이 영국과 프랑스 그리고 독일을 한편으로 하고 러시아와 세르비아가 다른 한편이 되어 진행되기만 했어도 천년왕국에 대한 신념은 덜 흔들렸을지도 모른다. 그렇게 되었더라면 1차 대전도 크리미아 전쟁이나 미국의 남북전쟁의 재판에 불과한 것으로 간주되었을 것이고 따라서 야만인들에 대한 전쟁으로 해석되었을 것이다. 그러나 독일과 대항한 이 전쟁을 영국이나 프랑스 그리고 러시아의 지식인들이 단순히 무지하고 개명되지 못한 족속들과의 전쟁이라고 해석할 수는 없었다. 왜냐하면 1914년의 독일은 앨버트 아인슈타인, 막스 플랑크, 막스 베버 등 기라성 같은 동시대 지성인들의 고향이기 때문이었다. 또 한편으로 독일의 자유주의자들은 적어도 러시아의 짜르가 자신들이 상대했던 적들 중의 하나였다는 사실에 지성적인 만족감을 느끼고 있었던 것이다. 그러나 또 다른 독일의 적은 일견 문명의 등불이라고도 할 수 있었던 프랑스였다.

유럽을 양분했던 1차 대전은 묘한 아이러니를 지니고 있었던 것이다. 만일 전쟁의 처절함이나 지속 기간 등이 미리 예측되었더라면 1914년에 평화를 유지하고자 하는 노력이 훨씬 더 활기차게 진행되었을 것이며 또 성공을 거두었을지도 모른다. 그러나 1914년에 그렇게도 많은 국가의 지도자들과 그의 추종자들이 기나 긴 전쟁을 상상조차 하지 못했던 이유 중의 하나는 다름 아닌 그들이 지니고 있던 신념, 즉 평화로운 19세기에 생성, 성장한 것으로 보이는 문명적 사조의 꾸준한 유입에 대한 그들 자신의 믿음이었다. 부분적인 설명이 될지도 모르지만 만일 전쟁이 혼돈을 초래하기 시작하면 전쟁에 반대하는 문명화된 여론이 비등할 것이기 때문에 1914년의 대전은 금방 끝날 것이라는 그러한 믿음이 널리 퍼져 있었던 것이다. 따라서 혼돈과 학살 그리고 증오의 분위기를 견뎌 내려는 수억 유럽인들의 자발적인 의지가 느껴지자 문명에 대한 믿음을 지니고 있던 사람들은 경악할 수밖에 없었다.

세계대전의 충격에도 불구하고 맨체스터 신조의 변형들은 살아 남아 있었다. 사실 이 신조는 불과 20년 뒤에 발생할 또 한 차례의 세계대전에 대해서도 부분적인 책임이 있을지도 모른다. 독일의 군사적인 부활이 전쟁의 원인을 복잡하게 만들기는 했지만, 그 많은 원인들 가운데에는 맨체스터의 발자국도 발견되고 있다.

1차 대전에서 승리한 몇몇 국가들의 의지와 마지못한 동의가 없었더라면 독일이 군사적으로 부활하지는 못했을 것이다. 특히 독일이 부활할 수 있도록 허용한 것은 미국과 영국이었다. 그들은 해양에 의해서 보호받고 있었기 때문에 유럽 내부의 위협에 대해서는 별로 주의가 깊은 편이 아니었다. 게다가 그들은 민주주의 정치체제를 유지하고 있었기 때문에 평화시에 국방비를 적절하게 지출하는 데에 곤란을 겪을 수밖에 없었다. 예산을 다른 곳에 활용하여야 한다는 의견이 더욱 설득력을 지니고 있었기 때문이다. 민주주의가 시행되는 안전한 섬나라는 역시 맨체스터 신조의 천국일 수밖에 없었다. 맨체스터 신조가 내포하고 있던 인간의 본성에 대한 낙관주의와 과도한 무력에 대한 불신 등에는 바로 이 국가적인 안보환경이 반영되어 있었다.

영국과 미국에서 나타난 낙관주의의 한 징표는 더 이상의 세계대전은 본질적으로 불가능하다는 널리 퍼진 믿음이었다. 전쟁을 종식시키기 위한 전쟁이라는 개념은 1914년부터 1918년까지 이들 민주 국가에서는 인기 있는 슬로건 중의 하나였다. 그리고 그러한 생각은 슬로건이 연설가들의 입과 신병 모집의 게시판에서 사라지고 난 뒤까지도 오래도록 남아 있었다. 세계가 다시는 그와 같은 대전을 경험하지 않을 것이라는 예언은 1차 대전의 주요 전승국들 사이에 무장을 경시하는 분위기를 조성했다. 국제연맹이 국제적인 사건에 있어서 무력 사용을 대체하는 효과적인 도구가 될 것이라는 깊은 믿음이 존재했던 것은 아마 영국에서도 마찬가지였을 것이다. 국제연맹은 어떤 의미에서 영국의 하원, 맨체스터 면제품 거래소, 그리고 자유 무역을 위한 오랜 십자군 활동의 후예라고 할 수 있었기 때문에 이와 같은 사실이 그다지 놀랄 만한 것은 못된다. 공식적인 것은 아니었지만 아무튼 영국의 여론은 국제연맹이 제공해 줄 수 있는 것 이상을 연맹에 기대하는 경향이 있었다. 이와 같은 잘못된 신념은 독일이 유럽에서 자국의 협상지위를 회복하는 데 간접적으로 이바지했다. 계속되는 일련의 위기 과정에서 국제연맹은 무능한 것으로 판명되었기 때문이다. 이와 마찬가지로 1920년대의 영국에서 널리 퍼진 무장에 대한 불신은 주요한 전쟁 이후에 흔히 나타나는 정상적인 반응의 도를 넘어서는 것이었다. 이러한 불신은 앞서 있었던 전쟁의 주요 원인이 바로 군비경쟁이었다는 신념을 반영한 것이었다. 1차 대전은 오해로부터 비롯된 것이며 아무도 원하지 않았던 것이라고 주장되었다. 필자는 1914년에 대한 이러한 해석은 정말 일고의 가치도 없는 것이라고 생각하지만 아무튼 이것은 맨체스터 신조의 낙관주의적 교리와 조화를 이루었다. 그리고 영국에서 이러한 믿음이 광범위하게 퍼진 이후로 미래의 사건들도 영향을 받게 되었다. 뿐만 아니라 1930년대의 일정 기간에는 독일의 재무장에 대항할 수 있는 영국 정부의 능력을 제약하는 요인으로 작용하기도 했다. 무장을 태만하게 하는 것보다는 군비경쟁에 또 다시 뛰어 드는 것이 평화를 더욱 위협하는 것이라고 생각되었다. 두 대전 사이에 맨체스터의 신조가 유럽인들에게 영향을 미쳤다는 사실은 1919년의 강요된 약체 국가 독일을 1939년의 강력한 상태로 이끌어 올린 한 가닥의 동아줄에 불과하지만 그것은 매우 중요한 가닥이었던 것이다.

19세기에 전성기를 맞이했던 맨체스터 신조는 영국의 집권 내각보다는 여론에 의해서 더 선호되었다. 그러나 제2차 세계대전의 전야에는 영국 정부 내에 그러한 신조가 더 강력하게 자리잡고 있었다. 버밍검시의 시장이라는 화려한 경력의 맨체스터파의 인물이 집권하고 있었던 것이다. 1937년부터 1940년까지 영국의 수상을 지낸 네빌 체임벌린은 현재에 와서는 가끔 순진한 개인주의자, 영국의 전통에서 일탈해 있던 괴짜 등으로 평가되기도 하지만, 그는 사실 가장 영향력 있는 영국의 사상적 전통들의 한 흐름을 대표하는 사람이었다. 체임벌린은 비록 영국의 재무장을 추진하고 있기는 했지만 기본적으로 무력의 효용을 믿는 인물은 아니었다. 그가 바라보았던 세계는 무력이나 위협에 대해서만 반응하는 악의 세계가 아니라 호의에 대해서 반응하고 토론에 응할 줄 아는 이성적인 인간의 세계였다. 그는 대부분의 근대 전쟁들이 오해 또는 불만 때문에 일어났다고 믿고 있었다. 따라서 전쟁의 원인에 대해서는 이성적인 치료 방안이 필요하다고 생각했다. 1919년의 베르사이유 조약에 의해서 독일이 부당한 대우를 받고 있다고 생각한 체임벌린은 양보에 의해서 평화가 유지될 수 있을 것이라는 신념을 가지고, 신념을 행동으로 옮길 준비를 하고 있었다. 협상 테이블이야말로 유일무이하게 분별력이 통하는 전쟁 터라는 믿음을 가지고, 독일을 영국으로 불러올 것도 없이 그는 스스로 서둘러서 독일로 날아갔다. 그는 히틀러가 이성적인 토론과 유화정책에 응해 줄 것이라고 믿었으며, 1938년 당시의 많은 영국인들도 같은 생각을 가지고 있었다.[13]

만일 맨체스터 신조를 신봉하던 초기의 재능 있는 예언자들이 1938년 9월 체코 위기 시에 히틀러를 만나기 위해 급히 바바리아로 가는 비행기에 탑승하고 있는 체임벌린을 볼 수만 있었다면, 그를 최후의 평화의 사자라고 환호하면서 추켜세웠을 것이다. 또 체임벌린이 독일어 통역자도 대동하지 않은 채 히틀러를 만났다는 사실을 그 예언자들이 알게 되었다면, 대화가 에스페란토어로 행해졌는지 아니면 볼라퓌크어로 행해졌는지 매우 궁금해했을지도 모른다. 1938년 9월 30일 체임벌린이 다우닝가 10번지 수상관저의 창가에 나타나서 "그것이 우리 시대의 평화라고 믿는다"[14]고 외쳤을 때에는 이미 그 이전부터 존재해 온 모든 우표, 2개의 국어 사전, 열차 시간표, 무역 박람회, 모든 평화회의, 올림픽 게임, 여행안내 책자, 그리고 국제 전신 제도 등이 영광스럽게 정당화되는 것처럼 보였다. 이제 와서 되돌아보면 바로 그 1년 뒤 전쟁이 발발함으로써

---

13) 이성적인 토론에 대한 체임벌린의 신념에 관해서는 A. J. P. Taylor, *The Origins of the Second World War* (London, 1964), pp. 172, 217 참조.
14) *Ibid.*, p. 231.

유화정책의 종말과 정책적인 실패가 확실해진 것처럼 보이지만, 아무튼 당시에는 그러한 정책이 변함없이 지속되었다. 즉 독일에 대한 첫 번째 공습에서 영국은 (포탄 투하 대신에) 삐라를 살포하고 있었다.15)

IV

맨체스터시에는 그 이름이 상징하는 바와 같은 평화론의 비문들이 많이 있다. 빅토리아 철도역에 들어서면 1차 대전 중에 사망한 '랭카셔와 요크셔의 철도 관련자들'을 추모하는 위령비가 보인다. 헨리 토마스 버클의 표현을 빌자면 '길고도 깨어지지 않는 평화의 유지를 특별히 보장'해 주었던 많은 유럽 철도들 중의 하나인 셈인데, 그 위령비에는 1,500명이나 되는 사람들의 이름이 새겨져 있다. 도시의 다른 한 쪽 끝에 있는 자유무역의 전당(the Free Trade Hall)은 자유무역과 평화가 동의어처럼 생각되던 시절에 지어진 것인데, 그 안에는 본래의 전당이 '1940년 12월 22일 밤 적군의 공습으로 파괴되었음'을 알리는 안내판이 있다. 1970년 가을에는 그로부터 멀지 않은 곳에 다음과 같이 씌어진 가두 현수막이 설치되었다.

무기를 팔지 말자. 그것들을 폐기해 버리자!

평화에 대한 낙관주의적인 이론은 아직도 널리 펴져 있다. 미국의 경우를 보면 이러한 낙관주의가 베트남 전쟁에 대한 비판론에 많이 스며들어 있음을 알 수 있다. 러시아 및 중국과의 우호적인 접촉으로부터 성급한 결과를 기대하는 서방 세계의 학파에서도 낙관주의를 발견할 수 있다.

---

15) Harold Nicolson, *Diaries and Letters 1939~1945*, ed. by Nigel Nicolson (London, 1967), p. 32.

낙관적 평화론은 부국이 빈국을 원조하는 수많은 원조계획의 저변에도 깔려 있을 뿐만 아니라 올림픽 게임, 로터리 클럽, 텔스타(통신위성) 등으로부터 국제 여행 및 평화 기구들에 이르기까지 일련의 운동과 사업들에도 침투해 있다. 그와 같은 신조가 인간 행동에 대한 건전한 전제를 기초로 하든 혹은 그릇된 전제를 기초로 하든 관계없이 국제관계에 여전히 영향을 미치고 있는 것은 사실이다. 단기적으로 보면 이러한 경향은 문명적인 영향력을 행사한다. 그러나 실제로 그것이 전쟁을 촉진하는지 아니면 평화를 촉진하는지 하는 문제는 논쟁의 소지가 있다. 만일 그러한 낙관주의가 전쟁의 원인과 평화의 원인에 관한 그릇된 일반론에 기초하고 있다면 평화를 촉진하는 데 있어서의 영향력은 제한될 수밖에 없을 것이며 정말로 위험한 것일 수도 있다. 더구나 그러한 낙관적 평화론이 평화에 대한 강렬한 소망에 의해서 고취된 것이라면, 그리고 국제관계의 핵심이 아니라 껍질만을 갉아 대는 것이라면 그 결과는 보잘것없는 것이 될 것이다.

19세기의 수많은 재능 있는 사람들에 의해서 형성되고 보급된 이 평화론에는 무언가 중요한 것이 빠져 있다. 전쟁과 평화에 관한 다른 많은 설명들과 마찬가지로 이 이론은 너무나 많은 부분을 우연의 일치에 의존하고 있다고 말할 수 있다. 워털루 전투이후 3세대에 걸쳐서 지속된 장기간의 평화에 대해 사람들은 경탄할 수밖에 없었는데, 그들은 동시적으로 발생하는 우연한 사건으로부터 이 평화에 대한 설명을 찾아내려고 했던 것이다.16) 즉 그들이 주목한 것은 국제 평화가 산업주의, 증기기관, 해외 여행, 더욱 자유롭고 번창하는 상업, 그리고 지식의 발달 등과 (우연하게도) 일치한다는 사실이었다. 그들은 이러한 변화가 평화를 촉진하는 특수한 과정들을 바라보면서 그러한 우연의 일치를 인과관계로 결론지어 버렸다. 그러나 그들의 설명은 한 가지의 예 혹은 한 시대의 평화에만 근거한

---

16) 이와 비슷한 상황이 1945년 이후에도 발생했는데, 전후 유럽에 조성된 상대적인 평화에 대한 설명의 한 가지 — 핵무기의 영향 — 는 종종 우연의 일치에 의존하고 있는 것이 아닌가 생각된다.

것이었다. 그들의 이전 세대에는 증기기관도 없었고, 공장도 없었으며, 전반적인 무지 상태에서 상업마저 제약되어 있었지만 짧으나마 그런 대로 평화의 시대가 존재했다는 사실을 간과하고 있었다. 1848~71년의 기간동안 유럽에서 발생한 전쟁들에 대한 그들의 설명도 믿을 수 없는 부분이 많다. 이 기간의 전쟁들은 상대적으로 단기전이 대부분이었는데, 그들은 워털루 전투 이후의 동세기에 발생한 대부분의 전쟁들이 단기전의 성격을 띠었던 것은 유럽에서 호전적인 정신이 퇴조해 가고 있다는 증거라고 생각했다. 그러나 이 시기의 대부분의 전쟁들이 단기전으로 그쳤던 이유는 문명적 요소들이 작용했기 때문이 아니었다. 오히려 그와는 정반대로 평화의 철학자들이 면밀하게 검토하지 못했던 특수한 정치 상황 그리고 새로운 기술적 요인들 때문이었다고 말할 수 있다. 결국 평화의 철학자들은 전쟁을 간과함으로써 이러한 실수들을 범한 셈인데 이러한 그들의 태도는 평화를 무시하고 전쟁을 연구하는 경향에 대한 중요한 반작용이기도 했다.

19세기에 평화의 원인으로 환영받은 대부분의 변화들은 오히려 평화의 결과였다고 해야 옳을 것이다. 사상과 사람, 상품들이 국경을 넘어서 쉽게 유통될 수 있었던 것은, 비록 결과적으로는 그러한 흐름이 평화를 촉진한 면이 있다고는 하지만 결국 평화로운 시대가 부여한 혜택의 결과라고 할 수 있다. 마찬가지로 인간의 본성에 대한 낙관적인 평가 그리고 문명이 승리하고 있다는 믿음 등도 19세기가 향유하고 있던 상대적인 평온함에 의해서 조장된 측면이 강하다. 만일 전쟁들이 좀더 길었거나 좀더 참혹했다면 낙관주의가 그 정도로 만연하지는 못했을 것이다. 어떤 의미에서 맨체스터 평화론은 목동의 뺨이 불그스레하다는 이유만으로 그 목동이 건강하다고 판단하는 돌팔이 의사의 진단과도 같다고 하겠다. 병든 목동을 치료하기 위해서는 결국 그의 뺨을 붉게 만들기만 하면 된단 말인가?

국가간의 긴밀한 접촉이 평화를 촉진한다는 증거를 찾아내기는 쉽지 않다. 국가들을 연결하는 신속한 의사소통이 반드시 평화를 촉진했던 것은 아니다. 지난 3세기 동안 대부분의 전쟁이 서로 멀리 떨어진 국가들 사이에 일어난 것이 아니라 인접한 국가들 사이에서 발생한 것들이었다는 사실을 논박하기는 어렵다. 내전의 발생 빈도를 보아도 공통점이 많은 사람들끼리 평화를 유지할 수 있다는 순진한 생각은 쉽게 깨어지고 만다. 맨체스터 신조의 대부분의 변형들의 특징이기도 한 이상주의의 계보도 평화를 선호하는 영향력으로 쉽게 규정될 수 없다. 아마도 그 신조는 실제로는 이상주의적인 것이 아니기 때문이다. 1938년 독일에 대한 체임벌린의 양보는 결국 부분적으로는 점증하는 독일의 국력에 영향을 받은 것이라는 점에 의심의 여지가 없다. 더구나 그의 양보는 체코슬로바키아의 독립을 대가로 지불한 것이었기 때문에 그다지 이상주의적인 것이라고 할 수도 없다.

결론은 자명해진다. 맨체스터 신조는 전쟁과 평화 이론의 핵심적인 부분이 될 수 없는 것이다. 맨체스터 신조가 강조하는 그러한 영향력들이 실제로 전쟁보다 평화를 더 촉진했는지의 여부도 확신할 수 없다.

영국계 미국인 경제학자 케네스 보울딩(Kenneth Boulding)은 분리되어 있는 지식의 영역들 사이에 존재하는 단절을 연결하는 교량을 훌륭하게 건설한 사람이었는데, 맨체스터 형제애의 딜레마를 간접적으로 조명해 주는 이야기를 한 적이 있다. 그가 기술한 바에 의하면 "교환 체계(exchange systems)가 경제학의 기본인 것과 마찬가지로, 위협 체계(threat systems)는 정치학의 기초이다."[17] 맨체스터의 이상주의자들은 교환을 강조하면서 위협의 중요성은 극소화했다. 그들은 인류가 악보다는 훨씬 더 많은 선을 지니고 있다고 믿으면서 점차로 문명화되어 가고 있는 세계에서 위협이 불필요해지고 있다고 생각했다. 정말로 그들은 위협이

---

17) Kenneth Boulding, *Beyond Economics: essays on society, religion and ethics* (Ann Arbor, 1968), p. 105.

란 허물어져 가고 있는 전제적인 구질서의 상징이라고 생각했다. 그리고 적에 의해서 무기로 사용되는 공개적인 또는 은밀한 위협들을 경멸했다. 따라서 그들은 무력이나 위협에 의존하는 짜르나 독재자에 분명한 반대를 표명했다. 같은 이유로 노예제도, 농노제도, 군국주의 그리고 가혹한 형벌 등에도 반대했다. 뿐만 아니라 그들은 지옥이라는 관념에도 거부반응을 보였는데, 지옥이라는 것 그 자체가 하나의 위협이기 때문이었다.

현재의 우리들 자신도 마찬가지이지만 그들은 비록 전제국가보다는 훨씬 더 은밀하고 간헐적이기는 하지만 민주적인 국가들도 위협이나 무력에 의존한다는 사실을 깨닫지 못했다. 경제적으로도 강성하고 해양의 존재로 인해서 외부로부터의 침략에 대해 비교적 자유로운 미국과 영국 두 나라에서만이 지성적이고 상업적인 자유가 가장 잘 보장받고 있다는 사실도 그들은 간과하고 있었다. 민주적인 정부형태에 대한 앵글로색슨 민족의 선호 경향은 해양이 제공해 주는 군사적인 안보에 힘입은 바가 큰 것이다. 매우 드문 경우이긴 하지만 지난 2세기 동안 영국은 강력한 적으로부터 위협을 받았을 때에는 잠정적으로 많은 민주적 절차들을 포기했다. 그래서 2차 대전 당시 처칠과 그의 전쟁내각은 18세기의 전제정치시절 만큼이나 많은 권한을 보유하고 있었던 것이다. 결국 국제적인 사건들은 몇몇 선호된 지역의 사건들에서 발견되는 업적들이 별다른 어려움 없이 되풀이되는 것이라는 맨체스터 신조의 믿음은 잘못된 것이다.

맨체스터의 신사들은 국제 평화의 성지를 향해 꾸준히 행진하고 있는 것처럼 보이는 기다란 행렬에 경의를 표하면서, 성화 봉송자의 횃불은 보고 있었지만 그 뒤를 따라서 행진하는 검투사들의 밀집 대열은 보지 못했던 것이다.

V

19세기의 유명한 평화의 시기들은 여전히 미스터리이나. 지금까지 논의된 요인들은 평화에 대한 단편적인 설명으로서도 별로 효력이 없는 것으로 보인다. 강력한 지도자, 인류의 문명적인 사고, 온건한 평화조약 또는 상업과 지식의 성장 등등의 평화적 영향력들이 지나치게 과장되어 왔던 것으로 보인다. 시민항쟁, 번영 또는 다른 안전장치의 간접적 효과 등에 의해서 부분적으로 설명될 수 없는 것이 국제평화이다. 지금까지 논의된 이론 중에서 단 한 가지 — 전쟁 권태증 이론 — 가 강점을 지니고 있기는 하지만 그것도 사실에 적용하기 전에 다듬어져야 할 부분이 많다. 평화에 대한 설명은 간접적으로는 전쟁에 대한 설명이기 때문에 널리 퍼져 있는 전쟁의 원인에 관한 지식들도 신화와 미신으로 진하게 물들어 있을 것임에 틀림없다.

제 2 부

전쟁의 구조

제 3 장 남가일몽 : 다가오는 전쟁에 대한 꿈과 망상

제 4 장 어부지리 : 제3국의 개입가능성이 전쟁에 미치는 영향

제 5 장 희생양 이론 : 살짝수염벌레와 희생양

제 6 장 전쟁의 경제학 : 전쟁자금과 경제적 충동

제 7 장 전쟁의 기상학 : 계절과 전쟁

제 8 장 세력균형과 전쟁

제3장
남가일몽(南柯一夢) : 다가오는 전쟁에 대한 꿈과 망상

I

전쟁과 평화에 있어서 영속적인 패턴이 발견되지 않는 이유는 아마도 그러한 패턴이란 것이 존재하지 않기 때문일지도 모른다. 많은 역사가들은 겉만 그럴 듯한 일반론에 대한 반작용으로 각 전쟁의 원인과 각 평화 시기의 원인은 서로 다르다고 주장한다. 강력한 패턴을 모색하는 것은 신기루를 좇는 것과 같다고 이들은 생각한다. 그러나 지난 3세기 동안의 전쟁 발발을 살펴보면 전쟁의 원인 따라서 평화의 원인들을 조명해 주는 반복적인 실마리를 발견할 수 있다. 그 숨겨진 실마리의 하나는 전쟁을 이해하는 데 매우 중요한 것인데 그것은 바로 대부분의 전쟁을 촉발시키는 낙관주의이다.

II

1914년 8월 1일 토요일, 전 유럽에 전율이 흐르고 있었다. 런던의 레스토랑에서는 독일인, 오스트리아인 웨이터들이 보수를 챙겨 가지고 급히 해협의 항구로 달려갔다. 베를린과 라이프찌히에서는 수많은 영국인 가족들이 휴가를 중단하고 독일발 열차에 몸을 실었다. 바다의 정기 여객선들에게는 우호적인 항구로 진로를 변경하라는 무선경고가 수신되고 있었다. 파리에서 세인트 피터스버그에 이르기까지 각 신문사 사무실의 문 밖은 전황 발표문이 나붙기를 기다리거나 거리로 실려 나가는 호외를 기다리는 사람들로 혼잡을 이루었다.

역사상 그 어느 전쟁보다도 많은 병사들이 죽고 그 어느 전쟁보다도 더 많은 국가들이 뛰어 들게 될 전쟁의 전야에 사람들은 한 가지 믿음을 위안으로 삼고 있었다. 즉 다가오는 전쟁은 곧 끝날 것이라고 믿고 있었던 것이다. 사람들은 싸움은 3개월 또는 길어야 6개월 정도만 지속될 것이라고 생각했다. 결국 유럽의 지도자들 중 그 누구도 막 시작되고 있는 엄청난 비극을 예견하지 못하고 있었다. 처음부터 전쟁에 가담한 국가들이 서로 선전포고를 했을 때, 그들이 의식적으로 1914~18년의 전쟁이라고 불려지게 될 그런 전쟁의 시작을 선언했던 것은 아니었다. 오히려 그들은 1914년의 전쟁 또는 최악의 경우라고 할지라도 1914~15년의 전쟁이 될 것이라고 굳게 믿고 희망한 그러한 전쟁의 시작을 선포하고 있었던 것이다. 전쟁은 아무리 짧더라도 끔찍한 것이라는 사실을 깨닫고 있던 지도자들에게는 더 큰 위안이 있었다. 그것은 바로 승리였다. 양 동맹은 모두 승리를 기대하고 있었다.

8월 1일 아침, 독일 제국의 수상 베트만 홀베크(Bethmann Hollweg)는 연방위원회 회의석상에서 이미 러시아와 프랑스에 최후통첩을 보냈다고 엄숙하게 발표했다. 그는 아무런 응답도 기대하지 않고 있었다. 그는 독일이 경험한 그 어느 전쟁들보다도 희생적인 전쟁을 마음속에 그리고 있었다. 그는 "지금 철의 주사위가 구르고 있습니다. 신이시여, 우리를 도와주소서!"라고 말했다.[1]

전쟁은 주사위 놀이였던 동시에 체스 게임이기도 했다. 그리고 그 게임에 관한 한 독일의 지도자들은 자기들이 대가라고 믿고 있었다. 전쟁이

---

1) Karl Kautsky, ed., *Outbreak of the World War: German documents collected by Karl Kautsky* (New York, 1924), pp. 439-41.

시작되기 약 3개월 전 몰트케(von Moltke) 장군은 오스트리아의 참모총장에게 개인적으로 장래의 전쟁이 어떤 방향으로 나아갈 것인가에 대해 다음과 같이 술회한 적이 있었다.[2] "개전 6주 이내에 프랑스를 함락시켜야 할 것 같습니다. 적어도 그 정도까지는 우리의 주력부대를 동부전선 깊숙이 전진시켜야 합니다." 그래야만 거대한 러시아 군대와 일전을 치를 수가 있었다. 전쟁이 선포되기 하루 전날 베를린 주재 바바리아 공사 레헨펠트 백작(Count von Lerchenfeld)은 만일 영국이 독일에 대항해서 참전하더라도 독일의 승산이 매우 크다는 개인적인 기록을 남겼다. 바로 그 날 저녁 8시, 여느 때처럼 '브리스톨' 식당으로 저녁 식사를 하러 가기 직전에 뮤니히(Munich)의 본국 정부와 전화통화를 하면서 백작은 장군들이 '4주만에 프랑스를 정복할 수 있다'는 자신감을 피력했다고 전했다. 이틀 후 그는 독일과 오스트리아가 '전세계를 상대하는 상황이 되더라도' 베를린의 군대는 자신감에 넘쳐 있는 상태에 있을 것이라고 보고했다.[3] 베트만 홀베크 역시 동일한 자신감을 가지고 전쟁이 4개월이면 끝날 것이라고 믿고 있었다.[4] 한편 독일의 동맹국인 오스트리아 제국은 그보다는 덜 열성적인 것 같았다. 오스트리아의 지도자들이 오스트리아와 독일 연합군의 패배를 예상했던 것은 아니지만 판단컨대 그렇게까지 신속한 승리를 자신하고 있었던 것 같지는 않았다. 그들은 자신들이 중유럽의 연합에서 엑스트라의 위치에 불과하다는 사실을 알고 있었다.

전쟁이 시작된 첫 1개월 동안 벨기에와 프랑스 북부지역을 관통한 독일의 공격속도로 보아 독일군은 크리스마스 때까지는 고향으로 돌아갈 수 있으리라는 희망을 가질 만도 했다. 그렇게 되자 독일 외상은 이탈리아로 하여금 전쟁에 가담하도록 종용할 필요가 없어졌다고 판단했다.

---

2) 1914년 5월 12일, 자세한 사항은 Fritz Fischer, *Germany's Aims in the First World War*, tr. from German (London, 1967), p. 37 참조.
3) Kautsky, pp. 635-41.
4) Fischer, p. 92.

이탈리아의 지원이 불필요해졌던 것이다.[5] 개전 6주가 지나자 베트만 홀베크는 적이 곧 평화조건을 제시할 것이라고 생각했다.[6] 독일군의 전진이 지지부진해지고 수백 마일이나 되는 참호 속에서 전쟁은 교착상태에 빠져들었지만 자신감은 시시각각 커져 가기만 했다. 1915년 2월 4일, 전쟁이 7개월 째로 접어들면서 독일은 영국 주변을 봉쇄하고 해군 함정과 상선에 대해서 잠수함 공격을 하겠다고 발표했다. 당시 독일은 북해에 21척의 잠수함을 보유하고 있을 뿐이었지만, 해군 참모총장 바하만 (Bachmann) 제독은 영국이 의존하고 있는 상선들을 격침시킬 수 있는 잠수함의 능력을 과신하고 있었기 때문에 영국이 곧 패닉 상태에 빠져들 것이며 따라서 6주 이내에 항복을 받아 낼 수 있을 것이라고 예측했다.[7] 그러나 아이러니컬하게도 독일에서는 벌써 몇몇 원자재가 고갈되어 가고 있었고, 배급제가 시작되고 하면서 빵집에서는 감자가루를 사용할 준비를 하고 있었다. 독일은 지금까지 수행된 전쟁 기간의 8배나 되는 시간 동안 전쟁이 지속되리라는 것을 예상하기는커녕 단 반년 동안의 전쟁에 대해서도 적절한 준비를 갖추고 있지 못했던 것이다.

대부분의 영국 각료들도 단기전을 예상하고 있었다. 해군장관이자 명석한 군사학 학도였던 윈스턴 처칠(Winston Churchill) 역시 전개되는 상황으로 보아 비록 치열하기는 할지라도 짧은 전쟁이 될 것이라고 생각하고 있었다. 그는 이미 1911년에 영국의 해군이 독일의 산업시설과 창고로부터 원료들을 박탈할 것이며, 이미 막대한 전쟁비용으로 허덕이고 있는 독일의 신용과 재정에 타격을 줄 수 있을 것이라고 예언한 바 있었다.[8] 이러한 견해에 대장상 로이드 조지(Lloyd George)도 동의했다. 1914년 6월,

---

5) *Ibid.*, p. 99.
6) *Ibid.*, p. 103.
7) *Ibid.*, pp. 282 - 3.
8) Sir Winston S. Churchill, *The World Crisis 1911~1918*, abridged and revised edn. (London, 1943), p. 57.

처칠은 전함에 필요한 석유가 현대전의 중요한 기간뿐만 아니라 전쟁의 전기간 동안을 충당할 만큼 비축되어 있다고 주장했다. 영국의 항만과 해안의 기름 저장고가 크지도 않았고 또 많지도 않았던 것으로 보아9) 단기전에 대한 가정이 만연되어 있었던 것이다. 대부분의 각료들 및 그들과 밀접한 사람들은 전쟁 시작 이후 한 달 동안 모두 같은 생각을 가지고 있었다. 제국 국방위원회의 에셔 자작(Viscount Esher)도 자신의 저서에서 낙관론을 펴고 있었다. 비록 그가 영국 상류사회에 만연되어 있던 상쾌한 생각을 지니고 있던 것은 아니었지만 — '이 친구들은 대부분 전쟁을 피크닉 정도로 생각한다' — 전쟁이 곧 끝나리라고 생각하기는 마찬가지였다.10) 영국 참전 사흘 째 되던 날 그는 러시아가 독일로 진군하면 한 달만에 승리가 도래할 것이라고 생각했다.11) 전쟁 10일 째 되던 날 그는 아치볼드 머레이(Sir Archibald Murray) 장군으로부터 다행스럽게도 전쟁이 단지 3개월 정도는 지속될 것이라는 이야기를 들었다. 견딜 수 없는 재정적인 곤란과 군대 및 도시에 필요한 식료품 부족 때문에도 8개월을 넘지는 않으리라는 것이었다. 에셔 자작은 한 군인의 낙관론을 들었던 바로 그 날 또 다른 비관적인 견해도 들었다. 그는 과거에 인도와 아프리카에서 벌어졌던 많은 전투의 영웅이자 당시에는 전쟁상이었던 키치너 경(Lord Kitchener)과 두 시간 동안 이야기를 나누었다. 키치너가 한 이야기는 불쾌한 것이었다. 키치너는 전쟁이 적어도 3년은 지속될 것이라고 이야기했다. 그러나 키치너도 참호 속에서의 정태적인 전쟁을 예상하고 있었던 것은 아니었다. 오히려 그는 프랑스 군대가 전쟁 초기에 궤멸될 것이고 연합국의 군대가 상실한 영토를 회복하고 독일군을 격퇴하기 위해서는 몇 년 정도가 필요할 것이라고 예언했다.12)

---

9) *The Times*, 18 June, 1914
10) Viscount Esher, *Journals and Letters of Reginald Viscount Esher* (London, 1938), Vol. Ⅲ, p. 180.
11) *Ibid*, pp. 175 - 7.

프랑스의 각료들이 영국인들만큼 희망적이었는가 하는 점은 분명하지 않다. 그러나 프랑스의 고급장교들은 1870년 자신들에게 굴욕감을 안겨 주었던 바로 그 적을 상대하는 데 틀림없는 자신감을 지니고 있는 것처럼 보였다. 1914년 2월 그들은 전쟁이 발생할 경우 프랑스가 독일을 강력하게 공략할 수 있도록 '플랜 17'을 비밀리에 수립해 놓았다.[13] 독일의 장군들이 개전 6주 이내에 파리까지 진격할 수 있으리라고 예측했던 반면 많은 프랑스의 장군들은 자신들의 군대가 라인강을 건너든지 아니면 적어도 그 근처까지는 진군할 것이라고 예측하고 있었다. 프랑스의 탁월한 장군 중의 한 사람인 빅토르 코도니에(Victor Cordonnier)는 초기에 전쟁의 흥분 속에서 "전쟁이 곧 끝나리라고 기대했기 때문에 국가적 필요성에 대해서 아무런 주의도 기울이지 않았다"고 회고했다.[14] 전쟁 개시 후 4년이 지나도록 전선이 계속해서 프랑스 영토 내에 형성되어 있으리라고 그 어느 프랑스의 고위관리가 생각이나 했겠는가?

격조 높은 러시아의 수도 세인트 피터스버그에서도 불과 10년 전에 일본으로부터 치욕적인 패배를 당했던 국가로서는 거의 기대할 수도 없는 낙관주의의 광채가 미끄러질 듯한 돔 양식의 지붕(domes) 위에 빛나고 있었다.[15] 1914년 3월 전쟁상 수호믈리노프(Soukhomlinov) 장군은 『피터스버그 증권거래소 신문』(Petersburg Bourse Gazette)에 러시아 혼자의 힘만으로도 독일과 오스트리아의 대규모 무장병력을 공격할 충분한 역량

---

12) W. S. Churchill, p. 140.

13) *Encyclopaedia Britannica*, 1922, Vol. XXXII, pp. 972 - 3.

14) 빅토르 코도니에와 프랑스군에 관해서는 *Encyclopaedia Britannica*, 1922, Vol. XXX, p. 216 참조.

15) 팔레올로그에 의하면 짜르는 초조해 했지만 총사령관인 니콜라이 대공(Grand Duke Nicholas)은 들떠 있었다고 전해진다. Maurice Paleologue, *An Ambassador's Memoirs*, 2 Vols. (Princeton, 1959, 1964)의 Vol. I, p. 69; Baron Rosen, *Forty Years of Diplomacy*, 2 Vols. (London, 1922)의 Vol. II, p. 155; Virginia Cowles, *The Russian Dagger: cold war in the days of the Czar* (London, 1969), pp. 285, 319.

이 된다는 사실을 확신하는 논문을 기고했다. 가히 그것은 공식적인 성명이었다. 전쟁상 스스로 믿고 있다기보다는 많은 사람들이 믿도록 하기 위한 것이라고 할 수 있는 것이었다. 그러나 사적인 회견에서도 그는 자신감에 차 있었다. 그는 수개월 내에 승리할 수 있다고 믿었고 대부분의 러시아 각료들도 마찬가지였다. 짜르가 마지못해 병력동원을 승인했을 때 세인트 피터스버그에 있었던 러시아의 외교관 로젠 남작(Baron Rosen) 역시 고참 장성들 사이에서 영광스런 승리에 대한 확신이 만연하고 있음을 간파한 사람들 중의 하나였다.

복잡 미묘한 희망의 격자(格子) ― 군사적, 재정적 실상과 환상의 교차― 는 다가오는 전쟁에 대한 공포를 진정시켰다. 많은 국가들이 가담하는 전쟁은 오래 지속될 수 없다고 사람들은 공공연히 주장했다. 전쟁은 전쟁터에서의 결정적인 사건이나 경제영역에서의 결정적 사건 때문에 종결될 것이었다. 만일 전쟁터에서 그런 일이 생기지 않는다면 분명 경제영역에서 발생할 것이었다.

Ⅲ

1962년 미국의 저술가 바버라 터크먼(Barbara W. Tuchman)은 제1차 세계대전의 전야와 개전에 관한 흥미진진한 역사서를 탈고했다. 케네디 대통령은 쿠바 미사일 위기에 직면했을 때 그녀의 신간을 탐독했다고 하는데, 그렇다면 희망적인 사고에 빠져들려는 어떠한 경향도 그 책으로 말미암아 억제될 수 있었을 것이다. 왜냐하면 『8월의 총성』(The Guns of August)은 1914년 여름 유럽에 팽배해 있던 그릇된 낙관주의와 공격적인 몽상을 지적해 내고 있기 때문이다. 바버라 터크먼은 당시 유럽인들의 단기전에 대한 확신에 놀라움을 금할 수 없었다. 그리고 그녀는 명예롭게도 그러한 낙관주의와 몽상을 아이러니컬하지만 부적절한 우둔함의 실례로서 보기보다는 전쟁을 야기한 분위기의 일부로 보는 몇 안 되는 역사가들 중의 한 사람이었다. 그녀는 단기전에 대한 1914년의 신념이 전략과 재정에 관한 만연된 여론 때문이라고 생각했다. 그녀는 자신의 견해를 간략하게 요약했는데, 지나친 압축 때문에 약간 과장된 감도 없지 않다.

> 고인이 된 프러시아의 클라우제비츠와 잘못 이해되기는 했지만 당시 생존해 있던 노먼 앤젤(Norman Angell) 교수는 유럽인들의 마음속에 단기전의 개념을 확고하게 심어 놓았다. 신속하고도 결정적인 승리는 독일의 교조였다. 그리고 장기전의 경제적 불가능성은 모든 사람들의 교조였다.[16]

그녀 이전과 이후의 다른 사람들도 비슷한 결론에 도달했다. 그들이 내린 결론의 핵심은 전쟁 전야의 신념이란 것은 시간적으로 최근의 현상이며 따라서 최근의 원인에 의해서 설명될 수밖에 없다는 것이다. 낙관주의에 대한 설명은 주로 최근에 유럽에서 발생했던 일련의 단기전들과 서방세계에서의 금융, 상업 구조의 확대 등에서 찾을 수 있다는 것이다.

그러나 실제로는 중요한 갭이 생긴다. 그러한 설명은 어째서 그렇게 많은 유럽인들 ― 지도자들과 국민들 ― 이 신속한 전쟁을 기대했는가를 설명해 주는 것처럼 보이지만, 과연 신속할 뿐 아니라 어째서 승리를 가져올 것이라고까지 생각했는가도 설명해 줄 수 있을 것인가? 임박한 전쟁에 대한 마음속의 그림에서 전투의 지속 가능성과 그 결과는 거의 분리될 수가 없다. 그리고 만일 우리가 하필이면 왜 임박한 전쟁에 대한 낙관적 구상이 러시아 각료들과 독일 장군들의 마음속에 그려졌는가를 설명하려 한다면 아마도 승리에 대해 그들이 확신하게 된 바로 그 이유가 이미 어째서 승리가 빨리 혹은 천천히 도래하는가 하는 문제도 함께 설명해 준다고 결론지을 수밖에 없을 것이다. 1914년의 전쟁이 단기전이 될 것이라는 예언이 영국에서는 주로 경제적인 논의에 기초하고 있었다

---

16) Barbara W. Tuchman, *The Guns of August: August 1914* (London, 1964), p. 142.

는 사실은 중요하다. 영국은 재정적으로 선진 강대국이었다. 따라서 만일 경제적인 붕괴가 전쟁 초기에 발생했었다면 그것은 영국의 적들을 먼저 강타했을 것이고 결국에는 그들을 굴복시켰을 것이었다. 대조적으로 독일의 지도자들은 결정적인 현대 군사기술 때문에 단기전이 될 것이라고 예측했다. 이 방면에서 독일은 공인된 실력자였고 따라서 승리를 기대할 수 있었다. 전쟁 결과에 대한 기대들은 매우 주관적이고 모호한 경향이 있었다. 지난 반세기의 교훈에 따르면 대부분의 전쟁은 짧은 것이었다. 그리고 1914년의 유럽인들은 그러한 교훈을 기꺼이 받아들였던 것이다. 마찬가지로 중요한 또 하나의 교훈은 그 전쟁들이 장기전이었든 단기전이었든 관계없이 오직 한 편에게만 승리를 가져다주었다는 사실이었다. 그러나 1914년에는 양쪽 모두가 승리를 자신하고 있었다. 가장 최근의 주요한 전쟁에서 패배했던 러시아와 프랑스, 오스트리아조차도 승리를 바라고 있었다. 1914년 유럽지도자들의 낙관론의 저변에는 당시로서는 최근의 군사적, 재정적 역사에 대한 그들 자신의 지식보다도 더욱 강력한 그 무엇이 깔려 있었다.

1914년 전쟁 전야의 낙관주의는 보통 예외적인 것이었다고 주장되어 왔지만, 그것은 예외적인 것이라기보다는 선명하게 눈에 띠는 현상이었다. 1914년의 전쟁 발발을 역사상 가장 기록이 잘된 것으로 만든 수많은 비밀기록과 수백 권이나 되는 회고록, 자서전 등이 전후에 출판됨으로써 1914년 위기시의 낙관주의는 속속 확인되었다. 전쟁 전야의 초기에 만연했던 희망과 공포에 관한 분석들을 살펴보아도 역시 비슷한 낙관주의를 발견할 수 있다.

전쟁을 할 것인가 아니면 전쟁을 피할 것인가를 결정해야만 하는 사람들이 임박해 오는 전쟁을 어떻게 생각하고 있었는가를 알아내기란 매우 어려운 일이다. 대개 전쟁이 이러저러할 것이라는 공식적인 예측은 신중하게 다루어져진다. 모르긴 해도 그것들은 예측이라기보다는 선전일 경우가 많다. 좀더 균형 잡힌 예측이 있다면 그것은 바로 지도자들이 개인적으로 예측한 것들이다. 그러나 개인적인 진술조차도 때로는 꺼림칙해 하는 동료들에게 전쟁이 영광스런 것이 될 것이라고 설득하기 위해서 과장되는 수가 종종 있다. 더욱이 전쟁 전야의 기대가 시시각각 변한다면 쉽사리 단언할 수도 없는 노릇이다. 전쟁 전야의 기대에 관한 증거를 수집하는 일은 매우 힘든 작업이다. 보통 이러한 기대들은 별로 중요하지 않은 것으로 간주되기 때문에 특정 전쟁의 원인을 다룬 수백 편의 책과 논문들은 이에 대해 언급하지 않고 있다. 때로는 역사가들에 의해서도 중요하게 다루어지지 않는데 그 이유는 그들이 참조한 기록들에는 그러한 기대들이 분명하게 나타나 있지 않기 때문이다. 또한 통치자와 그의 무장된 군사력이 모두 전쟁에서 승리하리라고, 그것도 신속하게 승리하리라고 믿는다고 해서 그들 사이에 교환된 서신에 그러한 확신이 반드시 표현되는 것은 아니다. 서로의 견해가 일치하는 부분에 대해서 논의한다는 것은 무의미한 일이기 때문이다. 그럼에도 불구하고 낙관주의가 언제나 전쟁의 전주곡이 된다는 점을 암시해 주는 증거들은 충분히 남아 있다.

1700년이래 치러졌던 수많은 전쟁들을 선도했던 기대들로부터는 기묘한 파급효과가 도출된다. 즉 임박한 전쟁에서의 승리를 확신하는 국가는 대개 그 승리가 빨리 올 것이라고 확신한다. 승리를 움켜쥐기보다는 패배하지 않기를 바라면서 마지못해 전쟁에 돌입하는 국가는 스스로 기나긴 투쟁을 시작하고 있다고 믿는 경향이 더욱 강하다. 지도자들로 하여금 승전을 기대하도록 고무하는 주장이나 직관 같은 것들은 속전속결에 대한 그들의 신념에도 강한 영향을 미친다. 단기전에 대한 신념은 주로 의식적인 우월감의 저수지로부터 범람한 것이었다.[17]

---

[17] '승리로 끝나는 단기전에 대한 기대'는 전쟁의 원인에 관한 가장 중요한 연구영역들 중의 하나임에도 불구하고 아직까지 미개척 분야로 남아 있다. 1700년 이후의 전쟁들 전야의 희망에 대한 필자의 불충분한 조사는 단지 시작에 불과하기는 하지만 널리 만연된 낙관주의를 보여준다고 하겠다.

Ⅳ

18세기의 많은 장기전들은 낙관주의적인 진군 나팔소리와 함께 시작되었다. 1700년 강력한 북방 강대국들의 동맹이 스웨덴을 공격했을 때 신속한 승리가 도래할 것처럼 보였다. 그러나 그 전쟁은 21년이나 계속되었다. 1702년 5월 런던에서 프랑스에 대한 선전포고문을 기초하기 위한 추밀원 회의가 소집되었을 때에도 사람들은 신속한 전투와 '단시간 내의 훌륭한 평화달성'[18]을 기대하고 있었다. 그러나 실제로 전쟁은 10년 이상이나 계속되었다. 러시아의 통치자들은 1733년의 폴란드 침공이 아무런 저항도 야기하지 않을 것이라고 생각한 것 같았다. 1739년 스페인에 대한 선전포고시 영국의 조야는 쉽사리 스페인을 정벌하리라는 그럴 듯한 희망에 차 있었는데, 로버트 월폴 경(Sir Robert Walpole)은 이에 대해 이렇게 빈정거렸다. "그들은 지금 흥에 겨워 종을 치고 있지만 곧 비탄에 젖어 땅을 치게 될 것이다.(They now ring the bells; they will soon wring their hands.)"[19] 프레드릭 대제(Frederick the Great)는 1740년 군대를 실레지아로 파견하면서 합스부르크가의 새로운 여황제 마리아 테레사(Maria Theresa)가 조각난 그녀의 제국을 수습하는 데 여념이 없어서 저항하지 못할 것이라고 믿고 있었다. 프레드릭은 그녀에게 만일 실레지아를 자신의 군대에게 평화롭게 이양한다면 다른 적들과 싸울 수 있도록 도와주겠다고 제안하기도 했다. 1741년 러시아를 침공한 스웨덴의 군대는 러시아 수도의 성벽까지 신속하게 행진할 것을 기대하고 있었다. 뿐만 아니라 1756년 전쟁을 시작한 국가의 지도자들도 자신들의 전쟁이 후일 7년 전쟁(the Seven Years War)이라는 이름으로 기록되리라고는 생각도 하지

---

18) Douglas Coombs, *The Conduct of the Dutch: British opinion and the Dutch Alliance during the war of the Spanish Succession* (The Hague, 1958), p. 27에서 인용.

19) I. S. Leadam, 'Sir Robert Walpole', *The Dictionary of National Biography* 27 Vols. (Oxford, 1968), Vol. XX, p. 655. 월폴과 같은 견해를 가진 사람은 소수였다.

못했다.

영국이 아메리카 식민지의 반란을 진압하겠다고 결정했을 때 양측은 모두 승리를 마음속에 그리고 있었다. 1775년 7월 필라델피아에서 열린 식민지 연방회의에서 참석자들은 '우리가 지금처럼 강력하게 성장할 때까지' 그와 같은 전쟁에 빠져들지 않도록 하여 주신 신에게 감사를 올렸다.[20] 그 전쟁의 첫 교전에서 영국 해군을 지휘했던 존 피트케언(John Pitcairn) 소령은 양키들의 자신감에 깜짝 놀랐다. '미혹된 사람들은 스스로를 무적이라고 믿는다'고 그는 평했다. 한 정기 간행물이 아메리카의 군대는 자기들의 영토에서 유럽의 모든 군대를 패퇴시킬 수도 있다고 주장할 정도였다. 그러나 피트케언 소령의 견해는 달랐다. 그는 자신의 부대원들이 마시고 있는 값싼 럼주가 아메리카의 화력보다 더 위험한 적이라고 생각했다. 1775년 3월 그는 편지에 '나는 활발한 한 차례의 전투, 멋있는 작전, 그리고 그들의 두세 군데 마을이 화염에 휩싸이도록 함으로써 모든 것이 바로잡혀질 것이라는 데 만족한다'고 썼다.[21] 3개월 후 조지 3세는 그의 편지를 보고 강한 긍정의 뜻을 표했다. 그러나 이미 그 때 소령은 전사해 있었으며, 이후 7년간을 지속된 그 전쟁의 수만 명의 희생자 가운데 한 사람이 되어 있었다.

전쟁이 계속되는 동안 오스트리아의 조제프(Joseph)는 1778년 1월 바바리아에 조용히 군대를 파견했다. 그는 총 한 발 쏘지 않고 영토를 점령할 수 있으리라고 믿었다. 즉 그는 관절의 통풍 때문에 쉬고 있는 프러시아의 노황제 프레드릭이 오스트리아에 저항하지 않으리라고 예측했던 것이다. 그러나 그의 예측은 빗나가 버렸고 소위 바바리아 계승전쟁이 시작되었다.

---

20) *The Annual Register*, 1775, p. 261.
21) G. R. Barnes and J. H. Owen, ed., *The Private Papers of John, Earl of Sandwich, First Lord of the Admiralty 1771~1782*, 4 Vols. (London, 1932~38), Vol. I, pp. 57-63.

지난 3세기 동안 유럽에서 발생했던 가장 긴 전쟁은 1792년의 프랑스 - 오스트리아 전쟁으로서, 이 전쟁에서도 양국은 모두 신속하고 압도적인 승리를 자신하고 있었다.[22] 처음에 영국은 해협 건너의 전쟁을 관망하는 입장에 있었으며 영국의 각료들은 프랑스 함락의 소식을 기다리고 있었다. 전쟁이 6개월 째 접어들면서 영국의 내무상 겸 해군회계국 장관이었던 헨리 던대스(Henry Dundas)는 예상되는 프랑스 함락의 결과에 대해서 주로 우려하고 있었다. 그는 브런즈위크 공작(the Duke of Brunswick)의 침공군이 파리 근교까지 전진하면 파리를 탈출한 프랑스의 혁명분자들이 영국으로 들어와서 문제를 일으킬지도 모른다고 두려워하고 있었던 것이다.[23] 전쟁 10개월이 지나 영국과 프랑스도 일전을 불사할 상태가 되면서 영국의 각료들 사이에는 공포감보다는 득의만만한 만족감이 팽배했다. 웅변가 에드먼드 버크(Edmund Burke)는 헨리 던대스와 수상 윌리엄 피트(William Pitt)가 있는 자리에서 토론하면서 이 점을 잘 깨닫고 있었다.

> 던대스: 자, 버크 씨, 우리는 전쟁을 해야만 합니다. 왜냐하면 곧 끝날 단기적인 전쟁이 될 것이기 때문입니다.
> 버　크: 당신이 전쟁을 해야 한다는 것은 사실이오. 그러나 그 전쟁이 곧 끝나리라고 생각하는 것은 커다란 착각이란 말이오.

피트 역시 커다란 착각을 하고 있었다. 그는 1793년 프랑스의 재정적인 고갈 때문에 전쟁이 단기전이 되리라고 생각했다. 그러나 13년 뒤

---

22) R. R. Palmer, *The Age of the Democratic Revolution: a political history of Europe and America, 1760~1800*, 2 Vols. (Princeton, 1959, 1964), pp. 12, 93; S. S. Biro, *The German Policy of Revolutionary France: a study in French diplomacy during the war of the First Coalition 1792~1797*, 2 Vols. (Harvard, 1957), Vol. II, pp. 59 - 68; J. Holland Rose and A. M. Broadley, *Dumouriez and the Defence of England against Napoleon* (London, 1909), pp. 75ff.
23) *English Historical Documents* (ed. D. C. Douglas), Vol. XI, p. 886.

그가 사망할 때까지도 프랑스의 전쟁 열의는 가라앉기는커녕 오히려 프랑스군은 유럽의 곳곳에서 승리를 거두고 있었다. 1806년 1월 피트가 사망하던 그 달의 어느 날, 런던 교외에 있는 자신의 집으로 들어가면서 피트의 눈이 벽에 걸린 유럽의 지도에 가서 멈추었다. '저 지도를 걷어 버리게!' 그는 풀이 죽은 모습으로 말했다. '약 10년 정도는 지도가 필요 없을 걸세.'24) 많은 전쟁들이 시작될 때 팽배하는 극단적인 낙관주의는 가끔 나중에 발생하는 극단적인 비관주의와 어울리기도 하는 것이다.

1815년까지 유럽은 그 이전의 약 4반세기 동안 3년이 채 못되는 기간 동안만 평화를 향유할 수 있었다. 따라서 전쟁이 순간적인 모험이라는 생각은 주춤해졌지만 그것도 잠시였다. 1830년에 프랑스군은 알제리를 침공했다. 그리고 신속한 정복에 대한 그들의 희망은 이성적인 것처럼 보였다. 그러나 정복이 완결된 것은 17년의 기간동안 많은 우여곡절과 반전이 있고 나서였다. 1828년 러시아와 터키가 다시 전쟁에 돌입했을 때에도 터키인들은 성스러운 전쟁이기 때문에 자기들이 무적이라는 생각을 하고 있었고, 러시아인들 역시 콘스탄티노플까지 단숨에 질주하는 진군을 위한 대담한 계획을 가지고 있었다.25) 전쟁은 2년이나 지속되었고 러시아에게 있어서도 전쟁비용과 승리의 대가는 실망스런 것이었다.

크리미아 전쟁의 전야에 러시아의 황제는 터키의 저항이 보잘것없으리라고 생각했다. 1853년 2월 러시아 주재 영국대사는 이렇게 털어놓았다. "어젯밤 대공의 승계를 축하하기 위한 파티에서 황제는 내게 다가와, 가장 우아한 태도로 나를 끌어당기면서 내게 이야기를 하고 싶다고 말했다." 황제는 터키가 곧 붕괴될 것이라고 확신하고 있었다. "짐은 거듭해서 말하지만 곰(터키를 지칭)은 지금 죽어 가고 있어요"라고 러시아의 황제

---

24) W. Hunt, 'William Pitt', *The Dictionary of National Biography*, Vol. XV, pp. 1260, 1269.
25) John S. Curtiss, *The Russian Army under Nicholas I, 1825~1855* (Durham, North Carolina, 1965), pp. 57-8, 94.

는 말했다. "당신들은 그 곰에게 사향을 줄 수도 있어요. 그러나 그 사향 냄새도 그 놈을 오래 살려 두지는 못할 거요."26) 세인트 피터스버그에서 는 짧고 영광스런 전쟁이 구상되고 있었다. 그러나 영국과 프랑스가 비틀 거리는 터키 곰에게 사향을 제공해 주게 되자 러시아인들에게 전쟁은 길고도 영광스럽지 못한 것이 되어 버렸다. 전쟁의 지속 기간과 과정에 관한 모든 예측은 제3국 혹은 제4국이 개입할 것인가에 관한 예측을 포함한다. 그리고 이러한 예측은 지나치게 낙관적인 경우가 많았다.

1859년 오스트리아의 황제 프란츠 조제프는 프랑스 - 이탈리아 연합 군과의 전쟁이 운 좋게도 단기전이 될 것이라고 생각했다. 그 전쟁은 짧은 것이긴 했지만 운 좋은 것은 아니었다. 1866년 프러시아 - 오스트리 아 전쟁의 전야에도 오스트리아인들은 승리를 기대했던 것 같았다. 비스 마르크의 회고록에 의하면 그 단적인 증거의 하나가 바로 '오스트리아 병사의 배낭에서 베를린에 입성할 때 입기 위해 준비해 둔 새로운 제복과 함께 발견된 성명서'였다.27) 그 성명서는 끝내 발표되지 않았고, 새로운 제복은 물론 그 제복의 소유자들도 베를린에 당도하지 못했다. 1870년 여름 프러시아 - 프랑스 전쟁의 전야에 프랑스의 황제는 개인적으로 몇 가지 경우에 대해 이야기했다. '우리는 지금 길고도 힘든 전쟁을 시작하 고 있다.' 그는 고통스런 승리를 예상했지만 황후 유제니(Eugenie)를 비롯 한 대부분의 프랑스 각료들은 신속한 승리를 기대했던 것으로 보인다.28) 프랑스 군대 내부에 만연했던 기대를 반영하는 한 가지 아이러니컬한 사실은 프랑스 장교들이 프랑스 지도가 아닌 독일 지도를 지급 받았다는

---

26) J. C. Hurewitz, *Diplomacy in the Near and Middle East: a documen - tary record, 1535~1914*, 2 Vols. (Princeton, 1956), Vol. I, pp. 140 - 1.

27) Otto Bismarck, *Bismarck: The man and the statesman, being the reflections and reminiscences of Otto Prince von Bismarck*, 2 Vols., tr. from German (London, 1889), Vol. I, p. 368. 비스마르크가 다소 과장된 표현을 하고 있는지도 모른다.

28) Harold Kurtz, *The Empress Eugenie 1826~1920* (London, 1964), pp. 236, 238.

점이었다. 맙소사, 차라리 파리로 가는 길을 안내하는 지도라면 더 유용했었을 것을! 그만큼 적의 진격은 빨랐던 것이다.[29]

미국과 미국으로부터 이탈한 남부연방이 1861년 싸움을 시작했을 때 양측의 지도자들 중에 그들 자신이 4년 동안 지속될 전쟁을 시작하고 있으며 그 전쟁으로 인해 50만 명이 넘는 사람들이 사망할 것이라고 생각한 사람은 아무도 없었다.[30] 1861년 4월 15일 즉 찰스턴 부근의 섬터 요새(Fort Sumter)에서의 첫 교전이 있은 지 3일 후 링컨 대통령은 육해군을 포함한 전군에 남부연방의 모든 항구와 재산을 신속하게 포위하라는 명령을 내렸다. 그리고 남부연방의 지도자들, 관리들 그리고 병사들에게 '20일 내로 각자의 위치로부터 평화적으로 물러나라'는 자신에 찬 성명서를 발표했다. 처음에 미국은 전쟁에 그다지 비용을 투입하지 않았다. 그리고 지원병들도 단 90일의 기간으로 병적에 편입되어 있었다. 사실 징집기간을 연장하는 데에는 법률적으로 어려움이 있었다. 그러나 그러한 어려움을 극복한다는 것 자체는 정부가 앞에 놓여 있는 과제를 얼마나 최소화할 수 있는가를 보여주는 징표이기도 했다. 전쟁 3개월이 지나자 링컨 대통령은 의회에 '이번 전쟁을 짧고도 결정적인 것으로 만들 수 있는 법적 수단을 부여해 달라'고 요청했다. 즉 40만의 병력과 4억 달러의 전비를 요청했던 것이다. 링컨은 그 이상을 제공받았지만 전쟁은 그대로 비결정적인 상태로 지속되었다. 한편 남부연방은 병력과 물자가 넘쳐났는데, 그들은 손쉬운 승리보다는 궁극적인 승리를 기대하고 있었다. 연방에게 자신감을 불러 일으켰던 한 가지 측면은 연방에서 생산되는 훌륭한 면화의 리버풀 수출을 위한 선적이 중단되면 영국의 경제생활—

---

29) 이와는 대조적으로 독일군은 프랑스 육군성에서 발행한 지도에는 미처 표시되지 못한 도로까지 표시된 프랑스 지도를 가지고 있었다.

30) 남북전쟁에 관해서는 Carl Sandburg, *Abraham Lincoln*, 3 Vols. (New York, 1959), Vol. Ⅱ, p. 98; *The Annual Register* (1861) pp. 231 - 41; *The New Cambridge Modern History*, Vol. X, p. 644 등 참조.

영국은 면직공업에 크게 의존하고 있었다 — 이 타격을 받을 것이라는 희망적인 생각이었다. 그렇게 된다면 영국은 전쟁에 개입하여 전쟁을 종결시키려 할 것이라고 생각했던 것이다. 남부연방은 아메리카에 있어서 로디지아와도 같은 것이었다. 즉 1860년대의 간접적인 '경제적 제재조치'가 1960년대의 로디지아 분규에서 그랬던 것처럼 취약한 것일 수밖에 없었다는 사실은 아이러니라고 하겠다.

1877년 봄 터키에 대해 전쟁을 시작하면서 러시아의 지도자들은 콘스탄티노플까지의 신속한 행군을 기대하고 있었다. 러시아의 자신감은 러시아의 전투계획에서 쉽게 발견할 수 있다. 좀더 생생한 증언은 가장 통찰력 있는 전쟁연구가의 한 사람인 이반 블로흐(Ivan Bloch)가 쓴 회고록에 담겨 있다.[31] 폴란드 출신의 금융업자인 그는 서부 러시아의 키에프 - 브레스트 연결철도 소유회사의 사장이었다. 그리고 1877년 봄 그의 철도는 터키 전선으로 파견되는 러시아 병력의 대부분을 일정 기간 수송하고 있었다. 왕족들이 자기 회사의 철도를 이용할 때 철도회사의 사장이 동승하는 것은 당시의 관례였기 때문에 전쟁 전날 이반 블로흐는 짜르 알렉산더 2세를 전선까지 모시는 황실열차에 탑승했다. 푸른 초원에 이르렀을 때 짜르가 아침 면도를 할 수 있도록 기차가 멈추자 블로흐와 몇몇 고위급 장군들은 하차하여 철도를 따라 산책할 기회를 갖게 되었다. 블로흐는 틈을 보아서 그들에게 독일의 칼스바트에서 온천욕이나 하면서 하루나 이틀 정도 휴가를 즐겨야겠다고 이야기했다가 놀랍게도 비난을 받았다. "무슨 말씀을 그렇게 하시오?" 한 장군이 말했다. "우리는 당신이 그렇게 멀리까지 갈 수 없을 정도로 곧 세인트 피터스버그로 돌아갈 것이오. 지금부터 2, 3주 후에는 돌아갈 거란 말이오…… 당신도 우리의 원정이 군사적 산책에 지나지 않는다는 사실을 곧 알게 될 거요." 그러나 그

---

31) Jean de Bloch (Ivan Bloch), 'The Wars of the Future', *The Contemporary Review* (September 1901), pp. 315 - 16.

전쟁은 기대와는 달리 3주간만 지속되지는 않았다. 무려 303일 동안이나 계속되었던 것이다. 틀림없이 그것은 거의 1세기만에 발생했던 터키에 대한 러시아의 가장 위대한 성공이었지만, 전쟁의 과정은 러시아의 예측대로 따라 주지는 않았다. 더욱이 터키의 예측과는 엄청나게 달랐다.

1899년 대부분의 영국 각료들은 보어 전쟁(the Boer War)이 단시간 내에 신속하게 끝나리라고 기대했다. 그들의 병사들은 인도와 아프리카의 수많은 전쟁에서 승리한 경험을 갖고 있었기 때문에 남아프리카의 내륙의 두 공화국 — 트랜스바알과 오렌지 자유국 — 이 오래 저항할 수 있을 것 같지는 않았다. 이 공화국들의 농부군에 대한 영국인들의 공통적인 시각은 영국의 케이프 식민지 총독이자 보어인들에 대한 영국의 태도에 강력한 영향력을 행사하는 사람들 중의 하나였던 앨프리드 밀너에 의해 잘 표현되었다.32) 전쟁이 시작되기 8일 전 케이프타운의 한 사적인 점심식사 자리에서 그는 신임 영국군 사령관에게 짓궂은 태도로 말했다. '과연 농부에 불과한 사람들이 정규군에게 어느 정도나 저항할 수 있을 것 같소?' 런던의 내각 역시 낙관적이었다. 대장상이었던 마이클 힉스 비치(Michael Hicks Beach) 경은 하원에서 단기전에는 1,100만 파운드 정도의 비용만이 소요될 것이라고 보고했다.33) 그러나 실제로 이 전쟁은 2년 반이 지나도록 끝나지 않았고 영국이 들인 비용은 맨 처음 계산의 20배가 넘는 것이었다. 그리고 그러한 재정적 곤란 때문에 22,000명의 영국 병사의 죽음에 대해서는 아무런 보상도 해 주지 못했다. 그러나 적어도 영국은 군사적 승리로라도 위안 받을 수 있었다. 보어의 공화국들도 초기에는 자신들이 승리할 것이라고 믿었기 때문에, 그들이 안게 된 궁극적인 패배 — 병사 6천 명의 전사, 수천 채의 농가와 가축 파괴, 지도자 추방, 그리고 영국 강제수용소에서의 부녀자 및 어린이 2만 명 사망 등 — 는 예상 밖의

---

32) Ian B. M. Hamilton, *The Happy Warrior: a life of General Sir Ian Hamilton* (London, 1966), p. 128.
33) F. W. Hirst, *The Political Economy of War* (London, 1915), pp. 146-7

결과라고 할 수 있었다.[34] 전쟁이 모두 끝났을 때 보어의 정치가 쇼크버거(Schalk Burger)가 고백한 것처럼 그것은 '오판된 전쟁'[35]이었던 것이다. 마찬가지로 1904~05년의 러일전쟁, 1911~12년의 이탈리아 - 터키전쟁, 그리고 1912~13년에 발생한 두 차례의 발칸 전쟁 등은 적어도 일면적으로는 오판된 전쟁들이었다.

결국 제1차 세계대전 전야의 낙관주의는 장구하지만 간과되었던 전통에 속하는 것이었다. 한 가지 의미에서는 예외적이라고 할 수 있었는데, 즉 제1차 세계대전은 개전 초기부터 2개가 넘는 주요 강대국이 가담한 1803년이래 최초의 전쟁이었으며 따라서 전투는 심각하고 파괴적일 수밖에 없었다는 점이다. 결국 그 전쟁에 대한 예상은 한 가닥의 비관주의를 수반하고 있었기 때문에 광범위한 분위기를 짜내기 위해서는 낙관주의의 실타래가 더욱 두꺼워야만 했을 것이다.

V

대규모 유혈사태를 경험한 뒤에 일어난 많은 전쟁들 역시 낙관주의와 함께 시작되곤 했다. 제1차 세계대전에서 승리한 연합국은 1918년 러시아 사태에 개입하면서 러시아의 백군이 볼셰비키를 타도하는 데 필요한 신속한 원조를 제공해 줄 수 있으리라고 믿고 있었다.[36] 이와 똑같은 승리할 수 있다는 신념 그것도 쉽게 승리할 것이라는 신념을 가지고 그리스는 터키와 그리고 폴란드는 러시아와 전투를 수행했다. 1931년 일본이 만주에서 싸웠을 때와 1937년 중국과의 기나긴 전쟁을 시작했을

---

34) J. G. Lockhart and C. M. Woodhouse, *Rhodes* (London, 1963), pp. 433, 440.
35) E. A. Walker, *Cambridge History of the British Empire*, Vol. Ⅷ, p. 610에서 인용.
36) 베트남 전쟁동안 미국의 국민주의를 형성하고 있던 한 가지 요소는 미국이 패전해 본 일이 없다는 신념이었다. 러시아에 대한 개입전쟁은 잊혀져 있었던 것이다.

때, 그리고 1930년대 중반 이탈리아가 이디오피아를 침공했을 때에도 속전속결에 대한 비슷한 기대가 그들의 머릿속을 지배하고 있었던 것 같다.

제2차 세계대전은 군중의 환호와 함께 시작되지는 않았다. 1914~18년의 전쟁은 생생하게 기억되었으며 대부분의 유럽인들은 새로운 전쟁이 지난 전쟁과 마찬가지로 느린 속도로 진행되는 거대한 사건이 될 것이라고 예상하고 있었던 것 같다. 1939년의 분위기는 대부분의 전쟁들 전야에 만연하는 낙관주의적 기대와는 분명히 다른 예외적 현상처럼 보였다. 그리고 상당 기간동안은 1939년에 전쟁으로 이끈 결정을 내렸던 사람들 사이에 만연했을 낙관주의의 증거를 찾으려고 하는 일이 쓸데없는 짓처럼 보였다. 늦게나마 빨리 찾아보려고 마음을 먹으면서 필자는 전쟁 전야의 고조된 기대들이 전쟁의 중요한 실마리이기보다는 인간들의 어리석음의 실증적인 예처럼 보였을 때 읽었던 책들에 먼저 눈을 돌렸다. 처음 읽었을 때에는 어리석음만을 보고 그 실마리는 보지 못했었다.

전투는 1939년 9월 1일 독일과 폴란드간에 시작되었는데, 바로 그 날을 선택한 당사자는 전쟁이 단지 두 국가 사이의 교전이 될 것이라는 높은 기대를 지니고 있었다. 아돌프 히틀러는 8월 14일 군 지도자들에게 연설하는 자리에서 영국이 폴란드를 지원할 것 같지는 않다고 예측했다. 그는 영국과 프랑스의 지도자들이 소심할 뿐만 아니라 그들의 군사적 조언자들도 유럽 대전쟁의 결과에 대해 자신감을 갖고 있지 못할 것이라고 믿고 있었다.[37] 히틀러는 또한 영국은 만일 다시 전쟁이 일어난다면 길고도 막대한 대가를 치러야 하는 전쟁을 예상하고 있을 것이라고 주장했다. 그러므로 영국은 그러한 전쟁에는 뛰어들지 않을 것이라는 주장이었다. 설사 영국과 프랑스가 독일의 침공에 대항해서 폴란드를 지원하기

---

37) W. L. Shirer, *The Rise and Fall of the Third Reich: a history of Nazi Germany* (London, 1964), p. 625.

로 결정한다고 해도 독일을 패퇴시키거나 효과적으로 폴란드를 원조할 수 없을 것이 분명했다. 히틀러는 틀림없이 유럽에서 교착상태에 빠진 전쟁을 생각하고 있지는 않았다. 그는 대전(a general war)이라고 하더라도 장기전을 원하는 국가가 없기 때문에 오래 지속되지는 않으리라고 믿고 있었다.[38] 결국 1914년 낙관주의의 한 기둥은 그 전쟁 즉 제1차 세계대전에 참전해서 낙관주의의 기둥이 붕괴되는 것을 목격했던 바로 그 사람(역자 주: 히틀러)의 희망 속에 다시 나타났던 것이다.

1939년 8월 23일 서명된 독일과 러시아간의 우호조약은 히틀러의 자신감을 더욱 부추겼다. 폴란드에 대한 지원은 이제 끊어졌다. 수요일 저녁 크레믈린의 스탈린이 히틀러를 위해 축배를 들고 있을 때 독일에 있던 그 축배의 상대자는 그 주 토요일에 폴란드에 대한 공격을 개시하도록 은밀한 명령을 내리고 있었다. 그러나 계획된 침공이 있던 바로 그 날 저녁 히틀러는 자신의 군대에 대해 정지명령을 내리지 않으면 안되었다. 영국이 폴란드를 지원하겠다는 강력한 약속에 서명했기 때문이었다. 그러나 히틀러의 망설임은 잠시 뿐이었다. 그는 영국과 프랑스를 상대로 한 대전에서 승리할 수 있다고 믿고 있었을 뿐만 아니라 영국과 프랑스가 참전하지 않을 것이라는 희망을 계속 지니고 있었다. 이 점은 8월 31일 베를린으로부터 전달된 '일급비밀'명령, 즉 다음날 새벽 4시 45분까지 폴란드 공격을 개시하라는 명령에 명백하게 나타나 있다. 더욱이 독일군이 가을의 첫 새벽에 폴란드의 국경을 향해 가로질러 움직이는 동안 히틀러는 영국과 프랑스에 대해 아무런 행동도 취하지 않았다. 그는 비밀명령에서 '만일 영국과 프랑스가 독일에 대해서 적대행위를 개시한다면' 독일은 그 때 가서야 보복행동을 해야 할 것이라고 지시하고 있었다.[39] 그는 '만일'을 특히 강조했다. 폴란드를 격파한 후에도 그는 깨어진 유럽

---

38) *Ibid*, p. 713.
39) *Ibid*, p. 713.

평화가 수습될 수 있으리라고 단순하게 생각했다. 그러나 그는 폴란드를 지원하지 못한 영 - 불 동맹을 누를 수 있다는 자신감을 갖고 있었기 때문에 평화수습에 핵심적인 역할을 할 폴란드의 영토 반환에 동의하지는 않았다.

1939년의 런던이 베를린만큼 자신에 넘쳐 있었던 것은 아니었다. 런던의 태도는 섬나라의 사고방식을 반영한 듯 좀더 방어적이었다. 승리가 곧 도래하리라는 널리 퍼진 신념은 없었지만 자국이 패배하리라는 예상도 하지 않았다. 1939년 영국의 태도에 대한 우리의 기억은 불가피하게 1년 뒤에 발생한 군사적 재난에 의해 채색될 수밖에 없을 것이다. 그러나 당시의 고위층에서는 그러한 재난의 징후조차도 엿보이지 않았다. 전쟁 전야에 정부는 자국의 군사력을 다소 과대평가 하는 것 같았다. 외상 핼리팩스 경(Lord Halifax)은 전쟁이 일어날 경우에 러시아보다는 폴란드가 훨씬 더 동맹국으로서 군사적 가치가 있을 것이라고 생각했다.[40] 게다가 에드먼드 아이언사이드 (Sir Edmund Ironside) 장군도 1939년 7월 폴란드를 방문하여, 프랑스군만큼이나 규모가 크고 평화시의 독일군과 거의 맞먹을 정도의 폴란드군을 보고 깊은 인상을 받았다.[41] 폴란드의 장교들이 말을 타고 질주하는 것을 특히 강조한다는 사실 때문에 아이언사이드의 기가 죽지는 않았다. 영국의 참모총장으로서 그는 군사적인 문제에 있어서 경험과 전통을 높이 평가했으며 독일군의 보이지 않는 약점은 현직 독일사령관들 중 그 누구도 제1차 세계대전 당시 대위보다 높은 계급장을 달고 있지 않았다는 점이라고 생각했다. 그러나 사실 이러한 점은 독일의 힘의 한 원천이 될 수 있었고, 독일이 폴란드의 기병에 대항하기 위해서 장갑차를 사용한 이유가 되기도 했다.

1939년 소련이 핀란드와 전쟁 ― 북방의 겨울과 함께 시작된 보기 드

---

40) Liddell Hart, *Memoirs*, Vol. II, p. 221
41) *Ibid*, pp. 249, 277.

문 전쟁 중의 하나 — 을 벌였을 때 스탈린은 핀란드인들이 소련의 강력한 군대와 맞부딪치게 되면 금방 쇠잔해질 것이라고 생각하고 있었다.[42] 그는 핀란드를 통치할 러시아인까지 선정해 놓았었다. 그러나 그의 군대는 핀란드의 한 지역을 획득하기까지 수십만 명의 희생자를 냈고 그나마 획득한 지역도 너무 작아서 특별한 통치자가 필요 없을 정도였다.

두 차례의 긴 세계대전을 경험한 세대는 아마도 미래의 전쟁을 전망하는 데 있어서 더욱 조심스러울 것이다. 그렇다면 1945년이래 발생한 대부분의 국제전들은 과연 잘려 나간 희망과 함께 시작되었을까? 많은 비밀 기록들이 이용 가능하게 될 때까지는 아무도 확신할 수 없겠지만 많은 증거들이 이미 친숙한 낙관주의를 지적하고 있다. 1950년 6월 한국을 침략한 북한은 대일 전승기념일인 8월 15일까지는 승전고를 울릴 것을 기대했다고 한다.[43] 1956년 수에즈에서의 영 - 불 군사작전과 이집트에 대한 이스라엘의 선전포고 등은 신속한 승리에 대한 기대 때문에 더욱 박차가 가해졌던 것으로 보인다. 그리고 베트남전쟁에서 미국이 전쟁을 '단계적으로 확대'시키거나 강화시키기로 결정한 것 등도 신속한 승리에 대한 초기의 희망이 비현실적이었다는 점을 암묵적으로 인정해 주는 사실들이다.

1962년에 지구상에서 가장 인구가 많은 두 국가 즉 인도와 중국이 일으킨 국경분쟁은 전쟁 발발에 앞서 나타나거나 혹은 전쟁 발발을 촉진하는 완벽한 환상을 예시하여 준다. 서방의 많은 사람들은 인도가 중국의 공격목표가 될 것이며 따라서 인도의 지도자들이 자신감을 가지고 전쟁에 임하지 못하게 되어 결국은 곧 패배를 시인하게 될 것이라고 믿고 있었다. 그러나 뉴델리 고위층의 자신감은 대단한 것이어서 중국의 단순화된 공격구상은 퇴색하고 말았다. 전쟁이 시작될 당시 『더 타임즈』의

42) R. A. Medvedev, *Let History Judge* (London, 1972), p. 445.
43) David Rees, *Korea: the limited war* (London, 1964), p. 36.

인도주재 특파원이었고, 이후 최근의 전쟁들에 관한 가장 통찰력 있는 저서 중의 하나의 집필자가 된 네빌 맥스웰(Neville Maxwell)의 견해에 의하면 뉴델리의 고위급 정치인들과 군인들은 '중국이 화력에 맞서지 못할 것이라고 확신하고 있었다.'[44] 그들의 자신감은 그만큼 이성으로부터 벗어나 있었다. 따라서 뉴델리의 정책결정자들은 전쟁전야의 중국군의 숫자가 인도군보다 5배 정도는 많았고, 인도군의 화력이 열세에 놓여 있었으며, 인도측의 보급로가 험난해서 뒤틀린 꾸러미 행렬이 될 수밖에 없는, 그리고 고산지대이기 때문에 호흡이 곤란할 뿐만 아니라 면으로 된 군복을 입고 행군하는 인도의 증원군은 혹심한 추위에 시달려야만 하는 그러한 국경지대로부터 중국군을 축출하겠다는 결정을 내렸던 것이다.

VI

승리 그것도 신속한 승리에 대한 신념이 전쟁 전야에 충돌하는 국가의 지도자들의 특징이라고 하더라도 그 분위기는 보통 피크닉을 떠나는 군인들의 기분과 같은 것은 아니었다. 싸우기로 한 결정이 점점 더 확고해지면서 자신감은 초조, 재고, 미신에의 의존 등에 의해서 희박해지는 것이 보통이었다. 위험한 등정을 시작하는 등반가나 결전을 앞둔 권투선수들처럼 승리를 얻기 위해서 반드시 치러야만 하는 위험성이나 대가에 대한 인식이 불쑥 고개를 쳐들거나 승리의 희망에 도전해 오기도 했다. 독일을 제1차 세계대전으로 이끌었던 카이저 빌헬름 2세(Kaiser Wilhelm II)는 국제적인 위기 앞에서 갈팡질팡하는 기분으로 유명해졌다. 그리고 그러한 기분은 카이저의 예민하고 신경증적인 정신상태의 표본이라고 생각되었다. 그러나 그러한 상황에서 생각을 번복한 것이 카이저 뿐만은 아니었다. 외상으로서 대영제국을 같은 전쟁에 몰아 넣는 데 지대한 역할

---

44) Neville Maxwell, *India's China War* (London, 1970), p. 317.

을 했던 에드워드 그레이(Edward Grey) 경은 영국과 그 동맹국들이 이길 것이라는 가정보다는 전 유럽 지역에 등불이 꺼져 가고 있으며 '우리 생애에 다시는 그 등불이 빛나는 것을 바라볼 수 없을 것'이라는 계시적인 진술로 더욱 기억되고 있다. 임박한 전쟁에 대해서 재고했던 에드워드 그레이 경과 카이저 빌헬름은 아마도 오랜 망설임의 전통에 속해 있었던 것으로 보인다.

국가 지도자들 사이에서는 수주일 전이나 후보다도 전쟁의 문턱에 다다랐을 때 두려움과 회의가 점점 더 뚜렷해지는 것 같다. 그러한 문턱에서의 분위기는 매우 뚜렷해서 전쟁이 어떻게 시작되는가에 대한 많은 설명들에 영향을 미친다. 즉 그 분위기는 경쟁하는 국가들이 실제로 싸우기를 원해서라기보다는 오해와 혼동 그리고 갑작스런 공포심의 착각 등으로 인해서 수많은 전쟁들이 발발한다는 생각에 영향을 미친다. 그러나 단순히 양면전일 것으로 생각되는 전쟁의 전야보다 복합적인 다면전으로 예상되는 전쟁의 전야에 더욱 더 조심스런 분위기가 광범위하게 퍼진다는 것은 의미가 있다. 학자들은 다면전 혹은 대전의 발발을 검토하는 경향이 있기 때문에 싸울 것인가 싸우지 않을 것인가를 결정해야만 하는 사람들의 공포심을 종종 발견해 내곤 하는 것이다. 그리고 왜 다면전의 전야에 공포심이 자신감과 잠시나마 경쟁하는가에 대한 유력한 이유들이 존재한다. 그러한 전쟁들은 사회, 경제생활을 더 뒤죽박죽으로 만들기 때문이었다. 뿐만 아니라 더 많은 희생을 요구하기도 했던 것이다. 더 중요한 것은 다면전의 전야에 어떤 국가도 독립적이거나 자립적일 수 없었다는 점이다. 대부분의 주요 국가들은 동맹국들과 관계된 위기에 휘말려 들었기 때문에 그들의 동맹국들의 움직임에 크게 좌우되었다. 평화의 마지막 시간에 그들은 동맹국들이 어떻게 행동할 것인지에 대해서 철저하게 확신할 수 없었다. 동맹이나 우호관계는 평화로운 10년 또는 20년 동안 지속되어 왔을지 모르지만 동맹의 최종적인 테스트는 약속이 아니라 행동이다. 과연 전쟁이 일어났을 경우에 동맹국이 지원약속을 준수할 것인가? 신속히 그리고 열심히 싸움에 뛰어들어 줄 것인가 아니면 초기의 전세가 어느 편에 유리한지를 관망할 것인가? 전쟁이 시작되면 동맹국의 전략은 그 자신의 국경을 보호하려는 것이 될 것인가 아니면 맹방의 이익을 위해 전쟁에 가담하는 것이 될 것인가?

전쟁의 전야에 경쟁적인 동맹들 사이에 발생하는 이러한 의심들은 놀랄 만한 것이 못된다. 동맹이 견고한 것처럼 보였을 때에도 의혹은 꼬리를 물었다. 제1차 세계대전이 일어나기 직전 프랑스와 러시아는 견고한 동맹관계에 있었다. 프랑스의 포앙카레 대통령은 거대한 프랑스 전함을 타고 세인트 피터스버그를 방문한 후, 7월 23일 저녁 그러니까 전쟁이 시작되기 9일 전에 짜르의 환송을 받으면서 러시아를 떠났다. 자신의 요트에 승선하고 있던 짜르는 프랑스의 전함과 헤어져서 자신의 여름궁전으로 가기 위해 핀란드만의 달빛 어린 바다를 항해할 즈음에 프랑스 대사인 모리스 팔레올로그(Maurice Paléologue)와 한담을 나누었다. "대통령과 이야기를 나누어서 매우 기쁘오. 우리는 정말 서로의 눈빛을 바라보았소." 이와 같이 견고했던 그리고 실제로 전쟁이 발발했을 때에도 확실한 것으로 입증되었던 동맹조차도 두려움을 배태하고 있었다. 독일군이 벨지움을 침략한 다음날 프랑스 대사는 여름궁전으로 짜르를 방문했다. 그리고는 커다란 창문으로 바다가 널찍하게 바라다 보이는 서재에서 저 멀리 프랑스인들은 독일군 25개 군단과 대치하고 있다고 근심스럽게 설명했다. "그러므로 본인은 폐하께서 폐하의 군대에 즉각 공세를 취하도록 명령을 내려 주시기를 앙망하는 바입니다. 만일 그렇지 않으면 프랑스 군대는 궤멸될 위험에 처하게 될 것이옵니다."45)

전쟁의 전야에 의심이 뚜렷해지는 데에는 또 다른 이유도 있을 것이다. 지도자들은 그들 자신이 결정을 내렸다는 사실을 인식하기 이미 오래

---

45) Maurice Paléologue, *An Ambassador's Memoirs*, 2 Vols. (London, 1923), Vol. I, pp. 27, 61.

전에 싸울 결심을 했는지도 모른다. 그러나 그들은 결정과 그 결정의 의미를 깨달을 때 가서야 그와 같은 결정을 의심쩍거나 성급한 것처럼 보이게 만드는 상황이나 주장을 경계하곤 했다. 결국 아직까지는 싸울 결정을 번복하거나 연기할 수 있는 마지막 나날 동안 그들의 기분은 흥분과 침착 사이를 변덕스럽게 오락가락 했던 것이다.

VII

높은 기대와 함께 시작되는 전쟁들의 이러한 연대기는 단지 앞서 서술한 것만이 전부가 아니다. 놀랄 만큼 더 많은 예들이 있다. 1700년이래 양쪽 모두 초기의 희망이 높지 않았던 전쟁이 과연 있었는지 의심스러울 정도이다. 많은 전쟁의 직전에 양국 혹은 양 동맹들은 짧으면서도 승리로 끝나는 전쟁을 기대했다. 또 어떤 전쟁의 전야에 신속한 승리를 기대한 것은 한 국가뿐이었을지라도, 양국 모두 승리를 기대하고 있기는 마찬가지였다. 그리고 또 어떤 전쟁의 직전에는 한 편이 신속한 승리를 기대한 반면 다른 한 편은 승리에 대해서 좀더 겸손한 태도로 적군을 완전히 장악하기보다는 패배를 피해 보려는 생각을 가지고 싸웠다. 마찬가지로 이미 시작된 싸움에 뒤늦게 참전한 국가들 역시 전쟁이 어떻게 될 것이라는 예측을 가지고 전쟁에 임했다. 그러나 뒤늦게 참전한 국가들이 싸움의 패턴을 이미 알고 임했을 때에는 단기전의 환상을 비교적 덜 가지고 있는 것 같았다.

한쪽 편이 지닌 최초의 희망 ― 그 희망의 정도를 넘어선 것이기도 했지만 ― 을 충족시켜 주는 전쟁들을 상기해 내는 것은 쉬운 일이지만 양쪽 편이 지녔던 최초의 희망을 모두 충족시켜 준 전쟁이 과연 존재했던가 하는 점은 의문이다. 대다수의 전쟁에 있어서는 어느 편의 초기 희망도 충족되지 않았을 가능성이 크다. 제1차 세계대전에서는 어느 동맹도 자신들의 초기 희망을 충족시키지 못했다. 각 동맹의 주요 구성국가들 중 목적을 달성한 것은 아마 미국 정도였을 것이며, 그것도 미국이 교착 상태에 빠진 전쟁에 걸맞은 소박한 목적을 가지고 1917년 뒤늦게 전쟁에 가담했기 때문이었을 것이다.

전쟁이라는 수단이 어리석고 예측할 수 없는 것으로 거듭 판명되었음에도 불구하고 전쟁이야말로 국제질서를 형성하기 위한 예리하고 신속한 수단이라는 생각을 갖고 국가들이 자꾸만 전쟁에 돌입하는 이유는 무엇일까? 이와 같이 반복해서 생겨나는 낙관주의는 전쟁의 중요한 서곡이다. 그러한 낙관주의를 증가시키는 것이야말로 전쟁의 원인인 것이다. 그리고 이러한 낙관주의를 억제하는 것은 평화의 원인이 된다.

이 낙관주의는 단순한 수학적 평가로부터 도출되는 것은 아니다. 즉 자국의 군사적, 경제적 능력이 잠재적인 적의 능력을 앞지르는 것이라는 조심스런 계산의 단순한 반영은 아닌 것이다. 1904년 러시아와 일본이 전쟁에 직면했을 때에나 1914년에 유럽이 전쟁에 직면했을 때 경쟁국들의 기대는 상대적인 군사력의 평가에만 기초한 것은 아니었다. 그들의 기대는 서로의 동맹국들을 끌어들일 수 있는 능력, 전쟁을 감당할 수 있는 재정적 능력, 국내적인 안정과 국민의 사기, 민간 정치지도력의 자질, 그리고 최근의 전쟁에서 나타난 지도부의 수행능력 등에 대한 상대적인 평가에 의해서도 영향을 받은 것이었다. 각 요소들의 중요성은 사람에 따라서 그리고 국가에 따라서 달랐기 때문에 같은 증거라고 하더라도 서로 다른 결론을 이끌어 낼 수도 있었다. 경쟁국가들이 유사한 공식에 따르고, 특정 요소에 대해 같은 비중을 두었다고 할지라도 서로 다른 결론에 도달했을 것이다. 왜냐하면 다가오는 전쟁에서 한 국가가 어떻게 행동할 것인가 하는 예측은 사실과는 별로 상관없는 분위기(moods)에 의해서도 채색되곤 하기 때문이다. 낙관주의는 경제적 상황, 계절, 이데올로기 그리고 애국심에서 비롯될 수도 있다. 뿐만 아니라 전쟁의 양상에 대한 구상의 실패에서 비롯될 수도 있다. 시간은 지나간 전쟁의 고통을 잠재우고 오히려 그 전쟁의 영광만을 부각시키며, 여기에 국가적인 신화가 가세하여 패배를 교묘하게 변명해 주는 동시에 승리를 마음속에 심어 주기 때문이다. 그 원천이 어디에 있든지 이러한 분위기들이 상충하는 두 강대국의 상대적인 군사력에 대한 합리적인 것처럼 보이는 평가에 침투하게 된다. 그러므로 막 치러지게 될 전쟁에 대한 예측은 많은 분위기와 주장의 구체화이며 각각의 분위기와 주장은 전쟁의 결정에 어느 정도 영향을 미치게 된다.

국가들이 현실을 도피하는 과정은 복잡하다. 애국심, 모국어와 민족적인 역사의식 등은 모두 어두운 안경들이다. 리더십 그 자체는 현실에 항상 초점을 맞추지는 못하는 흐릿한 망원경을 제공받게 된다. 즉 18세기의 군주들은 눈앞에서 아첨하는 대신들에 둘러싸여 있었을 수도 있다. 20세기의 군사 독재자나 민선 대통령 역시 그 자신의 자부심과 의견에 영합하는 자들에게 취약했다. 제1차 세계대전 당시 미국의 대통령이었던 우드로 윌슨은 찬양자들의 보호막 안에 안주하려고 했었다. '윌슨과 친밀했던 모든 친구들 — 남자, 여자, 교수, 정치가, 명사 등등 — 에게는 한 가지 공통적인 특색이 있었다. 그들은 윌슨과 윌슨이 하는 모든 일에 대해서 맹종하는 찬미자들이었던 것이다. 아니면 적어도 윌슨에게는 그렇게 보였음에 틀림없다.'[46] 보스턴의 정신과 의사 겸 연구자 레스터 그린스푼(Lester Grinspoon) 박사는 1964년 발표한 절제된 논문에서 모든 지도자는 부분적으로 자신의 지위의 노예가 된다고 주장했다.

> 우리는 한 인간이 기업이나 정부에서 점차로 중요성이 증가하는 지위로 승진하면서 어떻게 점점 더 고립되고 고독해지는가를 살펴보았다. 그는 자신을 둘러싼 사람들에 의해서 반사되는 스스로의 중요성, 총명함, 그리고 전능함의 영광에 휩싸이게 된다. 역설적으로 자신의 결정이 점점 더 많은 사람들에게 영향을 미치게 되면서 더욱 더 그들로부터 고립되고, 점점 더 유명해지면서 그는 자꾸만 고독해지게 되는 것이다.[47]

---

46) Roger Fisher, ed., *International Conflict and Behavioural Science: the Craigville Papers* (New York, 1964), p. 244에서 재인용.

국가지도자만을 탓할 필요는 없다. 전능함의 영광은 무관(無冠)의 다중(多衆)의 주위에서도 빛을 발하곤 했다. 1739년 가련한 젠킨즈(Jenkins)의 귀를 잘랐던 스페인 사람들에 대해서 전쟁을 선포할 것을 주장했던 런던의 군중, 1770년대에 영국인들을 대서양으로 쓸어 넣어 버리자고 주장했던 아메리카의 식민지 주민들, 혁명에 반대하는 외세에 대한 전쟁선포를 자랑스럽게 여겼던 파리의 시민들, 1848년 투석전을 통해서 오스트리아인들을 알프스 너머로 밀어낼 수 있다고 믿었던 밀라노의 군중, 1854년 러시아와의 일전을 주장했던 영국인들, 1870년 파견부대를 환송하기 위해 역에 운집했던 독일인들, 1877년 터키와의 전쟁이 시작되었을 때 봉화를 올렸던 러시아인들, 1897년 스페인이 쿠바를 포기하지 않자 혈압을 올렸던 미국인들, 그리고 1914년 환호하면서 전쟁을 맞아들인 모든 보통사람들, 이들 모두가 전능함의 영광에 도취된 무관의 다중이었다. 그들에게 패배란 생각할 수도 없는 것이었다. 즉 회의(懷疑)는 적의 목소리였고 따라서 이해하기 힘든 것이었다.

기대 ─ 특히 단기전에 대한 기대 ─ 는 전쟁과 평화의 원인을 이해하는 데 핵심적인 실마리인 것 같다. 만일 두 국가가 중요한 문제에 대해서 깊은 불화상태에 빠져 있다면, 그리고 두 국가 모두 쉽사리 전쟁에서 이길 수 있다고 기대한다면 전쟁의 가능성은 매우 높다고 할 수 있다. 물론 만일 경쟁하는 두 국가가 전쟁으로 치닫지 않았더라도 깊은 불화가 상존한다면 외교만으로는 어떻게 해 볼 도리가 없기 때문에 궁극적으로는 긴장상태가 공개적인 전쟁상태로 발전한다는 주장도 있을 수 있다. 그러나 이러한 주장의 타당성은 의심스럽다. 어느 국가도 분쟁의 소지를 전쟁을 통해서 만족스럽게 해결하려는 희망을 갖지는 않기 때문에 외교는 더욱 유용해질 것이기 때문이다.

전쟁의 시작은 ─ 전투행위(warfare)에 대한 정의(定義)에 의해서 ─ 전

---

47) *Ibid.*, p. 244에서 재인용.

쟁이 어떻게 될 것이라는 데 대한 상충하는 기대들에 의해 특징지어진다. 그리고 전쟁 그 자체는 현실의 냉혹함을 날카롭게 보여준다. 전쟁이 끝날 무렵에는 초기에 그렇게도 상이했던 경쟁적인 기대들이 서로 가까워져서 평화조약이 체결될 수 있을 정도가 된다.

국가간에 서로 모순적인 낙관주의를 야기하는 것은 모두 전쟁 자체의 원인으로 간주되어야 한다. 모순의 분명한 원인 중의 하나는 경쟁세력과 장비의 힘에 대한 서로 다른 계산방식이다. 결과 특히 전쟁의 예측된 결과에 영향을 미치는 간접적이거나 더욱 미묘한 요인의 영향력도 과소평가할 수 없다. 이러한 요인들에는 민족주의 및 여타의 이데올로기들, 경제적 상황, 계절, 제3국의 개입가능성, 교전지역의 국내적 단합과 분열의 전망 등이 포함된다. 이러한 각 요소들이 다가오는 전쟁 또는 평화에 어떻게 영향을 미치는가 하는 것이 다음 4개 장의 주제이다. 그리고 이러한 요소들의 집단적인 영향력은 '세력균형과 전쟁'이라고 명명된 장에서 다루어질 것이다.

제4장

어부지리(漁夫之利) : 제3국의 개입가능성이 전쟁에 미치는 영향

I

　나폴레옹 전쟁 당시 영국의 가장 날카로운 무기 중의 하나는 프랑스 항구의 봉쇄였다. 그보다 1세기 후에 독일인들이 잠수함을 사용했던 것처럼, 영국인들은 이 봉쇄정책이라는 무기를 단호하게 휘둘렀다. 그리고 더 나아가 그 정책을 적국의 배뿐만이 아니라 중립국의 배에도 적용했다. 미국은 중립적이었고 대서양을 횡단하면서 교역을 계속하고 있었기 때문에 많은 미국의 상선들이 영국의 순양함들에 의해서 격침되거나 나포되었다. 영국인들은 미국인들이 월례적인 도발에도 불구하고 결코 공개적인 전쟁을 선택하지는 않을 것이라는 도박을 하고 있었다. 그러나 1812년이 되자 워싱턴의 정치 지도자들 대다수가 전쟁을 주장하고 나섰다.

　전쟁 수행의 모든 결정은 제3국이 전쟁 과정에 어떻게 작용할 것인가에 대한 예측으로부터 영향을 받는다. 영국과의 전쟁을 준비하고 있던 워싱턴 정부를 고무시켰던 요인 중의 하나는 프랑스가 간접적으로 미국의 편에 설 것이라는 생각이었다. 임박한 전쟁에서 미국은 프랑스의 공식적인 동맹국이 되지는 않을 것이었다. 미국의 상업은 프랑스의 순양함과 상업칙령 때문에 커다란 고통을 겪고 있었던 것이다. 그러나 프랑스가 대륙에서 우위를 점하는 한, 그리고 해양에서 강력하게 잔존하는 한은 영국의 힘을 견제해 줄 것이다. 따라서 영국은 매우 취약한 섯처럼 보였다. 캐나다에 있는 영국의 식민지도 남쪽으로부터의 공격에 대해 무방비 상태였다.

1812년 4월 워싱턴에서 개최된 의회의 비밀회의는 향후 90일 동안 미국의 모든 배와 화물은 미국의 항구를 출항하지 말 것을 선포했다.[1] 부분적으로는 적을 기습적으로 체포하기 위해서 의도된 이러한 예방책은 사실 그보다 125년 뒤 진주만에서 미국에 대해 취해진 전술을 미리 맛보는 것이었다. 1812년 6월 18일 미국은 영국에 대해 전쟁을 선포했다. 전쟁의 소식이 영국으로 천천히 전해지는 동안 미국의 함대는 영국의 순양함과 상인들을 색출하는 항해를 했으며, 소규모의 군대가 캐나다를 향해서 행진했다.

전쟁을 열망했던 미국의 정치가들은 나폴레옹의 능력을 과대평가 하면서 영국의 힘을 과소평가하고 있었다. 그 해 겨울 모스크바로부터의 프랑스군의 철수, 1813년 웰링턴의 프랑스 공략, 그리고 1814년 나폴레옹의 체포와 추방 등은 워싱턴 정부가 지니고 있던 신뢰감의 중요한 한 축을 여지없이 잘라 버렸다. 마침내 대서양 건너편에까지 강력한 제재를 가할 수 있게 된 영국은 1814년 8월 워싱턴으로 진군하여 도시를 장악하고, 백악관에 불을 질렀다. 그러나 미국의 군대는 끝까지 저항을 계속했고 대서양의 다른 한 쪽에서는 프랑스가 쉽사리 굴복하지 않고 있었다. 1814년 11월 영국의 수상 리버풀 경(Lord Liverpool)은 미국의 대통령만큼이나 평화를 희구하게 되었다. 리버풀 경은 개인적인 의견으로서 영국의 재정 고갈과 당시 비엔나 회의에서 직면하고 있던 미묘한 문제들, 그리고 점령된 프랑스 내부의 '심상치 않은 상태' 등을 지적했다.[2] 4개월 뒤 나폴레옹이 엘바섬을 탈출해서 프랑스 내부의 그러한 불안들을 이용하기는

---

1) *The Annual Register* (1812), p. 195; J. F. Maurice, *Hostilities Without Declaration of War* (London, 1883), p. 45.
2) 리버풀 경이 1814년 캐슬리(Castlereagh)에게 보낸 편지. Robert H. Ferrell, *American Diplomacy: a history* (New York, 1969), p. 158에서 재인용.

했지만 리버풀 경이 그 탈출 사건을 예견하고 있었던 것은 아니었다. 그는 단지 프랑스에서 혁명이 재발할지도 모른다는 불안감을 지니고 있었을 뿐이었다. 프랑스가 저지를지도 모르는 행위에 대한 예측은 전쟁과 평화에 대한 영·미국인들의 결정에 다시금 양념거리가 되었던 것이다.

1814년이 끝나 갈 무렵 영국과 미국의 대표단은 어느 편도 승자가 아니라는 의미를 함축한 평화각서에 서명하는 것으로 만족했다. 그럼에도 불구하고 국가의 기억이란 항상 선택적이기 마련이며, 비겼던 전쟁은 때로는 승리한 전쟁의 리스트에 슬그머니 올라간다. 모든 국가는 과거의 모든 전쟁이 자위(自衛)의 이름으로 치러졌다고 믿는 경향이 있기 때문에 비긴 전쟁은 승리한 것으로 기억되기가 쉬운 것이다. 군대를 통할하는 장관이 '침략상'이 아니라 '국방상'으로 명명되는 것도 이 같은 전통 때문이다.

국가의 전쟁 결정은 항상 제3의 국가들이 자국의 승리 전망을 위협할 것인가 어떤가 하는 예측 평가의 영향을 받는다. 1815년에 미국은 트리폴리 해안에 출몰하는 바바리아 해적을 소탕하기 위해서 해군 함대를 파견했었는데, 만약 유럽의 열강이 해적들 편에 설 것이라고 믿었다면 그렇게 하지는 못했을 것이다.[3] 만일 1846년에 유럽 국가들이 멕시코에 효과적인 원조를 제공할 것처럼 보였다면 미국은 멕시코와 전쟁을 하지 않았을 지도 모른다.[4] 1860년대에 이르러서는 칼자루를 쥔 손이 바뀌었다. 즉 남부연방과 미합중국의 전쟁(남북전쟁)으로 유럽 국가들은 아메리카 대륙의 다른 지역에 간섭할 수 있는 육군과 해군을 파견할 수 있게 되었다. 만일 미국이 통일된 상태를 지속했더라면 스페인이 카리브해에서 1863년부터 1865년까지 발생한 산도밍고의 흑인 반란을 진압하려고 하지도 못했을 것이며,[5] 1864년 스페인의 소규모 함대가 친차(Chincha) 군도를 장악,

---

3) *The Annual Register* (1815), p. 125: '영국과의 평화에 의해서 자유로워졌던 미국의 해군력'이란 표현.
4) Ferrell, pp. 209 ff.

페루로부터 풍부한 조분석(구아노) 지역을 탈취하지도 못했을 것이다.[6]

미국이 강력한 상태로 남아 있었더라면 서유럽의 육군과 해군은 1861년 감히 멕시코를 공격하지 못했을 것이다. 이미 1855년 11월에 런던의 파머스턴 경은 사건으로서 '종국에 가서는 미국이 멕시코를 집어삼킬 것이라는 점은 운명서에 기술되어 있다고 할만큼 불가피한 것'이라고 예측한 바 있다.[7] 그는 영국과 프랑스가 미국의 멕시코 합병을 막기 위해서 싸우지는 않을 것이라고 하면서 '설사 전쟁을 한다고 해도 합병을 저지할 수는 없을 것'이라고 덧붙였다. 그러나 불과 6년 뒤, 미국이 내란에 휘말리게 되자 프랑스와 영국 그리고 스페인은 더욱 대담해졌다. 이들 국가들은 주로 멕시코의 새로운 정부가 지불하기를 거절한 부채를 받아 내기 위해서 멕시코를 침략했다. 프랑스는 다른 동맹국들이 철수한 뒤에도 계속 남아서 전쟁을 수행했다. 거의 3만 명이나 되는 프랑스군은 1862년에 멕시코에 도착해서 그 이듬해에 멕시코 시티를 장악하고는 오스트리아 황제의 동생이며 프랑스가 지명한 페르디난드 맥시밀리언 1세를 멕시코의 황제로 옹립했다. 미국의 남북전쟁이 끝날 때까지 프랑스의 멕시코 개입에 대한 미국의 모든 항의는 공허한 메아리에 불과했다. 이윽고 워싱턴 정부로부터의 경고가 더 이상 무시될 수 없는 상황이 되자 프랑스의 군대는 고국으로 출항하기 시작했다. 젊은 황후는 빠져 나왔지만 그녀의 남편은 잔류했고, 결국 그의 운명은 런던의 국립 미술관에서나 확인할 수 있게 되었다. 그 미술관에 걸려 있는 에두아르 마네의 유명한 그림은 따뜻한 멕시코의 태양 아래 지친 모습으로 서서 소총을 발사하고

---

5) Rayford W. Logan, *Haiti and the Dominican Republic* (New York, 1968), pp. 209 ff.

6) *The New Cambridge Modern History*, Vol. X, p. 666.

7) 1855년 11월 1일, 파머스턴 경이 클래런던(Clarendon)에게 보낸 편지: Harold Temperley and Lilian Penson, eds., *Foundations of British Foreign Policy from Pitt(1792) to Salisbury(1902), or Documents Old and New* (Cambridge, 1938), p. 295.

있는 푸른 코트의 소총부대를 묘사하고 있는 것이다.[8] 황제가 처형된 1867년에는 러시아가 미국에 알래스카를 매각했다. 바로 이 해는 어떠한 외부세력도 미국의 영향권 안에 발을 들여놓지 못하는 시대의 개막을 알리는 해가 되었던 것이다.

1873년 태평양 건너편에서는 일본의 지도자들이 조선에 원정군을 파견할 것인가의 문제를 가지고 사적인 논쟁을 벌이고 있었다. 오쿠보 도시미찌는 그러한 공격은 현명하지 못한 짓이며 일본이 조선과의 전쟁으로 지치게 되면 러시아가 그 기회를 놓치지 않고 남하하려는 유혹을 받게 될 것이라고 경고했다. 그렇게 되면 러시아라는 어부가 물고기를 낚아채려고 준비하는 동안에도 일본과 조선은 그 물고기를 놓고 다투는 두 마리의 물새 꼴이 될 것이라고 경고했던 것이다. 이와 비슷한 생생한 비유가 제1차 세계대전이 시작될 무렵 일본 천황의 고문이었던 76세의 노병 야마가타 아리토모에 의해서도 사용되었다.[9] 야마가타는 "전쟁으로 인해서 미국은 격언에 나오는 어부의 이익을 온전하게 맛보고 있다"고 주장했다.[10] 전 세계의 물새들이 다투고 있는 동안 미국은 어획물을 훔치고 있다는 것이었다. 일본 스스로가 국제문제에 있어서 완벽한 어부가 아니냐고 말할 사람이 있을지 모른다. 만일 그것이 사실이라면 일본은 그야말로 서양의 힘센 어부와 우열을 가리려고 했던 셈이 된다.

물새들이 다투고 있을 때 어부는 종종 그물을 펼치고 싶은 유혹을 받았다. 그러나 어부가 물새들의 싸움이 시작될 때까지 반드시 기다려야 할 필요는 없었다. 물새들이 단지 서로 노려보고만 있는 동안에 어부는 물고기를 낚아 챌 수도 있었다. 세르비아와 불가리아간의 짧은 전쟁 — 1880년대 유럽에서 발생한 유일한 국제전 — 은 물새의 우화에 관한 많은

---

8) Ferrell, pp. 302ff.
9) R. Tsunoda, W. T. de Bary and D. Keene, eds., *Sources of Japanese Tradition* (New York, 1958), pp. 658-62.
10) *Ibid*, p. 715.

변형들 중의 하나였다.

II

1885년 9월 동루멜리아(Eastern Rumelia)에서 무혈혁명이 발생, 터키인
들을 축출한 사건이 있었다. 불가리아의 군대는 터키인들의 반격 가능성
에 대비, 영토를 방어하기 위해서 신속하게 개입해 들어왔다. 바람이
차가와 지면서 소규모의 불가리아군은 터키와의 국경선에 방어진을 펴
고 터키가 무력적인 반응을 보일 것인가 지켜보고 있었다. 그 때 기묘한
상황이 벌어졌다. 불가리아의 연대 병력이 동부 전선에 포진하고 있는
동안 멀리 떨어진 서부 전선은 세르비아에 의해 위험에 처하게 되었던
것이다. 세르비아의 왕은 만일 불가리아 군대가 멀리 떨어진 터키의 국경
선에 고정된 채로 있다면 세르비아가 손쉽게 영토를 획득할 수 있으리
라고 믿었다. 그것은 마치 스페인 군대가 갑작스레 국경을 넘어 파리로
진격해 들어가는데 정작 프랑스는 침략에 대비해서 독일 쪽 국경만을
수비하고 있는 상황과 비슷했다. 사실 불가리아의 수도인 소피아라는
소도시는 세르비아와의 국경선으로부터 50마일밖에 떨어져 있지 않았기
때문에 파리보다 더 취약했다. 1885년 11월 4일 세르비아 군대는 드라고
만 요충지(the Dragoman Pass)를 지나서 아무런 저항도 받지 않은 채 무방
비 상태의 불가리아 수도를 향해 진군해 들어갔다.[11]

유럽 전역에는 세르비아의 신속한 승리에 대한 기대가 만연했기 때문
에 영향력 있는 많은 간행물들은 세르비아가 승리할 것인가에 대한 논의

---

11) A. von Huhn, *The Struggle of the Bulgarians for National Independence under
 Prince Alexander: a military and political history of the war between Bulgaria
 and Servia in 1885*, tr. from German (London, 1886), passim; *The Economist*,
 21 Nov. 1885; anon., 'Servo-Bulgarian War', *Encyclopaedia Britannica* (1910~
 11), XXIV, pp. 699-701.

조차도 하지 않았다. 그들은 세르비아가 당연히 이길 것이라고 생각했던 것이다. 개전 당일 불가리아의 전략적 상황은 절망적인 것처럼 보였다. 만일 터키 국경으로부터 군대를 빼낸다면 터키의 기습공격을 받을지도 몰랐다. 그리고 또 터키의 공격을 감수하기로 결정한다고 해도 소피아를 구하기 위해서 동부 전선으로부터 어떻게 시간에 맞춰 신속하게 군대를 이동시킬 수 있겠는가? 불가리아의 유일한 철도는 콘스탄티노플을 기점으로 해서 서쪽의 아드리아노플을 통과, 불가리아 국경을 가로질러 가는 것이었다. 소피아까지는 미치지도 못하는 단선 철도였다. 이 철도는 터키인들에 의해서 건설, 운영된 것으로서 1885년의 혁명기간에는 터키군의 열차 진입을 막기 위해서 터키와의 국경에 있는 철교가 폭파되어 있었다. 그리하여 서쪽의 국경지대에는 5량의 증기기관차만이 남아 있었고, 더욱 불행하게도 불가리아에는 철로 작업장이 전혀 없었다.[12] 진군해 들어오는 세르비아 군대를 막기 위해서는 그 다섯 량의 기차를 이용, 시속 15마일밖에 되지 않는 속도로 철길을 달려 불가리아 군대의 대부분을 소피아 쪽으로 이동시켜야만 했다. 그리고 첫 번째 부대를 실은 열차가 불가리아 중부의 종점에 도착하고 나서도 병사들은 발칸 산맥을 넘어 80마일을 행군하여 소피아를 통과해야만 진군해 오는 세르비아군과 맞닥뜨릴 수가 있었다.[13]

겨울이 시작되면서 서쪽으로 향하는 빈약한 도로는 불깐소와 짐마차의 이동으로 질척거렸으며, 불가리아군의 병참부는 행진하는 군대에 적절하게 식량 등을 보급해 줄 수가 없었다. 그러나 불가리아의 1개 연대 병력은 병참 종착역으로부터 전선으로 이동해 가면서 불과 32시간만에 60마일을 행군했다. 그리고 다리 부상이나 질병으로 낙오하는 병사도 70명에 1명 정도의 비율로 매우 낮은 편이었다. 보병 1개 대대는 소피아

---

12) Huhn, pp. 104-5.
13) *Ibid.*, pp. 137-8, 174.

에 도착하자마자 기마부대의 말을 조달하여 한 마리에 두 사람씩 올라타고 적진으로 달려갔다. 전쟁 사흘 째, 대지에 눈보라를 날리는 차가운 바람 속에서 두 부대의 전초부대는 슬리브니짜 전투(the Battle of Slivnitza)를 시작했다. 격동하는 전열의 선두에서 군악대가 사기를 진작하는 음악을 연주하는 가운데 불가리아인들은 대부분의 유럽인들이 경악할 정도로 굴하지 않고 전진했다. 이러한 열광과 장관의 기묘한 광경은 적절한 것이었다. 왜냐하면 이 전쟁은 군주들이 직접 국경의 군대를 지휘하여 교전하는 유럽의 마지막 전쟁이 될 것이기 때문이었다.14)

불가리아에 불리하게 시작된 전쟁은 불과 1주일 안에 대등한 전세로 바뀌었고 2주일이 채 못되어 불가리아의 승리로 바뀌었다. 세르비아인들은 산맥 너머로 밀려나 국경 밖으로 후퇴하지 않으면 안되었다. 그들이 불가리아에 타격을 줄 것으로 기대했던 전면적인 공격에 실패한 이유는 바로 11월 28일의 오스트리아의 개입 위협이었다.15) 오스트리아는 세르비아의 동맹국인 동시에 재정 지원국이었는데 오스트리아의 최후 통첩이 정확히 개전 2주일만에 전쟁을 종식시켰다. 세르비아가 불가리아 - 터키간의 싸움에 개입했던 어부였다면, 이제는 오스트리아가 불가리아 - 세르비아간의 다툼의 와중에 고기를 낚겠다고 위협했던 것이다.

III

제3국이 중립을 지킬 것이라는 보장이나 기대는 전쟁에의 호소를 촉진하기도 했다. 일본과 러시아가 1904년의 전쟁에 접근해 가고 있을 때

---

14) 1912년 영국의 초대 해군장관이 된 독일 태생의 해군장교와 불가리아의 통치자 알렉산더 공(Prince Alexander)은 형제지간이었는데, 그 해군장교는 후에 이름을 배튼버그(Battenberg)에서 마운트배튼(Mountbatten)으로 바꾸었다. 그리고 마운트배튼의 아들은 제2차 세계대전 중 버마 전선에서 명성을 떨쳤다.

15) *The Annual Register* (1885), p. 276.

일본은 다른 유럽 열강들이 전쟁에 간섭하는 것을 해군력으로 억제해 주겠다는 영국의 약속에 고무되어 있었다. 1911년 이탈리아가 터키를 기습 공격하고 리비아에 있는 터키의 식민지를 침공했을 때 이탈리아는 프랑스, 독일, 영국, 오스트리아 등이 모두 몰두하고 있던 외교적 위기로부터 어떤 자신감을 얻고 있었다 — 만일 외교적 위기만 아니었다면 이들 강대국들은 이탈리아에게 군대와 함대를 철수하도록 경고했을지도 모른다. 그리고 1912년 터키가 이탈리아와의 전쟁에서 패배하고 있을 때 4개의 발칸 소국들은 유럽에 있는 터키의 잔여 영토를 공격할 준비를 하고 있었다. 1912년 10월 8일 조그만 왕국 몬테네그로는 터키에 전쟁을 선포했다. 10월 13일 이미 군대에 동원령을 내리고 있던 불가리아와 세르비아는 터키에 최후 통첩을 보냈다. 그 다음 날 터키는 서둘러서 이탈리아와 임시 평화조약을 체결, 리비아를 넘겨주고는 모든 무력을 발칸의 위기에 대비시켰다. 10월 17일 터키는 불가리아 및 세르비아와의 전쟁에 돌입하였고, 하루 뒤에는 그리스와도 전쟁을 시작했다.[16]

발칸의 네 어부는 튼튼한 그물을 치고 있는 것처럼 보였다. 그들은 터키의 여러 영토를 침공하면서 그 지방에 거주하는 그리스인, 불가리아인, 크로아티아인, 세르비아인들의 지원에 의존할 수 있었다. 뿐만 아니라 발칸의 기준에서 보면 네 침략국은 재정적으로도 건전했다. 돼지와 오얏나무에 의존하던 세르비아의 경제조차도 막대한 전비를 재정지원하는 터키에 견줄 수 있는 것으로 보였다. 침략국들은 터키가 급히 불러모을 수 있는 병력과 막강한 함대의 거의 2배에 달하는 약 70만 명의 병력을 신속하게 동원할 수 있었다. 새로운 전함들이 모든 낡은 전함들을 무용지물로 만들고 있는 것으로 믿어졌던 시대에 그리스는 자신들의 순양함 게오르기오스 아베로프(Georgios Averof) 덕택에 우위를 점하고

---

16) C. F. Atkinson, 'Balkan Wars', *Encyclopaedia Britannica* (1922), Vol. XXX, pp. 373-82.

있었다. 그러한 사실은 1913년 1월 17일 터키의 전투 소함대가 다다넬즈로부터 출현하여 그리스의 괴물이 기다리고 있음을 발견, 장시간의 대결 끝에 안전한 다다넬즈로 후퇴하지 않으면 안 되는 상황이 발생하면서 여실히 입증되었다. 육지에서도 터키는 취약한 것처럼 보였다. 유럽의 터키 영토들은 숟가락 모양의 것이었는데 손잡이 부분에 해당하는 좁은 지역은 폭이 40마일에 불과해서 남쪽으로부터는 에게인들(the Aegean)에 의해서 그리고 북쪽으로부터는 불가리아인들에 의해서 협공을 받았다. 터키는 숟가락의 손잡이에 집착할 수밖에 없었는데, 왜냐하면 콘스탄티노플 역으로부터 터키의 살로니카항을 따라 손잡이 부분을 감아 올라가는 3백 마일의 철도가 아드리아해로 뻗어 나간 방대한 터키의 영토들을 이어주는 중요한 연결로 이였기 때문이었다. 전쟁이 시작된 지 3주가 채 못되어서 북쪽으로부터 진군해 내려오던 불가리아군과 남쪽에서 도착한 그리스군은 철도를 차단, 서쪽 지역의 터키군을 고립시켜 버렸다.

만일 이 이외의 다른 이점들이 확보되지 않았더라면 이러한 이점들만으로 전쟁결정에 박차가 가해지지는 않았을 것이다. 즉 발칸 동맹(the Balkan League)은 유럽의 어떤 강대국도 그들의 침공을 방해하지 못할 것이라는 전제하에 모험을 했던 것이다. 전쟁 전야에 강대국들이 '현상에 대한 어떠한 변화에도 절대로 동의하지 않을 것'이라는 점을 확실히 했음에도 불구하고 발칸 동맹은 이러한 경고를 공허한 협박이라고 무시해 버렸다. 1912년 당시 유럽 열강들 사이의 긴장 상태는 그보다 2년 뒤에 시작될 대전에서처럼 분명한 것이었다. 그리고 그러한 긴장 상태 속에서 발칸 동맹은 확신을 가졌던 것이다.

터키가 전쟁에서 패배하자마자 곧 바로 전승국들은 자기들끼리의 분쟁을 시작했다. 전리품은 예상외로 인상적이었는데 평방 마일로 따져서 근 1세기 동안 어떤 유럽 전쟁에서 획득된 것보다도 넓은 것이었다. 전리품에 대해서 세르비아와 그리스는 불가리아가 양보하고자 했던 것보다 더 많은 것을 요구했다. 불가리아의 군대는 불과 몇 달 사이에 다른 동맹국들의 총계보다 더 많은 최소한 9만 3천 명의 사상자를 냈기 때문에 그 고집은 이해할 만한 것이었다. 불가리아인들은 터키인들이 가장 막강 했던 전선에서 치열한 전투를 수행했으며, 한 때 골든 혼(the Golden Horn) 지역에까지 진격했던 것 같다. 승리의 기쁨 속에서 불가리아의 지도자들 은 '발칸의 프러시아인들' 또는 '서방의 일본인들'이라는 축하 전보를 받 기도 했었다.17) 그들은 자신들의 군사적인 용맹성을 과장하는 데 그치지 않고, 물새들이 싸우고 있을지라도 이에 개입해서 어획물을 낚아 챌 만한 어부는 없을 것이라는 경솔한 결정을 내리기에 이르렀다. 그들은 러시아 와 오스트리아가 자신들에게 우호적이라고 단정했다. 이웃 루마니아는 적대적이긴 하지만 중립적이었고, 터키도 전쟁에서의 패배를 인정했다. 발칸 상황의 모든 것이 승리의 여론을 즐기고 있는 불가리아에 미소를 던지고 있는 것처럼 보였다.

1913년 6월 29일 불가리아는 갑자기 다뉴브로부터 살로니카 해안에 이르는 전선의 전역에서 그리스와 세르비아의 군대를 공격했다. 마치 1차 대전 당시의 기나긴 프랑스 전선을 예고하는 것처럼 불가리아의 모든 힘이 이쪽에 집중되었고 따라서 그들의 동쪽과 북쪽 국경은 공격에 대한 무방비 상태를 노출했다. 개전 2주가 채 못되어 루마니아 군대가 북쪽으 로부터 몰려 내려왔다. 대기 중이던 거대한 루마니아군은 불가리아의 1개 연대가 거의 손을 쓰지도 못하는 상황에서 저항을 받지 않고 불가리아의 수도 소피아를 향해 진군해 내려 왔다. 결국 1885년 세르비아의 전략이 되풀이된 셈이었다. 봄에 패배한 터키조차 여름에는 불가리아에 전쟁을 선포, 총 한 발 쏘지 않고 아드리아노플을 탈환했다. 곧 4개국의 군대가 불가리아로 집결했다. 후퇴하는 불가리아군을 포함한다면 5개국의 군대 가 되었다. 이렇게 해서 제2차 발칸 전쟁은 한 달 동안 계속되었다.

---

17) *Ibid.*, p. 381; E. C. Helmreich, *The Diplomacy of the Balkan Wars, 1912~13* (Harvard, 1938), p. 365.

물새와 어부의 우화는 제1차 세계대전의 초기에도 재현되었다. 각국 정부는 자신들의 동맹국들이 지원해 줄 것인가, 적국의 동맹국들은 전쟁에 가담할 것인가, 그리고 제3국들이 과연 전쟁에 개입할 것인가 아니면 경제적인 원조를 제공해 줄 것인가 혹은 발을 뺀 상태로 있을 것인가 등등을 예측해야만 했다. 전쟁의 여파 속에서 러시아와 싸우기로 한 폴란드의 결정 그리고 터키와 싸우기로 마음먹은 그리스의 결심 등은 부분적으로나마 제3국의 지원에 대한 기대의 영향을 받았다. 1935년 아비씨니아(Abyssinia) 전쟁의 전야에 이탈리아는 유럽 국가들이 개입하지 않을 것이라는 예상을 하면서 확신을 얻었고, 이디오피아는 그와는 정반대의 예상을 하면서 용기를 가졌다. 하일레 셀라시에 황제는 국제연맹 총회에서 침통한 얼굴로 이렇게 이야기했다. "오늘 본인의 이야기를 듣고 있는 52개국은 1935년 10월 본인에게 침략자는 승리하지 못할 것이라고 보증했었습니다."[18] 그들의 그럴 듯한 지원 약속이 '열세에 놓여 있던 무기, 항공기, 대포, 화약 그리고 의료설비의 뚜렷한 부족'을 메워 주고도 남으리라고 셀라시에는 기대했었던 것이다. 1937년 전쟁에 돌입하면서 일본은 어느 유럽 국가도 중국 편에 서서 개입하지는 않을 것이라고 가정하고 있었다. 1939년 독일과의 전쟁을 시작하면서 폴란드는 영국과 프랑스로부터 중요한 지원을 받으리라고 믿고 있었다. 반면에 히틀러는 폴란드가 아무런 유용한 원조도 받지 못할 것이라고 생각했다. 1956년 수에즈 전쟁과 헝가리 봉기의 와중에도 외부 세력들이 어떤 행동을 취할 것인가는 전쟁의 시작과 종결에 중대한 문제였다.

마찬가지의 기대들이 전쟁을 종결짓는 많은 정책결정들에 영향을 미쳤다. 1814년 나폴레옹의 패배로 영국이 병력을 북아메리카에서의 교전에 활용할 수 있게 되자 미국은 영국과의 전쟁 종결을 강력하게 희망했

---

18) 1936년 7월 셀라시에의 국제연맹 총회 연설; A. B. Keith, ed., *Speeches and Documents on International Affairs 1918~1937* (Oxford, 1938), Vol. II, p. 89.

다. 1860년대에 남북전쟁이 끝나고 미국이 국경의 남쪽으로 파병할 수 있게 되자 프랑스는 멕시코에서의 전쟁을 더더욱 포기하고 싶어했다. 역시 같은 1860년대에 오스트리아와의 단기전을 끝내고자 했던 프러시아의 결정은 분명히 프랑스가 개입할지도 모른다는 두려움의 영향을 받은 것이었다.

이러한 사실들은 개전과 종전이 제3자가 개입할지도 모른다는 희망 또는 두려움에 의해 영향을 받은 극적인 예에 지나지 않는다. 이 밖에도 많은 실례들을 1700년 이래 모든 시대에서 쉽게 찾아볼 수 있다. 물새의 딜레마는 다른 전쟁들의 경우에는 덜 명료하게 보일지는 모르지만 그래도 어느 경우에나 존재할 것이다. 모든 전쟁에는 그에 앞서 제3국이 어떻게 행동할 것인가 하는 전쟁 당사국 양측 모두의 예측이 있기 마련이다. 그리고 이러한 예측은 전쟁의 한 원인이 되는 동시에 마찬가지로 평화의 원인이 되기도 한다.

전쟁을 할 것인가 아니면 회피할 것인가를 결정하는 국가의 지도자들은 마치 야경꾼이 자신이 방호하는 지역의 환경을 살펴보는 것처럼 정치적인 상황을 점검하게 된다. 정치 지도자들이나 군대의 우두머리들은 국제정세에 대해 오래 기억해 왔거나 그 변화를 직관적으로 관찰하기 때문에 자신들이 국제적 상황을 점검한다는 사실을 인식하지 못하고 있을지도 모른다. 전쟁이 임박해 있다는 사실이 외교문서에 나타나지 않는 것처럼 제3국이 어떻게 행동할 것인가에 대한 정치 지도자들의 가정도 기록된 외교문서에 항상 가시적으로 나타나는 것은 아니다. 그러한 가정은 외교 각서나 외교 전문을 작성하는 사람들에게는 논쟁의 여지 없이 너무나도 분명한 것이기 때문에 기록되지 않을 수도 있다. 연못의 한 쪽 모퉁이에서 기회를 엿보고 있는 어부를 혼란에 빠뜨리는 가정들만이 주의 깊게 기록되는 것이다.

IV

국제적인 사건들에 기회주의가 만연한다고 추론하게 되면 국가의 가정(假定)을 생각하지 않을 수 없다. 국제무대에서의 기회주의는 나폴레옹이나 히틀러 같은 사람들 또는 특정 국가의 특정 지도자들에게서 발견되기 마련이다. 영어 사용권에서는 보통 1914년 독일의 벨기에 공격이나 1941년 일본의 진주만 기습과 같은 사건을 기회주의의 사례로 꼽고 있다. 그러나 1914년 영국이 내륙 국가인 룩셈부르크에 대한 지원을 망설인 일이나 해안 국가인 벨기에에 지원을 해주고자 했던 사실 등도 기회주의의 표본이 된다. 1941년 초 일본에 대한 미국의 정책도 사실은 기회주의적인 것이었는데, 미국은 일본이 중국으로부터 군대를 철수시키지 않으면 안 되도록 하기 위해서 또는 적어도 부적절한 무기를 가지고 싸우도록 하기 위해서 일본에 대한 전략 물자의 수출을 거부했던 것이다.

국제적인 사건들에서의 기회주의적 태도는 좀더 중요한 이유 때문에 간과되기도 한다. 즉 국가가 전쟁을 수행할 때에는 기회주의가 극명하게 드러나지만 평화시에도 역시 강력하게 작용은 하고 있다. 우리들은 전쟁의 원인 연구에 지나치게 함몰되어서 평화의 원인 연구는 소홀히 하기 때문에 기회주의적인 태도가 각 평화의 시대를 보장해 주는 과정에 대해서는 무지하다고 할 수 있다. 평화에 대한 가장 널리 알려진 비전은 바로 국가들이 독립적으로 존재하면서 서로의 주권과 영토를 존중해 주는 상황이다. 그리고 각 국가가 형제애 같은 것으로 뭉쳐지는 상황이다. 그러나 국가의 형제애라는 것에는 위계질서가 있고 기회주의적인 경향도 있다. 평화는 직접 혹은 간접적으로 군사력에 의존한다. 우리는 보통 평화를 파괴할 때의 군사력의 역할에 대해서는 관찰하면서도 군사력이 전쟁을 종결짓거나 평화 상태를 보전할 때의 역할은 무시하는 경향이 있다. 따라서 우리들은 평화의 원인과 전쟁의 원인이 서로 밀접한 연관성을 지니고 있다는 사실을 스스로에게 숨기고 있는 것이다.

제5장
희생양 이론: 살짝수염벌레와 희생양

I

18세기에 발생했던 수많은 전쟁들의 공통적인 원인을 탐색하다 보면 한 가지 명백한 단서가 드러난다.[1] 즉 왕의 죽음은 종종 전쟁을 예고하고 있었다. 이러한 상관관계는 4건의 중요한 전쟁에 붙여진 유명한 명칭에서 구체화된다. 스페인 계승전쟁, 폴란드 계승전쟁 등이 있었고 그 뒤를 이어 오스트리아 계승전쟁과 바바리아 계승전쟁 등이 발생했다. 누가 이러한 전쟁들의 이름을 붙였는가를 알아보면 더욱 분명해질 것이다. 이들 명칭은 공석 중인 왕위를 누가 계승해야 할 것인가 하는 문제가 바로 전쟁의 지극히 중요한 원인이었음을 설득력 있게 담고 있다. 가끔 이 전쟁들은 '그 교과서의 제목이 암시해 주는 바와 같이' 왕조간의 경쟁관계로부터 비롯되었다고 이야기되기도 한다. 즉 그러한 이름을 갖게 된 것은 '우연이 아니라'는 것이다.[2] 널리 알려진 이름을 가지고 부분적

---

1) 서술과정에서 필자는 때때로 '스웨덴은 희망했다'라든가 '프러시아는 결정했다'라는 식의 모호한 표현을 사용하고 있다. 이것은 말을 절약해서 사용한다는 장점은 있지만 정확성을 결여한다는 단점도 있다. 아무튼 이런 경우에 필자는 정부가 '희망했다'라든지 권력층의 다수의견이 '결정했다'는 것을 의미하고 있는 것이다.

2) Stuart Andrews, *Eighteenth - Century Europe: the 1680s to 1815* (London, 1965), p. 11; J. O. Lindsay, *The New Cambridge Modern History*, Vol. VII, p. 5; E. Robson, *Ibid.*, pp. 166.

으로나마 전쟁의 원인을 설명하려는 열망은 약간 엉뚱한 면이 있기는 하다. 그것은 젠킨스의 귀 전쟁(the War of Jenkins' Ear)이 귀에 관한 전쟁이고, 7년 전쟁(the Seven Years' War)이 햇수에 관한 전쟁이라고 주장하는 것과 거의 다를 바 없다.

4건의 계승전쟁은 군주의 죽음이 전제되어 있었지만 그것에만 영향을 받은 전쟁은 아니었다. 1700년에 색소니, 덴마크 그리고 러시아의 통치자들은 소년왕 찰즈 12세가 왕위를 오래 지탱하지 못했던 스웨덴과 전쟁을 시작했다. 1741년 스웨덴의 군대는 짜르가 한 살밖에 되지 않은 러시아를 공격했다. 1786년 프러시아의 프레드릭 대제의 죽음은 그 이듬해 오스트리아 - 러시아 동맹이 터키에 전쟁을 선포할 수 있는 길을 터 주었다. 1792년 3월 비엔나의 황제 레오폴드 2세가 사망한 사건은 다음 달 프랑스가 오스트리아에 선전포고하리라는 것을 예고해 주는 것이었다.[3]

18세기에 발생한 8건의 전쟁은 모두가 군주의 사망에 의해 영향을 받거나 예고된 것이었다. 그리고 그러한 전쟁들은 동 세기의 대부분의 주요한 전쟁들이기도 했다.[4] 그와 같은 살짝수염벌레 전쟁들이 1800년 이후로 완전히 사라진 것은 아니었다. 프러시아와 덴마크 사이의 두 차례의 전쟁은 덴마크 왕의 죽음이 선행된 것이었고 미국의 남북전쟁도 1861년 대통령의 취임에 잇달아 발생한 것이었다. 뿐만 아니라 제1차 세계대전은 오스트리아 왕위 계승자의 암살로부터 시작된 것이었다.

전쟁의 가능성을 고조시킬 만한 사건이나 영향력 같은 것들은 전쟁의 가능성을 감소시킬 수 있는 요인이 되기도 한다. 군주의 죽음은 전쟁뿐만 아니라 평화를 조장할 수도 있었던 것이다. 1762년 1월 러시아의 여제

---

3) 계승전쟁을 단순히 왕조적인 경쟁관계나 복잡한 혼인관계의 소산으로 해석하는 데 대해서 반대하는 견해는 제10장에서 제기될 것이다. 그 장에서는 전쟁의 동기에 근거를 둔 해석들이 분석될 것이다.
4) 이른바 살짝수염벌레 전쟁(death - watch war: 살짝수염벌레의 울음소리는 죽음의 전조라고 여겨졌다.) 발생에 관한 대부분의 자세한 내용은 권위 있는 저작들로부터 인용한 것이다. 특히 *The New Cambridge Modern History*, Vol. Ⅵ, Ⅶ, Ⅷ

엘리자베스의 사망 소식에 접했을 당시 프레드릭 대제는 러시아 및 전 유럽의 군대의 절반 정도에 해당하는 병력과의 장기전에서 매우 위험한 지경에 처해 있었다. 프레드릭은 기쁨에 넘쳐서 친구에게 편지를 썼다. "용기를 잃지 말게, 친구여! 짐은 매우 중요한 소식을 들었다네."[5] 그 중요한 사건과 새로운 짜르의 승계로 인해 러시아는 유리한 전세를 유지 하던 전쟁으로부터 신속하게 철수할 수밖에 없었다.

살짝수염벌레 전쟁에 관한 가장 그럴 듯한 설명은 무엇일까? 강력한 군주제로 특징지어지는 시대에 군주의 죽음은 분명히 국가간의 권력 배분에 영향을 미치기 마련이었다. 장기간 통치하던 군주가 연약해 보이 는 군주에 의해 계승될 때 발생하는 국제적인 권력 관계의 변화는 극적인 것이었다. 사망하면서 전쟁을 예고한 여덟 군주 가운데 여섯 명은 25년 이상 통치한 사람들이었다. 따라서 여덟 명의 계승자 가운데 여섯 명은 취약할 수밖에 없었다. 이 여섯 명 가운데 한 명은 어린 아기였고, 둘은 10대의 왕자였으며, 또 다른 하나는 여성의 권리가 취약할 수밖에 없는 왕좌를 계승한 임신부였다. 나머지 둘은 왕국 밖에서 영입된 사람들이었 다. 연약해 보이는 군주의 취임은 국토를 공격에 취약하게 만들었다. 뿐만 아니라 많은 군주들 사이의 동맹관계가 사적인 것이었던 시대에는 군주의 죽음과 함께 방위동맹이 와해되거나 약화되었기 때문에 더욱 그러했다. 새로운 군주가 자국의 신하들이나 장군들의 충성조차도 확신 할 수는 없는 상황에서 대외적인 동맹의 견고함까지 확신할 수는 없는 노릇이었다. 따라서 새로운 군주 체제는 언제나 외국으로부터의 공격의 표적이 되었으면 되었지 공격의 화살은 되지 못했다는 사실이 의미심장 하다. 이전 같으면 공격을 개시할 엄두도 내지 못했던 영방(領邦)들도 다반사로 이 새로운 군주체제를 공격해 왔던 것이다. 군주의 죽음은 그 죽음으로 인해 이전에 구축되었던 권력의 사다리가 모호해질 때, 즉 경쟁

---

5) R. N. Bain, *Encyclopaedia Britannica* (1910-11), Vol. IX, p. 285에서 재인용.

관계에 있던 군주들에게 갑작스레 협상의 지위에 대한 자신감을 심어주게 될 때 가장 위험스러웠던 것으로 보인다.

살짝수염벌레 전쟁들은 이미 우리가 잘 알고 있는 과도한 낙관주의와 함께 시작되었다. 새로운 군주가 등장한 왕국은 대개의 경우 부분적인 영토의 약탈에 저항하기에는 너무 약해서 오래 저항하지 못할 것이라고 판단되었던 것이다. 대부분의 약탈자들은 전쟁을 직접 도발하지 않고도 영토를 빼앗을 수 있다고 믿거나 전쟁을 시작하더라도 신속하게 승리할 수 있을 것이라고 믿었다. 1701년 루이 14세가 스페인 영토를 손에 넣기 시작했을 때나 1740년 프레드릭 대제가 오스트리아의 실레지아 지방을 점령했을 때, 그리고 1778년 오스트리아의 조제프가 자신의 백색제복의 군대를 바바리아의 남부로 이동시켰을 때, 이들 모두는 전쟁은 발생하지 않을 것이라고 확신했었다. 그러나 그러한 합병 작전들은 격렬한 전쟁들을 야기했다. 그리고 과장된 희망들이 수그러들고 나서야 전투는 종결되었다.

II

18세기의 마지막 4반세기 동안 혁명은 적어도 네 차례의 국제전쟁을 알리는 서곡이었다. 북아메리카의 식민지에서 발생한 반란은 1778년에 국제전으로 비화했고, 다른 반란 사건들도 1787년 프러시아의 네덜란드 침략, 1792년 러시아의 폴란드 침입, 그리고 같은 해 오스트리아의 프랑스 침공 등을 촉진했다.[6] 왕의 죽음과 같은 사회적 불안은 기성권위의 붕괴를 의미하며 따라서 국력에 대한 인식에 영향을 미친다. 유럽에서는 왕실의 장례식이 중요한 평화의 교란자인 시민항쟁(civil strife)에 의해서

6) 좀더 포괄적인 기록은 『역사연구』(*Historical Studies*), 1971년 10월호에 수록되어 있으며 본 장의 나머지 부분은 위의 책에 '희생양이론과 국제전'(The Scapegoat Theory of International War)이라는 제목으로 약간 다르게 발표된 바 있다.

대치되는 경향이 점점 증가해 갔다.

1800년 이후 유럽의 많은 국제적인 전쟁은 시민항쟁이 선행된 것은 아니었으며 시민항쟁이 항상 전쟁을 야기한 것도 아니었다. 그럼에도 불구하고 얼마나 많은 전쟁들이 교전국 중 어느 한 국가의 심각한 불안에 의해 예고되었는가를 발견하고는 자못 놀라게 된다. 다음의 목록은 길기는 하지만 모두를 전부 수록한 것은 아니다. 만일 1815년부터 1939년까지의 기간 이외의 전쟁들을 포함하거나, 또 중남미에서 발생했던 전쟁들을 포함시킨다면, 그리고 유럽 국가들과 국가라고 불릴 수 있을 만큼 조직되지는 못했던 유색인종들 간의 전쟁까지 고려에 넣는다면 아마도 더 길어질 것이다. 더욱이 다음의 표는 발생한 전쟁과 뚜렷한 연관성을 지닌 것처럼 보이는 사회적 혼란들만을 나타낸 것이다.

약 125년의 기간동안 적어도 서른 한 차례의 전쟁은 어느 한 교전국가의 심각한 혼란 상태에 뒤이어 발생한 것이었다. 이러한 전쟁들은 같은 시기에 발생한 중요한 국제전들의 거의 절반 이상이 될 정도로 많다. 시민항쟁과 국제전의 연계는 분명 매우 중요하며 사실상 그 유명한 희생양 이론(Scapegoat Theory)은 바로 이러한 연관성을 설명하려고 하는 것이다.

III

전쟁이 왕들의 스포츠처럼 된 경우는 19세기에 들어와서 줄어들기는 했지만 그래도 여전히 전쟁은 스포츠로 남아 있었다. 전쟁의 연례적인 개최일은 크리켓 경기의 개최일 만큼 확실하지는 않았고 또 관중들이 언제나 전쟁터 부근에 관람석을 마련할 수 있는 것은 아니었지만, 일종의 스포츠로서 전쟁이 제공해 주는 것은 많았다. 영국인 변호사 알렉산더 윌리엄 킹레이크(Alexander William Kinglake)는 여러 전쟁에 민간인 신분으로 종군하던 사람이었다. 1845년 그는 북아프리카에서 알제리와 교전하는 프랑스의 생 아르누(St. Arnaud) 장군의 유격대와 동행했다. 9년 뒤에

1815~1939년 사이에 발생한 전쟁들

국제전의 발생연도	전 쟁	사회적 혼란의 발생지
1823	스페인의 피레네 원정 전쟁	스페인
1828	러시아-터키 전쟁	그리스
1830	벨기에 전쟁	벨기에, 프랑스
1830	프랑스-알제리 전쟁	파리
1848	덴마크-프러시아 전쟁	베를린
1848	사르디니아-오스트리아 전쟁	비엔나, 밀라노
1849	헝가리 원정 전쟁	헝가리
1853	크리미아 전쟁	다뉴브의 공국들
1860	이탈리아 전쟁	시실리
1861	멕시코 원정 전쟁	멕시코
1862	아이티 전쟁	산도밍고
1864	덴마크-프러시아 전쟁	홀쉬타인
1876	세르비아-터키 전쟁	보스니아
1877	러시아-터키 전쟁	발칸 왕국들
1882	이집트 원정 전쟁	이집트
1885	세르비아-불가리아 전쟁	동루멜리아
1894	청일전쟁	조선
1897	그리스-터키 전쟁	크레테
1898	스페인-미국 전쟁	쿠바
1899	보어 전쟁	트랜스바알
1900	의화단의 난 진압 전쟁	북경
1911	이탈리아-터키 전쟁	터키제국
1912	제1차 발칸 전쟁	마케도니아
1914	제1차 세계 대전	보스니아
1918	백러시아 전쟁	러시아
1919	제3차 아프가니스탄 전쟁	인도, 아프가니스탄
1919	그리스-터키 전쟁	터키
1920	소련-폴란드 전쟁	소련
1931	만주 사변	일본, 중국
1936	스페인 전쟁	스페인
1937	중일 전쟁	중국

자료: Lewis F. Richardson (ed. by Quincy Wright and C. C. Lienau), *Statistics of Deadly Quarrels* (London, 1960), *passim*; Quincy Wright, *A Study of War*, 2 Vols. (Chicago, 1942), Vol. I, p. 644 ff.
프랑스(1870), 러시아(1904), 여러 국가들(1914), 그리고 독일(1930년대)의 내부 혼란들은 능히 한 자리를 차지하고도 남음이 있다고 주장할 수도 있지만 이 표에서는 제외했다.

는 영국의 원정군과 함께 크리미아 전쟁에 종군, 안장 위나 편리한 언덕 위에서 전투를 관람했다. 알마 전투(the Battle of Alma)가 있던 날 아침 말에서 떨어지는 바람에 그는 영국군 사령관 라글란 경(Lord Raglan)에게 소개될 기회를 갖게 되었으며 그 날 저녁 그들은 승리를 축하하면서 만찬을 함께 했다. 이 때부터 그는 라글란에 대해 깊은 존경심을 갖기 시작했다.7) 전쟁이 끝날 무렵 라글란 부인 — 그녀의 남편은 크리미아 전쟁 중에 사망했다 — 은 킹레이크에게 전쟁사를 집필해 줄 것을 요청했다. 그리하여 그는 여덟 권에 달하는 방대한 저술을 집필했으며 마지막 제8권은 그가 거의 여든 살이 되었을 때 출판되었다. 킹레이크는 힘차고도 예리한 필력을 지니고 있었으며 그가 집필한 방대한 『크리미아 침공』 (The Invasion of the Crimea)의 앞부분들은 베스트 셀러가 되었다. 빅토리아 여왕의 긴 통치 기간에 영국이 수행했던 주요한 전쟁에 관한 권위있는 역사가로서 그가 행한 크리미아 전쟁의 분석은 그 이후에 발생한 많은 전쟁들에 대한 설명에도 영향을 주었다.

킹레이크의 설명의 핵심은 설득력이 있었다. 즉 그는 '전쟁의 도화선에 불을 붙이는 데 있어서 주요한 역할'을 한 것은 프랑스의 나폴레옹 3세였다고 주장하면서 러시아에 대한 나폴레옹 3세의 공격적 정책의 주요 목적은 '당시 파리에서 단결해 있던 소수 그룹의 복지와 안전'을 추구하기 위한 것이었다고 강조했다.8) 킹레이크의 견해에 따르면 크리미아 전쟁의 주요 원인은 바로 프랑스 체제의 내부 문제였다. 크리미아 침공은 프랑스인들의 관심을 그들의 허약한 정부로부터 다른 곳으로 돌려놓기 위한 희생양으로서 계획되었다는 것이다.

국내의 불만 세력의 관심을 다른 데로 돌려놓기 위한 대외적 묘기 연출이라는 시각으로 특정한 전쟁을 바라본 역사가로서 킹레이크가 최

---

7) *The Dictionary of National Biography* (Oxford, 1968), Vol. XI, pp. 171-3.
8) A. W. Kinglake, *The Invasion of the Crimea: its origin, and an account of its process down to the death of Lord Raglan* (London, 1863), Vol. I, p. 470.

초의 인물은 아니었다. 크리미아 전쟁 역시 이러한 해석이 적용될 수 있는 최초의 경우는 아니었다. 1328년 시작된 100년 전쟁으로부터 그보다 6세기가 더 지나서 발생한 베트남 전쟁에 이르기까지 모든 전쟁들이 이러한 시각으로 설명되었다. 그것은 아직도 전쟁에 관한 가장 인기 있는 일반 이론 중의 하나이기도 하다. 1942년 시카고에서 전쟁에 관한 야심적인 연구를 완성했던 퀸시 라이트(Quincy Wright) 교수는 국제 전쟁의 주요하고도 빈번한 원인은 '국내적인 골칫거리로부터 벗어나기 위해서 대외 전쟁에 빠져드는' 공격적인 성향이라고 결론을 지었다.9) 라이트의 논지는 최신판 『브리태니커백과사전』을 보면 더욱 강력하게 나타나 있는데, 그는 이 사전에서 전쟁의 원인에 관한 부분을 집필했다. 그는 여기서 전체주의적 독재체제가 대외적인 희생양을 비난하거나 공격하지 않고 지탱할 수 있겠는가 회의하고 있다.10) 레너드 울프(Leonard Woolf)도 자신의 획기적인 공공 심리학 연구의 제3부에서 현대의 독재자는 자국의 골칫거리를 해결하기 위해서 외국인들을 비난하고 야수적인 애국심을 선동하는 방법에 의존한다고 믿었다. '정치의 도구로서의 증오심 이용은 독재자가 원하든 원하지 않든 간에 자신의 국가와 정부를 결국 전쟁으로 몰아갈 가능성을 더욱 높인다'는 것이다.11) 내분에 시달리고 있는 국가가 자국 국민들 사이의 단결을 유도해 내기 위해 적국에 대해 핵무기를 사용할지도 모른다고 두려워하는 정치 이론가들도 이와 비슷한 경고를 하고 있다.12)

분열된 민족을 통합하기 위한 십자군적인 역할로서의 전쟁 개념은

9) Quincy Wright, *A Study of War*, abridged by Louis L. Wright (Chicago, 1965), p. 169.

10) *Encyclopaedia Britannica* (1962), Vol. XXIII, p. 325.

11) Leonard Woolf, *Principia Politica: a study of communal psychology* (London, 1953), p. 313.

12) Dean G. Pruitt and R. C. Snyder, eds., *Theory and Research on the Causes of War* (Englewood Cliffs, New Jersey, 1969), p. 124에서 재인용.

적용될 가능성이 매우 높으며 전쟁에 대한 다양한 선입견에 맞도록 개조될 수도 있다. 그러한 전쟁 개념은 킹레이크의 경우에 활용된 것처럼 일종의 전쟁 음모론으로 활용될 수도 있다. 따라서 이 이론은 전쟁을 원하는 것은 전제적 통치자이지만 사람들은 비정한 감정 조작에 의해서 전쟁을 지지하고 수행하도록 기만당할 뿐이라는 믿음 ― 이는 종종 19세기의 자유주의자들, 20세기의 반공주의자들 그리고 19, 20세기의 마르크스주의자들 사이에 일종의 복음이 되었다 ― 을 충족시켜 준다. 뿐만 아니라 전쟁을 일종의 국민적인 사건이라고 믿는 사람들을 만족시켜 주기도 하면서 정치가라는 이름의 소방수에게도 동일한 만족감을 제공해 준다. 그리고 이들 모두의 불만을 공동의 적에게 터뜨릴 수 있도록 해준다. 또한 이 이론은 20세기에 들어와서 심리학의 매력으로 인해 더욱 힘을 얻었다. 즉 전쟁이 일종의 심리적 배출구로 여겨지게 되었고 적은 내적인 긴장을 위한 과녁이 되었다. 국가가 전쟁으로부터 얻는 것보다 잃는 것이 더 많다는 믿음이 점차로 증가하면서 지속적인 전쟁은 잠재의식이라는 어두운 동굴을 탐험함으로써만 설명될 수 있었던 것 같다. 그러한 동굴들이 탐험되면서 대중심리는 해답을 제시해 주었던 것이다. 그러나 자기 팀의 패배에 좌절한 나머지 귀국하는 유람 열차의 창에다 대고 무분별하게 전쟁을 선포한 축구광들과 전쟁에 돌입하는 국가가 과연 같은 것이라고 할 수 있을까?

희생양 이론은 인류학자들로부터도 인기를 얻고 있다. 1967년 워싱턴에서 전쟁의 원인에 관한 토론을 위해 미국 인류학회가 개최되었을 때 이 희생양 이론은 가장 광범한 반향을 불러 일으켰던 것 같다. 그 세미나에서 마가렛 미드(Margaret Mead)는 전쟁의 기능들 중의 하나가 '내부로부터 정권유지에 위협을 받을 때 국외의 목표물을 제공해 주는 것'이라고 주장했다.[13] 1930년 이후 최소한 5명의 인류학자들도 역시 원시사회의

---

13) Morton Fried, Marvin Harris and Robert Murphy, eds., *War: the anthropology of*

전쟁은 한 사회가 분열과 긴장 그리고 불만으로 고통을 겪을 때 발생했다고 주장해 왔다.14) 현장 조사 작업 — 혹은 현장 조사자들 — 은 몇 가지 유력한 '증거'들을 제시해 주었다. 한 인류학자는 뉴기니아 세피크(Sepik) 지역의 한 용사로부터 자신의 아내가 바가지를 심하게 긁어서 '울화를 치밀게' 했기 때문에 다른 부족을 공격한 일이 있었다는 이야기를 들었다. 그 용사가 이웃 부족에 대해 화가 치밀었었는지 아니면 자신의 아내에 대해 화가 치밀었었는지는 분명하지 않다. 원시사회의 전쟁과 문명사회의 전쟁 형태가 그 원인에 있어서 차이점보다는 유사점이 더 많은 것처럼 보이기는 하지만 과연 원시사회의 전쟁이 문명사회의 전쟁과 비교될 수 있는 것인지도 분명하지 않다.

이와 같은 희생양 이론의 다양한 변형들은 전쟁에 관한 상충되는 해석들과 함께 평화롭게 공존하는 것 같다. 이 이론은 다른 학문 영역에 의해 입증된 듯한 일면을 지니고 있기 때문에 비판에 그다지 노출되어 있지 않다. 몇몇 정치학자들은 희생양 이론이 역사를 연구함으로써 발췌되었다고 믿고 있으며, 어떤 역사가들은 그것이 심리학으로부터 유래되었다고 생각하고 있기도 하다. 또 어떤 인류학자들은 그것이 정치학 연구로 입증되었다고 믿고 있다. 그들은 이 이론이 어디서 유래하는지도 모르고 있는 것이다. 그들이 알고 있는 것은 다만 이 이론이 보편적인 빛을 발하고 있다는 것뿐이다. 그 빛의 불꽃이 증거에 대한 대체물로 활용되고 있는 것 같다.15)

---

armed conflict and aggression (New York, 1968), p. 221.

14) *Ibid.*, pp. 88-9.

15) 증거에 의해서 뒷받침되지 못한 희생양 이론식의 해석으로는 A. A. Stomberg, *A History of Sweden* (London, 1931), pp. 581-2; Ludwig Dehio, *The Precarious Balance: the politics of power in Europe 1494~1945*, tr. from German (London, 1963), pp. 139, 195; A. J. P. Taylor, *The Hapsbrug Monarchy 1809~1918: a history of the Austrian empire and Austria- Hungary* (London, 1964), p. 251; Walter W. McLaren, *A Political History of Japan During the Meiji Era 1869~*

IV

특정 전쟁의 희생양 이론적 해석을 뒷받침하기 위해서 역사가들이 제시하고 있는 증거들을 검토하기란 쉬운 일이다. 그러나 많은 경우에 있어서 역사가들은 증거를 제시하지 못하고 있으며, 또 어떤 때에는 미약한 단편적인 지식만을 제시한다. 예를 들어서 부분적으로는 내정에 대한 불만으로부터 프랑스인들의 관심을 돌려놓기 위해 루이 나폴레옹이 크리미아 전쟁을 획책했다는 알렉산더 킹레이크의 주장을 생각해 보자. 곧 황제가 될 날을 기다리던 루이가 런던의 버클리가 9번지에서 사교계의 미인 하워드 양(Miss Howard)과 동거하던 1840년대 말부터 킹레이크가 루이에 대해 원한을 품고 있었다는 점은 간혹 지적되는 일이다.16) 킹레이크는 하워드양에게 역사를 가르쳐 주는 관계에 있었으며 그녀와 사랑에 빠졌었다. 그는 연적을 미워할 수밖에 없었던 것이다. 크리미아 전쟁에 대한 킹레이크의 설명은 루이 나폴레옹에게 악의적인 보복을 가하는 수단에 지나지 않았다고들 한다. 그러나 지금 와서 보면 킹레이크에 대한 논평은 불공평하다고 할 수 있다. 만일 1850년대에 루이 나폴레옹을 전쟁광이라고 비난했던 모든 사람들이 아름다운 하워드양으로부터 실제로 실연을 당했던 사람들이라면 그녀는 틀림없이 유럽의 역사상 가장 많은 구애(求愛)를 받은 여성이 되었을 것이다. 오히려 그것보다 중요한 사실은 프랑스측 문서로부터 입증할 만한 증거가 전혀 인용되지 않았다는 사실이며, 바로 이러한 점 때문에 전쟁을 야기하는 데 있어서의 나폴레옹의 역할에 관한 킹레이크의 해석에 많은 의문이 제기되는 것이다.17)

1912 (London, 1965), pp. 229-30. 이 책들은 장기간을 분석 대상으로 하고 있기 때문에 지면 부족으로 충분한 증거를 수록하지 못했을 수도 있다.

16) Simone Maurois, *Miss Howard and the Emperor*, tr. from French (London, 1957), pp. 40-2; J. P. T. Bury, *Napoleon III and the Second Empire* (New York, 1968), p. 72.

17) Bury, pp. 72-3; Agatha Ramm and B. H. Sumner in *The New Cambridge Modern History*, Vol. X, pp. 468-72.

1870년의 프랑스 - 프러시아 전쟁도 비슷하게 해석되는 경우가 종종 있다. 독일의 공식적인 역사 해설을 보면 이 전쟁의 원인은 부분적으로는 그칠 줄 모르는 나폴레옹 3세의 야욕에 그리고 다른 한편으로는 프랑스 내부의 대중적 불만에 있다고 되어 있다. "이런 상황 속에서는 기껏해야 흔히 사용되어 온 외교정책의 전환만이 국내 분파의 끊임없는 압력에 대한 유일한 균형추로 보였다."[18]고 베를린의 공식 해석은 적고 있다. 이런 생각은 프러시아에 대한 비난을 교묘하게 피할 수 있도록 해 줄 수는 있지만 증거에 의해서 뒷받침된 것은 아니다. 사실 프랑스 - 프러시아 전쟁이 터지기까지 채 2년이 남지 않았을 때, 나폴레옹 3세는 자신이 통치하던 제국의 내부문제를 해결하기 위한 방편으로 프러시아와 언젠가는 전쟁을 하게 될지도 모른다는 주장에 대해 논평을 한 적이 있었다. 즉 그는 1868년 10월 영국의 외상 클래런든 경에게 어떤 내부문제도—그가 미리 예견하고 있던 것은 아니지만 — '대외적인 전쟁으로 무마되지는 않을 것'이라는 점을 사석에서 이야기했었다.[19] 전쟁과 그에 수반되는 높은 세금으로 인해 왕조가 튼튼해지기는커녕 더 위태롭게 될 것이라고 생각했던 것이다. 전쟁이 발발하고 그가 왕좌에서 쫓겨 난 것으로 보아 그의 생각은 옳았던 것이다.

희생양 이론식 해석의 지지자들은 거의 언제나 이 이론을 적국 즉 자기들이 비난하는 국가에 적용한다. 따라서 이러한 해석은 대개의 경우 매도하는 내용이거나 편파적인 것이다. 그 이론을 지탱해 주는 증거 역시 내부적 단합을 위해서 전쟁에 돌입하기로 결정했다는 사람들의 진술로부터가 아니라 편향적인 출처로부터 인용된다. 한 가지 주목할 만한 예외가 있기는 하다. 그리고 이것은 곧 잘 인용되기도 한다. 1904년 러시아와

---

18) *Franco-German War 1870~71*, anon., tr. by F. C. H. Clarke from the German official account, 4 vols. (London, 1881), Vol. I, Part I, p. 5.
19) 1868년 10월 28일 클래런든 경이 프러시아의 황후에게 보낸 서신: H. Butterfield, ed., *Select Documents of European History* (London, 1931), Vol. III, p. 154.

일본이 전쟁을 시작했을 때 러시아의 내무상은 다음과 같은 이야기를 했다. "혁명의 물결을 잠재우기 위해 우리에게는 조그만 승리가 필요하다."[20] 언뜻 보기에 이것은 확실한 증거가 된다. 러시아의 내무상 플레브 (V. K. Plehve)는 모름지기 러시아의 국내적인 불안에 관해서 그 누구보다도 잘 알고 있었을 것이다. 그는 그 이전에 이미 경찰의 총수를 역임했고 1902년 전임 내무상이 테러리스트에 의해서 암살되자 내무상으로 승진했다. 그 이후 그는 대부분의 근무 시간을 아르메니아로부터 핀란드에 이르는 지역에 광범위하게 퍼져 있던 운동세력을 탄압하면서 보냈다. 만일 러시아로 히여금 일본과의 전쟁을 시작하도록 설득한 논리 중의 하나가 국내적인 단합을 회복하려는 욕구였다면 플레브가 일등 수혜자였을 것이다.

플레브의 언명은 1903년까지 러시아의 재무상을 지냈던 비테 백작 (Count Witte)의 회고록에 나타나 있다. 비테는 다음과 같이 회고하고 있다.

> 러일전쟁의 초기에 한때 쿠로파트킨(Kuropatkin) 장군이 플레브를 비난했던 것으로 기억되는데, 그것은 플레브가 러일전쟁을 강하게 원했고 또 조국을 전쟁으로 끌어들였던 정치적 모험주의자 분파와 제휴하고 있었기 때문이었다. 플레브는 '알렉세이 니콜라예비치'(쿠로파트킨)에게 반론을 제기했었다. '당신은 러시아의 내부사정에 대해 잘 알지도 못하지 않소? 우리는 혁명의 물결을 잠재우기 위해서 작은 승리가 필요하단 말이오.'

러시아 정책을 들여다보기 위한 거울로서 이와 같이 극적인 언명을 받아들이기에는 적어도 여섯 가지의 장애 — 극복하기가 전적으로 불가능한 것은 아니지만 — 가 존재한다. 이와 같은 플레브의 언명은 그로부터 8년 뒤 비테가 자신의 회고록을 완성할 때까지는 비테에 의해서 전혀

---

20) Sergei Witte, *The Memoirs of Count Witte*, tr. from Russian, ed. by A. Yarmolinsky (London, 1921), p. 250; Hugh Seton-Watson, *The Russian Empire 1801 1917* (Oxford, 1967), pp. 481, 560; Sir Bernard Pares, *The Fall of the Russian Monarchy: a study of the evidence* (New York, 1961), pp. 69, 72.

기록된 적이 없었다. 만일 비테의 기억이 결점과 편견에 사로잡힌 것이라면 그와 같은 언명은 시간이 흐름에 따라 희석되거나 또는 더욱 강화된 것인지도 모른다. 또 비테는 플레브의 강력한 반대자였고 일본과의 전쟁에도 반대하는 입장이었기 때문에 무의식적으로 플레브의 언명에 대해 칼날을 세웠을 수도 있다. 실제로 전쟁이 작은 것도 아니었고 그렇다고 승리한 것도 아니었기 때문에 플레브는 그 자신의 말만으로도 비난을 받은 셈이었다. 더욱이 플레브의 언명을 주의 깊게 읽어보면 러시아가 전쟁을 결정해야만 했던 중요한 이유가 희생양의 물색이 아니었음을 확실히 하고 있다. 비테 백작 자신이 '정치적 모험주의자 분파' — 극동 지역에 야심을 지니고 있던 러시아인들 — 를 비난했던 것은 주로 조국을 전쟁으로 이끌어 간 것이 그들이기 때문이었다. 비테 백작은 국내 소요가 러시아로 하여금 전쟁에 돌입하도록 하는 또 하나의 이유가 된다고 언급한 적도 없었다. 그는 스물 두 페이지를 전쟁의 원인에 할애하고 있지만 그 어느 곳에서도 러시아의 정책이 전쟁을 통해서 국내 소요를 완화시키리라는 희망에 의해서 영향을 받았다는 언급은 하지 않았다. 무엇보다도 비테는 러시아 통치그룹이 만주 지역의 장래에 관한 협상에서 고집스런 자세를 견지하면서도 전쟁을 원하지도 또 기대하지도 않았다고 주장했다. 비테는 "우리는 마치 일본인들이 감히 우리를 공격하지 못하고 모든 것을 참을 것이라고 확신하는 것처럼 행동했다"고 적고 있다. 그러나 1904년 2월 일본이 뤼순(Port Arthur)을 공격함으로써 그 꿈은 깨져 버렸다.

그러므로 — 플레브의 단 두 마디 말을 근거로 해서 — 러시아가 내부 소요를 억제하려는 생각으로 전쟁에 돌입했다고 주장하는 것은 위험한 일이다. 동시에 전쟁 개시 직후 플레브가 승리의 대가로 주어지는 보너스 중의 하나로서의 내부단합을 믿고 있었다는 식의 주장도 희망한다면 할 수는 있다. 이러한 희망은 특히 아이러니컬한 것이기는 하지만, 아마도 이것이 플레브의 언명을 비테의 회고록에 기록하게 한 주요한 이유였을 가능성이 높다. 비테의 회고록을 읽은 대부분의 사람들에게 전쟁이 계속되면서 러시아 국내의 소요와 폭력상태가 줄어들기는커녕 더 증가했었다는 사실을 상기시킬 필요는 없었다. 그들은 유명한 폭력의 희생자가 플레브 자신이었다는 점도 알고 있었다. 전쟁이 6개월 째 접어들면서 플레브는 세인트 피터스버그 근처에 있는 짜르의 여름궁전으로 마차를 타고 가던 도중에 테러리스트의 폭탄에 의해 폭사하고 말았다.

국내 정치의 딜레마가 간혹 전쟁을 야기한다는 생각은 소멸되지 않고 있다. 그것은 제1차 세계대전에 대한 많은 설명들에도 뚜렷하게 나타난다. 1914년 여름의 거의 모든 국가들은 열병을 앓고 있는 것처럼 보였다. 런던은 아일랜드의 반란으로, 베를린은 강력한 사회민주주의자들의 장광설로, 세인트 피터스버그는 파업 노동자들의 행진으로 그리고 비엔나는 제국 내 여러 민족의 준동으로 각각 골치를 앓고 있었다. 따라서 일단의 역사가들이 내부 분열을 잠재우려는 러시아 지도자들의 욕망이 그들을 전쟁터로 내몰게 된 한 가지 요인이었다고 주장하는 것은 놀랄 만한 일이 아니다. 페이(S. B. Fay)는 말한다. "국내 문제로부터 관심을 돌려놓기 위한 대외전쟁은 두 말할 나위도 없이 많은 국가들의 역사에 있어서 매우 익숙한 개념인 것이다."[21] 그리고 페이는 러시아가 1914년 7월 군대에 동원령을 내리기로 결정한 배경에 그러한 동기가 숨어 있지 않았나 의심하고 있다. 그러나 그러한 동기에 대한 그의 증거는 그다지 확실한 것이 아니다. 증거의 첫 번째 실마리는 '사실을 명백하게 파악하고 있던 러시아의 동조자들'이라는 1917년 스위스 신문의 기사이다. 그 신문기사의 필자가 수백 명의 다른 익명의 사람들이나 유럽 언론계에서 사실을 명백하게 파악하고 있던 기자들보다 더 많은 신뢰를 받을 수는 없다고 주장할 수도 있다. 그 기사의 필자가 1914년 러시아의 전쟁준비에 관해 논쟁하고 있던 러시아 장관들의 귀를 가지고 있었다는 증거는 없는 것이다. 증거의 두 번째이자 마지막 실마리는 주러시아 독일 대사가 1914년

---

21) S. B. Fay, *The Origins of the World War* (New York, 1966), Vol Ⅱ, pp. 305 0.

7월 25일 작성한 보고서이다. 대사는 익명이기는 하지만 '믿을 만한 소스'를 통해서 그 전날 러시아의 어전회의에서 있었던 논의에 대해 듣고 있었다. 그 소스에 따르면 어전회의에서는 이미 노동자들의 불만과 파업에 직면해 있는 러시아가 '아무런 문제없이 대외적인 분쟁에 대처'할 수 있을 것인가가 논의되었다. 그러나 이것은 러시아가 내부문제로부터 국민의 관심을 다른 곳으로 돌려놓으려 했다는 점을 옹호하는 증거가 되지는 못한다. 오히려 그것은 어전회의의 구성원들이 내부문제를 대외전쟁을 시작하기 위한 유인으로서보다는 대외전쟁을 자제하게 만드는 요인으로 생각했다는 점을 보여준다.

같은 해석이 독일에도 적용되었다. 흔히는 베를린 정부가 대외전쟁을 통해서 사회주의자들을 진압하고 그들의 점증하는 영향력을 견제하려 했다고 주장한다.22) 그러나 이러한 해석에 대한 증거는 곧 퇴색하고 만다. 독일 최고의 군인 몰트케는 1913년 자신의 오스트리아 상대자에게 어떠한 전쟁일지라도 모든 국민의 완전한 협력이 요구되는 것이라고 경고한 바 있다.23) 그의 생각으로는 국민적 단합을 위해 전쟁을 하는 것은 어리석은 짓이었다. 그의 목표는 오히려 전쟁 수행을 결정하기 전에 국민적인 단합을 확실히 하자는 것이었다. 전쟁 전야에 독일의 재상 베트만 - 홀베크는 만일 독일이 성공적으로 싸우고자 한다면 처음부터 모든 계층의 지지가 필수적으로 요구된다고 개인적으로 강조했다.24) 따라서 그는 사회민주주의자들의 커다란 적이자 1905년의 혁명을 짓밟았던 통치자인 러시아의 짜르가 침략자가 될지도 모른다고 우려했다. 만일 짜르가 독일을 위험에 처하게 한다면 강력한 사회민주주의자들은 독일에 충성하게 될 것이며 '전면적이든 부분적이든 파업이나 태업'의 문제는

22) G. Barraclough, *Factors in German History* (Oxford, 1946), pp. 132-3.
23) Fritz Fischer, *Germany's Aims in the First World War*, tr. from German (London, 1967), p. 33.
24) *Ibid.*, pp. 31, 50-1.

고려하지도 않을 것이라고 베트만 - 홀베크는 예언했다. 1914년 7월 30일에 행했던 그의 예언은 정확했다. 다음날 러시아는 공식적으로 군대에 동원령을 내렸다. 그리고 그 다음날에는 독일이 군대에 동원령을 내렸고, 사회민주주의자들은 환호했다.

1930년대 독일, 이탈리아 그리고 일본의 팽창주의적 목적은 외부에 적을 설정함으로써 내부적인 긴장상태를 해소하려는 의식적인 또는 무의식적인 시도로 널리 해석되어 왔다. 하버드대학의 탁월한 학자의 견해에 의하면 1930년대의 독재자들은 '대내적으로 참을 수 없는 변화의 가능성보다는 대외적인 갈등을 의도적으로 더 선호했다.'[25] 이러한 생각이 간과하고 있는 한 가지 사실은 1930년대 중반에 이르러 이탈리아와 독일이 영국이나 미국, 프랑스 기타 민주주의 국가들이 따라갈 수 없을 정도로 국민적인 통합의 조짐을 보이게 되었다는 점이다. 1930년대 중반 베를린이나 로마에 출현한 파시즘을 좋아하지 않았던 영국인들은 적어도 런던이나 글래스고우에서는 발견할 수 없었던 단결과 목적의식을 감지하고 있었다. 더욱이 독일은 서방의 민주주의 국가들보다도 더 빨리 세계적인 경기 침체로부터 회복되었고 따라서 독일의 경제적인 고통도 훨씬 더 미약한 것이었다. 이와는 대조적으로 1930년대 후반 히틀러를 회유하려던 영국과 프랑스 지도자들의 열망에는 그들 자신의 국민들이 단합되어 있지 못한 두려움을 부분적으로나마 반영되어 있었다. 결국 다음과 같이 생각하지 않을 수 없다. 즉 만일 희생양 이론이 맞는다면 1930년대 말의 영국과 프랑스는 더 호전적인 유럽국가였을 것이고, 독일과 이탈리아는 현상유지를 위해 힘쓰고 있었을 것이다. 개전되기 수년 전에 독일은 이미 증오의 표적 — 유태인들과 공산주의자들 — 을 설정해 놓았기 때문에 국가적인 단합을 더욱 촉진했을 것이라는 주장이 제기될 수도 있다.

---

25) Karl W. Deutsch, *The Analysis of International Relations* (Englewood Cliffs, New Jersey, 1968), p. 152.

그러한 주장을 받아들인다면 결국 희생양 이론을 포기하는 셈이 될 것이다. 만일 그러한 단합이 이미 확연한 것이었다면 1939년의 독일이 내부적인 단합을 위해 전쟁에 돌입할 이유가 어디에 있는가?

히틀러는 1939년 국민이 자신을 지지한다고 확신했었던 것 같다. 바로 그것이 전쟁에서 독일이 승리할 수 있을 것이라는 히틀러의 신념의 한 근거이기도 했다. 아울러 신념의 또 다른 근거는 많은 유럽국가들이 독일과는 달리 내부적으로 분열되어 있다는 그 자신의 믿음이었다. 1939년 폴란드 침공을 계획하면서 히틀러는 '프랑스의 점증하는 국내적인 위기와 이에 따르는 영국의 조심성' 때문에 그들이 폴란드를 지원하지 못할 것이라고 생각했다.26) 수개월 후 러시아의 독일 공격 가능성을 생각하면서 그는 러시아가 현재의 상태로서는 '위험한 존재가 아니라'고 판단했다. 즉 '러시아는 수많은 내부 문제 때문에 약화되어' 있었다.27) 히틀러는 국내적인 불안이란 전쟁의 억제요인일지언정 결코 전쟁에 호소하게 하는 유발요인은 아니라는 점을 믿고 있던 수많은 시대, 수많은 지도자들 중의 하나였다.

1960년대에 발생한 인도네시아와 신생 말레이지아연방 간의 무력충돌 사건은 수카르노(Sukarno) 대통령의 희생양 모색의 결과라고 널리 알려져 있다. 수카르노는 말레이지아의 영토에 무장세력을 침투시킴으로써 자신이 통치하던 공화국의 경제적인 후퇴와 정치적인 긴장상태를 대치할 목표물을 찾으려고 했다는 것이다.28) 그러나 과연 '대결'(confrontation)이 희

---

26) W. L. Shirer, *The Rise and Fall of the Third Reich: a history of Nazi Germany* (London, 1964), p. 570.

27) *Ibid.*, p. 790.

28) 인도네시아의 3대 주요 정치세력 —수카르노, 군부 그리고 공산주의자들— 모두가 '대결'이 자파에게 정치적으로 이득이 된다고 생각했다는 주장도 간혹 제기된다. Franklin B. Weinstein, *Indonesia Abandons Confrontation: an inquiry into the functions of Indonesia's foreign policy*, 'Cornell Modern Indonesia Project' (Ithaca, New York, 1969), pp. 3-9 참조.

생양 이론을 뒷받침해 주는지 어떤지는 분명하지 않다. 한 가지는 이 사건이 전쟁으로 규정될 수 있느냐의 문제이다. 1963년부터 1966년 사이에 이 사건으로 인해 590명의 인도네시아인 그리고 150명의 말레이지아인 등 군인과 민간인 사망자가 발생했다. 정의하기에 따라서 이것은 소규모의 열의 없는 전쟁이라고 할 수 있다. 수카르노와 다른 지도자들이 보기에 이 교전은 인도네시아인들을 단합시키는 효력을 발휘했을 것이다. 그러나 과연 국내적인 단합이라는 목적이 피가 튀기는 또는 시끄러운 대외정책을 요구한 것일까? 만일 수카르노 대통령이 영광스런 외교적 모험을 함으로써 국민을 단합시키고자 했다면 왜 그렇게 영광을 성취할 가능성도 전혀 없는 소규모 군대를 파견했을까? 한 가지 가능한 대답은 수카르노가 대부분의 군대를 국내에 주둔시키고자 했다는 것이다. 또 하나의 대답은 인도네시아가 형식적인 전쟁 이상의 전쟁을 수행할 만한 신념이나 재정적인 능력을 갖고 있지 못했다는 것이다. 만일 인도네시아가 국내적인 골칫거리만 없었다면 북부 보르네오나 사라와크(Sarawak)지역이 신생 말레이지아에 편입되는 것을 막기 위한 강도 높은 전쟁을 했을 가능성도 있다. 그러나 무엇보다도 인도네시아의 국내적인 긴장의 주요 효과는 국제전쟁이 아니라 내란(civil war)에 미쳤던 것으로 보인다. '대결'의 3년 동안 인도네시아 내부의 시민항쟁의 희생자는 모름지기 말레이지아와의 난투극 과정에서 발생한 희생자의 수백 배나 되었다. 인도네시아 내의 공산주의자들에 대한 폭력은 1966년 상반기에 가장 격렬했었고, 따라서 사람들은 — 희생양 이론의 교리에 따라 — 대외전쟁이 치열해질 것이라고 예상했다. 그러나 반대로 대외 전쟁은 종결되었다.

희생양 이론은 논리적으로 추론된 주장이라기 보다는 신념에 따르는 결론처럼 보인다. 뿌리 깊은 신념이란 것은 때로는 희박한 증거로 만족한다. 전쟁을 부분적으로 희생양의 모색으로 설명하는 사람들은 자신들의 해석에 대한 증거를 거의 제시하지 않는다. 그들이 발견해 낸 불충분한 증거는 간간이 정반대의 측면을 지적하곤 한다.

V

수많은 국제전쟁들이 국내적인 긴장을 누그러뜨리기 위한 시도들이라는 생각에 대해서는 또 다른 검증절차가 적용될 수 있다. 대부분 그러한 사건들의 연표를 살펴보면 하나의 설명양식이 나타난다. 즉 심각한 국내적 긴장상태에 처한 정부는 단합 회복을 위해서 이웃 국가를 먼저 공격하지는 않았다. 그러한 정부는 좀더 분별력 있게 국가 내부의 반란세력에 대해 공격이나 반격을 가했다. 1890년대 터키 정부는 크레테의 터키령에서 발생한 그리스인들의 봉기에 직면해서, 그리스 왕국과 전쟁에 돌입하기 이미 오래 전부터 그 봉기를 진압하려고 노력했었다. 공산주의자들에 대해서 광적인 적개심을 지니고 있던 1930년대 히틀러의 독일은 공산주의자들의 러시아와 전쟁을 시작하기 훨씬 전에 자국의 공산주의자들을 약탈했다. 사건의 추이에 대한 실례들이 이것들만 있는 것은 아니다. 이 실례들은 다만 정상적인 패턴의 모습을 보여줄 뿐이다. 그런데 희생양 이론은 이 패턴을 무시하고 있는 것 같다.

희생양 이론에 있어서 한 가지 이상한 점은 이 이론이 공개적인 내란을 겪고 있는 국가보다는 가벼운 긴장상태에 처한 국가에 더 많이 적용되고 있다는 점이다. 그렇지만 실제로 국가가 가벼운 긴장상태에 처해 있다면 그러한 긴장을 해소하기 위해 굳이 대외적인 모험을 감행할 필요는 없을 것이다. 그와는 반대로 국가가 심각한 긴장상태에 있다면 오히려 국가적 분열이 승리의 가능성을 더욱 감소시킬 것이기 때문에 성공적인 대외 전쟁을 수행할 수 있을 것이라는 생각은 갖지 않게 될 것이다. 심각한 분열상태가 전쟁에 대한 국민의 태도에 미치는 효과는 특히 많은 전쟁들의 말기에 뚜렷해진다. 1905년과 1917년에 러시아에서 발생한 사건들, 1918년 독일에서의 사건, 그리고 경우에 따라서는 1971년 미국에서 있었던 일들까지도 심각한 국가적인 분열 상태에서는 지도자들이 전쟁보다 평화를 추구하는 경향이 있다는 점을 시사해 준다.

전쟁에 대한 희생양 이론의 해석은 그럴 듯해 보이기는 하지만 아마도 잘못된 것일 것이다. 이 이론은 모호한 가정에 기초하고 있다. 즉 이 이론에서는 대개 평화란 것이 설명이 필요 없으며, 뉴스가 없는 망각상태라고 가정된다. 또 문제가 생긴 국가는 적이 크든 작든, 멀리 있든 가까이 있든 그 적을 장악할 것이라고 가정하지만, 이 가정을 받아들이기가 쉽지 않다. 희생양 이론은 또 전쟁을 한 것 때문에 한 국가가 비난을 받을 수 있다고 가정하지만, 전쟁이란 것은 적어도 두 국가 사이의 관계이기 때문에 어느 한 국가만을 떼어놓고 검토하는 것만으로는 설명될 수가 없다. 설사 논리적으로는 어느 한 국가에 전쟁에 대한 비난이 돌아간다고 할지라도 희생양 이론에는 여전히 오류가 있다. 즉 이 이론은 내분으로 찢겨진 국가가 싸움을 건다고 가정하고 있다. 그러나 실제로 1815년부터 1939년 사이에 발생한 대부분의 중요한 전쟁에 있어서 싸움은 내분으로 찢겨진 국가에 의해서 시작되지는 않았다. 물론 어떤 전쟁의 경우에는 정부의 구성원들이 전승의 많은 이점들 중의 하나가 국민의 단결 고양이 될 것이라고 희망하기도 했겠지만, 그렇다고 해서 그러한 희망이 전쟁을 결정하게 된 주요 이유가 된다는 것을 의미하지는 않는다. 희생양 이론의 중요한 강점은 시민적 소요와 국제전쟁이 빈번하게 연결된다는 점을 간파한 데 있다. 그렇지만 그러한 연관 관계를 확실히 하기 위해서는 좀더 설명이 필요할 것이다.

전쟁이나 평화에 대한 국가의 선호는 항상 부분적으로나마 자국의 내부적인 단결 상태와 잠재적인 적국의 단합상태 또는 균열상태에 대한 인식으로부터 영향을 받는다. 이러한 영향력이 언제나 확연하게 드러나 보일 수는 없지만 아무튼 이러한 인식은 모든 전쟁이나 평화의 발생과 관련된다. 그럼에도 불구하고 이러한 인식의 상태 — 그것이 자신감을 부추기든 아니면 조심성을 갖게 하든 — 가 전쟁이나 평화 모두에 고르게 작용하는 것은 아니다.

내란(internal strife)이 국가들 사이에 이미 확연하게 수립되어 인정되고 있는 권력의 위세짐시글 무력하게 될 경우에는 그것이 국제전쟁으로 비화할 가능성이 가장 큰 것이다. 특히 더 강력한 국가의 시민항쟁(civil strife)은 권력의 위계질서를 무력하게 만들고 더 강력한 국가의 힘의 우위를 약화시키기 때문에 더욱 더 평화를 교란할 가능성이 크다. 반대로 두 국가 중에서 더 약한 국가의 내란은 평화를 유지시켜 줄 가능성을 더욱 높여 준다. 왜냐하면 이미 인정된 양국간의 상대적인 권력관계가 더욱 확실해지기 때문이다. 이와 똑같은 양상이 전쟁의 마지막 단계에도 나타날 것이다. 만일 어느 한 국가가 군사적인 우위를 분명하게 점하고 있다면, 패배하고 있는 국가에 심각한 내란이 발생하면서 평화의 가능성이 커지게 된다. 더욱이 내란은 전승국보다는 패전국에서 발생할 가능성이 더욱 큰 것이다.

VI

내란은 국제전쟁으로 비화하는 여러 실마리들 중의 하나에 불과한 것이었지만, 이 실마리가 때로는 강력한 것이기도 했고 또 때로는 다이너마이트의 도화선 역할을 하기도 했다. 교란된 국가의 어느 집단이나 이해관계가 다른 국가와 강한 연계를 지니고 있을 때에는 내란은 특히 위험한 것이었다. 이러한 연계는 종교적인 것일 수도 인종적인 것일 수도 있었다. 19세기에 그리스는 터키제국 도처의 그리스인들과 연계되어 있었다. 그리고 러시아도 마찬가지로 터키제국의 슬라브인들이나 그리스 정교도들과 연계되어 있었다. 또 민족주의적인 연계도 있었는데, 덴마크 남부의 독일인들은 프러시아와 친밀감을 지니고 있었으며 오스트리아 제국 남부의 이탈리아인들은 사르디니아 왕국과 친화력이 있었다. 주로 이념적인 연계도 존재하고 있었는데 1890년대 스페인령 쿠바의 반란군들은 신세계가 유럽의 통치로부터 해방되어야 한다는 신념을 미국 내의 여론과 같이 하고 있었던 것이다. 그리고 1919년 내란의 와중에서 러시아의 반혁명세력은 외국정부들과 이념적인 유대를 맺고 있었다.

1815년부터 1939년 사이에 국제전쟁에 선행되었던 31건의 사회적인 혼란들 가운데 적어도 26건은 결국 전쟁을 치른 외국과 연계를 형성하고 있었다.[29] 혼란에 빠진 국가의 정부가 그 연계를 조성한 경우가 있었는데 1849년 헝가리 지방에서 발생한 반란에 직면한 오스트리아의 군주는 이 반란자들이 러시아 내에서도 비슷한 반란을 부추길지도 모른다고 짜르를 설득하여 자국 내의 반란 세력을 진압하는 데 협조하도록 유도했었다. 그러나 — 정부가 아닌 — 반란세력이 외국과의 연계를 형성하는 것이 정상적인 패턴이었다. 예를 들어 19세기 터키제국 내의 반란세력들은 러시아, 그리스 또는 세르비아 정부와 긴밀한 유대관계를 갖고 있었다. 그리고 이들 정부들은 때때로 터키와 전쟁을 했던 것이다. 내분을 앓고 있는 국가의 정부와 반란세력이 각각 서로 다른 외국과 연결된 경우도 있었다. 1930년대의 스페인 내란이나 1960년대의 베트남 지역의 경우가 이에 해당된다. 사이공 정부가 워싱턴에 동맹자들을 갖고 있었다면 반군들은 하노이의 동맹세력과 연결되어 있었던 것이다.

국가들 간의 연결관계가 가끔 전쟁의 원인으로 간주되기도 한다. 이 견해는 역사 학술지나 현대 전쟁을 치르는 동안의 언론과 텔레비전 등에서 논의된 문제점에 반영되어 있다. 즉 전쟁의 원인은 경제적인 것인가 아니면 이념적, 제국주의적, 종교적 또는 민족주의적인 것인가? 그러나 이러한 연결관계들이 전쟁의 원인은 아니라고 주장할 수도 있다. 이러한 연계들은 두 국가간의 관계를 구성하였으며 전쟁이나 평화를 촉진할 수 있었다. 이 연계들은 두 국가가 서로 간에 대가를 치르면서 용인할 수 있는 중요한 사안이나 거래를 제공해 주었다. 두 국가 사이의 거래가 중요할 때에는 그러한 거래를 조절하는 방법 역시 중요한 것이었다. 그리고 그 궁극적인 조절자는 바로 군사력이었다. 두 국가가 자신들의 군사력

---

29) 외국과의 연계를 형성하지 않았던 것 같은 내분으로는 1830년의 프랑스, 1882년의 프랑스, 1885년의 불가리아, 1911년의 리비아 그리고 1937년의 중국 등이 있다.

에 관해서 모순된 평가를 했을 때 그리고 문제의 사안이 양측 모두에게 매우 중요한 것이었을 때 전쟁의 가능성이 높았다.

1897년의 그리스 - 터키 전쟁은 갈등의 가장 공통적인 배경을 반영하고 있다. 소란의 무대는 그리스 정교도들이 회교도들보다 더 많아서 콘스탄티노플의 통치에 대해 자주 반기를 들기도 했던 터키령 크레테 섬이었다. 가장 근접한 그리스 본토가 크레테로부터 불과 60마일밖에 떨어져 있지 않아서 섬에서 핍박받고 있던 그리스인들은 그리스 왕국과 강한 유대를 맺고 있었다. 그러나 독립 왕국으로서는 불과 60년의 역사 밖에 갖고 있지 못했던 그리스로서는 터키 민병대를 제압할 군사력도 없었을 뿐만 아니라 섬에서 발생하는 빈번한 반란에 대해서 공개적으로 지지할 힘조차도 없었다. 그리스인들은 크레테의 산악지대에서 1833년, 1841년, 1858년, 1866~68년, 1878년 그리고 1889년에 반란을 일으켰지만 그리스 왕국이 섬을 해방시키려고 시도한 것은 1896년의 반란이 일어났을 때였다.

어째서 1896년의 크레테 반란에 이르러서야 강력한 그리스의 원조가 있었을까? 1878년 러시아가 터키에 대해 승리한 후로 대부분의 유럽 지도자들의 눈에 비친 터키의 국력은 지속적으로 쇠퇴하고 있는 것이었다. 게다가 해양 강대국으로서의 터키의 해군력도 쇠락했는데 혹시 있을지도 모르는 침략으로부터 크레테를 방어하려면 해군력이 필요했다. 1890년대 초반에 이르러 그리스 해군은 터키의 해군보다 강성해졌다. 뿐만 아니라 그리스의 외교정책은 1896년 아테네 올림픽 경기의 부활이 상징해 주는 민족주의의 발흥으로 더욱 고무되었다. 한 세대 이상 동안 그리스는 아무런 대외전쟁도 치르지 않았었기 때문에 약간 이상하게 들릴지는 모르지만 용의주도한 지도자들이 자국의 국력에 대해 과장된 낙관주의를 지니는 이점도 갖고 있기 마련이었다. 그리스의 자신감—만일 외교적으로 성사되지 않으면 터키인들을 크레테 섬 밖으로 추방해 버릴 수도 있다는 신념 — 은 협상에 긴장감을 조성했다. 그러한 긴장감은 터키인들이 자신들의 제국이 몰락하고 있다는 상식적인 견해를 거부했기 때문에 더욱 증폭되었다. 1878년 러시아가 콘스탄티노플의 성벽까지 접근해 왔던 사건이래 거의 20년이란 시간이 지났고 따라서 그러한 기억마저 사라져 있었다. 유럽에서는 여전히 가장 규모가 컸고 또 당시에는 독일의 고문단에 의해서 정예화되어 있던 터키의 육군은 1897년 그리스 영토에 그 힘을 과시하기 시작했다.

자신감에 차 있던 그리스 본토는 1896년 크레테섬의 그리스인들을 부추겼다. 호전적인 그리스인들의 결사체 에트니케 헤타에레아(Ethnike Hetaerea)는 반란세력에게 무기를 지원했다. 크레테섬의 반란세력이 초기에 성공함으로써 그리스 안에서의 단결과 목적의식은 더욱 고양되었다. 또한 터키가 별 볼일 없는 국가라는 믿음이 더욱 강화되었다. 크레테의 내정에 대한 터키의 양보조차도 아테네 정부를 회유하기보다는 더욱 고무하는 결과를 가져왔다. 그리고 1897년 2월 그리스의 군함과 1,500명 병력의 군대가 크레테에 도착하면서 내란은 국제전으로 비화되었다. 국제적인 봉쇄로 크레테에서의 중대한 전쟁은 일어나지 않았지만 그리스 군대가 자국의 북쪽 국경에서 터키인들을 습격하는 것까지 막을 수는 없었다. 4월 17일 터키는 그리스에 대해 전쟁을 선포했고, 5주일이 채 못되어서 그리스군은 오합지졸임이 판명되었다. 그리고 서둘러 정전 조약이 서명되었다. 그리스의 높은 콧대는 여지없이 꺾이었고 터키에 대해 막대한 배상금을 물지 않으면 안되게 되었다. 그리스가 받을 수 있었던 유일한 위로는 크레테가 터키령에서 해제되어 국제관리상태로 넘어가게 되었다는 점뿐이었다.[30]

그리스와 터키 사이의 전쟁은 몇 가지 결론을 시사해 주고 있다. 첫째, 두 국가의 이해관계와 권위에 영향을 미치는 내란은 분명히 위험한 것이다. 만일 1896년 터키가 크레테의 반란을 진압하려 들지 않았다면 제국

---

30) *The Economist* (1897), pp. 302, 483, 635, 742; J. B. Atkins, *Incidents and Reflections* (London, 1947). 앳킨스는 1800년대 스페인 - 미국 전쟁과 그리스 - 터키 전쟁시 특파원으로 활동했다.

내 도처에 산재해 있는 소수 민족들 사이에 그와 유사한 반란을 조장해 주는 결과를 초래했을 것이다. 그러나 만일 터키가 반란세력을 격파하려고 했더라도 민족적인 자신감이 고양되어 있던 그리스를 자극하는 결과가 되었을 것이다. 두 번째 결론은 자신들의 의지를 관철시킬 수 있는 능력에 대해 자신감을 지니고 있는 두 국가간의 외교적 충돌의 위험성이다. 만일 그리스가 자국이 군사적으로 덜 강력한 국가라고 믿었다면 내란을 국제전으로 끌고 가려고 하지는 않았을 것이다. 세 번째 결론은 잠정적인 것인데, 크레테의 내란은 기독교 반란세력에 의해서 시작되었든 아니면 터키군에 의해서 시작되었든, 부분적으로 한편으로는 터키 그리고 다른 한편으로는 그리스 사이의 권력 지표가 희미해졌다는 사실을 반영한 것이었다. 따라서 갈등이란 것은 부분적으로 스스로 번식하는 성질을 지닌다. 국제적인 긴장상태는 내란을 고무시키고 그 내란은 다시 국제적인 전쟁을 촉진한다. 이와 같은 몇 가지 결론들은 내란으로부터 비화되는 대부분의 국제전쟁에 적절한 것 같다.

내란을 국제전으로 발전시키는 경향이 있는 조건들을 살펴보면 희생양 이론의 해석이 부적절함을 알 수가 있다. 사회적인 혼란을 겪고 있는 정부 — 1864년의 덴마크 또는 1897년의 터키 — 는 대개 국제적인 전쟁을 피할 수만 있다면 피하려고 했다. 골치를 앓고 있는 국가가 대외적인 적과 싸울 필요가 없으면 더욱 손쉽게 내부의 반란세력을 패퇴시킬 수 있을 것이다. 반대로 외부의 국가가 전쟁에 대한 강한 유인을 갖게 될 경우도 있었다. 그런데 공이 상대편의 코트로 넘어간다고 할지라도 그 상대편이 침입을 당하지만 않는다면 공이 상대 진영에 그대로 머물 것이다. 예를 들어 1897년에 공은 터키 진영으로 넘어갔었는데 만일 그리스가 네트를 뛰어 넘지만 않았더라도 공이 터키 진영에 그대로 머물렀을 것은 거의 확실했다. 어떤 국가가 더 내란을 국제전으로 비화시키고자 열망하는가를 결정지어야 한다면 대개의 경우 외부의 국가가 더 열성적으로 바랄 것이라고 결론지을 수밖에 없다.

한 국가 안에서의 사회적 혼란의 만연은 왕의 죽음과 흡사한 경우가 많다. 18세기 왕실 장례식의 종소리는 그 다음 세기 혼란한 지역의 통행 금지를 알리는 종소리와 같이 전쟁의 메아리로 들리곤 했다. 그 종소리는 이미 국가들 사이에 권력의 위계질서가 합의되어 있던 한 시대의 마감을 알리는 것이었을 때 가장 위험스런 것이었다. 이렇게 해서 평화를 유지해 왔던 기회주의는 전쟁을 조장하는 기회주의에 의해 대치되었던 것이다.

제 6 장
전쟁의 경제학: 전쟁자금과 경제적 충동

I

이탈리아의 역사가 루이지 다 포르토(Luigi da Porto)는 다음과 같이 술회한 적이 있다. "평화는 번영을 가져오고, 번영은 자부심을 느끼게 한다. 자부심은 분노를 자극하고 분노는 전쟁을 부른다. 전쟁은 빈곤을 초래하고 빈곤은 인간애를 느끼게 하며 그 인간애로부터 평화가 창출된다. 그리고는 이미 언급했던 그 평화가 다시 번영을 가져온다. 그래서 인간 만사는 돌고 도는 것이다. 나는 이 이야기를 항상 들어왔다."[1] 한 마디로 다 포르토는 전쟁을 위험한 자부심의 회전목마의 한 국면으로 보았다.

그가 이 글을 쓴 것은 1509년이지만 부유함이 간접적으로 전쟁을 조장한다는 믿음은 오랜 전통을 지니고 있었으며 19세기까지 그 인기가 지속되었다. 좀더 세속적인 시대에는 경제적인 조건과 전쟁 사이에 다른 형태의 연결관계가 선호되었다. 풍요가 아닌 경제적 곤궁이 새로운 전쟁의 선동자로 간주되었던 것이다. 이 새로운 설명은 정연하고 이제는 우리에게도 익숙한 꾸러미를 가지고 있었다. 잠잠하던 경제활동이 사람들의

---

1) Sir George Clark, *War and Society in the Seventeenth Century* (Cambridge, 1958), p. 134에서 재인용.

마음과 정력을 전투적으로 바꿔 놓을 때 전쟁이 발생하는 경향이 있다는 것이다. 또는 지도자들이 경제적인 난국으로 인한 국내적인 침체상황으로부터 국민들의 관심을 돌려놓으려고 하기 때문에 전쟁이 발생한다는 것이다. 그렇지 않으면 국내의 경제적 압력 ― 광대한 시장과 경제적 기회를 위한 대외적인 모색 ― 의 결과로 전쟁이 발생하기도 한다고 했다. 이와 같은 경제적 필요성에 대한 강조는 20세기 중반에 또 다른 이론에서 나타났다. 즉 백인들의 부유함과 흑인이나 황갈색 민족들의 빈곤함 사이의 격차가 가난한 국가들이 부유한 국가를 약탈하는 한 차례의 로빈 후드 전쟁을 야기할 수도 있을 것이라고 주장되었다. 이 모든 이론들은 서로 다르기는 하지만 경제적인 추진력과 압력이 전쟁을 초래할 것이라는 두려움을 공통적으로 내포하고 있다.

II

전쟁에 관한 이러한 설명들을 검토하다 보면 한 가지 딜레마에 봉착하게 된다. 경제적인 압력과 곤궁함이 가장 절박한 시기나 지역에서 대부분의 전쟁이 발생했다면 일견 놀랄 만한 일이다. 왜냐하면 그러한 시기나 지역은 전쟁을 재정적으로 뒷받침할 만한 능력이 떨어지기 때문이다. 국제전이란 것은 소매치기와 같은 단순한 사건이 아니라 대규모의 무장 폭력행위이기 때문에 동기뿐만이 아니라 무기가 필수적이다. 더욱이 국가의 정부라는 것도 복잡한 조직체이기 때문에 전쟁을 국제분쟁 해결의 수단으로 뿐만 아니라 조직의 문제로 간주하려는 경향을 가지고 있다.

경제적인 필요성을 전쟁의 주요 원천으로 내세우는 이론들은 국가가 보통 부적절한 재정 때문에 전쟁도발을 억제하지는 않을 것이라고 가정한다. 이 이론들의 가정에 의하면 국가는 재정적 뒷받침이 미약하거나 전국적인 경제침체의 경향이 뚜렷하더라도 기꺼이 공격을 시작하려 한다는 것이다. 그러나 믿을 만한 증거들은 오히려 정반대의 현상을 보여주고 있다. 18세기에는 충분한 재정이야말로 전쟁의 전제조건이라는 생각이 널리 퍼져 있었다. 주지하다시피 오스트리아 계승전쟁이라는 중요한 전쟁은 핀란드나 프랑스처럼 멀리 떨어져 있던 지역에서의 수확량은 보잘 것없었을 때 시작되었지만 싸움은 재정적으로 튼튼했던 국가의 군주가 시작했다. 프러시아의 프레드릭은 오스트리아로부터 실레지아를 탈취함으로써 얻을 수 있는 이득을 마음속에 고려하면서 자신의 부친으로부터 물려받은 풍부한 전쟁자금에 의존할 수 있었던 것이다. 또한 그는 비엔나의 마리아 테레사의 금고가 거의 비어 있어서 전쟁터로 군대를 파견할 만한 능력이 없을 것이라고 믿고 있었다. 프레드릭은 실레지아로 진군해 들어가자마자 마리아 테레사와의 협상을 시도했다. 그는 만일 실레지아를 넘겨준다면 다른 국가의 공격으로부터 오스트리아를 방어하는 데 협력하겠다고 제의했다. 그리고는 "비엔나 왕실이 스스로를 훌륭히 보호할 수 있는 상태로 될 수 있도록 우선 이미 주조된 금화로 2백만 플로린을 제공하겠소. 3백만까지도 줄 수 있소"라고 덧붙였다.[2]

오스트리아의 숙적인 프랑스는 취약해진 오스트리아의 약점을 이용하려고 했지만 기근과 재정적인 문제로 조심스러웠다. 1740년 여름 프러시아의 프레드릭은 흉년 때문에 고통받고 있는 많은 사람들에게 밀을 공급해 줄 수 있었지만 프랑스의 왕은 그렇게 할 수가 없었다.[3] 그는 파리 시내를 지나가면서 빵을 달라는 아우성을 무시했다. 플로에리 추기경(Cardinal Fleury)의 말고삐를 붙들고 화려한 마차의 문을 열어제치고는 한 떼의 배고픈 부녀자들이 빵을 달라고 울부짖은 것도 그 해 여름 파리 시내에서 일어난 일이었다.[4] '그는 몹시 놀라서 거의 죽을 지경이었다'고

2) H. Butterfield, ed., *Selected Documents of European History* (London, 1931), Vol. III, p. 9.

3) *Ibid.*, p. 7; R. M. Hatton, *The New Cambridge Modern History*, Vol. VII, p. 359; John Lough, *An Introduction to Eighteen Century France* (London, 1960), p. 34.

4) G. P. Gooch, *Louis XV: the monarchy in decline* (London, 1956), p. 67.

그 시대의 어떤 사람은 기록하고 있다. 그러나 그는 87세까지 살았다. 추기경은 프랑스 외교정책의 실질적인 실력자였는데 1740년 11월에 오스트리아와 전쟁을 해 볼까 궁리하였지만 재정적인 압박 때문에 망설였다.

폐하께서는 현재의 군대를 유지하고 앞으로 더 필요하게 될 군대를 준비하는 데 충당해야 할 비용을 의식하고 계십니다. 특히 이렇게 무장하는 데 필요한 식량과 모든 화약은 엄청나게 비싼 실정입니다.

그러나 그 보다 더 걱정스런 것은 생계유지에 필요한 밀과 같은 곡식들의 품귀로 인해 각 지방에서 야기되고 있는 경악스런 침체현상입니다. 저희들이 베풀어야만 하는 막대한 구원은 차치하더라도 대저 군주의 일차적인 의무란 백성을 구호하는 것입니다. 백성들의 빈곤함 때문에 지희들이 징수할 수 있는 세금의 양이 얼마나 많이 줄어들었는가 하는 것은 폐하께서도 쉽게 이해하실 것입니다.[5]

4년만에 처음으로 풍년이 예상된 그 다음해 여름이 될 때까지 프랑스가 오스트리아에 대해 전쟁을 도발하지 못했다는 사실이 중요한 것일까?

18세기의 군주, 각료, 외교관의 서신들은 종종 — 재정적이든 정치적이든 — 내부적인 약점을 지닌 국가는 모험적이지 못하다는 가정을 바탕으로 하고 있다. 마리아 테레사의 고문이었던 카우니츠(Kaunitz)는 1749년 과연 여왕이 실레지아를 탈환할 수 있겠는가 하는 의문을 제기하면서 "우리가 처한 국내외적 상황이 아직은 위험하고도 원대한 공격계획을 수립할 만큼 성숙되어 있지 않다"고 주장했다.[6] 1763년 프랑스의 루이 15세는 주먹을 불끈 쥐고 "러시아를 혼돈에 빠뜨리고 불확실한 상황으로 몰고 가는 것이라면 무엇이든지 우리의 이익을 위해서는 좋은 것"이라고 쓰고 있다.[7] 누구든지 국내적인 빈곤과 대외적인 소심성의 관계를 안다면 그의 이빨 가는 소리를 들을 수 있을 것이다. 20년 뒤 그의 프랑스는

---

5) Butterfield, Vol. III, pp. 9–10.

6) *Ibid.*, p. 15.

7) M. S. Anderson, *The New Cambridge Modern History*, Vol. VIII, p. 259.

흉년과 막대한 왕실의 부채로 심화된 혼돈 속에서 표류하게 되었다. 1786년 프랑스 주재 영국공사는 비밀 전보문을 작성하면서 평화의 희망은 '조정의 평화적인 공언에 달려 있는 것이 아니라 오히려 미약한 프랑스의 재정상태에 달려 있다'고 믿고 있었다.[8] 그로부터 18개월 후 역시 같은 공관으로부터 발송된 전보에서 도셋(Dorset)공작은 프랑스가 막 발생한 러시아 - 터키 전쟁에 가담하지 않을 것이라고 판단했다. '국내적으로 몹시 가난한 프랑스에게는 중립을 의미하는 백기가 어울릴 것 같다'는 것이었다.[9] 1792년 프랑스가 오스트리아와 전쟁을 개시하면서 이러한 예측들은 빗나가고 말았다. 당시의 프랑스는 재정상태가 풍족한 것도 아니었고 국내의 내분도 심각했다. 1792년의 사건들은 재정적인 문제가 프랑스의 선전포고를 방해할 만한 것이 못되었음을 보여주는 한편, 경제적인 필요성이나 압력이 전쟁의 원인은 아니라는 것을 의미한다.

나폴레옹 전쟁으로부터 제1차 세계대전 사이에 주요 유럽 열강들에게는 재정궁핍이야말로 전쟁의 강력한 장애물이라는 생각이 하나의 공리처럼 받아들여졌다. 1871년 독일은 프랑스에 대해 금화 50억 프랑의 배상금을 물 것을 요구했는데 이것은 부분적으로는 독일 전비의 일부를 충당하기 위한 것이었고, 다른 한편으로는 막대한 배상금을 물게 함으로써 앞으로 프랑스가 많은 군사비를 지출할 수 없도록 하겠다는 생각에서였다. 1897년 패전한 그리스는 터키에 지불해야 할 배상금 때문에 채무를 짊어져야만 했다. 여기에서 영국, 프랑스 그리고 러시아는 차관에 대한 보증인의 역할을 했다. 중요한 것은 영국의 재무상인 마이클 힉스 비치 경(Sir Michael Hicks Beach)이 만일 강대국들이 그리스의 재정을 감독한다면 그리스가 다른 국가들로부터 얻은 빚을 군사비로 사용하지 못하게

---

8) 1786년 8월 24일 헤일즈(Hailes)가 카마든(Carmarthen)에게 보낸 비밀 전보: Oscar Browning, ed., *Despatches from Paris 1784~1790* (London, 1909~10), Vol. I, p. 135.

9) 1788년 2월 21일 도셋이 카마든에게 보낸 전보: *Ibid.*, Vol. II, p. 17.

됨으로써 유럽의 평화가 촉진될 것으로 믿었다는 점이다.10) 제1차 세계대전 발발 1개월 후 독일의 재상은 패전한 프랑스에게 부과하고자 하는 배상금에 관해서 개인적인 메모를 작성한 적이 있었다. "배상금은 프랑스가 향후 15년 내지 20년 동안 군비증강에 상당한 양을 지출하지 못하도록 할 정도로 많아야 한다."11) 그러나 평화가 도래했을 때 배상금을 지불하고 군비증강의 권리를 박탈당한 것은 독일이었다.

경제적으로 발달하고 군인들에 대한 보수가 좋으며, 군인들이 야전에서 풍부하게 보급 받고 있는 국가라도 전쟁을 수행하기 위해서는 충분한 재정적인 능력의 필요성을 더욱 더 인식하고 있어야만 했다. 더욱이 후진국들조차도 재정적 요인의 중요성을 강조하고 있었던 것 같다. 1873년 일본의 지도자들이 조선을 침략할 것인가에 대해 논쟁을 벌이고 있을 때, 근대화의 주요 설계자였던 오쿠보 도시미찌는 몇 가지 논거를 제시하면서 반대했다. 그의 7가지 논점 중에서 5가지는 제안된 전쟁의 재정적 의미를 강조한 것이었다. 그는 만일 일본이 전쟁을 하게 되면 국내적인 분열을 조장하는 높은 세금과 인플레 때문에 고통을 겪게 될 뿐만 아니라 일본의 학문, 산업, 육해군을 근대화하는 데 필요한 재원부족으로 곤란을 겪게 될 것이라고 주장했다. "전쟁을 시작하고 수만 명의 군대를 해외에 파병하기 위해서는 하루에도 막대한 숫자의 비용이 요구될 것이다"—게다가 일본은 이미 예산상의 수지균형 문제로 골치를 앓고 있었다. 만일 조선과의 전쟁이 깊어지게 되거나 성공적인 것이 되지 못한다면 "영국에 대한 채무를 변제할 능력 마저 없어지게 되어 영국으로 하여금 우리의 내정에 간섭할 수 있는 구실을 주게 될 것"이라고 경고했다.12) 결국 이

---

10) 힉스 비치가 솔즈베리(Salisbury)에게 보낸 서한: Lady Victoria Hicks Beach, *The Life of Sir Michael Hicks Beach (Earl St. Aldwyn)* (London, 1932), Vol. II, pp. 46-7.

11) Fritz Fischer, p. 104.

12) R. Tsunoda, W. T. de Bary and D. Keene, eds., *Sources of Japanese Tradition* (New York, 1958), pp. 658-62.

논쟁에서는 평화론자들이 승리를 거두었다.

충분한 재정상태에 대한 강력한 주장은 그것이 전쟁에 관한 어떤 설명에도 적실성이 있음을 보여준다. 뿐만 아니라 한 가지 소극적인 결론도 암시하고 있는데, 즉 경제적으로 결핍된 시기나 지역에서는 국제전쟁의 위험성이 그다지 높지 않다는 것이다. 사실 좀더 적극적인 결론도 도출될 수가 있는데 전쟁에 관해서 집필된 가장 통찰력 있는 논문 중의 하나에서 한 스코틀랜드인이 그러한 결론을 제시한 바 있다.

III

알렉 로렌스 맥피(Alec Lawrence Macfie)는 제1차 세계대전 중 솜므(Somme) 전투에서 고든의 고산지역 사람들(Gordon Highlanders)과 함께 전투에 참여했고 그 후 세계적인 공황이 시작되었을 때 글래스고우대학의 경제학 강사가 되었다. 자기가 살았던 세대의 가장 파괴적인 두 사건에 대한 그의 경험은 기묘한 방법으로 결합되었는데, 1937년 경 그는 전쟁의 발생을 어떤 경제적인 조건과 연결시켜 설명할 수 있는 하나의 실마리를 찾아냈다. 1938년 2월에 그는 매우 불길한 경고를 담은 한 편의 짧은 논문을 발표했다. <전쟁의 발생과 무역주기>라는 제목의 그 글은 많은 신문들이 독일의 부흥과 또 다른 세계대전의 위험성을 앞다투어 보도하던 바로 그 때 한 학술지의 아홉 페이지를 차지하고 있었다.

맥피는 경제적인 회복상태가 한창일 때 즉 상승곡선을 타고 올라가 번영의 정점에 이르렀을 때 국가간의 전쟁이 일어날 가능성이 가장 크다고 주장했다. 1850년부터 1914년까지 발생했던 12건의 국제전쟁을 간략히 연구해 보면 이와 같은 양상이 나타나는 것은 사실이지만, 그러한 패턴이 의미하는 것은 과연 무엇일까? 맥피는 경제적인 분위기가 한창일 때 그리고 '희망에 차서 장애물들이 참을 수 없을 정도로 느껴질 때' 전쟁이 일어나는 것 같다고 생각했다.13) 그는 이러한 분위기가 '전쟁의 씨앗이 뿌려지기만 하면 싹이 트게 하는' 열을 제공한다고 주장했다. 경제변동에 관한 지식을 가지고 있던 맥피는 약 2년 정도 지나면 유럽이 다시 그 위험수위에 도달할 것이라고 생각했다. 그는 계속해서 '만일 이러한 생각들이 받아들여진다면 우리는 정치가들이 현재로부터 1940년까지의 기간에 지혜를 얻게 해 달라고 기도해야 할 것'이라고 주장했다.[14] 그러나 결국 그 기도에 대해서는 아무런 응답도 없었다.

경제활동이 성장기와 쇠퇴기 그리고 쇠퇴기와 성장기 사이를 정기적으로 움직이는 경향 — 쇠퇴기(slackness)라는 것은 고용부족과 이윤하락 등으로 특징지어지는 침체기를 의미한다 — 은 영국을 비롯한 선진 산업 국가들이 처음으로 경험했다. 무역주기(trade cycle) 또는 산업주기(business cycle) 등으로 다양하게 불리는 이러한 현상은 국가들 간의 얽히고 설킨 복잡한 상호의존의 구조 그리고 각 국가 내 생산자들의 복잡한 의존구조의 확산을 반영하고 있었다. 즉 경제적 특화(전문화) 현상은 항공기, 텔레비전, 라디오 등이 그 거미줄과 같은 구조를 가시적인 것으로 만들기 이미 오래 전부터 세계의 많은 지역을 '지구촌' 속으로 편입시키고 있었던 것이다. 따라서 맨체스터산 직물의 수요감소는 캐롤라이나의 면화지대나 리버풀의 경작지 등 지구 구석구석에서 감지될 수가 있었다.

산업주기와 전쟁과의 연관성을 일별하면서 맥피는 1800년 이전의 전쟁에는 딱 들어맞지 않는다는 점도 지적했다. 그는 이러한 딜레마에 대해 논평하지는 않았다. 겸손하게도 그는 역사가로서 자신의 요리를 만들어 내려는 어떠한 의도도 거부한 채 단지 자신의 관찰기록이 '역사가의 방앗간에 제공되는 곡물의 역할을 하리라'는 희망을 가지고 다음 세대로 넘겨주었다.[15] 18세기에는 경제활동의 기복이 매우 심했고 또 유명한 스웨덴

---

13) A. L. Macfie, 'The Outbreak of War and the Trade Cycle', *Economic History* (A Supplement to *The Economic Journal*), February 1938, p. 95.

14) *Ibid.*, p. 96.

15) *Ibid.*, p. 94.

의 역사가인 엘리 헤크셔(Eli Heckscher)같은 학자는 자신의 조국이 이미 일찍이 1763년부터 미약하나마 산업주기의 징후를 보였다고 생각했지만16) 그러한 변동이 '산업주기'라는 이름에 걸맞게 정기적으로 또는 자본가들의 시계장치에 맞춰 움직인 것 같지는 않았다. 바람과 얼음, 비 ─그리고 그것들이 추수에 미치는 영향 ─ 등이 이와 같은 초기 경제변동에서 중요한 시계추 역할을 했다. 경제활동에 있어서의 기복은 나폴레옹 전쟁 이후 시대의 전쟁 결정에 더욱 영향을 미친 것 같았는데 그 이유는 한편으로는 지배적인 경제 분위기가 더더욱 많은 국가들에 의해서 공유되는 경향이 나타났기 때문이고, 다른 한편으로는 경제적인 비관과 낙관 사이의 요동이 더 예리해지는 경향이 나타났기 때문이었다.

맥피가 설정한 연계이론에 관해서는 그 자신이 선택한 1850~1914년의 기간만을 언뜻 보아도 몇 가지 의문이 제기된다. 맥피는 경제학자들이 자신의 이론을 전쟁의 원인과 전쟁 준비를 혼동하고 있는 것이라고 비판할 수도 있다는 사실을 깨달았다. 즉 전쟁에 앞서 나타나는 번영이라는 것은 단지 재무장과 전쟁준비의 효과에 불과하다는 주장이 가능했던 것이다. 그러나 이러한 반론은 몇몇 전쟁에 앞서 나타났던 번영 상태에 대해서는 부분적으로 해당될지는 몰라도 대부분의 경우에는 맞지 않는 것이었다. 따라서 경제적 조건이 전쟁의 발생에 영향을 미친다는 맥피 교수의 관찰을 부인하기는 어렵다.

경제적 분위기와 조건에 있어서의 변화는 은행가, 상인, 공장주, 선박 소유주, 농부 그리고 그들의 피고용인들에게 영향을 미칠 뿐만 아니라 군주, 재상 그리고 군대의 최고지휘관들에게도 영향을 미친다. 또한 정부의 수입과 지출, 정부가 직면하고 있는 현안 문제들에도 영향을 준다. 그리고 사회적인 불안이나 통합에도 영향을 끼친다. 그러나 아마 무엇보다도 중요한 것은 과연 앞으로 몇 달 동안 어떻게 될까 그리고 경제상태

---

16) Eli F. Heckscher, *An Economic History of Sweden* (Harvard, 1954), p. 211.

가 쉽게 풀려 나갈 것인가 등에 대한 기대심리에 미묘한 영향을 준다는 점일 것이다.17)

무역상태가 악화되거나 실업이 증가하면 정부의 분위기는 매우 조심스러워지거나 우려에 빠지게 되는 경향이 있다. 수입감소와 국가에 대한 원조요구의 급증으로 상태는 더욱 악화된다. 한편 번영이 최고조에 달할 때 — 이 상태가 평화에는 가장 위험한 때이지만 — 에는 자신들이 환경을 지배한다는 느낌을 갖게 된다. 사실 경제적인 분위기는 정신과 의사들이 연구의 대상으로 삼는 정신상태와 밀접하게 대비된다. '침울'(depression)하다라든가 '광적'(mania)이라든가 하는 단어들은 정신병원은 물론 시장에서의 변동상황을 표현하는 사람들에게 공통적으로 사용되는 어휘들이다. 같은 시대의 정신과 의사였던 데이비드 스태포드 - 클라크(David Stafford - Clark)가 때때로 누구나 경험하게 되는 의기양양한 정서상태라고 표현했던 것은 모든 경제학자들이 목도했던 바로 그 분위기를 의미하는 것이었다.

> 풍족하다고 느끼는 감정과 자신감이 환자의 생활에 적당한 정도를 넘어서서 현실적응 능력과 업무수행 능력을 손상시킬 정도에 이르러 판단력과 책임감을 흐리게 하거나 변색시키게 되면 그 환자가 그러한 상태에 별로 불만을 느끼지 못한다고 하더라고 그것은 이미 질환의 상태라고 할 것이다.18)

이러한 질환의 흔적이 그 이상으로 뚜렷하게 나타나는 것이 경제적인 벼락경기이고 또 국가의 반복되는 분위기이다. 크리미아 전쟁, 프러시아 - 프랑스 전쟁, 보어 전쟁 그리고 다른 많은 전쟁들이 시작되기 직전에 바로 이와 같은 광적인 현상이 나타났던 것이다.

---

17) 단기적인 미래에 대한 예측은 국제문제에 있어서 지배적인 역할을 한다. 이 점을 강조한 것으로는 Arthur Lee Burns, *Of Powers and Their Politics: a critique of theoretical approaches* (Englewood Cliffs, New Jersey, 1968) 참조.

18) David Stafford Clark, *Psychiatry To -day* (London, 1952), p. 99.

경제적인 사건들만으로 이와 같은 요란스런 분위기가 형성된다고는 할 수 없다. 경제적 사건들 — 어떻게 보면 이 사건들은 쉽게 측정될 수 있기 때문에 — 이 심도 있게 연구된 결과, 실용적인 목적을 위해 또 다른 경제현상들의 용어로 설명될 수 있다는 점은 인정할 만 하다. 그러나 전체의 행위로부터 경제적인 행위만을 따로 고립시켜서는 안 된다. 경제학자들은 경제적인 문제에 직면한 인간이 어떻게 행동하는가에 대해서는 상당한 지식을 축적해 왔지만 그러한 행동에 영향을 미치는 정신적인 상태에 대해서는 그다지 잘 알려져 있지 않다.

IV

히틀러가 스스로 전쟁상을 맡았던 바로 그 달에 완성된 맥피의 관찰기록은 잔잔한 대해에 떨어지는 낙엽 이상의 큰 파문을 불러일으키지는 못했다. 많은 전쟁들에 대한 사례연구로부터 도출된 관찰기록은 언제나 드물었지만 그의 희귀한 제안은 무시되고 말았다. 그가 글래스고우가 아니라 카불에서 집필했었을 수도 있지만 아무튼 그의 논의는 거의 주목을 받지 못했다. 맥피 교수는 조심스럽게 잠정적인 설명만을 제시했다. '최종적인 판단은 역사가가 할 일'이라고 그는 기술했다.[19] 필자가 알기로는 전쟁의 원인에 관해서 연구하는 여러 분야의 학자들 가운데 맥피의 관찰기록에 대해 어떤 판단이나 논평을 한 것은 오직 한 사람뿐이었다. 탁월한 역사가인 조지 클라크 경(Sir George Clark)은 1948년 런던에서의 공개강좌를 통해서 맥피의 견해를 간단하게 정리했다.[20] 그는 청중들에

---

19) Macfie, p. 90.
20) 1970년 12월 필자는 클라크 경의 논평이 맥피의 주장에 대한 유일한 평가였는지를 알고 싶어서 은퇴 후에 스코틀랜드에서 살고 있던 맥피 교수에게 편지를 보냈었다. 맥피 교수는 그 밖에 다른 사람에 관해서는 알지 못한다는 친절한 회신을 보내 왔다.

게 전쟁에 대한 이해에 가장 공헌을 했던 역사가들은 경제의 흐름을 추적한 것이 아니라 '조약과 전문들을 자세히 조사'했던 것이라고 강조했다. 조약을 연구하는 역사가들이 흐름을 탐구하는 역사가들보다 약 천 배 정도나 많다는 사실을 인정한다면 이것은 그리 놀랄 만한 일도 아니다. 조지 경은 맥피가 어떤 이단적인 교리를 설파했다고 정중하게 공격했다. 그런데 사실 맥피는 당시 자신의 것이라고 잘못 이해되고 있는 견해를 애써 부인했었다. 아무튼 조지 클라크 경의 강연은 거듭되는 갈채를 받으며 1958년에 장정본으로 출판되었다.[21]

조지 클라크 경은 맥피가 하나의 대륙을 요구하고 있다고 생각했던 것 같다. 사실은 그게 아니라 그는 단지 조그만 섬의 한 곳에 그의 깃발을 꽂고 주위의 파도 속으로 쓸려 들어가지 않으려고 조심했던 것이다.[22]

---

21) Sir George Clark, *War and Society in the Seventeenth Century*, esp. ch. VI, 'The Cycle of War and Peace in Modern History' (Cambridge, 1958), p. 147.

22) 조지 클라크 경의 간략하고도 예의바른 비판은 다음의 4가지 요점에 의존하고 있다.

(1) 클라크는 '필연적으로 전쟁의 발발을 야기하는 조건들이 있다'는 믿음과 전쟁은 '우리가 통제할 수 없는' 것이라는 믿음을 비판했다. 사실 맥피 역시 그러한 믿음에 반대했다. 맥피는 '*불가피하다*'거나 '*필연적이다*'라는 말을 쓰지 않고 '*경향이 있다*'거나 '*경향*'이란 용어를 조심스럽게 사용했다. 맥피의 마지막 문장은 전쟁이 회피될 수 있는 것이라는 점을 강하게 내포하고 있었다.

(2) 또한 클라크의 주장에는 맥피가 '전쟁과 평화의 주기 그리고 그 주기가 경제적인 번영과 빈곤상태를 통해서 작동한다'는 점을 믿고 있었다는 의미도 함축되어 있다. 그러나 맥피가 전쟁과 평화의 주기를 믿고 있었다는 증거를 필자는 발견할 수가 없었다. 맥피가 논의했던 유일한 주기적 발생이란 것은 무역주기였다. 더욱이 맥피는 번영과 빈곤상태가 전쟁의 원인이라는 '물동이에 들어 있는 단 하나뿐인 소재'는 아니며(p. 94) 가장 중요한 소재들도 아니라고 애써 부인했다(p. 90).

(3) 클라크는 전쟁과 평화의 주기개념을 '전쟁의 원인은 사회생활이 변화함에 따라서 역시 변화한다'는 원칙과 조화시키는 것이 전적으로 불가능하지는 않지만 어려운 것이라고 했다. 맥피도 전쟁의 원인이 사회변화와 함께 변한다고 믿었던 것처럼 보이기 때문에 조지 클라크 경의 비판은 역시 오해에 근거한 것이다. 조지 클라크 경에 의해서 설파된 원칙도 신념에 따른 행동이었다고 말할 수 있다. 그것은 동기가 선생의 주요 원인이라는 가정 ― 필자가 생각하기에는 상당히 모

맥피의 모든 주장은 한 가지 분명한 관찰에 의존하고 있는데 그는 단지 이것을 유용한 실마리로 보았을 뿐 전쟁의 필수적인 원인으로 본 것은 아니었다. 그는 경제발전이나 풍요로운 성장의 분위기가 전쟁의 충분조건은 아니라는 사실을 깨닫고 있었다. 그는 다뉴브로부터 북해에 이르기까지 경제적인 분위기가 자신감에 넘쳐 있었지만 그러한 자신감이 전쟁을 수반하지는 않았던 그런 시기도 알고 있었다.

맥피 교수가 자신의 주장을 전개하면서 수반해야 했던 제약에 우리는 박수를 보낼 수도 있다. 한 영역에 있어서 그의 주장은 더욱 더 제약을 받았다. "경제적인 스태그네이션 현상이 있거나 침체가 가속화될 때 전쟁은 일어나지 않는다"는 견해는 의심스럽다. 맥피의 조사는 1850년에 시작해서 1914년에 끝났기 때문에 그보다 먼저 발생하거나 나중에 발생한 전쟁들이 정반대의 경제적 조건에서 시작되었다는 점을 간과하고 있다. 1848년과 1849년 유럽이 한창 배고픈 시절일 때 4건의 단기적인 국제전쟁이 발생했었다. 긴 경기주기의 역사 중에서도 가장 깊은 골에 떨어져 있던 1931년 일본은 만주에서 중국과 짧으나마 교전했었다. 그리고 맥피의 논리와는 맞지 않는 경제적 조건에서 시작된 다른 전쟁들 —특히 식민지 전쟁들— 도 있었다.23)

호한 것이지만 —을 반영하고 있는 것이다.

(4) 클라크는 전쟁 발발의 시점은 전쟁의 원인과 무관한 것이라고 주장했는데, 이 점에 대해서도 맥피의 견해를 충분하게 이해하지 못한 셈이다. 맥피는 전쟁발발시점과의 관련성은 '더 근본적인 원인들' 보다는 덜 명확하게 나타난다 —필자가 보기에는 잘못된 생각이지만— 고 주장했다(p. 90).

다음의 한 가지 사실을 언급하지 않고 여기서 설명을 그친다면 좀 불공평할 것 같다. 즉 조지 클라크 경은 서로 양립할 수 없는 견해들이 평화롭게 공존하기보다는 서로 다툴 수밖에 없게 된다는 믿음을 가르쳐 준 보기 드문 전쟁연구가라는 사실이다. 더욱이 그는 맥피의 논문이 논의될 만큼 중요한 것이라고 생각한 유일한 학자였다.

23) 맥피는 1850~1914년 사이의 경제변동을 연구하면서 주로 영국의 자료에 많이 의존했고 독일과 러시아의 자료도 약간씩 참조했다. 킨들버거(Kindleberger)나 기펜(Giffen), 쿠즈네츠(Kuznets) 등 일련의 학자들의 연구를 살펴보면 경제적인

모든 전쟁이 번영 혹은 개선 상태에서 발생하리라고 예상하는 것은 순진한 생각이다. 경제적인 분위기는 전쟁 또는 평화에 대한 결정에 영향을 미치는 요인들 중의 하나에 불과했으며, 그것이 항상 가장 영향력 있는 요인이 된 것도 아니었다. 다른 요인들이 강력하게 전쟁으로 상황을 몰고 간 경우에는 그와 반대되는 경제적 상황에서도 전쟁이 발생할 수 있었다. 1848년과 1849년의 침체기에 발생했던 4건의 전쟁의 배경에는 이미 전쟁의 불길한 조짐 — 즉 국내적인 소요, 왕의 죽음 또는 권위실추, 그리고 물새의 딜레마 등 — 이 깔려 있었다. 1848년의 덴마크 - 프러시아 전쟁은 덴마크 왕의 사망, 베를린의 반란자들로부터 당한 프러시아 왕의 수모, 그리고 덴마크 남부의 내부불안 등에 뒤이어 발생했던 것이다. 마찬가지로 1848년 비엔나와 이탈리아 북부 오스트리아 영토에서 발생한 혁명들은 사르디니아로 하여금 쇠망의 일보 직전에 있는 것처럼 보이는 오스트리아 제국을 공격하도록 고무시키기에 충분했다. 그리고 헝가리에서의 전쟁은 다수 인종을 통치하던 오스트리아 제국의 권위실추의 원인인 동시에 결과였다.

물론 이러한 단기전들에서도 침체되고 있는 경제상태의 억제력을 살펴볼 수는 있다. 최후의 승자들은 분명히 전쟁에 접근해 가는 데 있어서 조심스러워 했다. 1848년 6월에 비엔나 정부는 82세의 라데츠키 (Radetzky) 원수에게 사르디니아와의 휴전을 모색하도록 명령했다. 그러나 그는 명령에 불복하고 계속해서 전투를 수행했다.[24] 이와 마찬가지로 1931년 세계적인 경제침체의 늪에서 허덕이면서도 만주의 중국인들을 공격했던 일본군은 도쿄 정부의 훈령을 따르지 않고 있었다.[25] 그리고

상승과 하락에 관한 맥피의 묘사가 일반적으로 확인되지만 1800년 전후의 경제적인 조건과 전쟁과의 복잡한 연관성은 더 많이 연구되어야 한다. F. P. Braudel and F. Spooner, 'Prices in Europe from 1450 to 1750', *Cambridge Economic History of Europe*, Vol. IV, p. 437을 보면 17세기까지 거슬러 올라가거나 그 이전에도 이러한 연관관계를 조사한 경우가 있었음을 알 수 있다.

24) C. Pouthas, *The New Cambridge Modern History*, Vol. X, p. 402.

1849년 만일 그대로 놓아둔다면 동쪽으로는 러시아, 북쪽으로는 러시아
령 폴란드 지역까지 확산될지도 모를 반란군을 진압하기 위해서 러시아
군대가 산악행군을 통해 헝가리로 진격했을 때에도 러시아는 약탈과
병합을 위한 원정을 한 것은 아니었다. 헝가리의 반군이 격파되자 러시아
의 병사들은 — 1956년의 경우와는 달리 — 귀국했다. 후퇴기 또는 경제
적 자신감의 상실기라도 전쟁이 발생 불가능한 것은 아니다. 다만 발생
가능성이 줄어들 뿐이며 일단 발생하더라도 단기전이 될 가능성이 있을
뿐이다.

V

이미 잊혀진 맥피의 주장은 수많은 전쟁들이 시작될 때 수반되었던
낙관주의를 설명하는 데 도움이 된다. 그의 주장은 희생양 이론을 반박하
기에 충분한 또 다른 논거를 제공해 준다. 즉 만일 침체기의 국가들이
대외전쟁을 꺼린다면 우리는 내분으로 찢겨진 국가는 거의 전쟁을 시작
하지 않을 것이라고 예상할 수 있다. 또한 맥피의 이론은 많은 경제학자
들의 총애를 받고 있는 도그마, 즉 경제적인 압력과 재난이 전쟁의 주요
한 선동자라는 도그마에 이의를 제기하는 논거도 제공해 준다. 맥피의
검증 때문에 이러한 이론들은 허둥댈 수밖에 없다. 무엇보다도 맥피의
관찰은 전쟁과 평화라는 톱니에 꼭 들어맞는 것 같다.

---

25) W. G. Beasley, *The Modern History of Japan* (London, 1963), pp. 244-5.

제 **7** 장
전쟁의 기상학: 계절과 전쟁

I

1911년 여름 독일의 포함 한 척이 대서양을 따라 활기 없는 모로코의 아가디르 항구로 증기를 뿜으며 항해하여 제1차 세계대전에 앞서 발생했던 여러 위기들 중의 한 사건을 촉발했다. 유럽 각국의 수도에서는 각료들과 군의 참모들이 이 포함 사건이 전쟁으로 치달을 것인가를 고민하며 계절적인 문제에 대한 해답을 모색하고 있었다. 만일 독일이 프랑스와 러시아를 상대로 전쟁을 도발하려 한다면 독일은 여름에 개전을 결정할 것인가 아니면 겨울에 시작할 것인가? 독일에서는 먼저 프랑스 쪽에 대부분의 군대를 투입하여 신속히 승리한 뒤에 러시아 전선으로 군대를 이동시킬 것이라는 가정이 공통적으로 깔려 있었기 때문에 러시아군의 서쪽으로의 이동을 지연시키는 것은 무엇이든지 독일에게 커다란 이득이 될 것이었다. 따라서 런던에 주재하던 프랑스의 한 무관은 얼음과 눈이 러시아군의 전진을 지연시킬 것이기 때문에 동계전쟁의 가능성이 더 클 것이라고 생각했다. 영국의 육군성(War Office) 참모들도 모든 러시아군의 전진교차로인 폴란드 평원이 중요한 지역이라고 생각했지만, 그들은 똑같은 증거를 가지고 다른 결론에 도달했다. 윈스턴 처칠이 자신 있게 설명한 것처럼, '러시아에게 나쁜 계절은 폴란드에 많은 비가 내리고 진창이 형성되는 봄과 여름'이라는 것이었다.[1]

전쟁 발발의 가능성이 가장 큰 계절을 지명하는 데 있어서 참모들의 의견은 일치하지 않았지만, 그들은 모두 기후가 전쟁돌입의 결정에 영향을 미치는 요인들 중의 하나라는 점을 믿고 있었다. 계절은 언제나 한 요인이었던 것 같다. 계절의 영향력을 확인하는 가장 간단한 방법은 계절 상의 대비가 뚜렷하고 오랜 전쟁의 경험들을 지니고 있는 방대한 지역을 검토해 보는 것이다. 북회귀선의 북쪽에 위치한 국가들 — 유럽, 시베리아, 일본, 그리고 북아메리카를 포괄하는 광대한 영역 — 은 1840년부터 1938년 사이의 1세기 동안 적어도 44건의 국제전쟁을 경험하였다. 이 전쟁들이 시작되었던 시기를 계절별로 보면 다음과 같은 간단한 양상이 나타난다.[2]

봄: 16건   여름: 15건
가을: 10건   겨울: 3건

전쟁을 시작하는 데 가장 인기가 있었던 시기는 4월부터 7월까지의 4개월간이었다. 44건 중에 26건이나 되는 절반 이상의 전쟁이 바로 이 쾌적한 기후의 4개월 사이에 시작되었다. 이와는 대조적으로 12월과 1월에는 단 한 차례의 전쟁도 시작된 일이 없었다.[3]

---

1) Randolph S. Churchill, *Winston S. Churchill*, 2 Vols. (London, 1966), pp. 11, 534.
2) 자료를 수집하면서 필자는 이러한 명세서는 결정적인 것이 될 수 없다는 생각을 했다. 몇몇 전쟁들은 내란으로부터 시작된 것이지만 필자는 이 사건들이 국제전쟁으로 비화되었을 때의 시점을 선택했다. 1848년과 1849년의 오스트리아 - 사르디니아 전쟁을 포함한 몇몇 전쟁들은 1건 또는 2건의 전쟁으로 계산될 수도 있었으나 필자는 2건으로 처리했다. 44건의 전쟁들 중에서 1월에 시작된 것은 1건도 없었고, 2월에 3건, 3월에 3건, 4월에 9건, 5월에 4건, 6월에 4건, 7월에 9건, 8월에 2건, 9월에 3건, 10월에 3건, 11월에 4건이 발생하였으며, 12월 역시 1건의 전쟁도 발생하지 않았다.
3) 주로 유럽 지역에서 시작되거나 수행된 전쟁들만으로 제한해서 살펴보면, 10건이

II

어째서 전쟁은 비교적 따뜻한 계절에 시작될 가능성이 더 높을까? 따뜻한 계절에는 도로가 건조해지고 강물이 잔잔해지기 때문에 거대한 군대와 부담스런 대포의 이동이 용이했다. 군대는 그러한 통로를 활용해서 인마에 대한 식량공급을 더욱 쉽게 할 수가 있었다. 낮이 더 길어짐에 따라서 병사들은 더 신속하게 전진할 수 있었는데, 사실 1904~05년의 러일전쟁 이전에는 야간전투라는 것이 알려져 있지 않았다. 그리고 기후가 온화해지기 때문에 군대의 사기 더 나아가서는 건강까지도 쉽게 유지될 수가 있었다.

따뜻한 계절에 전쟁을 시작하는 이점이 크다면 44건 중에 3건은 어째서 겨울에 시작되었을까 하는 점이 설명되어야 할 것이다. 1864년 덴마크를 상대로 한 프러시아 - 오스트리아의 전쟁과 1904년의 러일전쟁은 모두 2월에 시작되었는데 그것도 2월의 추위가 침입자에게는 혹독한 장애물이 되는 지역에서 시작되었다. 특별한 전략적인 이점이라는 면에서 따져 본다면 두 가지의 예외가 설명될 수 있다. 겨울은 공격자에게 여름이라는 계절이 통상적으로 제공해 주는 바로 그 이점을 제공해 준다. 1904년에 일본은 겨울에 러시아를 공격함으로써 이득을 보았다. 새로 건설된 시베리아 횡단 철도는 극동지역의 러시아군을 위한 주요 공급로였지만 제대로 완성된 상태는 아니었다.[4] 따라서 일본은 4월 또는 5월보

봄에, 8건은 여름에, 4건은 가을에, 그리고 2건이 겨울에 시작되었음을 알 수 있다. 총 24건 가운데 15건이 4월과 7월 사이에 시작되었다. 유럽지역으로만 국한시키더라도 내란으로 시작된 전쟁이나 이미 수행되고 있던 전쟁의 확전, 그리고 그에 대한 제3국의 개입과 같은 물새 효과의 전쟁 등을 제외하면, 6건이 봄에, 5건은 여름에, 3건은 가을에 그리고 1건이 겨울에 발생했음을 알 수 있다. 결국 위에 언급한 두 가지의 명세는 모두 본문에 언급된 44건의 전쟁 명세표보다 더 뚜렷한 계절적 경향을 보여준다. 4건의 북아메리카 전쟁 —1846년, 1861년, 1862년 그리고 1898년 —이 모두 4월에 시작되었다는 점은 특기할 만 하다.

4) Harmon Tupper, *To the Great Ocean: Siberia and the Trans-Siberian Railways* (London, 1965), p. 342.

다는 2월에 전쟁을 시작함으로써 얼음으로 덮인 시베리아의 평원과 산맥을 지나 수천 마일밖에 떨어져 있는 전선으로 신속한 증원부대를 파견할 능력을 갖추지 못하고 있던 적을 향해 신속한 진군을 할 수 있는 기회를 얻었다.

그보다 40년 전에는 자국을 방어해 줄 것이라고 생각했던 빙판에 덴마크의 군대가 미끄러진 일이 있었다. 1864년 프러시아와 오스트리아에 대한 덴마크의 관계가 긴장상태에 접어들었을 때 육지로부터의 침략에 대한 덴마크의 주요 방벽은 유틀란트의 협로를 가로질러 설치된 한 줄기의 토루(土壘)였다.5) 일찍이 천년 전 바이킹들에 의해서 건설되고 1850년대에 조심스럽게 강화된 이 방벽은 서쪽의 습지대로부터 슐레스비히 부근 발틱해의 좁은 지류에 이르는 약 10마일에 달하는 것이었다. 덴마크인들은 이 방벽이 사실상 난공불락이라고 생각했는데, 정면 공격으로는 난공불락이라고 할 만 했다. 그러나 1864년 2월 습지대와 지류 어귀가 얼어붙은 상태에서 눈 내리는 밤을 틈타 프러시아인들이 갑자기 덴마크 방벽의 측면을 찔러 들어왔다.

눈과 얼음의 이점이라는 것이 덴마크에 대한 동절기 공격에 편의를 제공한 가장 강력한 근거는 아니었을지도 모른다. 프러시아와 오스트리아 역시 강대국 특히 영국과 프랑스가 덴마크를 돕지 않았다는 점에 주의해야 했다. 겨울이었기 때문에 그러한 해양 강대국들은 신속한 지원을 제공할 수가 없었다. 러시아의 함대는 5월까지 핀란드 만에서 얼음에 묶여 있어야 했고, 영국의 함대는 거의 무용지물이었다.6) 적어도 그것이 덴마크의 급속한 붕괴 직후에 씌어진 메모에서 영국의 외상 존 러셀 경이 술회한 견해 — 혹은 뒤늦은 변명 — 였다. "우리는 바다를 통해서만

---

5) *The Annual Register* (1864), pp. 220-2.
6) Harold Temperley and Lilian Penson, eds., *Foundations of British Foreign Policy from Pitt (1792) to Salisbury (1902), or Documents Old and New* (Cambridge, 1938), pp. 267, 269, 274.

그것도 여름에만 행동할 수 있다. 겨울에 코펜하겐 항만의 얼음 속에 영국의 함대를 가두어 놓는 것은 안전한 일이 못된다."

이러한 전략적인 고려들이 1864년의 프러시아와 오스트리아 그리고 1904년의 일본으로 하여금 겨울에 전쟁을 시작하도록 고무했다고는 확신할 수 없다. 이러한 고려들이 전쟁결정을 선동했다기보다는 승인한 정도였을 것이다. 분명히 추운 계절보다는 따뜻한 계절에 전쟁이 일어나도록 촉진했던 요인들에 대한 비교연구의 여지는 있다. 그러나 어째서 1864년과 1904년의 전쟁이 겨울에 시작되었는가에 대한 설명이 왜 대부분의 전쟁들은 봄과 여름에 시작되었는가에 대한 일반적인 해석에 딱 들어맞지는 않는다.[7]

1840년부터 1939년까지의 기간에는 단순히 기후의 이점만으로는 설명되지 않는 일군의 유럽전쟁들이 발생했다. 그 전쟁들은 침공국가의 입장에서 볼 때 기후가 오래도록 자국의 전진을 도와줄 것이라고 바랄 수도 없는 계절인 늦가을에 시작되었다.[8] 1853년 러시아와 터키가 흑해 근처에서 전쟁을 시작했을 때나 1885년 세르비아인들이 드라고만의 요충지를 지나 불가리아로 진격해 들어갔을 때, 그리고 1912년 작은 발칸의 동맹국들이 터키를 공격했을 때에도 이 가을 전쟁의 도발자들은 자신들의 분노가 초겨울의 눈을 녹여 줄 것이라고는 거의 기대할 수도 없었다. 이 모든 전쟁에 있어서 몇몇 전장이 눈으로 덮이게 되고 도로가 진창이 되어 보급로가 지연되자 교전은 시작되지도 않았다. 전쟁결정의 시기에

---

7) 몬테네그로와 터키간의 전쟁(1853년) 역시 동절기 전쟁이었다. 필자는 지금까지 이 전쟁의 기원에 관해서 아무런 자세한 내용을 발견하지 못했다.

8) 또 하나의 가을 전쟁인 1911년의 이탈리아 - 터키 전쟁은 9월초에 시작되었다. 주요 전투무대가 서부 리비아 지역이었고 기후도 여름의 침략자보다는 겨울의 침략자에 더 유리했기 때문에, 그 침공의 시기는 군사적 승리를 촉진하는 기후의 여하에 따라서 개전이 영향을 받는다는 견해에 꼭 들어맞았다. 똑 같은 주장이 1859년 시작된 스페인과 모로코 사이의 전쟁에도 적용된다. 그러나 1939년 11월의 러시아 - 핀란드 전쟁은 이 주장으로 실명될 수 없다.

기후가 어떻게 영향을 미치는가에 대한 정통적인 설명은 이 경우들에는 적용될 수 없다. 그렇지만 전쟁이 일어난 지역에 어떤 실마리가 있을지도 모른다. 이상의 전쟁들은 모두 유럽의 남동부에서 치러졌던 것이다. 그러한 지역에서는 경제적인 후진상태와 그로 인한 농업에의 의존성으로 인해 전쟁을 시작하기에 좋은 계절이 10월이었다. 수확이 끝나고 군대에 보급할 만한 잉여 식량의 비축이 가능하기 때문에 늦가을은 식량생산에 타격을 주지 않고 많은 수의 장정들을 농촌으로부터 징집할 수 있는 유일한 계절이었다. 물론 이러한 가정은 잠정적인 것일 수밖에 없다. 게다가 유럽의 남동부에서 발생한 3건의 전쟁은 가을에 시작되었지만 다른 3건의 전쟁이 봄이나 여름에 시작되었다는 사실이 있고 보면 이 가정이 약간은 흔들리게 된다.[9] 가을 전쟁의 수수께끼는 또 다른 각도에서 설명될 수 있다. 위에 언급한 3건의 전쟁에 앞서 교전 당사국들 중의 어느 한 국가 내에서 내란이나 반란이 발생했었고 또 그것이 전쟁의 도화선이 되었다는 사실이다. 그렇다면 동유럽이나 남동유럽에서는 가을의 내란이 더더욱 위험하다고 주장할 수 있을까? 러시아 혁명들 중 두 차례의 혁명 — 1905년과 1917년 — 은 틀림없이 늦가을에 일어났다. 마찬가지로 1848년의 서유럽에서는 대부분의 혁명들이 2월과 3월에 일어났던 반면 '이 혁명의 시대에 발생했던 가장 급진적인 혁명'은 그 해 10월 비엔나에서 터졌다.[10] 남동유럽에서는 10월에 전쟁이 시작된다는 사실이 어떻게 설명 — 복잡하고 때로는 우연의 일치와 같은 요소도 있겠지만 — 되든지, 이 전쟁들의 시기는 건조한 도로와 길어진 낮 시간 등의 전통적인 구도로는 설명될 수 없는 것이다.

---

9) 유럽의 남동부에서의 늦가을 개전 추세에 대해 한 가지 사실이 더 추가될 수 있다. 즉 제1차 세계대전은 1914년 7월에 시작되었지만 터키는 1914년 *11월*에 그리고 불가리아는 1915년 *10월*에 참전했다는 사실이다.

10) A. J. P. Taylor, *The Hapsburg Monarchy 1809~1918: a history of the Austrian empire and Austria-Hungary* (London, 1964), p. 83.

우리는 전략적이고 전술적인 효과를 나타내는 기후가 가끔 전쟁이나 평화의 결정에 영향을 미치는 이유를 살펴볼 수 있다. 국가는 자국의 의지를 다른 국가에 강요하기 위해서 전쟁을 하게 되는 것이며 또 어떤 기후조건에서는 더욱 손쉽게 의지를 강요할 수 있기 때문에 가장 유리한 계절에 전쟁을 시작하는 경향이 있을 것이다. 그러나 유리한 기후는 군사작전을 서두를 수 있는 능력이 구비될 때에만 전쟁시기에 영향을 미친다는 점에 주의해야 한다. 과연 그 따뜻한 계절에는 국제적인 위기의 가능성을 촉진하는 경제적 또는 정치적 요소도 구비되어 있었는가?

III

영국의 경제학자 윌리엄 스탠리 제본스(William Stanley Jevons)는 인간사의 변동에 대한 예리한 관찰력을 지니고 있었다. 리버풀의 철재상인의 아홉째 자식으로 태어난 제본스는 상상력과 실제적인 면을 겸비하고 있었다. 그는 18세 때 시드니에 신설된 조폐국에서 일하기 위해 오스트레일리아로 이민을 갔는데 그 곳에서 새로 캐낸 금을 분석하는 일을 하면서 경제학과 기상학을 공부했다. 1859년 그는 런던으로 돌아왔다. 그리고 스물 네 번째의 생일을 지내고 나서 바로 유니버시티대학(University College)의 학생이 되었는데, 곧 자신을 지도해 준 대부분의 사람들을 능가하게 되었다. 빙판 위에서는 훌륭한 스케이터였던 그는 화학, 수학, 경제학, 논리학 그리고 기상학 등의 핵심적인 문제들에 대해서는 더 훌륭한 스케이팅 솜씨를 과시했다. 그는 보통 경제주기라고 알려진 경제활동상의 교호작용을 연구한 최초의 경제학자였으며, 스스로 태양의 흑점과 경제활동의 성쇠와의 연관성을 발견했다고 믿었다는 사실은 배회하는 독수리와도 같은 그의 전형적인 모습이기도 했다. 어려운 문제에 접근하는 데 있어서 그는 통계학을 이용했는데 밀리그램까지 측정하는 시금술사로서의 면밀함도 보여 주었다. 그는 경제적인 설명에 통계학적인 활기를 불어넣었는데 이러한 방법은 그 뒤 75년이 지날 때까지 군사적인 설명에는 적용되지도 않은 것이었다. 흥미롭게도 그의 경제이론들 중의 하나는 전쟁을 설명하는 데 어떤 적실성을 지니고 있었다.

1862년 그러니까 27세 되던 해에 제본스는 화폐 상의 패턴을 하나 발견했다. 그는 당시까지 경험했던 네 차례의 대공황 — 1836년, 1839년, 1847년 그리고 1857년 — 이 모두 10월과 11월에 발생했음에 주목했다. 그는 영국의 화폐시장을 조사한 뒤 1866년 런던의 통계학회에서 가을의 공황은 부분적으로 매해 가을 영국은행(the Bank of England)이 느낄 수 있는 화폐압력의 반영이라고 주장했다. 얼핏보기에는 가을 무렵에 나타나는 금과 신용에 대한 계절적인 수요는 수확에 이어 나타나는 경제활동의 감소 때문에 발생할 수 있는 것처럼 보이지만 제본스는 다른 결론을 내렸다. 그는 영국은행에 대한 가을의 압력현상은 '교역에 대한 계절의 어마어마하고도 전면적인 영향력 때문인 것처럼 보이지는 않는다'고 결론지었다.11) 압력에 대한 설명이 무엇이든 간에 — 제본스는 잠정적인 이유를 제시했지만 — 가을의 위험성에 대한 그의 강조는 예기치 않았던 사건들 때문에 쑥 들어가 버리고 말았다. 그는 1866년 4월에 논문을 발표했는데, 바로 그 다음 달에 영국은 9년만에 처음으로 금융공황을 경험하게 되었던 것이다. 다름 아닌 오버렌드 앤드 거니(Overend & Gurney)사가 도산하면서 빚어진 검은 금요일의 위기였다. 가을의 위험성에 대한 제본스의 강조는 1873년에 다시 한 번 더 수모를 겪었다. 그 해에 미국에서는 철도 금융회사인 제이 구드(Jay Gould)의 실패로 인한 공황이 가을에 있었지만 비엔나에서는 5월에 금융공황이 시작되었던 것이다. 비록 제본스가 금융공황은 반드시 가을에만 발생한다고 독단적으로 주장했던 것은 아니지만 봄에 발생한 공황들은 제본스의 관찰결과를 무용지물로 만들기

---

11) W. S. Jevons, *Investigations in Currency and Finance* (London, 1884), pp. 163-71.

에 충분했다. 그럼에도 불구하고 제본스가 1882년 헤이스팅즈 부근에서 수영을 하다가 익사한 후, 가을의 위기에 관한 그의 짧은 글들은 그의 비판자들이 '탁월하긴 하지만 정도를 벗어난' 것이라고 부르기 좋아했던 그의 논집에 수록되었다. 경제변동을 연구한 대부분의 경제학자들 사이에서 제본스의 관찰기록은 잊혀졌다.

필자는 제본스의 이론을 처음 읽은 직후에 우연히 마이클 스튜어트 (Michael Stewart)의 명저 『케인즈 그리고 그 이후』(Keynes and After)를 입수했다. 스튜어트는 1929년 월 스트리트의 대붕괴를 논의하면서 이 사건이 10월에 일어났음에 주목했다. 그리고 '다른 달도 아닌 바로 그 달에 사건이 터지게 된 특별한 이유는 없었다'고 결론을 내렸다.[12] 제본스의 관찰기록이 즉시 머리에 떠올랐다. 그가 말한 패턴이 재현된 것이었을까? 결국 1830년부터 1930년까지의 한 세기 동안 발생한 국제경제상의 주요 금융공황을 나열해 보는 것이 유용하리라는 생각이 들었다. 필자의 정리에 의하면 모두 12건이 있었는데 그 중에서 9건이 10월과 11월에 발생한 것이었다. 어째서 그렇게 많은 공황들이 가을에 발생했는지는 분명하지 않다. 경제적 압력은 수확의 완료라든가 여행의 감소 등과 같은 확인될 수 있는 상황들로부터 비롯될 수도 있고, 겨울이 다가오면서 비교적 덜 낙관적으로 변화하는 분위기로부터 비롯될 수도 있다.[13]

계절에 따른 자신감의 부침(浮沈)은 ― 그 원인이 어디 있든 간에 ― 어째서 대부분의 전쟁들이 봄과 여름에 발발하는가에 대한 보충적인 이유를 제공해 준다. 그런 계절에는 아마도 경영인이나 정치인 그리고 군인들 집단 내에 우월 의식이 더욱 강해졌는지도 모른다. 이는 맥피 교수에 의해서도 강조된 바 있는 경향, 즉 더욱 더 자신 있는 시기에 전쟁이 시작된다는 경향과도 부합한다. 간단히 말해서 국제전쟁은 더욱 낙관적

---

12) Michael Stewart, *Keynes and After* (London, 1967), p. 57.
13) 남반구의 대공황 ―1893년 4월과 5월의 오스트레일리아 ― 은 남반구의 가을에 발생했다.

인 시절의 더욱 더 낙관적인 계절에 터지는 경향이 있었다. 그러한 시기에는 국가 지도자들이 국제문제에 있어서 자국의 협상지위를 과대평가하기가 더욱 쉬웠을 것이고 따라서 심각한 위기가 발생할 가능성이 더욱 커졌을 것이다. 그리고 군대가 전진하는 데에는 따뜻한 계절이 더욱 용이했을 것이므로 위기가 전쟁으로 비화할 가능성도 증가했었던 것이다.

물론 유리한 계절은 단지 이미 그와는 관계없이 수행하기로 결정된 전쟁의 시작에 대한 편의를 제공했을 뿐이라는 주장도 있을 수 있다. 그리고 이러한 주장은 몇몇 전쟁들에 적용될 수도 있다. 그러나 이러한 주장이 대다수의 전쟁에 적용되기 위해서는 많은 국가들이 전쟁을 시작하기 전에 이미 특정 전쟁을 수행하려고 확고한 결정을 내리고 있었다는 증거를 제시해야만 한다. 그러한 결정에 대한 증거는 매우 드물다. 실제로 전쟁이 발생하기 전 약 3개월 내지 6개월 동안에 나타나는 교전당사국 지도자들의 공통적인 태도는 전쟁이 일어날 가능성이 있다거나 있을지도 모르겠다는 생각 정도였던 것처럼 보인다. 전쟁은 불가피하다는 식의 예언은 드물었다. 더욱이 그러한 예언이 항상 정확했던 것도 아니었다. 결국 전쟁수행을 위한 유리한 기회를 포착하는 것은 결정을 내린 후에 나타나는 현상이 아니라 전쟁에 돌입하겠다고 내리는 바로 그 결정의 일부분인 것으로 보인다.

전쟁은 설득이라는 평화적인 방법보다는 싸움을 통해서 좀더 효과적으로 자국의 의지를 다른 국가에 강요할 수 있다는 국가적 신념의 표현이다. 적국에 대해 자신의 의지를 강압적으로 관철시킬 수 있을 것이라는 지도자들의 신념을 강화시켜 주는 것, 그리고 자신의 의지를 강요하고자 하는 그들의 욕망을 증가시켜 주는 것 등은 모두 전쟁의 원인이라고 해야 한다. 그런 의미에서 계절은 미약하나마 전쟁과 평화에 대한 영향력들 중의 하나라고 할 것이다.

IV

이러한 완고한 자신감이 계절적인 조건이나 번영의 상승기류에 의해서만 촉진되는 것은 아니다. 지도자들이 자신을 비춰 보고 또 직접 불을 붙이기도 하는 국가적인 의식(儀式)이나 확신에 의해서도 강화되는 것이다. 몇몇 국가적 의식은 평화의 축제이기도 했지만 그렇게 해서 점화된 민족주의가 평화에 대해 언제나 우호적이었던 것은 아니다.

1851년 런던에서 개최된 만국 산업박람회는 세계 역사상 가장 훌륭한 무역박람회였는데, 이 박람회는 국제무역과 지식을 통해서 평화를 전파했다. 뿐만 아니라 증기기관이나 직물류, 펌프 등을 전시함으로써 영국이야말로 세계에서 가장 앞선 공업국가라는 사실도 선전했다. 수정궁이 1850년대 초 영국의 분위기를 대변해 준다는 점은 종종 지적된다.[14] 그와 같은 승리의 축제가 1854년 약 40년만에 처음으로 전쟁에 돌입했던 영국의 강경 외교노선에 이바지한 것은 아닐까? 마찬가지로 1870년 7월 14일 프랑스의 국경일 축제는 다음날 아침 파리에서 열렸던 각료회의로 하여금 프러시아에 전쟁을 선포하도록 고무하는 데 기여하지는 않았을까?[15]

1896년 4월 5일 아테네의 새로 건설된 대리석 스타디움에서는 올림픽 경기가 부활되었다. 올림픽 경기는 군사적 경쟁이 아니라 스포츠를 통해서 평화를 이룩하려는 이상주의적인 시도이기도 했지만 그것은 그리스의 영광의 부흥이기도 했다. 그리스에 있어서 올림피아의 상징은 개막일에 날아 올라가는 비둘기떼가 아니라 마라톤 레이스에서 선두로 달려와 흥분한 8천 관중의 갈채와 로열박스에 자리잡은 그리스 왕의 축하를 받으며 스타디움으로 들어오는 사자(使者)였다.[16] 1년 뒤 거의 60년만에

---

14) J. A. Froude, 'England's War' in *Short Studies on Great Subjects* (London, 1891), Vol. II, p. 480.

15) J. P. T. Bury, *Napoleon III and the Second Empire* (New York, 1968), pp. 180-1.

처음으로 중요한 전쟁을 시작하게 될 그리스 — 결국 그 전쟁은 터키의 신속한 승리로 끝났지만 — 의 어떤 지칠 줄 모르는 자신감이 대리석으로 된 평화의 스타디움에 칠해졌던 것은 아닐까?

그리스와 터키가 전쟁을 하고 있을 때 대영제국은 빅토리아 여왕의 재위 60주년을 축하하면서 환호하고 있었는데, 그로부터 2년 뒤에 영국은 남아프리카의 두 공화국이 지구상의 가장 강력한 제국의 입김 한 번이면 나가떨어지리라는 믿음을 가지고 보어 전쟁에 돌입했다. 위에 언급한 민족적 축제에 의해서 영국의 자신감이 부분적으로나마 고무된 것은 아니었을까? 그리고 남아프리카의 두 공화국의 도전 역시 부분적으로는 블러드강 유역의 줄루족에 대한 보어 특공대의 승리를 기념하는 그들의 '협약의 날'(Day of the Covenant), 즉 딩간의 날(Dingaan's Day) 60주년을 맞이하여 1898년 12월에 개최된 축제에 의해 고무된 것은 아닐까?

1908년 프란츠 조제프의 오스트리아 왕위계승 50주년 기념일 전야에 그의 제국은 보스니아 - 헤르쩨고비나를 합병함으로써 거의 40년만에 가장 팽창주의적인 정책을 추구했다. 1911년 여름에는 이탈리아가 통일 왕국으로서의 50주년을 축하하고 있었는데, 정부가 그러한 축제 분위기를 외교정책에도 적용시키려 하면서 로마와 플로렌스, 튜린 등지의 사치스런 전람회들은 오래 지속될 수가 없었다. 왜냐하면 그 해 9월에 이탈리아는 터키가 양보하고야 말 것이라는 분명한 확신을 가지고 터키에 대해 서부 리비아를 요구하는 24시간 최후통첩을 했기 때문이었다. 그러나 힘이 필요했고 결국 이탈리아는 근 40년만에 처음으로 유럽의 한 강대국과 전쟁을 하게 되었다.

제1차 세계대전의 발발 역시 민족적인 축제들에 의해서 부분적으로 또는 강하게 영향을 받았다고 할만 했다. 1913년 독일 정부는 1813~1815년의 해방전쟁 100주년을 기념하고 있었는데 라이프찌히에 대규모 기념

---

16) Ferenc Mezoe, *The Modern Olympic Games* (Budapest, 1956), p. 20.

비를 제막하면서 그 분위기는 절정에 달했다. 기념식의 분위기는 마침 카이저 빌헬름 2세의 즉위 25주년과 일치하여 더욱 고무되었다. 그와 같은 축제 분위기가 끝나고 채 1년도 안되어 독일은 50여 년만에 처음으로 전쟁에 돌입했다. 1차 대전의 전주곡이었던 암살 사건 역시 어떤 의미에서 보면 축제열기의 산물이었다. 오스트리아의 황태자 프란츠 페르디난트 대공이 1914년 6월 28일에 보스니아의 수도 사라예보를 방문하기로 동의한 것은 그 스스로 위험한 결정에 일조 했다는 것을 의미했다. 왜냐하면 바로 그 날은 터키에 의한 400년간의 지배를 초래했고 또 세르비아인들의 패배가 확정된 코소보(Kossovo) 전투의 기념일인 '세인트 비투스의 날(St.Vitus's Day)'이었기 때문이다. '그 어떤 역사적인 사건도 코소보 전투만큼 세르비아인들의 가슴을 깊게 할퀴지는 못했다'고 빅토리아 여왕 통치 말년의 영국 주재 세르비아 공사 미야토비치(C. Mijatovich)는 기록하고 있다.17) 이 전투의 내용은 말총으로 만들어진 구슬라(gusla)라는 활 모양의 악기에 의해 애국적 정서를 담은 수많은 곡들로 연주되는 남부 슬라브의 위대한 민족 서사시가 되었다. 세르비아라는 독립왕국의 적이 터키로부터 오스트리아로 대치되면서 세인트 비투스의 날은 반오스트리아의 축제일이 되고 있었다. 그리고 바로 그 날 세르비아에 대해 강한 공감을 느끼고 있던 도시에서 오스트리아의 황태자가 세르비아의 애국자에 의해 저격을 당했다.

　민족주의적인 축제가 때로는 전쟁 수행의 의지를 증가시킨다는 점은 미묘하고도 섬세한 문제이다. 너무 강하게 망치질을 하면 깨져서 흩어져 버릴지도 모른다. 의기양양한 분위기가 몇몇 전쟁에는 아무런 영향을 미치지 못했을지도 모르고, 또 어떤 전쟁에는 미약한 영향을, 그리고 한두 건의 전쟁에는 강한 영향을 미쳤는지도 모른다. 호전적인 분위기가 이미 조성되어 있었기 때문에(그것을 억누르려고) 조직되었음직한 축제도

---

17) *Encyclopaedia Britannica* (1910 11), Vol. XXIV, p. 692.

몇 건씩이나 있었다. 물론 거꾸로 축제가 분위기를 더욱 강화하기도 했다. 1913년 축제의 전야에 독일의 총사령관은 어떠한 군사적인 비상사태에도 대처할 수 있도록 독일 국민이 단합해 줄 것을 역설했다.18) 더욱이 만일 그 국가가 비교적 번영상태에 있다면 국민적 축제는 더욱 더 사치스런 것이 될 것이다. 모르긴 해도 번영과 자신감 그리고 민족적 소명의식 같은 것들이 뒤섞여서 국가로 하여금 스스로의 힘을 과시하도록 하기도 하는 것 같다.

민족주의가 모든 장애물이 극복될 수 있다는 생각을 고양하는 유일한 감정이나 이데올로기는 아니었다. 신은 자기들의 편이고 적어도 10만 병력 이상의 능력을 지니신 분이라는 신념을 가지고 구약성경의 적들과 대치하고 있는 이스라엘 사람들, 외국의 농부들과 청소부들은 자신들을 해방자로 환호하며 맞이해 줄 것이라고 믿으면서 1792년 강대국들과 대결했던 혁명국가 프랑스, '신의 섭리가 우리에게 부여해 준 대륙을 해마다 눈부실 정도로 찬란하고 자유스런 발전으로 뒤덮어야 할 우리들의 명백한 운명'19)이라는 1840년대 미국 사회 구석구석 퍼져 있던 신비스런 신념, 고 빅토리아 여왕 시절의 대영제국에 널리 퍼져 있던 생각, 즉 영국은 신이 영국을 위대하게 만들었기 때문에 위대할 수밖에 없다는 가정, 기독교 국가들과의 전쟁은 신성한 것이고 따라서 승리는 필연적이라는 터키인들의 신념, 그리고 제국주의와의 투쟁은 이미 마르크스가 발견한 원칙에 의해서 정해진 대로 승리하기 마련이라는 마르크스주의자들의 믿음 등등 이 모든 신념들은 승리에 대한 자신감을 높여 줌으로써 전쟁의 가능성을 더욱 촉진시킬 수 있는 것들이었다.

전쟁 또는 평화에 대한 모든 결정에 있어서 변화하는 계절의 영향력, 분위기 그리고 이데올로기 등은 최종적인 결정을 뒷받침해 주는 좀더

---

18) Fritz Fisher, p. 33.
19) Robert H. Ferrel, *American Diplomacy: a history* (New York, 1969), p. 218.

가시적인 요인들을 약화시키거나 혹은 강화시킴으로써 어떤 작용을 할 것이다. 위기시에 그러한 요소들은 전쟁돌입의 결정을 촉진하거나 지연시킬 것이다. 또 전쟁을 하고 있는 중이라면 평화를 추구하려는 결정을 촉진하거나 지연시킬 수도 있다. 그러한 결정들을 재촉하거나 지연시킬 수 있는 능력이 무시할 수 있는 것처럼 보일지도 모른다. '그러나' 1931년 윈스턴 처칠 경이 술회했듯이, "연기된 전쟁은 이미 비껴 나간 것이나 마찬가지이다."[20] 전쟁이란 단 한 해만 연기되더라도 전혀 다른 전쟁이 되곤 했다. 만일 유럽의 전쟁이 1914년보다 한 해 먼저 혹은 한 해 뒤에 시작되었더라면 동맹국들, 기간 그리고 전쟁의 결과 등이 확연히 달라졌을 것이다.[21]

---

20) W. S. Churchill, *The World Crisis 1911~1918*, abridged and revised edn. (London, 1943), p. 51.

21) 여러 전쟁이 끝났던 계절들을 표로 작성해 보는 것도 역시 유용한 통찰력을 제공해 줄 것이다.

제 **8** 장
세력균형과 전쟁

I

프러시아의 군인이었던 카를 폰 클라우제비츠(Carl von Clausewitz)는 폴란드인들의 반군을 진압하기 위한 군대를 이끌다가 1831년 콜레라에 걸려 사망했다. 그는 봉함된 원고 꾸러미를 남겼는데 그의 아내는 그 다음 해에 이 원고를 출판했다. 『전쟁론』(On War)이라고 명명된 이 방만한 책은 『평화와 전쟁에 관하여』(On Peace and War)라고 이름 붙여질 수도 있었던 것이었다. 왜냐하면 클라우제비츠는 이 책에서 전쟁과 평화가 매우 유사한 점을 많이 지니고 있다고 암시하고 있기 때문이다. 그의 견해에 따르면 18세기의 여유만만한 공격은 강력한 외교각서와 같은 것이라고 할 만했다. 그러한 종류의 전쟁이란 것은 '다소 강화된 외교에 불과'한 것이었다.[1] 외교 전문이란 본질적으로 경의를 표하는 것이었지만 그 예절바름은 그 전문에 내재된 침묵의 위협만큼 눈에 띄는 것은 아니었다. 위협은 언급되어 있지 않더라도 이해되었다. 마찬가지로 프레드릭 대제의 퉁명스런 한 마디는 군사력이 외교에 어떻게 영향을 미치는가 하는 것을 잘 요약하고 있다. "무기 없는 외교는 악기 없는 음악이나

---

1) Carl von Clausewitz, *On War*, ed. by F. N. Maude, tr. from German (London, 1940), Vol. III, p. 97.

마찬가지이다."2)

클라우제비츠는 프랑스와의 많은 전투에서 프러시아를 위해 싸웠지만 직접 참전하지 않은 전쟁들에 더 많은 영향을 미쳤다. 1870년과 1914년의 프랑스 침공을 계획했던 독일의 장군들에게 불가사의한 힘을 주었던 것도 바로 클라우제비츠였다고 한다. 그의 책은 크리미아 전쟁 직전에 프랑스어로 번역되었고 프러시아 - 프랑스 전쟁 직후에는 영어로 번역되었다. 그리고 많은 국가의 육군 사관학교에서는 어떤 큰 전쟁에서도 승리한 적이 없었던 그의 이름이 승리한 전투와 밀접한 연관성을 지닌 대부분의 이름들보다 훨씬 더 유명해졌다. 그러나 군사적인 분야 밖에서 그의 저작들의 영향력은 보잘 것이 없었다. 그는 전쟁을 '국가의 총력을 다해서 수행'되어야 하는 것이라고 믿었던 무모한 분석가로 간주되기도 했다.3) 따라서 대부분의 민간인들에게 클라우제비츠의 사상은 결함이 많은 것처럼 비쳐졌고, 그는 군국주의의 사악한 선동자처럼 보였다. 전쟁의 원인을 연구한 사람들은 전쟁의 과정과는 유리되어 있었기 때문에 클라우제비츠를 무시했다. 그러나 전쟁을 연구하는 데 있어서 가장 위험한 생각 중의 하나는 전쟁의 원인과 전쟁 중의 사건들이 서로 다른 별개의 영역에 속하는 것이기 때문에 전적으로 상이한 원칙을 반영한다는 그릇된 믿음이다. 의학적으로 비유한다면 이러한 오류는 질병의 원인과 진행 경과를 서로 완전히 다른 원칙에 따라 진단해야 한다는 것과 다를 바 없다.

클라우제비츠의 뒤섞인 표현들은 압도적으로 전쟁에 관한 것이 대부분이었고 영어로 번역되어 3권으로 출간된 그의 작품의 색인에도 평화에 관해 언급된 문장은 단 한 줄뿐인 것으로 나타났다. 그럼에도 불구하고 평화에 관한 그의 몇 가지 견해는 그 외로운 문장으로부터 추론할 수

---

2) G. P. Gooch, *Studies in Diplomacy and Statecraft* (London, 1942), p. 226.
3) Roger A. Leonard, ed., *A Short Guide to Clausewitz on War* (London, 1967), p. 25.

있다. 그는 국제적인 권력관계에 있어서 뚜렷한 사다리(계층) 구조가 평화를 촉진할 것으로 믿었다. '정복자는 언제나 평화의 애호자'라는 것이다.[4] 얼핏 보기에 그의 언급은 터무니없는 것처럼 보이지만 자세히 들여다보면 존경받을 만한 것이다.[5]

II

권력(power)은 전쟁과 평화에 관한 많은 이론들의 급소에 해당하는 것이면서도 그것의 효과에 대해서는 견해가 일치되어 있지 않다. 대부분의 관찰자들은 지나치게 강대한 국가가 평화를 위협한다고 주장한다. 소수의 사람들만이 클라우제비츠의 견해와 같이 지배적인 국가는 열등한 국가들의 서열을 규정하고 유지하는 능력만 가지고도 평화를 보전할 수 있을 것이라고 넌지시 말한다. 이러한 불일치에 대한 해답은 분명히 존재한다. 지난 300년 동안은 극단적인 군사적, 경제적 권력에 직면했던 국가들이 어떻게 행동했는가에 대한 실례들로 점철되어 있다.

세력균형조차도 전쟁을 촉진한다는 생각이 가장 인기 있는 국제관계 이론일 것이다. 그러한 생각은 거꾸로 뒤집으면 평화를 설명하는 이론으로 활용될 수도 있다는 강점을 지닌다. 뿐만 아니라 카르타고 전쟁으로부터 제2차 세계대전에 이르기까지 여러 시대의 전쟁들에 적용될 수 있기 때문에 매력적이기도 하다. '세력균형'(balance of power)이라는 바로 그 표현은 만병통치약과도 같은 순화력을 지니고 있다. 즉 자연의 균형, 무역균형, 그리고 다른 여러 가지 보기 좋은 개념들과 유사하다. 따라서

---

4) Clausewitz, Vol. II, p. 155.
5) 클라우제비츠를 처음 읽었을 때 필자는 평화에 관한 아무런 논평도 발견할 수가 없었다. 그 후에 틀림없이 함축적으로 언급했을 것이라고 생각하면서 다시 한 번 그의 저작을 통독했다. 평화에 대한 그의 언급은 희박한 것처럼 보이기 때문에 필자가 그의 견해를 정확하게 해석했는지는 확신할 수 없다.

그 표현은 세력균형조차도 어쩐지 바람직하다는 점을 암시하고 있다. 불행하게도 '균형'이라는 말은 매우 모호하다. 한때는 그 말이 보통 일련의 무게 측정의 척도를 의미했지만 — 간단히 말해서 전에는 평등 또는 불평등의 의미로 사용되었지만 — 지금은 대개 평등(equality)이나 형평(equilibrium)을 의미한다. 현대적인 언어에 있어서 '세력균형이 독일에게 유리했다'라는 표현은 절대로 명확한 것이 되지 못한다. 그것은 마치 학교에서의 기회균등이 없음을 알고 '불리한 기회균등'을 비난하는 교사와도 같다. 언어 상의 혼란은 세력균형 개념을 둘러싸고 벌이는 모호하고도 설득력 없는 수많은 말들에 대해 부분적인 책임을 져야 할지도 모른다.

유럽에서의 안정된 세력균형의 장점은 많은 역사가들이나 전략문제 전문가들에 의해서 강조되어 왔다. 전통적인 대이론은 더 이상 과거처럼 받들어 모셔지지는 않지만 여전히 존중되고 있는 것이다. 오스트레일리아 국립대학의 교수가 되기 전에 영국 외무성의 군비통제 연구실장으로 일했던 헤들리 불(Hedley Bull)에 의하면 "안정된 군사력 균형에 대한 대안이라면 힘의 우위를 들 수 있겠는데 그것은 훨씬 더 위험한 것이다."[6]라고 주장했다. 이와 비슷하게 런던의 전략문제 연구소(Institute for Strategic Studies) 소장 앨러스터 버컨(Alastair Buchan)은 명저 『현대사회의 전쟁』 (War in Modern Society)에서 "분명히 우리들은 그와 같은 균형의 상실이 명백한 공격에의 유혹을 불러일으킨다는 사실을 1930년대의 경험을 통해서 알고 있다"고 주장했다.[7] 많은 역사저술가들도 과거의 전쟁으로부터 비슷한 교훈을 도출해 냈다.

세력균형을 신봉하는 대부분의 사람들은 많은 강대국들로 구성된 세계는 더욱 평화스러워질 것이라고 생각한다. 그러한 세계에서 공격적인 국가는 다른 강국들의 단결에 의해서 균형이 유지되고 견제될 수 있다는

---

6) Alastair Buchan, *War in Modern Society: an introduction* (London, 1968), p. 34에서 재인용.
7) *Ibid.*, p. 177.

것이다. 퀸시 라이트(Quincy Wright)는 방대한 저작 『전쟁의 연구』(A Study of War)에서 몇 가지 단서를 붙이기는 했지만 '체제 내 구성국의 숫자가 증가할수록 전쟁의 가능성은 줄어든다'고 주장했다.[8] 아놀드 토인비는 제1차 세계대전의 직전에는 세계에 8개의 주요 강대국들이 존재했었지만 제2차 세계대전 종결시에는 오직 두 개의 강대국만이 존재했다고 주장하면서 그와 같은 수적인 감소가 불길한 징조라고 생각했다. 다리가 두 개 뿐인 의자는 균형이 잡히지 않는다는 것이다.[9] 시간이 흐르고 그 두 강대국이 커다란 전쟁을 용케 피해 나가자 몇몇 국제문제 전문가들은 공포의 균형(balance of terror)이 세력균형을 대치했다고 주장했다. 그들에 의하면 핵시대에 있어서는 두 개의 강대국이 8개의 강대국보다 더 바람직하다고 한다. 만일 두 강대국이 세계를 지배하면 통제를 벗어난 위기의 위험성이 그 만큼 감소된다는 것이다.[10] 그럼에도 불구하고 핵시대의 지배적인 두 강대국을 선호하는 사람들조차도 대부분 핵무기 출현 이전의 시대에는 다수의 강대국이 존재하는 세계가 더 안전했다고 믿고 있다.[11]

필자가 알기로는 어떤 역사가나 정치학자도 두 강대국보다는 7개의 강대국 체제가 더욱 더 평화를 위해 공헌했다는 주장을 확인할 만한 증거를 제시하지는 못했다. 그러한 생각은 많은 부분을 유추에 의존하고 있다. 때때로 그것은 유럽의 여러 도시에서 두발 자전거가 세발 자전거를

---

8) Quincy Wright, *A Study of War*, abridged by Louis L. Wright (Chicago, 1965), p. 122.

9) Toynbee, *A Study of History*, Vol. IX, p. 244.

10) 양극체제(bi-polar system)의 선호는 전쟁이 때로는 양쪽 어느 국가도 의도하지 않은 상황의 결과로 나타난다는 생각에 의존하는 것으로 보인다. 이와 같은 우발적인 전쟁(accidental war)에 대해서는 다음 장에서 논의하기로 한다.

11) 1945년 이전의 시대에 대해서는 다극체제(multi-polar system)를 그리고 그 이후의 시대에 대해서는 양극체제를 선호하는 학자들의 논의에 관해서는 Dean G. Pruitt and R. C. Snyder, eds., *Theory and Research on the Causes of War* (Englewood Cliffs, New Jersey, 1969)의 스나이더의 논문, p. 124 참조.

대치하기 시작할 때 노인들이 불러 일으켰던 종류의 논쟁과 유사하다. 또 어떤 경우에는 한 경제체제 내에서의 자유경쟁의 미덕에 대한 신념과도 흡사하다. 그것은 경제계에서 많은 강력한 경쟁자들이 제 기능을 잘 수행함으로써 어느 누구도 지배적인 위치를 점할 수 없다는 생각을 연상시킨다. 즉 만일 어느 하나가 압도적으로 우세해 질 것처럼 보이면 나머지 다른 경쟁자들은 그 하나를 억누르기 위해서 잠정적으로 연합하리라는 것이다. 이와 같은 경제문제에 있어서의 융통성 있는 경쟁의 원리는 국제문제에 있어서 비슷한 원리가 다듬어지고 있을 무렵에 훌륭하게 체계화된 것이라는 사실이 중요하다고 하겠다. 애덤 스미스가 경제문제에 있어서 자유시장의 미덕을 찬양하고 있는 동안 스위스의 법학자 에머리히 드 바텔(Emerich de Vattel)은 국제문제에 있어서 그러한 미덕을 찬양했다. 어떤 의미에서 보면 두 이론은 모두 강력한 군주들이 규제를 통해 간섭하고 나섬으로써 경제생활을 어지럽히거나 빈번한 전쟁으로 정치생활을 교란하는 유럽적 상황에 대한 반작용이었다.

대등한 힘을 가지고 각각의 독립에 가치를 부여하는 7개의 국가로 구성된 세계가 세계를 지배하려는 하나의 강대국이 발흥하는 데 대한 중요한 안전판이 될 것이라는 사실은 자명하다. 그리고 대등한 세력을 지닌 두 개의 국가조차도 유용한 안전판이 될 것이다. 그러나 이 모든 것을 논의하면서 우리가 염두에 두게 되는 것은 국가의 독립에 관한 공리(公理)이지 평화를 위한 공리는 아니다. 또 처음에 그 원리를 설파한 사람들의 눈에는 사실 바로 그것 — 국가의 독립 — 이 세력균형의 주요 장점이었던 것이다. 그것은 주로 평화를 위한 공식이 아니라 국가의 독립을 위한 공식이었다. 매사추세츠의 역사가 에드워드 걸릭(Edward Gulick)은 이 원리에 대한 가장 명석한 이론가이자 실천가들 — 메테르니히나 캐슬리라고 불릴 만한 사람들 — 은 '모두 전쟁을 세력균형을 유지하거나 복원하기 위한 수단으로 생각한다'고 강력하게 주장했다.12) 본질적으로 세력균형은 단순히 세계지배를 꿈꾸는 어떤 국가의 발흥을 막기 위한 공식에 불과했다. 그것이 평화를 위한 공식이라는 가면을 쓴 것에 지나지 않았던 것이다.

III

힘의 분포상태(distribution of power)조차도 평화를 촉진한다는 생각이 지지를 받는 이유는 부분적으로는 그에 대한 실체적인 증거가 한 번도 제시된 일이 없기 때문이기도 하다. 그것은 얼굴이 창백하다거나 심장이 뛴다거나 하는 식으로 실체가 포착되거나 목격된 일이 없는 유령과도 같은 것이었다. 그러나 유령도 붙잡힐 때가 있다. 힘의 실제적인 분포상황은 전쟁의 종결시에 측정될 수가 있는 것이다.

서로 경쟁하던 유럽 동맹국들의 군사력은 결정적인 전쟁이 끝날 때에 가장 불균형적이었고 또 균등하지 않게 분포되어 있었다. 그리고 결정적인 전쟁들은 좀더 장기적인 국제평화의 시대를 이끌어 내는 경향이 있었다. 이와는 대조적으로 결정적이지 못했던 전쟁들은 그 만큼 짧은 평화의 기간을 산출해 내곤 했다. 따라서 18세기는 확정적이지 못한 전쟁들과 단기적인 평화로 특징지어졌다. 장기적인 전쟁을 치르는 동안에는 한쪽의 동맹이 다른 편을 패배시키는 데 커다란 어려움을 겪었다. 많은 전쟁들은 실질적인 교착상태에서 종결지어졌다. 군사력이 명백하게 대등한 균형상태를 이루었던 것이다. 그러한 전쟁들이 가져오는 평화의 기간은 짧을 수밖에 없었다. 폴란드 계승전쟁 — 기본적으로는 프랑스와 오스트리아간의 헛된 전쟁 — 이 끝난 지 5년도 채 못되어 오스트리아 계승전쟁이 발생했다. 8년이나 지속된 이 전쟁은 대부분의 전선에서 결정적인 종지부를 찍지 못한 상태였기 때문에 1748년 체결된 평화조약도 주로 현상유지(status quo)만을 확인하는 정도였다. 이와 같이 헛된 전쟁

---

12) E. V. Gulick, *Europe's Classical Balance of Power* (New York, 1967), p. 36.

이 끝난 지 불과 8년만에 또 다른 대규모 전쟁인 7년 전쟁이 벌어졌는데, 이 7년 전쟁은 비록 유럽의 육지에서는 교착상태를 이루었지만 바다와 그 밖의 지역에서 영국이 명백한 승자가 됨으로써 종결되었다. 그러나 1763년의 파리조약으로 조성된 영국과 프랑스간의 평화도 그리 오래 지속되지는 못했다. 그 평화는 15년 뒤에 전쟁으로 깨어지고 말았다. 영국에 대한 아메리카 식민지의 반란으로 프랑스에 대한 영국의 힘의 우위가 소멸되자 평화도 끝날 수밖에 없었던 것이다.

1792년에 시작되어 10년 동안 전 유럽과 해양을 뒤흔들었던 프랑스 혁명전쟁은 1세기 이상 동안 발생했던 그 어느 대전보다도 결정적인 것이었다. 이 전쟁은 프랑스가 전 대륙을 석권하고, 바다와 아메리카 그리고 동쪽 지역에서는 영국이 우위를 점하는 가운데 끝이 났다. 따라서 영국이 더 강한 국가인가 아니면 프랑스가 더 강한 국가인가 하는 중요한 문제가 답을 얻을 수 없었다. 결국 1802년 영국과 프랑스가 서명한 아미엥 화약(the Peace of Amiens)은 1년도 지속되지 못했다. 결국 이론의 여지가 없는 최종적인 승자를 가리는 나폴레옹 전쟁이 시작되었다.

그렇다고 해서 결정적인 승리로 끝난 대전(general war)이 장기적인 평화의 유일한 원인이었다는 것은 아니다. 결정적인 대전이 항상 장기간의 평화를 이끌어 낸 것은 아니었다. 그러나 1700년부터 1815년까지의 주요 전쟁들을 살펴보면 힘의 고른 균형과 평화를 동일시하는 전통적인 이론은 뒤집어져야 될 것이라는 생각이 든다. 오히려 명백한 힘의 우위가 평화를 촉진하는 경향이 있었던 것이다.

지난 3세기 동안에 유럽에서 치러졌던 주요 전쟁들 가운데 가장 결정적인 결과를 수반했던 전쟁은 나폴레옹 전쟁(1815년), 프러시아 - 프랑스 전쟁(1871년), 제1차 세계대전(1918년) 그리고 제2차 세계대전(1945년) 등이다. 이 전쟁들의 말기와 뒤이어 나타난 평화의 초기에는 유럽에 있어서 힘의 불균형이 최고조에 달했었다. 이들 전쟁이 종결되면서 권력의 추는 패전국들에게 매우 불리하게 기울어졌기 때문에 나폴레옹 보나파르트는 체포되어 대서양 남쪽의 섬으로 추방되었고, 나폴레옹 3세 역시 체포되어 영국으로의 망명생활을 허락 받았으며, 카이저 빌헬름 2세는 네덜란드로 망명할 수밖에 없었다. 그리고 아돌프 히틀러는 자살했다. 이들 전쟁이 끝난 후에도 여러 해 동안 권력의 저울은 여전히 패전국에게 매우 불리한 상태로 기울어져 있었다. 그렇지만 그와 같은 극단적인 힘의 불균형 시대는 지난 3세기 혹은 그 이상의 기간에 유럽인들이 전혀 맛보지 못했던 최초의 그리고 가장 현저한 평화의 시대라고 할 수 있었다.

균등한 권력분포의 장점을 지지하는 사람들은 전적으로 전쟁의 발발에만 관심을 쏟아 왔다. 그들은 평화의 발생을 둘러싸고 있는 조건들은 무시해 왔다. 평화의 발생을 무시함으로써 교전국들의 군사력 분포상태가 정확하게 측정될 수 있는 그러한 시기까지도 간과했던 것처럼 보인다. 왜냐하면 전쟁은 그 자체가 힘의 분포상태를 측정하는 확실한 방법이기 때문이다. 전쟁이 종결되면 정식으로 감사를 받아서 서명까지 된 산뜻한 힘의 장부가 만들어진다. 그 장부에 따라서 합의된 힘의 우위는 평화를 조성하는 경향이 있다. 이와는 반대로 정통이론을 주장하는 사람들은 전쟁의 전조(前兆)를 면밀하게 검토한다. 그러나 전쟁의 전조라는 것은 힘이 침묵하고 있어서 측정하기가 더욱 더 어려운 시기이다. 어느 국가 혹은 동맹이 가장 강력한가 하는 데 대한 평가가 서로 상충하는 그러한 기간인 것이다. 사실상 전쟁이란 대개의 경우 양측이 자신들의 협상지위에 관해서 서로 모순되는 평가를 함으로써 결국 해결하지 못하는 외교적 위기의 결과라고 할 수 있다.

외교적 위기와 전쟁 발생간의 연관관계는 전쟁에 대한 이해를 하는데 있어서 중심적인 문제인 것처럼 보인다. 그러나 그러한 연관관계가 오해되고 있는 것 같다. 그래서 많은 역사가들은 전쟁의 발생에 관해 설명하면서 '외교의 붕괴가 전쟁을 부른다'고 주장했다. 이러한 설명은 겨울이 지나면 봄이 온다고 하는 식의 주장과도 같다. 그것은 설명을 가장한 서술에 지나지 않는 것이다. 사실 외교의 붕괴를 초래하는 주요 요인 ― 협상지위에 대한 서로 모순되는 인식 ― 은 국가로 하여금 싸우도록 조장하기도 한다. 그리고 전쟁이 끝날 때에는 상황이 역전된다. 필자는 위의 것과 비슷한 표현 ― '따라서 전쟁의 몰락이 외교를 부른다' ― 을 발견하지는 못했지만 아무튼 이와 비슷한 방법으로 설명될 수 있다. 본질적으로 적으로 하여금 싸움을 지속할 수 없도록 만드는 바로 그러한 요인은 적으로 하여금 협상에 나서도록 설득하는 요인이기도 하다. 상대적인 협상지위에 관한 그들의 합의가 바로 그 요인인 것이다.

중요한 것은 실제적인 세력균형 또는 분포가 아니라 힘의 분포에 관해서 국가의 지도자들이 어떻게 생각하고 있는가 하는 것이다. 이와는 대조적으로 정통이론에서는 국가의 권력이 객관적으로 측정될 수 있다고 가정한다. 즉 핵무기 출현 이전의 시대에 국제적인 세력균형에 대한 정치가의 지식은 주로 '군사적 능력의 객관적 비교'에 의존하고 있었다는 것이다.[13] 그러나 필자는 권력이란 것이 그렇게 객관적으로 측정될 수 있다는 생각을 받아들일 수가 없다. 전쟁이 종결되는 시점 ― 이론가들은 이 시점을 무시하지만 ― 은 분명히 예외이다. 사실 전쟁이 왜 일어나는가 하는 설명의 범위를 넘어서는 것이 국가들의 상대적인 힘에 대한 정확한 측정의 문제이다. 전쟁이란 힘의 측정을 둘러싸고 일어나는 분쟁이다. 전쟁은 새로운 상태의 힘의 정도와 평가에 대한 선택인 것이다.

IV

평화시 두 외교관 사이의 관계는 두 상인 사이의 관계와 비슷하다. 상인들은 구리나 트랜지스터 등을 사고 팔지만 외교관들의 거래관계에는 경계선, 세력권, 교역상의 이권 그리고 다양한 공통의 관심사 등이

---

13) Pruitt and Snyder, p. 117. 라이트에 의하면 '세력균형'이라는 용어는 힘의 변동이 '관찰되고 측정될 수 있다'는 의미를 함축하고 있다. Wright, p. 116.

포함된다. 외상이나 외교관은 조국을 대신해서 흥정에 임하는 상인인 셈이다. 외교관은 상품이 아닌 특권이나 의무 같은 것들을 사고 팔기는 하지만, 엄연히 매입자인 동시에 판매자인 것이다. 그가 서명하는 조약은 좀더 예절바른 형태의 상업계약에 지나지 않는다.

외교에 있어서 어려운 점은 상업에 있어서와 마찬가지로 받아들일 수 있는 거래가격을 찾아내는 일이다. 구리와 같은 상품의 가격이 대체적으로 구리에 대한 수요와 공급의 균형이 이루어지는 지점에서 형성되는 것과 마찬가지로 외교상의 거래가격은 대체적으로 한 국가의 지불의사가 다른 국가가 요구하는 가격과 일치하는 지점에서 형성된다. 그러나 외교시장은 상인들의 시장처럼 그렇게 정교하지는 않다. 정치적인 화폐는 경제화폐처럼 쉽게 측정되지 않는다. 외교 시장의 매매는 물물교환에 더 가까워서 마치 교역자들 사이에 용인된 교환수단이 없는 고대의 시장과 유사하다. 외교에 있어서 각 국가는 대략적으로 판매가격에 상당하는 것 — 이권을 판매할 때 수락하는 가격 — 과 매입가격에 상당하는 것을 가지고 있다. 때때로 두 가격은 너무 차이가 나서 양국간의 중요한 거래가 평화적으로 이루어지지 못할 수도 있다. 서로의 거래 가격에 대해 동의할 수 없는 경우이다. 외교사는 그와 같은 위기들로 가득 차 있다. 1904년 러일전쟁 직전에 러시아와 일본의 각료 및 외교관들은 서로 합의를 이루지 못했다. 제2차 세계대전의 직전에도 독일인들은 영국 및 프랑스의 각료들과 어떤 합의를 도출해 내지 못했다.

외교적인 위기는 영국 파운드화의 위기 또는 프랑스 프랑화의 위기 등과 같은 국제상환의 위기와 흡사하다. 외교적 위기에 있어서 한 국가나 동맹체의 통화는 다른 국가 혹은 동맹체의 통화와 같을 수 없다. 이들 통화는 단지 각 국가가 자국의 상대적인 협상능력에 자양분을 공급해 주는 평가에 불과할 뿐이다. 이들 평가는 제3자가 매기거나 측정하기는 용이하지 않지만 협상에 임하는 각료나 외교관들의 마음속에 틀림없이 자리잡고 있는 것이다.

국제상환에서의 위기에 대해서는 모든 국가들이 승인하는 궁극적인 해결방안이 존재한다. 만일 영국의 파운드화가 위기의 대상이라면 그리고 영국의 수입량이 지나치게 많아서 파운드화의 가치가 위험에 처한다면 영국 정부는 자국이 현재의 자산상태 이상으로 생활하고 있음을 인정해야만 한다. 그리고 이의 조정을 위해서 수입을 억제하고 수출을 장려하려고 할지도 모른다. 심지어 영국 파운드화의 가치가 프랑스의 프랑화, 독일의 마르크화와 비교해서 지나치게 높기 때문에 더 낮은 비율로 파운드화를 고정시키겠다고 선언해야 할지도 모른다. 어떤 해결방법을 취하든지 아무튼 국민적 자존심이나 국민의 호주머니 사정을 위해서는 달가운 일이 아니다. 다행스럽게도 자국의 금융통화가 평가절상 되었다는 점을 인정해야만 하는 국가는 자국의 외교적인 통화가 평가절상 되었다는 점을 인정해야만 하는 국가보다는 수치심이나 굴욕감을 덜 느낀다. 통화위기를 기록한 자세한 통계수치는 그 국가를 익명으로 만드는 것이 통례이다. 반면에 외교위기는 인격적이고 감정적이다. 상대방은 모든 국가로부터 지불되는 또 모든 국가에 지불하는 상환총액을 나타내는 한 장의 통계수치가 아니라 공격적 의도를 가지고 있다고 생각될 수 있고 또 증오심이 느껴질 수도 있는 무장한 국가인 것이다.

상환위기에 직면한 국가는 자국이 자산상태 이상으로 얼마만큼 살고 있는지를 측정할 수 있다. 더욱이 시간이 지남에 따라 수지균형에 관한 통계수치는 위기에 접근하고 있다든지 아니면 위기가 지나갔다든지 하는 데 대한 정확한 안내자가 되기 때문에 그 국가는 위기의 치유책이 효과적이었는지 어떤지를 평가할 수 있다. 그러나 국제권력에 있어서의 적자는 간파해 내기가 쉽지 않다. 국제권력에 있어서의 적자가 누증하고 있는 국가가 자국의 약점을 인식조차 하지 못할 수도 있다. 국가가 자국의 협상지위에 대해서 판단착오를 하게 되면 결국 전쟁에 호소하게 되고, 전쟁에서의 패배를 통해서 자국의 협상지위에 대해 좀더 겸허한 평가를 받아들이는 법을 배우게 된다.

18세기의 살짝수염벌레 전쟁들은 그러한 위기를 단적으로 보여 주었다. 새로운 통치자의 계승이나 내란의 발생으로 인해 일시적으로 취약해진 왕국은 스스로 약해졌다는 사실을 믿으려 하지 않았다. 대개의 경우 마치 자국의 협상지위는 변화하지 않은 것처럼 행동했다. 그러나 경쟁국들의 눈에는 그 국가의 지위가 급격하게 약화된 것으로 보일 때도 있었다. 결국 각 국가가 상대방이 양보하려는 것 이상의 요구를 하게 됨으로써 협상은 좌절되었다. 마찬가지로 서로가 승리할 것이라고 믿었기 때문에 전쟁에 대한 호소가 선호되었다.

외교에 있어서 어떤 국가들은 장기간 동안 자국의 자산상태를 훨씬 넘어서 생활할 수가 있다. 그렇게 살아 나간다는 것은 만일 문제가 무력에 의해서 해결될 경우에 양보해야 할 정도보다 훨씬 덜 양보한다는 것을 의미한다. 적국이 결코 전쟁을 원하지 않는다고 예측하고 있는 국가는 협상에서 양보하지 않을 수도 있다. 또 자국의 군사력에 대해 과신하고 있기 때문에 양보하지 않을 수도 있다. 아니면 적에게 양보하게 되면 자국의 지위가 약화되고 자국의 영토 내에 적의 지배력을 인정하는 결과가 되기 때문에 양보하지 않을 수도 있다. 통화위기에 직면함으로써 위험에 처한 국가는 그에 대해 주어지는 어떤 응징을 회피할 수 없지만 외교적 위기에 처한 국가는 경쟁국가나 경쟁적인 동맹체가 전쟁을 고집하지 않는 한 응징을 완벽하게 피할 수도 있다. 결국 외교는 더욱 더 비현실적이 될지도 모르고, 위기는 더 빈번하게 발생할지도 모르며, 긴장과 혼란이 마침내는 전쟁으로 끝날지도 모른다.

만일 두 국가가 서로 가벼운 접촉만을 하고 있다면 협상지위에 관한 분쟁이 반드시 문제가 되지는 않는다. 19세기의 프러시아와 아프가니스탄은 서로 자국의 협상지위에 관해서 완전히 모순되는 평가를 하고 있었을 테지만 이것이 문제가 된 일은 없었다. 그러나 만일 인접한 두 국가인 프러시아와 프랑스가 서로 자국의 협상지위에 관해서 모순되는 평가를 하고 있었다면 그 모순은 매우 위험한 것일 수가 있었다. 예를 들면 1870

년에는 자국의 국력에 대한 각각의 평가가 모순되어 있었다. 자국이 상대방을 물리칠 수 있다는 상대적인 자신감 속에서 두 국가는 전쟁에 돌입했다. 서로 간의 접촉이 빈번한 국가들일수록 자신들의 상대적인 협상지위에 관해 합의를 이루는 것이 중요하다. 격리된 국가들끼리 싸우는 경우보다는 인접국들 상호 간의 싸움이 더욱 빈번하다는 사실은 오랜 기간동안 알려져 온 사실이다.

사회학의 개척자인 게오르그 짐멜(Georg Simmel)은 1904년 베를린 대학에서 철학을 강의하면서 국제관계에 관한 서글픈 진리를 발표했다. 그는 전쟁을 방지하는 가장 효과적인 방법은 경쟁적인 두 국가나 동맹체의 상대적인 힘에 대해 정확한 지식을 갖고 있는 것이라고 주장했다. 그리고 이와 같은 정확한 지식은 '갈등관계에서 벗어나 실제로 싸워 봄으로써만이 쉽게 얻어질 수 있는 것'이라고 술회했다.14) 아이러니컬하게도 그는 1914년에 베를린을 떠나 1871년 프러시아 - 프랑스 전쟁의 종결시에 독일이 합병했던 도시인 스트라스부르크로 이주했는데, 독일과 프랑스가 전쟁을 통해서 다시 한 번 서로의 상대적인 힘에 대한 정확한 지식을 얻으려고 했을 때 그 곳에 살고 있었다. 결국 그 전쟁은 독일의 대패로 끝이 났고, 1920년대를 통해서 독일은 외교적으로 열세에 놓이게 되었다. 프랑스가 더 우세한 협상지위에 있게 됨으로써 이견이 해소될 수 있었던 것이다. 그러나 1930년대에 독일이 재무장함으로써 두 국가의 관계는 급격하게 변화했다. 독일 지도자들의 자국 군사력에 대한 평가는 이제 프랑스와 영국의 지도자들이 자국의 군사력에 대해 가지고 있던 상대적 평가와 충돌하게 되었다. 그리고 만일 독일의 철학자 게오르그 짐멜이 1938년의 뮤니히 위기 당시에 생존해 있었더라면 아마도 그러한 모순을 해결하는 가능한 방법은 전쟁을 겪어 보는 것이라고 예언했을지도 모른다.

---

14) E. B. McNeil, *The Nature of Human Conflict* (Englewood Cliffs, New Jersey, 1965), p. 100의 앤젤(R. C. Angell)의 글에서 재인용.

전쟁은 그 자체가 어느 국가 혹은 동맹체가 가장 강력한가에 대한 가장 믿을 만하고 가장 객관적인 시금석을 제공해 준다. 결정적으로 승패가 구분된 전쟁이 끝났을 때 교전국들은 각자의 힘에 대해서 합의를 했다. 패전국과 승전국이 정확한 우위의 정도에 대해서는 동의하지 않았을지 모르지만, 결정적인 우위가 존재한다는 점에 대해서는 합의를 이루었다. 따라서 대개의 경우 결정적인 전쟁 뒤에는 질서정연한 정치권력의 시장 혹은 다른 말로 하면 평화가 뒤따랐다. 실제로 18세기와 19세기의 한 가지 중요한 차이점은 전쟁이 결정적인 것으로 되는 경향이 짙어졌다는 점이다. 이것은 전쟁으로 점철된 한 세기의 역사와 그 다음 세기의 상대적인 평화로움에 대한 부분적인 설명이 된다. 18세기가 길고도 결정적이지 못했던 전쟁들을 그리고 그 뒤를 이은 짧은 평화기간들을 더욱 빈번하게 경험했던 반면, 1815년 이후의 세기는 짧고도 결정적이었던 전쟁과 장기적인 평화 기간을 더욱 자주 경험했던 것이다.

그러나 이 두 세기를 통해서, 국가들의 협상지위에 관한 합의는 거의 한 세대를 지속하지 못했다. 전쟁이 결정적으로 끝났을 때조차도 권력의 위계질서는 무한정 지속될 수 없었다. 그것은 앞에 경험한 전쟁에 대한 기억의 퇴색, 전임 지도자들의 패배를 비난하는 새로운 지도자들의 등장, 그리고 과거의 패배들을 덮어 버리는 전설이나 민간설화 등에 의해서 희미해져 갔다. 또한 국내적 불안효과의 약화나 군사적 재정비 효과의 강화, 경제적이고 기술적인 변화, 동맹관계의 변동, 그리고 기타 다양한 요인들에 의해서도 퇴색해 갔다. 따라서 패전한 국가는 다시금 자신감을 얻었다. 중요한 문제가 발생했을 때 전쟁은 가능성으로 다가왔다. 경쟁적인 국가들은 서로 협상에 의해서 보다는 싸움에 의해서 더 많은 것을 얻을 수 있다고 믿었다. 이러한 상호 모순적인 희망들이 바로 전쟁 발생의 특징인 것이다.

V

이러한 주장에는 한 가지 수수께끼가 숨겨져 있다. 결정적으로 끝난 대전이 승전국과 패전국 사이에 정연한 힘의 사다리를 설치했다는 것은 그렇다고 하더라도, 과연 승전국들 간에도 이러한 사다리가 설치될 수 있었을까? 전쟁에서 승리한 둘 혹은 세 국가들이 평화가 수립된 직후에 힘의 사다리를 더 명확히 하기 위해서 서로 다툰 이유는 무엇일까? 필자가 제시한 모든 대답들에 대해 이러한 의문이 도전을 해온 수개월 동안 필자의 머릿속에서 점차 몇 가지 해답들이 떠올랐다. 몇몇 결정적인 전쟁들이 끝난 뒤에도 승전국들은 주요 패전국들이 끝내 다시 일어서지나 않을까 전전긍긍한 상태로 있었다. 비록 프랑스가 나폴레옹 전쟁에서의 마지막 일격으로 붕괴되고 점령되기는 했지만 영국은 프랑스가 재기할지도 모른다고 불안해했다. 즉 나폴레옹이 패배한 지 불과 5년 뒤에 캐슬리 경(Lord Castleagh)은 은밀하게 "유럽의 군사적 방벽인 베네룩스 지역(Low Countries)이 프랑스의 일반적인 세력권 속으로 용해되어 상실되지 않도록 하는 것이 중요하다"고 강조했다.[15] 1920년대의 영국 및 프랑스의 몇몇 지도자들은 제1차 세계대전의 두 패전국가인 독일과 러시아의 부흥을 염려했다. 제2차 세계대전 후 소련은 독일 부흥의 전망에 대해 신경을 곤두세웠던 것처럼 보인다. 그러한 두려움들 때문에 지난 전쟁의 승전국들이 어떠한 단결상태를 유지하기는 했다.

중요한 전쟁 직후의 승전국들 간의 반목 가능성은 때때로 다른 요인들에 의해서도 줄어들었다. 예를 들어서 전쟁 동안 그들이 맺고 있었던 유대, 전쟁이란 매우 비싼 대가를 치르게 하는 것이고 또 분쟁해결을 위한 예측할 수 없는 방법이라는 생생한 기억, 그리고 전쟁 동안에 일시적으로 가려졌거나 또는 전쟁 때문에 발생했던 국내적인 불안의 분출 등등이 그것이다. 뿐만 아니라 전후 승전국들 간의 갈등의 위험성은 평화

---

15) State Paper, 5 May 1820, *English Historical Documents*, Vol. XI, p. 905.

의 조건과 상태를 확정짓는 협상에 의해서도 감소되었다. 그러한 협상들은 주로 패전국가에게 형벌을 부과하는 것이었지만 승전국들에게는 보상과 세력권을 부여해 주는 것이기도 했다. 결정적인 전쟁의 종결시 평화협정에는 승전국들과 패전국들 간의 합의뿐만 아니라 주요 승전국들 사이의 어느 정도의 합의도 요구되었다. 그리고 합의에 도달하는 과정에서 승전국들은 만일 해결하지 않고 그대로 놓아둔다면 새로 획득된 평화를 후일 위태롭게 할지도 모를 그러한 잠재적인 분쟁을 해결하기도 했다.

전쟁에 따라서 매우 다양하게 나타나는 이상의 모든 영향력들의 배후에는 또 하나의 요인이 숨어 있다. 전쟁이란 최종적인 항소심 법정이고 또 어느 국가가 더 강한가에 대해 판단을 내리는 이론의 여지없는 시금석이기 때문에 대전을 통해서 대치하고 있는 두 국가의 상대적인 힘만이 측정되는 것은 아니다. 전쟁은 동맹국의 자격으로 싸움에 임하는 국가들의 상대적인 힘도 계량한다. 개개 동맹국들의 상대적인 힘을 측정하는 데 있어서 정확도가 조금 떨어질지는 모르지만, 적어도 장기적인 평화기간이 허용할 수 있는 것보다는 더 유용한 지침을 제공해 준다. 제2차 세계대전 당시 러시아와 미국은 일시적인 동맹관계에 있었고, 전쟁 수행 과정에 나타난 그들의 상대적인 능력은 서로의 군사적인 장단점에 대한 평가를 가능하게 해 주었다. 유럽에서의 전쟁 마지막 단계에서 그들이 서로 반대 방향으로부터 독일로 진격해 들어갔을 때, 사실상 그들은 동맹국이었을 뿐만 아니라 실질적인 적이기도 했다. 전쟁이 종결되면서 그들이 힘의 사다리의 맨 윗 계단을 어렵사리 함께 밟고 섰을 때, 적어도 그들은 상대방의 힘에 대한 현실적인 경고를 받고 있었던 것이다. 이러한 경고들은 어째서 그 이후의 10년 동안 그들의 적대관계가 공공연한 전쟁으로 표출되지 않았는가에 대한 이유를 설명하는 데 도움을 줄 것이다.

VI

이상과 같은 결론들이 핵시대에는 적합하지 않다고 주장할 수도 있을 것이다. 많은 국제이론가들은 오래된 패턴과 선례들이 현재에 와서는 그다지 적실성이 없다고 믿고 있다. 그들은 1945년 일본의 두 도시에 대한 최초의 원폭투하 그리고 1957년의 장거리 미사일 발사 등으로 인해서 군사력이 전쟁과 평화에 영향을 미치는 방법이 변화했다고 믿는다. 그리고 낡은 세력균형 개념은 공포의 균형으로 대치되었다고 믿는다. 뿐만 아니라 핵 보유국의 지도자들이 혹시 있을지도 모르는 전쟁에서의 이해득실을 계산하는 방법이 현대에 와서는 상당히 주관적으로 되었다고 믿고 있다. 또한 그들은 핵시대에는 7개의 강대국이 존재하는 것보다 2개의 강대국만 존재하는 것이 평화를 위해 더욱 도움이 된다고 주장한다. 핵시대에는 다리가 두 개 뿐인 의자가 더욱 안정적이라는 것이다. 그렇지만 현대세계가 그렇게 달라졌을까? 핵무기의 출현 이전의 시대에 확연하지는 않았지만 분명히 존재했을 전쟁과 평화에 관한 진리를 이 이론가들이 최초로 관찰했는지도 모른다.

지난 2세기 동안의 각 세대에 걸쳐서 군사기술 및 국가의 사회적, 정치적 구조는 변화했다. 어쩌면 우리 시대는 뜻밖의 비상한 변동을 경험하고 있는지도 모른다. 그러나 수많은 증거들이 보여주는 바와 같이 히로시마의 해(1945년)는 국제문제의 연속선상에 있어서 그렇게 깊은 단절이 아니며, 그 연속선은 단절보다 훨씬 더 중요하다. 대부분의 국가들이 아직 통상무기만을 보유하고 있는 실정이다. 1945년 이후의 모든 전쟁들은 통상무기만으로 치러졌다. 소수의 국가만이 거대한 도시를 날려 버릴 수 있는 무기를 보유하고 있음을 인정해야 한다. 핵 공격의 위험성은 쉽게 전쟁에 착수하는 데 대한 엄중한 경고가 되지만, 엄중한 경고와 위험성은 이미 일찍부터 존재하고 있었다.16) 1938년에 있어서 대규모

---

16) 핵시대의 세계에 대한 1945년 이전의 세계의 적실성에 관해서는 여러 가지 다른

전쟁에 대한 전망은 그 어느 때보다도 더 간담을 서늘케 하는 것이었다. 그 해에 체임벌린은 히틀러에게 세계대전이 발생하면 '인류문명은 종지부를 찍게 될 것'이라고 경고했다. 1914년의 대규모 전쟁에 대한 전망도 그 어느 때보다 몸서리쳐지는 것이었다. 영국의 외상 에드워드 그레이 경은 대규모 유럽전쟁이 일어나면 문명이 잠식될 것이라고 믿고 있었다. 오늘날 공포의 균형이라는 개념은 매우 적절한 것이지만 1세기 전에도 적절하기는 마찬가지였던 것이다. 오늘날 러시아와 미국 사이에 핵의 교착상태 또는 균형이 존재하고 있지만 주요 강대국들 사이의 그러한 상태가 처음인 것은 아니다. 지난 수십 년 동안 유럽의 대전에 관해서 숙고하던 정치가들은 하나같이 손실이 이득을 훨씬 더 초과할 것이라는 결론에 도달했었다.

1945년 이후의 국제관계를 완전히 새로운 규칙에 순종하는 오랜 게임으로 간주하는 것은 현명한 처사가 아닌 것 같다. 그것은 같은 규칙에 복종하는 약간 다른 게임이다. 따라서 1880년대에 프랑스와 독일이 서로 싸우지 않던 주요한 이유는 아마도 그들이 자신들의 상대적인 군사력 분포에 대해서 합의했기 때문이었다고 하겠다. 1960년대에 미국과 러시아가 서로 싸우지 않은 주요 이유도 아마 그들이 자신들의 군사적 능력의 상대적인 분포상황에 합의하고 있었기 때문일 것이다. 합의는 적국의 능력에 대한 평가뿐만 아니라 협상보다는 싸움을 선택했을 경우의 비용과 이득에 대한 예측에도 의존하는 것이다. 합의는 인식된 힘의 분포상황은 물론 그 힘을 재분배하기 위해서 군사력을 사용했을 때 받게 되는 보상과 징벌에 대한 인식에 의해서도 좌우된다.

국제적인 힘의 측정은 전쟁의 원인에 대한 가장 중요한 실마리라고 주장할 수 있다. 전쟁은 그 자체가 측정을 둘러싼 분쟁이며, 반대로 평화

견해들이 많다. 프릿과 스나이더의 책에 수록된 논문들을 중심으로 판단컨대 다수설은 국제체제가 급격하게 변화했다고 하는 것이다. 그러나 이러한 견해는 1945년 이전의 세계에 대한 불충분한 지식에 근거하는 것 같다.

는 측정에 관한 대체적인 합의를 의미한다. 이것이 사실이라면 국제적인 힘의 주판알을 요구하는 영향력과 그 주판알의 판독을 억누르려는 영향력을 구별하는 것이 매우 중요하다.

VII

전쟁은 대개 교전국들이 자신들의 상대적인 힘에 대해 동의할 때 종결되며, 교전국들이 자신들의 상대적인 힘에 대해 합의하지 못할 때 시작된다. 이와 같은 의견의 일치 또는 불일치는 같은 종류의 요인들에 의해서 형성된다. 따라서 전쟁의 분명한 원인이 되는 각 요소는 때로 분명한 평화의 원인이 될 수 있다. 각 요인들은 전쟁과 평화 사이를 왔다갔다하며, 이와 같은 왕복현상은 모든 것이 사실상 자국에게 유리하기 때문에 싸우기로 결정하거나 모든 상황이 자국에게 적대적이기 때문에 싸움을 중단하기로 결정했던 국가들의 역사에 가장 생생하게 나타난다.

그러한 국가들은 적국이 내부불안에 의해서 약화된 것처럼 보였기 때문에 전쟁을 하도록 설득 당했거나, 자국이 불안으로 엉망진창이 되었기 때문에 평화를 추구하도록 설득 당했을 것이었다. 또한 자국이 번영하고 있거나 자신감이 있었기 때문에 싸우도록 부추겨졌고, 자신들의 번영과 자신감이 수그러들었을 때에는 평화를 추구하지 않으면 안되었다. 강력한 경쟁국이 다른 지역에서 전쟁을 하고 있어서 간섭해 올 수 없을 것이라는 사실을 알기 때문에 전쟁을 하게 되었을 것이고, 강력한 경쟁국이 이제는 자국을 겨냥하지 않을까 우려했기 때문에 평화를 추구했을 것이다. 그러한 국가들은 적국의 군대와 함대가 미처 대비하지 못하고 있는 순간을 포착했기 때문에 전쟁의 유혹을 받았고, 자국의 군대가 거의 포위 당하고 있었기 때문에 평화추구의 유혹을 받았다. 봄은 신속한 공격에 유리한 계절이었기 때문에 전쟁에 매혹되었고, 다가오는 계절이 자신들의 패배를 촉신할 것 같았기 때문에 평화 추구에 열을 올렸다. 그들의 강렬한 목적이 전쟁을 통해서 달성될 수 있을 것 같았기 때문에 전쟁을 선택했고, 이러한 초기의 목적이 이제는 달성될 수 없게 되어 사라져 버렸기 때문에 싸움을 중단하고자 했다. 그러한 국가들은 자신들의 민족주의나 이데올로기에 입각하여 패배란 생각할 수도 없었기 때문에 전쟁을 하고자 했고, 그들의 이데올로기가 더 이상 패배의 현실을 감출 수 없게 되자 싸움을 중단하고자 했다. 그 국가의 지도자들이 지나치게 낙관적이거나 인내심이 부족한 사람들이었기 때문에 전쟁의 설득에 넘어갔고, 이미 실패한 지도자들이 좀더 주의 깊은 사람들에 의해서 대체되었기 때문에 싸움을 중단하자는 설득에 넘어갔다. 뿐만 아니라 그 국가들이 전쟁의 고통과 희생을 망각했기 때문에 싸움의 유혹을 받았고, 피투성이가 되었기 때문에 평화 추구의 유혹을 받았다.

국가의 상대적인 힘을 평가하는 데 있어서 국가들은 7가지의 주요 요인에 의해 영향을 받았다. 즉 군사력과 그 군사력을 선택된 전쟁지역에 효과적으로 적용시킬 수 있는 능력, 전쟁이 일어날 경우에 제3의 국가가 어떻게 행동할 것인가 하는 예측, 국내적인 단결과 적국의 내적 단결 또는 혼란에 대한 인식, 전쟁의 고통과 현실에 대한 기억 또는 망각, 번영에 대한 인식 즉 예상되는 전쟁을 경제적으로 뒷받침할 수 있는 능력에 대한 인식, 민족주의와 이데올로기, 그리고 증거의 비중을 따지거나 전쟁이냐 평화냐를 결정하는 지도자들의 인격과 정신적 자질 등이다.

이러한 요인들 중의 어느 하나도 전쟁에 대해 지속적으로 작용하지는 않는다. 각각의 요인들은 평화나 전쟁을 촉진할 수가 있다. 평화와 전쟁의 기회를 결정하는 것은 이 요인들의 조합형태이다. 만일 이 요인들이 한 국가로 하여금 자국이 더 강력하다고 확신하도록 조합이 이루어지고 또 그 경쟁국으로 하여금 스스로 더 강력하다고 믿도록 조합이 이루어진다면 전쟁의 위험성은 높아진다. 다른 한편으로 이 요인들을 통해서 각국가가 다른 국가를 물리칠 수 있다는 자국의 능력에 자신감을 갖지 못하게 된다면 평화의 가능성이 높아진다.

이상의 7가지 주요 요인 대부분이 자신감을 불어넣었다고 할지라도 국가는 자국의 힘에 대한 자신감을 결여할 경우가 있었다. 그러한 경우에는 아마도 이 요인들보다 다른 것들이 더 중요했을 것이다. 한두 가지의 요인들이 그다지 유리하지 않았을지라도 국가가 자국의 힘에 대해 자신감에 넘칠 수도 있다. 이 경우에 자국의 협상지위에 관한 국가의 의식을 형성한 것은 이러한 요인들의 종합적인 효과였다. 경우에 따라서는 강력한 군주가 사망했다든지, 경쟁국가 내에 시민 반란이 발생했다든지 또는 물새의 딜레마에 빠졌다든지 하는 경우처럼 한두 가지의 요인들이 급격히 변화하기도 했다. 그러나 7가지의 요인들 중 어느 한 요인에 있어서의 급격한 변동은 나머지 다른 요인들의 집단적인 효과가 이미 그 방향(전쟁)을 지시하고 있을 때에만 전쟁을 야기할 수 있었다.

이와 같은 7가지의 강력한 요인들은 서로 상호작용을 했다. 우리는 이 요인들을 검사하기 위해서 따로따로 격리시킬 수도 있지만 보통 이것들은 전염성이 강했다. 전쟁의 마지막 국면, 다시 말해서 평화시기 도래의 직전에는 전염성이 가장 강해졌다. 군사적인 패배가 국내에 있어서 사기를 저하시켰고, 따라서 군사적인 공급물자의 생산을 저하시켰으며 결국 심각한 패배의 가능성을 더욱 증가시켰다. 그리고 그러한 패배는 모름지기 주의 깊은 동맹국들로 하여금 전쟁으로부터 철수하도록 촉진함으로써 자중지란을 야기했다. 그리고 이러한 내분은 오래도록 전쟁에 냉담했고 이제는 불리한 조건으로라도 평화를 받아들이려고 하는 집단에 의한 기존 지도자들의 축출을 촉진했다.

비관주의보다는 낙관주의를 촉진하는 것과 같은 종류의 상호작용이 전쟁을 결정하기 이전의 시기에 천천히 그리고 급격하지 않게 일어나곤 했다. 사실상 전쟁 시작의 빈번한 특징인 극단적인 낙관주의는 전형적인 전쟁의 원인이었다.

제3부

보이지 않는 전쟁의 도발자들

제 9 장 우발적인 전쟁
제10장 목적과 무기
제11장 고장난명 : 진주만의 신화

제9장
우발적인 전쟁

I

전쟁 직전의 높은 기대들은 서글픈 결론을 암시해 준다. 전쟁은 두 경쟁국가가 평화보다는 전쟁을 통해서 더 많은 것을 성취할 수 있다고 생각할 때에만 발생했다는 것이다. 그러나 이러한 결론은 많은 전쟁들이 의도적인 것은 아니었다는 믿음과 모순된다. 이러한 믿음에서 의미하는 전쟁이란 한 국가가 경쟁국가의 목적을 오해함으로써 그 어느 국가도 원하지 않았던 전쟁으로 휩쓸려 들어갔을 때 발생한 것을 말한다. 이러한 우발전쟁(accidental war)에 대한 믿음은 때때로 맨체스터 신조의 현대적인 해석이기도 하다. 그러한 생각을 옹호하는 사람들은 어떤 정치가도 그렇게 엄청난 파멸과 상처뿐인 승리를 가져다 준 20세기의 전쟁들을 원하지는 않았을 것이라는 희망적인 신뢰를 가지고 있다.

적지 않은 수의 역사가들이 어떤 전쟁들은 결코 의도하지 않았던 것이었다고 주장하고 있다. 백과사전처럼 방대한『신판 케임브리지 현대사』(*New Cambridge Modern History*)를 보면 젠킨즈 귀의 전쟁(the War of Jenkins' Ear)은 "영국과 스페인간의 고질적인 마찰상태의 결과로서 1739년에 양국의 책임 있는 정치인들의 희망에 반하여 전쟁으로 발전한 것"임을 알 수 있다.[1] 그보다 40년 뒤에 프러시아와 오스트리아 사이에 발생한 바바리아 계승전쟁은 더욱 더 우연한 것이었다. '어느 강대국도 전쟁을 원하지 않았다'고 한다.[2] 제1차 세계대전조차도 의도하지 않았던 사건으로 간주하는 경우가 종종 있다.[3]

아마도 많은 전쟁들은 경쟁자와 충돌하려는 의도의 결과라기보다는 국가들의 위험한 운전의 결과로서 발생하는 교통사고와도 같은 것이었다. 이와 같은 비유는 네덜란드의 저명한 국제법 교수인 룈링(B. V. A. Röling)에 의해서 1965년에 제시되었다. 그의 주장에 의하면 전쟁에는 두 가지 종류가 있다. 즉 많이 연구되어 온 고의적인 전쟁과 많이 간과되어 온 비의도적인 전쟁이 있다는 것이다. 비의도적인 전쟁들이 더욱 빈번해지는 추세에 있음에도 불구하고 이러한 전쟁들을 방지하기가 더 쉽지는 않을 것이라고 그는 생각했다.[4]

우발전쟁의 개념은 핵무기의 시대에 들어와서 더욱 강화되었다. 단추를 누르거나 코드화된 신호를 보냄으로써 핵탄두를 대양의 건너편으로 쏘아 보낼 수 있게 되었기 때문에 우발전쟁은 끔찍한 가능성으로 다가왔다. 오해 내지는 전자기기의 실수로 인해서 시작되는 핵전쟁에 대한 상상은 하나의 보편적인 악몽이 되었고, 이러한 악몽은 전쟁이론가들 사이에 끈질긴 억측을 불러 일으켰다.[5] 그러나 논쟁을 불러일으킨 이러한 비관론의 거울에 비춰진 것은 우발전쟁에 대한 강조가 아니라 우발적인 평화(accidental peace)에 대한 강조였다. 만일 어떤 전쟁들이 의도적인 것이 아니었다는 것이 사실이라면 마찬가지로 우연한 사고와 같은 것을 통해

---

1) J. O. Lindsay, *New Cambridge Modern History*, Vol. VII, p. 206.
2) M. S. Anderson, *Ibid.*, Vol. VIII, p. 270.
3) S. B. Fay, *The Origins of the World War* (New York, 1965), Vol. II, p. 547; René Albrecht-Carrié, *A Diplomatic History of Europe since the Congress of Vienna* (New York, 1958), p. 294.
4) Bert V. A. Röling, 'National and International Peace Research', *International Social Science Journal* (1965), No. 3, p. 495.
5) 우발전쟁의 개념은 역사가들보다는 정치학자들이 더욱 선호하고 있다. Pruitt and Snyder, *passim*, 그리고 Buchan, p. 149 참조.

서 종결된 — 또는 실제로 일어나지 않았던 — 전쟁들도 있었을 것이기 때문이다. 그러나 이러한 의도하지 않았던 평화에 대해서 언급한 사람은 아무도 없다.

1960년대 초에 발생한 베를린 봉쇄와 쿠바 미사일 위기는 우발전쟁에 대한 공포를 부채질했다. 핵무기 경쟁에서는 먼저 발사하는 국가가 매우 유리하기 때문에 한 국가가 적이 공격할 것이라고 잘못 판단하고서 기선을 제압, 먼저 공격하는 그러한 위기를 생각하기가 쉬웠다. 핵시대에는 우발전쟁의 위험성에 관해서 미사일이 자국에 떨어질 때까지는 이론화할 수 있지만 그 이후에 대해서는 알 도리가 없다. 현재까지는 핵전쟁의 시작 단계에서 정부들이 과연 어떻게 행동할 것인가에 대한 선례가 전혀 없기 때문이다. 그러나 역사는 대개 전쟁 직전에 정부들이 어떻게 행동했는가에 관한 수많은 선례들을 보여주고 있다. 핵 강대국의 지도자들이 선제공격의 이점을 알고 있는 것처럼 기마병과 종군 비전투원들이 주류를 이루던 시대의 지도자들도 선제공격의 이점을 인식하고 있었다. 프러시아는 1740년 겨울에 실레지아를 침공하면서 그러한 이점을 살리려고 했으며, 영국은 1755년 보스커윈(Boscawen) 제독에게 캐나다로 항해하는 소규모 프랑스 함대를 차단하는 임무를 주어 파견시키면서 그러한 이점을 활용하고자 했다. 그리고 미국도 1812년 비밀리에 영국과의 전쟁을 준비하면서 선제공격의 이점을 최대한 활용하려고 했었다.

19세기에는 국가들 사이의 연계가 가속화되면서 기습공격에 대한 두려움이 증폭되었다. 영국과 프랑스 사이의 터널 건설계획은 현대의 핵미사일이 불러일으키는 것과 같은 종류의 두려움을 불러 일으켰다. 1881년 런던에서 무역성 장관 토머스 파러 경(Sir Thomas Farrer)은 영국과 프랑스 사이에 제안된 터널이 프랑스의 갑작스런 침입에 이용될 수 있을지도 모른다는 의문을 제기했다. '사전에 분쟁이 임박했다는 아무런 긴장상태나 경고도 없이 청천하늘(그는 실제로 어두운 터널을 말하려고 했을 것이다)로부터 전쟁이라는 날벼락을 맞을 수도 있지 않을까?'[6] 터널로부터 갑작스럽게 프랑스군이 출현할지도 모른다는 두려움은 1882년에 매우 강했는데 『19세기』(The Nineteenth Century)라는 잡지는 터널 건설계획에 항의하는 청원서를 제출하기까지 했다. 그 청원서에는 캔터베리 대주교와 뉴먼 추기경, 테니슨이나 브라우닝과 같은 시인들, 그리고 17명의 해군제독과 59명의 장군들이 서명했다. 육군의 고급부관이자 서아프리카의 카피 왕(King Koffee)과의 전쟁 및 줄루랜드의 세티와요 왕(King Cetywayo)과의 전쟁을 통해 영웅으로 부각된 거니트 월즐리(Garnet Wolseley) 경은 1882년 6월 강력한 각서를 제출했다. "무장한 수천 명의 사람들이 야간열차를 이용, 평범한 승객을 가장한 채 의심을 받지 않고 터널을 통해 쉽게 나타날지도 모르고 또 제복을 입고 완전무장을 하더라도 열차의 커튼을 내린 채 특급의 속도로 터널을 질주해서 나타날지도 모른다."[7] 터널에 대한 이러한 태도는 기습공격이 공격자에게 제공해 주는 막대한 이점에 대한 믿음을 단적으로 예시해 준다. 1904년 러시아를 공격했을 때의 일본인들이나 1912년 터키를 공격한 발칸 동맹도 이와 비슷한 믿음을 가지고 있었을 것이다.

국제문제 전문가인 하버드대의 쉘링(T. C. Schelling) 교수와 미국방성의 모턴 핼퍼린(Morton Halperin)은 지난 시대에 발생했던 전쟁들에 관한 지식이 과연 핵시대의 우발전쟁 가능성에 대한 실질적인 지침이 될 수 있는가 하는 의문을 제기했다. 이들에 따르면 오늘날에는 핵전쟁의 제일 처음 순간이 그 결과까지도 좌우할 수 있지만 1914년에는 적보다 반나절 정도 군대를 먼저 동원한 국가라고 해도 훨씬 더 적은 이점을 챙길 수밖에 없었다고 한다.[8] 어떤 의미에서 이것은 사실이다. 1866년의 전쟁 직전

---

6) J. F. Maurice, *Hostilities Without Declaration of War* (London, 1883), p. v에서 재인용.

7) I. F. Clarke, *Voices Prophesying War, 1763~1984* (London, 1966), p. 112.

8) Schelling and Halperin, 'Pre-emptive, Premeditated, and Accidental War', Pruitt and Snyder, p. 44.

에 오스트리아와 프러시아 군대의 동원지연에 관해 원수 워블 백작(Earl Wavell)이 서술한 내용을 읽어보는 것도 유익할 것이다. 그는 "그 당시의 동원계획은 단 몇 시간의 지연조차도 위험스러웠던 1914년의 상황만큼의 타이밍의 정확도에는 이르지도 못했었다"고 덧붙였다.[9] 1914년 제국의 날(Empire Day)에 런던의 왕립 식민지 연구소(the Royal Colonial Institute)에 조지 레이드(George Reid) 경이 제출한 평화시의 예측을 읽어보는 것도 역시 유익하다. 지난날의 전쟁들이 오랜 시간을 지리하게 끌었던 반면 앞으로 발생할 전쟁은 "결정적인 순간의 사건이 될 것이므로 먼저 목표에 도달할 수 있는 미사일의 폭발력이 압도적으로 중요하다"는 것이다.[10] 절박성에 대한 느낌은 상대적인 것이다. 2000년대의 장군들은 1960년대를 되돌아보면서 우리가 하품을 하는 동안의 긴 시간에 절박성을 측정했다는 사실에 놀랄지도 모른다. 우리가 생각하는 50년 전 또는 200년 전의 기습공격의 이점이 무엇인가 하는 것은 중요한 점이 아니다. 그보다 더 중요한 것은 그 시절의 지도자들이 무엇을 생각하고 있었는가 하는 것이다. 그리고 그들 지도자들은 선제사격이 전쟁의 경로에 영향을 미칠 수 있다고 생각하고 있었기 때문에 틀림없이 우발전쟁의 위험성에도 매우 취약했을 것이다. 그들은 자신들이 공격받을 위기에 처해 있다고 잘못 판단하고서 기습공격의 이점을 챙기려고 결단을 내렸을 수도 있다. 그러므로 과거의 전쟁 발발에 관한 지식은 아마도 어떤 전쟁들은 우연한 것이거나 의도하지 않았던 것이라는 생각을 검증하는 데 가장 유용한 수단이 될 것이다.

---

9) Wavell, 'The Seven Weeks' War', *Encyclopaedia Britannica* (1962), Vol. XX, p. 385.
10) George Reid, *United Empire: the Royal Colonial Institute Journal* (1914), Vol. V, p. 557; 레이드는 런던 주재 오스트레일리아 고등판무관이었다.

II

캘리포니아의 스탠포드대학의 정치학자인 로버트 노스(Robert C. North)와 홀스티(O. R. Holsti)는 1960년대 초에 전쟁의 원인에 관한 대담한 조사를 한 적이 있다. 이들은 전쟁론에 관한 유리한 검증의 토대로서 제1차 세계대전을 선택했는데, 이들의 설명에 의하면 제1차 세계대전이 '위기의 전형적인 모습에 가깝다'는 것이었다. 이들은 1914년 전쟁에 직면했던 5개 주요 국가 지도자들의 심리상태를 분석하면서 자신들이 '핵심적인 정책 결정자들에 의해 저술되어 그 권위를 의심할 수 없는 모든 어문기록들'을 포함한 가장 포괄적인 증거들을 사용했다고 주장했다. 이러한 수백 가지의 문건들을 검토하고 나서 이들은 과연 그 전쟁이 의도되지 않은 것이었던가에 의문을 제기했다. 아마도 전쟁을 하기로 한 결정은 승리에 대한 자신감이나 군사적 준비상태에 보다는 다른 국가들이 자국에 대해서 적대적이라거나 또는 자국을 해치려고 열망하고 있다는 등의 믿음에 보다 더 근거하고 있었을 것이라고 이들은 주장했다. 노스웨스턴 대학에서 고안된 한 휴식기간의 실험이 이들의 가설에 대한 어떤 뒷받침을 분명하게 제공해 주었다.

1914년의 한여름에 유럽의 지도자들이 작성했던 서신과 각서들을 추적하면서 노스와 홀스티는 그 당시의 지도자들이 경쟁국가의 태도로부터 얼마나 자주 그리고 얼마만큼 강렬하게 적대적 감정 또는 우호적 감정을 느끼고 있었는가를 헤아려 보았다. 이들은 5천 건이 넘는 그러한 '인식'(perceptions)을 수집하여 컴퓨터에 분명하게 입력했는데, 그 결과 사라예보의 암살사건으로부터 대전의 시작에 이르는 약 5주간의 기간동안 유럽의 지도자들이 느꼈던 감정의 지표가 곧바로 산출되었다.[11] 5천 건의 인식으로부터 도출된 한 가지 결론은 5개 강대국 — 독일, 오스트리

---

11) Ole R. Holsti and Robert C. North, 'The History of Human Conflict', Ch. VIII, in E. B. McNeil, ed., *The Nature of Human Conflict* (Englewood Cliffs, New Jersey, 1965), pp. 159-61.

아, 프랑스, 러시아 그리고 영국 — 모두의 지도자들이 자신들의 경쟁국들이 적대적이라는 생각을 점점 더 강하게 가지고 있었다는 것이었다. 그들은 스스로에 대해서는 우호적이라고 생각했지만, 유감스럽게도 그들의 우호적 감정은 교호적인 것이 아니었다. 위기 속에서 각국의 지도자들은 점점 더 긴장하게 되었기 때문에 자신들의 논의의 장기적인 의미보다는 단기적인 의미에 몰두하고 말았다.

> 아마 더 중요한 것은 지도자들이 가장 중요한 성격의 정책결정을 내리는 정확히 바로 그 시각에 각 국가가(핵심적인 정책결정자들의 신경계통을 통해서) 스스로를 피해의 희생물이 될 것이라고 가장 강하게 느끼고 있었다는 점을 발견했다는 사실이다.[12]

이 설명은 사람을 약간 혼란스럽게 만드는데, 왜냐하면 그들의 컴퓨터에 나타난 피해의 지수와 모순되기 때문이다. 독일과 러시아는 전쟁에 대비해서 가장 먼저 동원령을 내렸던 국가들인데, 이들 두 국가는 전쟁에 돌입하기로 결정한 바로 그 중요한 시점에는 연구된 전 기간 동안보다 대체적으로 더 낮은 피해의식을 느끼고 있었다. 하지만 세인트 피터스버그나 런던 화이트홀(Whitehall)의 지도자들이—전쟁을 선택한 그 시점에—적들의 태도와 행동에 의해서 무시당하고 있다고 실제로 가장 강렬하게 느꼈을지라도 그들의 분노 그 자체가 반드시 다른 전쟁이론이 아닌 어느 한 전쟁이론을 뒷받침할 만한 증거가 되는 것은 아니다. 피해의식과 상처는 대전의 원인에 관한 모든 종류의 이론들에도 모순 없이 일치하는 것이다.

거의 모든 이론들이 전형적인 전쟁은 의도적인 것이었다는 믿음에 근거하고 있다. 즉 두 교전국가 또는 동맹들 중 적어도 하나는 전쟁을 원했다는 것이다. 그러나 스탠포드의 연구팀은 대전이 의도하지 않았던 것이라고 믿었다. 그들의 주장에 의하면 독일이 전쟁을 시작하기는 했지

---

12) *Ibid*, p. 167.

만 독일도 자국의 군사력에 대해서 자신감을 가지고 있지는 못했다고 한다. "역사상의 증거들을 살펴보면 독일은 1914년에 스스로 전쟁준비가 되어 있지 않았음을 심각하게 인식했고, 본질적으로 국가적인 재난을 감수하지 않고서는 다른 주도적 국가들과의 대규모 무력갈등을 수행해 나갈 만한 능력이 없다는 점도 인식하고 있었다"는 것이다.[13] 그들의 무뚝뚝한 주장에는 의심스런 점이 있다. 대부분의 독일 지도자들이 승리, 그것도 신속한 승리를 거둘 수 있는 능력을 스스로 갖추고 있다고 자신했다는 점을 뒷받침할 만한 강력한 증거가 있는 것이다. 가장 강력한 증거들 중의 몇 가지는 프리츠 피셔(Fritz Fischer)의 방대한 저작 『제1차 세계대전에서의 독일의 목적』(Germany's Aims in the First World War)에 나와 있다. 이 책은 1961년에 뒤셀도르프에서 출간되었는데 불행하게도 홀스티와 노스가 자신들의 연구를 완성할 때까지는 영어로 번역되지 않았다. 그러므로 그들의 논리를 떠받치고 있는 중요한 한 축이 불안정하게 되었다고 해서 그것이 전적으로 그들의 잘못이라고는 말할 수 없다.

적대감과 우호감의 빈도와 강도를 측정한 것 말고도 홀스티와 노스는 적대감에 있어서의 변동상황을 설명하는 데 도움을 주는 요인들 중의 하나를 측정하려고 시도했다. 즉 그들은 지도자들이 자국의 군사력 또는 '능력'에 대해서 느끼는 다양한 인식들을 측정하려고 했다. 홀스티와 노스는 '위협에 대한 인식이 증가하면서 그와는 반대로 능력에 대한 인식은 정책결정자들의 문건에 훨씬 덜 빈번하게 나타났다'고 결론지었다. 불행하게도 그들은 지도자들이 언급한 군사력의 빈도만을 계산했을 뿐, 지도자들이 자국의 군사력에 얼마나 강한 신뢰를 하고 있었는가 하는 것은 고려하지 않았다. 더욱 중요한 것은 그들의 결론이 한 가지 사실 즉 위기가 전쟁으로 비화할 경우에 군사적인 성공을 거둘 만한 국가적 능력이 없다는 점을 지도자들이 인식하고 있었다는 사실을 보여주지 못했다는

---

13) *Ibid.*, p. 160.

것이다. 따라서 국가들이 마지못해 전쟁을 하게 되었다는 연구팀의 결론
은 컴퓨터로부터 산출된 표에 의해서 정당화되지 못했다. 컴퓨터는 헛수
고만 한 셈인데, 컴퓨터가 발견해 낸 두 가지 사실 — 적대감과 능력에
관한 것 — 은 그 조작자들에 의해서 받아들여지지 않았던 것이다.

　홀스티와 노스는 대전이 침입자의 계획적 사건이 아닌 우연한 사고였
으며 그 우연한 사고가 적대감정에 대한 짐작으로부터 비롯된 것이 아닌
가 생각했다. 그들은 적극적으로 "유럽의 주요 강대국들은 적어도 의식
적으로는 아무도 원치 않았고 또 그 누구도 예측하지 못했던 전면적인
갈등관계 속으로 끌려 들어갔다"고 주장했다.14) 그들의 연구는 1960년
대에 대한 경고의 의미를 지니고 있었다. 군사적인 막강함과 군비경쟁에
서의 승리는 절대로 평화의 보장책이 될 수 없다는 것이었다.

　그들의 연구는 국제관계학도들 사이에서 유명해졌다. 그들이 행했던
실험의 재미있는 구도라든가 자세한 사실에 대한 포괄성, 그리고 컴퓨터
의 활용 등이 찬양자들을 끌어 모을 만도 했다. 게다가 그들이 내린 결론
은 우발전쟁이 주의 깊은 연구의 대상이 될 만큼 중요함에도 불구하고
간과되어 온 현상이라는 점증하는 생각들을 뒷받침해 주었기 때문에 더
욱 더 수용될 수 있었다. 사실 지난 10년 동안 전쟁을 이론화하는 작업에
있어서 가장 뚜렷한 특징 중의 하나는 어떤 전쟁들은 우발적인 사건이었
다는 가정이다. 이러한 가정이 사례들에 의해서 예시된 경우는 매우 드물
었지만 이 드물고도 사람을 오도하는 사례가 바로 제1차 세계대전에 대한
스탠포드식 해석이었던 것이다.

III

　정치학자들이 어떤 전쟁들은 우발적인 것이라는 생각을 수용하는 경

---

14) *Ibid.*, p. 170.

향을 보여 오는 동안 역사가들은 이미 그러한 생각에 주의를 기울이고 있었다. 역사책들을 보면 우발전쟁에 대한 믿음 같은 것은 나타나 있지 않을 때가 종종 있다. 그러나 1968년 하버드대학의 한 역사가가 설득력 있는 주장을 한 적이 있는데, 그에 의하면 영국과 프랑스 사이의 7년 전쟁은 지금까지 잘못 이해되어 왔다고 한다. 어느 국가도 전쟁을 원하지 않았었다는 것이다. 캐나다로부터 프랑스를 쫓아내고 미국 독립의 계기를 마련해 준 그 장기적인 전쟁은 분명히 의도되지 않은 전쟁이었다.

1754년 봄에 이르기까지 북아메리카에 있는 영국과 프랑스의 식민지들은 패권다툼을 거듭하고 있었다. 패트리스 히거니트(Patrice Higonett)의 새로운 해석에 의하면 그와 같은 국경충돌은 영국과 프랑스간의 대규모 장기전으로 발전하지 않았어야 했다. 그는 설득력 있게 '아무도 이 같은 전쟁을 원하지 않았다'고 주장했다.15) 런던과 파리 모두 협상에 열중했고, 양국의 지도자들도 '호인'이었으며, 평화에 대한 그들의 호소도 진지한 것이었다. '프랑스인들과 영국인들 모두 문제를 평화적으로 해결하기를 원하고 있었다.' 그렇다면 평화가 우호적인 악수의 틈새를 어떻게 미끄러져 나갔을까? 히거니트 박사의 주장에 의하면 당시 영국과 프랑스 어느 한쪽은 상대방이 협상에 응하리라는 기대 속에서 위협적 태도를 취하고 다른 한쪽은 자국의 용의주도한 무력시위를 통해서 응수하는 이른바 (아슬아슬한 위험상태까지 밀고 나가는) 극한정책(brinkmanship)을 구사했다고 한다. 결국 1754년 9월 영국은 대서양 건너편의 자국 군대를 조직하기 위해서 에드워드 브래도크 소장(Maj. General Edward Braddock)을 파견하기로 결정했다. 그는 증원부대와 함께 떠났는데 1년도 채 못되어서 프랑스인들과 인디언들로 구성된 병력에 의해서 살해되었다. 그런 다음에 그는 듀케즈니 요새(Fort Duquesne)로 이르는 길 한가운데 매장되었다.

---

15) Patrice Louis - Rene Higonett, 'The Origins of the Seven Years' War', *Journal of Modern History* (March 1968), p. 57.

한편 프랑스도 1754년 12월에 퀘벡을 보호하기 위해서 함대를 파견했었는데, 3개월 뒤 영국은 제해권 장악을 위해서 보스커윈을 파견, 프랑스 함대를 차단하도록 함으로써 이에 응수했다. 전쟁은 이제 피할 수 없게 되었다. 위협과 외교는 실패하고 말았다.

　이상의 주장을 검토해 보면 한 가지 단점이 드러난다. 영국과 프랑스가 평화를 원했던 것은 사실이지만 그들은 북아메리카의 패권도 원하고 있었다. 뉴캐슬 공작(the Duke of Newcastle)은 프랑스의 조정에 파견된 영국 대사에게 충고하면서 평화를 유지하기 위해서는 모든 노력이 경주되어야 하지만, 그것은 평화가 대서양을 건너 영국의 방어능력을 강화시키려는 노력과 양립하는 한에 있어서만 해당되는 것이라고 말했다.16) 영국 정부나 프랑스 정부에게는 식민지가 최우선 순위였고 평화는 그 다음이었다. 그리고 만일 두 가지 우선 순위 사이에 충돌이 있게 된다면 식민지가 승리를 거두게 되고 평화는 패배할 수밖에 없었다. 전송문 상자에 가득 찬 평화를 위한 문장들은 진지한 것이기는 했지만 마지막 순간 전쟁 발발을 초래한 무력행사는 더욱 더 진지한 것이었다. 왜냐하면 양국은 궁극적으로 협상보다는 싸움으로써 더 많은 것을 얻을 수 있다고 믿고 있었기 때문이었다.

　몇몇 전쟁들 — 7년 전쟁이든 바바리아 계승전쟁이든 — 이 원하지 않았던 것이었다는 생각은 피상적인 증거에 의해서 얼마든지 뒷받침될 수 있다. 히틀러조차도 자기 자신을 걸고 평화를 호소했었다. 그러나 의도하지 않은 전쟁의 개념은 대개 한 가지 간단한 대안 — 국가는 전쟁을 원하거나 그렇지 않으면 평화를 원한다는 — 의 설정에 의존한다. 따라서 만일 양국 모두 평화에 대한 갈구를 표명했는데도 전쟁이 일어났다면 틀림없이 그 전쟁은 오해로부터 비롯된 것이거나 아니면 몽롱한 의식 속에서 생겨난 비이성적인 발작의 결과였을 것이라고 한다. 그러나 전쟁

---

16) *Ibid*, p. 79.

과 평화를 엄격히 서로 다른 대안으로 간주하는 것은 현명하지 못한 것 같다. 국제적인 위기에 직면한 지도자들의 마음속에 전쟁과 평화는 복합적인 대안들이다.

7년 전쟁 직전의 영국과 프랑스 또는 1914년 대전 직전의 유럽의 거인들은 — 전쟁이나 평화에 대한 선호도가 내재된 — 너무나 많은 대안들에 직면해 있었다. 그래서 그 대안들을 둘은 고사하고 9개로 압축하는 것도 지나친 단순화가 될 정도이다. 위기시에 대부분의 국가들의 우선 순위는 아마도 다음과 같은 순서로 나타났을 것이다.

1. 평화적 수단에 의한 국가 목적의 달성
2. 평화적 수단에 의한 국가 목적의 부분적 달성
3. 그 자체가 전쟁은 아니지만 전쟁의 위험성도 어느 정도 조성하는 무력적 행동에 의한 국가 목적의 달성
4. 소규모의 단기전에 의한 국가 목적의 달성
5. 대규모의 장기전에 의한 국가 목적의 달성
6. 평화적 방법에 의해 국가 목적의 일부가 희생됨
7. 전쟁에 의해 아무 것도 달성하지 못함
8. 평화적 방법에 의해 국가 목적의 대부분이 희생됨
9. 전쟁에 의해 국가 목적의 대부분이 희생됨

이상과 같은 우선 순위를 가지고 있는 국가는 어느 국가든지 자국의 일차적 목적은 평화라고 정직하게 주장할 수가 있었다. 그러나 그것은 비교적 비싼 대가를 치러야 하는 평화였다. 사실 전쟁이나 평화에 대한 모든 선택에는 대가가 요구된다.[17] 1914년 분쟁에 휘말려 있던 5개국

17) 사실상 우선순위의 명세는 더 길어질 수도 있고 더 희미해질 수도 있을 것이다. 더욱이 그 우선순위들이 항상 본서에 기술된 순서대로 정확하게 존재하는 것도 아니다. 즉 5번과 6번은 분명히 서로 자리바꿈을 할 수도 있다. 필자가 정한 우선 순위 1번도 항상 첫 번째 순위가 되는 것은 아니라고 합리적으로 주장될 수도 있다. 그러나 필자는 '우발전쟁학파'(accidental war school)의 가정을 확인하고 또 그것을 공성하게 검증하기 위해서 그것을 우선순위 1번으로 성했다.

중 어느 국가도 전쟁을 원하지 않았다고 주장하는 것이 정상적일 것 같기도 하지만 논의가 거기서 그치고 더 이상 덧붙여진 것이 없기 때문에 그러한 논의는 각 국가들의 태도의 한 단편만을 묘사한 것에 지나지 않는다. 강대국들은 평화를 원하기는 했지만, 그 평화란 자신들이 내세운 조건하에서의 평화만을 의미한 것이었다. 8월초에 이르러 독일과 러시아는 이미 자신들의 첫 번째 평화적 우선 순위 또는 대안이 달성될 수 없는 것이라는 확고한 판단을 내리고 있었다. 결국 그들의 초기의 우선 순위가 제거되면서 전쟁이 첫 번째 우선 순위로 등장했던 것이다.

전쟁이나 평화에 대한 욕구는 항상 조건부인 것처럼 보인다. 지난 300년 동안 산재되어 있는 여러 시점에, 몇몇 국가들은 거의 어떤 희생을 치르고서라도 평화를 선택했다. 국가는 마지막 대안 — 전쟁에 의한 패배냐 아니면 평화에 의한 패배냐 — 에 직면하게 되면 평화적으로 패배하는 길을 선택했다. 몇 안 되는 그러한 국가들로는 1914년과 1940년의 룩셈부르크, 1938년의 오스트리아, 그리고 1938년과 1968년의 체코슬로바키아 등이 있다. 이들 국가의 평화에 대한 열망도 조건적인 것이라고 할 수 있었다. 왜냐하면 만일 전능한 적국이 수만 명의 자국 시민을 추방하거나 살해할 것이라고 믿었다면 평화적으로라도 항복의 길을 선택하지는 않았을 것이기 때문이다. 사실상 이 국가들은 평화의 대가가 전쟁의 대가보다는 훨씬 더 유리하다고 판단했던 것이다.

IV

군비경쟁의 최고 정점에서 발생한 전쟁도 때때로 의도하지 않았던 전쟁의 부류로 취급된다. 원래 경쟁국가들은 단순히 경쟁국의 군비에 필적하기 위한 목적에서 자국의 군비를 확장해 나갔지만, 이러한 경쟁으로 인해 공포와 증오심이 누진적으로 조장되었다고 한다. 여유 있는 레이스가 막판에 가서는 어느 경쟁자도 감히 발을 빼지 못하는 죽음의 악순환이 되었다는 것이다.

군비경쟁의 위험성이 처음으로 공공의 관심을 끌게 된 것은 아마도 1870년대일 것이다.[18] 1879년 런던의『이코노미스트』는 "유럽대륙이 일련의 거대한 진영들로, 그것도 진영 내의 모든 구성국가들이 무장상태로 있는 그러한 진영들로 변화되어 왔다"고 개탄했다.[19] 수백 명의 저널리스트들과 정치가들은 국방예산의 증가현상을 개탄했으며, 심지어 1899년의 헤이그 국제회의가 군비의 확장을 제한해 줄 것으로 기대했던 러시아의 짜르 니콜라이조차도 이 점을 개탄하고 있었다. 과격한 웅변가와 격문 작성자들로부터 주의 깊은 학자들 사이에 이르기까지 군수산업이 경쟁관계를 부추긴다는 믿음이 널리 퍼져 있었으며 1912~13년에 발생한 두 차례의 발칸 전쟁도 상호간의 군비증강 때문에 발생했다고 비난받곤 했다. 펜실바니아의 철강 제조업자 앤드류 카네기(Andrew Carnegie)에 의해서 설립된 카네기 국제평화재단(the Carnegie Foundation for International Peace)도 1914년 발행한 한 보고서에서 군수기업들과 강대국들이 발칸국가들을 단지 좋은 조건의 외상판매로 화약을 공급할 수 있는 시장으로만 간주했다고 비난했다.[20]

제1차 세계대전도 군비경쟁에 의해서 촉진된 전쟁의 알맞은 사례가 되고 있다. 1962년 런던 대학의 마이클 하워드(Michael Howard) 교수는 이러한 논지의 조심스런 견해를 발표했다. '각 국가가 방어를 위해서 취한 조치들이 이웃 국가들에게는 자국의 안보를 위협하는 것으로 보였기 때문에 강대국들은 공공재정에 점점 더 과도하게 의존하게 되어 분명 피할 수 없는 경쟁에 휘말리게 되었고, 상호간의 공포와 의심을 악화시켰으며 결국 제1차 세계대전이라는 파멸을 준비하는 데 있어서 ─ 많은 역사가들

---

18) 군비경쟁의 위험성은 많은 정치학자들에 의해서 강조되고 있다. 최근에 이 점을 주장하는 사람들의 명단은 R. Naroll, in Pruitt and Snyder, p. 151을 참조.
19) *The Economist*, 6 Sept. 1879, p. 1018.
20) *Ibid*, 18 July 1914, p. 106.

이 주요한 역할이라고 하는 — 상당한 역할을 하게 되었다.'21) 1969년에는 무기상인들에게 더 많은 잘못이 있다고 하는 좀더 도전적인 견해가 조지 세이어(George Thayer)의 『전쟁사업』(*The War Business*)이라는 책에서 제시되었다. "지난 14년 동안 중동에서는 '전쟁상인들이 부추긴 군비경쟁이' 두 차례나 발생했다. 그리고 지금 현재의 세계는 또 한 차례의 폭력적 갈등을 통해서 불가피하게 정점에 달할 것이 분명한 지역에서의 세 번째 군비경쟁을 목도하고 있다."22) 핵무기 경쟁은 많은 학자들의 걱정거리이다. 그들은 핵무기에 대한 과도한 지출이 국가들이 두려워하는 사건 — 핵전쟁 — 의 위험성을 간접적으로 증가시킨다고 주장한다.

군비경쟁이 전쟁 — 원하지 않은 전쟁 — 을 야기하는 경향이 있다는 견해는 평가하기가 쉽지 않다. 그러한 견해는 우리들이 직관적으로 선택하거나 저버리는 전쟁과 평화에 관한 수많은 이론들 중의 하나이다. 또한 그러한 견해는 하나하나 검토될 수 있는 일련의 단계들로 구성되어 있는 것이 아니기 때문에 대개의 경우에는 단순한 주장의 형태를 띤다. 뿐만 아니라 지난 평화의 시기에 일어난 사건들에 대해서는 이상할 만큼 침묵을 지키며 전쟁 발생의 시기는 별로 중요하지 않은 인과적인 문제라고 가정한다. 그리고 단지 마침내 전쟁의 나락으로 떨어질 때까지는 경쟁에 있어서의 각 단계가 적대국의 보복조치를 불러일으킬 것이라고만 단언하고 있다.23) 우리가 이 이론에 주의를 기울여야 하는 데에는 많은 이유가 있다. 부분적으로는 국가가 싸우려고 의도하지 않는 이상 급속하게

---

21) Michael Howard, *The New Cambridge Modern History*, Vol. XI, p. 204.
22) George Thayer, *The War Business: the international trade in arma - ments* (London, 1969), p. 301.
23) 군비경쟁의 위험성을 강조하는 대부분의 전쟁학도들은 경쟁의 결과로 나타나는 전쟁이 다소 비의도적인 것이라고 해석한다. 그리고 무기제조업자나 무기상인들에게 더 많은 관심을 집중하고 국가지도자들은 단순히 그들의 볼모에 지나지 않는다고 생각하는 사람들은 전쟁에 있어서 비의도적인 요소가 더 적다고 주장하는 경향이 있다.

재무장하지는 않을 것이라는 우리의 직관 때문에 이 이론은 인기가 있다. 사용할 데도 없는데 무엇 때문에 순양함이나 총기류에 지나친 낭비를 하겠는가? 따라서 만일 1900년에 러시아가 재무장을 하고 있었다면 오스트리아가 예의 주시하는 것이 당연하고 또 독일의 조선소에 순양함들이 비축되어 있을 때 영국이 긴장했던 것도 정당했다고 믿어지고 있다. 그러나 무기란 발사되지 않더라도 유용할 수 있다. 이 진리는 야전의 장군들뿐만 아니라 야경꾼이나 경찰보안관들에 의해서도 인정되는 것이다. 실제로 1870~1900년에 유럽에서 제조된 대부분의 전함, 포차 그리고 라이플들은 전혀 전쟁에서 사용되지 않았을지도 모른다. 그러나 여전히 나름의 기능을 하고 있었다. 군비경쟁의 위험성을 지적하는 많은 저술가들은 무장된 위협이 의심을 조장함으로써 평화를 위태롭게 만든다고 암시했다. 그렇지만 국제관계가 수세기 동안 위협을 그 특징으로 지녀 왔다는 것도 명백한 사실이다. 게다가 위협 — 효과적인 위협 — 은 오랜 평화시기의 필수불가결한 특징이기도 했다.

군비경쟁의 위험성에 대한 강조는 다른 의심스런 전쟁론들과 비슷한 것이었기 때문에 더 심각한 불안을 야기했다. 즉 1800년 또는 1900년 이후의 국제관계는 비교적 새로운 추세에 호소함으로써만 설명될 수 있다고 가정하는 이론들 중의 하나이다. 그것은 마치 맨체스터 평화론 또는 선진 자본주의가 전쟁을 조장한다는 믿음들과도 유사하다. 그렇지만 전쟁이란 고대이래 지속되어 온 제도인데, 우리 시대에 존재하는 전쟁이라고 해서 반드시 새로운 사회국면에 의해 좌우된다고 할 수 있을까?

가히 이론의 서식처라고 할 수 있는 제1차 세계대전조차도 반드시 은신처를 제공해 주는 것은 아니다. 1차 대전은 오스트리아 - 세르비아의 전쟁으로 시작되었지만 주요 유럽국가들 중에서도 아마 오스트리아가 가장 재무장의 정열이 없었던 국가였을 것이다. 오히려 그 이전의 10년 동안 가장 정력적으로 재무장을 해 왔던 영국이 전쟁에 뛰어든 5개 국가들 중 맨 나중에 침진한 국가였다. 또 군비경쟁의 급격스런 가속회기

전쟁으로 인도하는 위기를 발생시키지 않았느냐고 생각할지도 모르지만, 전쟁 전 몇 개월 동안 주요 국가들 어느 국가도 자국의 군사력을 강화하겠다는 급격한 계획을 발표했던 것 같지는 않다. 이와 같은 전쟁 직전의 증거가 결정적인 것은 아니지만 아무튼 군비경쟁이 전쟁의 가장 중요한 원인이라는 견해를 뒷받침해 주지는 않는다.

군비경쟁이 전쟁의 예고자였다고 생각할 수도 있겠지만 이런 저런 증거를 살펴보면 군비경쟁이 매우 긴 평화 기간과 일치하고 있음을 알 수 있다. 1870년부터 1914년까지의 대부분의 기간에 유럽에서는 군비강화현상이 점증하는 상태였지만, 그 기간은 다소간의 신경과민상태에서도 현저하게 오래도록 평화를 향유한 기간이었다. 마찬가지로 주요 강대국들 간의 전쟁이 없었던 1945년 이후의 시기도 러시아와 미국 사이의 격렬한 군비경쟁 기간과 일치해 왔다. 분명 제2차 세계대전도 재무장의 분출현상이 있은 후인 1939년에 발생했지만, 그 분출현상은 매우 짧은 것이었다. 1936년 이전의 서유럽에서는 격렬한 군비경쟁의 흔적을 찾아볼 수가 없다. 이러한 사실들이 군비경쟁이론을 무의미한 것으로 만들어 버리는 것은 아니지만 아무튼 이 이론에게는 불편하고 예기치 않았던 사실들임에는 틀림없다.

1914년 유럽의 모든 신문 구독자들은 수십 년 동안 주요 강대국들이 군비강화에 점점 더 많은 지출을 해 왔다는 사실을 알고 있었다. 민주주의 정치체제를 유지하던 국가들의 경우에는 때때로 치솟는 군비예산이 비난을 받았는데, 그러한 비난이 가장 심각하게 비등했던 곳은 영국이었다. 1860년도에 영국은 국방비로 약 2천 5백만 파운드를 지출하였고, 1885년도에는 국방비 지출결의가 3천만 파운드였다. 그런데 1913년에 이르면 국방비가 무려 7천 5백만 파운드로 뛰었다.[24] 인구를 기준으로

---

24) William Ashworth, 'Economic Aspects of Late Victorian Naval Admini-stration', *Economic History Review* (December, 1969), p. 491.

하면 그 해에 영국은 독일이나 프랑스보다 많은 방위비를 지출하였고 러시아, 오스트리아 그리고 미국 등보다 훨씬 앞지르는 방위비를 지출한 셈이었다. 군비경쟁을 측정하는 주요한 수단이 결국은 돈이기 때문에 이러한 통계 수치는 유력한 것이었다. 그렇지만 그것이 의미하는 바는 무엇일까? 주요 국가들은 국방을 위해서 더 많은 비용을 지출하는 한편으로 교육이나 다른 서비스 분야에서도 더 많은 지출을 했었다. 인구와 수입이 증가하고 있었기 때문에 방위비 지출이 증가하지 않았다면 오히려 놀랄 일이었다. 사실 그 뒤를 이은 영국 행정부는 정부예산 — 선택의 여지가 없었던 이자지불은 제쳐놓더라도 — 을 발표하면서 프랑스 및 독일과의 해군력 경쟁이 한창 격화되고 있던 시절이었음에도 불구하고 방위비가 차지하는 비율을 감축시키기로 결정했다. 방위비는 1860년 총 지출에서 60%를 차지했으나 1885년에는 50%, 그리고 1913년에는 단 44%만을 차지했다. 이러한 수치로 미루어 보면 그 시대의 군비경쟁은 그다지 급격한 것도 아니었다.

1870년부터 1914년까지에 있었던 방위비의 증가가 단순히 주요 강대국들의 경쟁관계나 단계적인 보복조치 등에 영향받은 것도 아니었다. 1859년과 1871년 사이에 발생했던 유럽 전쟁들의 단기적 성격은 국가들에게 충분한 예고 없이 발생하는 전쟁에 대해 준비해야 한다는 교훈을 가르쳐 주었다. 미처 준비를 하지 못한 국가가 자국의 잠재력을 쉽게 동원할 수 있는 장기전을 기대한다는 것은 더 이상 현실적이지 못했다. 최근의 전쟁들이 주로 육지에서 벌어졌기 때문에 대규모의 상비군과 대규모의 훈련된 예비병력이 필요한 것처럼 보였다. 마찬가지로 19세기 말의 해군력 팽창은 부분적으로 아프리카와 태평양에 있어서의 독일 식민지의 발흥, 태평양 연안으로의 러시아 식민지 정책의 확산, 그리고 일본의 발흥 등을 반영한 것이었다. 1897년 중국에서 발생한 독일 선교사 살해사건과 그에 대한 응징조치로서 독일 함대에 의한 산동반도 일부의 힙병 등이 독일 해군을 급격히 확대하려는 정책결정과 우연히 일치한 것은 의미가 있을지도 모른다.[25] 군비경쟁을 단순히 계속되는 히트가 그에 앞선 히트에 의해 좌우되는 배드민턴 게임 정도로 간주하는 것은 기만이다. 1870년부터 1914년까지의 시대가 아무리 평온했다고 하더라도 상황변화에 따라서 육해군에 부과되는 요구 그리고 수입과 인구의 증가로부터 비롯되는 그러한 요구에 대처하는 능력 등으로 인해 더 높은 방위비 지출을 피할 수는 없었을 것이다.

　그 시대는 또한 다른 많은 산업분야에서와 마찬가지로 전쟁에 있어서의 급속한 기계·기술혁신의 시대였다. 급격한 혁신은 이중적인 비용이 요구되는 것이었는데, 왜냐하면 혁신을 통해서 기존의 많은 장비들이 낡은 것으로 되어 버리고 또 그 결과 새로운 장비에 대한 과중한 지출이 요구되기 때문이었다. 영국은 경쟁상대가 없을 정도로 해군력이 절정에 달했을 때 자국이 그 때까지 보유하고 있던 함선들을 쓸 모 없는 것으로 만들어 버릴 만큼 비싼 전함을 건조했다. "1867년에 존재하고 있던 최고의 함선은 1857년에 존재하던 영국의 전 함대에 필적하고도 남음이 있었을 것이다. 그리고 1877년에 존재하고 있던 최고의 함선은 그보다 불과 10년 전의 전 함대를 격파할 정도까지는 안되더라도 거의 맞먹을 정도였을 것이다." 이것은 1903년 해군역사가 윌리엄 클로위즈 경(Sir William Clowes)의 표현이다.[26] 자신의 동포들이 사냥터에서 사냥개를 좇을 때 보여주는 모습처럼 열성적으로 매해의 해군 기동연습을 추적했던 클로위즈는 1905년 포츠머스에 대영제국 황제폐하의 함선 드레드노트 (Dreadnought)가 정박하고 있는 모습을 보지 못하고 죽었다. 드레드노트는 1만 8천 톤급 전함으로서 그 이전의 모든 전함을 무용지물로 만들 정도였고 결국 영국과 독일의 해군은 본질적인 재편을 하지 않으면 안되었다. 육지와 바다 양쪽에서 개혁의 속도는 매우 빨랐고, 또 부분적으로

---

25) *The Annual Register* (1897), pp. 280-1.
26) Ashworth, p. 495에서 재인용.

는 유럽 밖의 지역에서 수행된 소규모 전쟁들에 자극을 받았다. 1890년대 초에는 칠레의 전투에서 무연화약이 시험되었고, 보어 전쟁 동안에는 야전군에 중화기가 재도입 되었으며, 1905년 러일전쟁 중 쓰시마 해협의 해전은 장거리 중화기의 장점을 보여 줌으로써 드레드노트의 구상에 영향을 주었다. 따라서 방위비의 증가는 한편으로는 유럽에서 멀리 떨어진 지역에서 발생한 일련의 소규모 전쟁으로부터 도출된 교훈의 결과였고, 또 한편으로는 급속한 기술 혁신의 결과였으며, 유럽의 인구와 예산 증가의 결과이기도 했고, 점증하는 국제적 경쟁관계의 결과이기도 했다.

그 이전 수세기 동안은 육해군에 있어서의 혁신도 없었고 그 혁신을 채택하는 데 있어서의 경쟁도 존재하지 않았었다. 19세기 이후의 각 세대를 특징짓는 것은 다양한 신종 무기와 그 신종 무기들이 경쟁적인 국가들에 의해서 채택되는 속도였다. 가속화된 혁신의 템포와 그에 수반되는 군비경쟁은 고대의 경쟁형태의 새로운 모습에 불과한 것이라고 주장할 수도 있다. 다시 말해서 군비경쟁은 적대감과 오해가 전례 없는 위험수위에 달했다는 신호가 아니었다. 오히려 군비경쟁은 모든 활동을 재빨리 기계화하는 문명의 변화를 비추는 거울이었다. 군비경쟁이 반드시 전쟁 또는 평화의 원인인 것은 아니었다.

군비증강의 경쟁관계에는 적어도 두 가지 종류가 있을 것이다. 첫째는 급격한 군사적 혁신, 전쟁의 성격변화, 정부의 수입증대 그리고 기타 여러 가지 변화의 결과로 나타나는 것이다. 이와 같은 경쟁관계에는 '군비경쟁'이라는 표현이 잘못된 것이다. 그러나 두 번째 종류의 군비경쟁은 본질적으로 특정한 국가들 사이의 치열한 경쟁 관계에 의해서 박차가 가해지는 것이다. 1914년 이전 10년 동안의 영국 - 독일 해군력 경쟁과 최근 수십 년간의 미국 - 소련의 핵무기 경쟁은 분명히 경주(race)와 비슷하다. 그러나 이러한 경주들도 일반적인 경주에 공통적으로 내재하는 특징을 갖고 있지 않다. 즉 영국과 독일, 미국과 소련의 경주는 공포심보다는 자신감으로 특징지어 진다. 두려움과 초조함 그리고 긴장감 등이

상존하는 것은 틀림없지만 그보다 더욱 중요한 것은 경쟁관계에 있는 국가들이 각기 자국의 협상지위를 존속시키거나 개선시킬 수 있다고 믿는다는 점이다.

실제적인 군비경쟁은 어떤 의미에서 보면 전쟁의 대용물이다. 매우 값비싼 대용물처럼 보일지도 모르지만 전쟁과 비교해 보면 오히려 값싼 것이다. 보통 군비경쟁은 의도적인 전쟁준비, 즉 전쟁을 더욱 임박하도록 하는 경쟁으로 간주되지만 어떻게 보면 신중한 전쟁지연 다시 말해 전쟁보다는 차라리 더 강력한 위협을 구사하려는 시도일지도 모른다. 그것이 전쟁으로 귀결될 것인가 하는 문제는 돌발 사고나 오해 등에 달려 있는 것이 아니라 궁극적으로 상대 국가에게 승리를 거둘 수 있는 국력을 자국이 가지고 있느냐 하는 경쟁국가들의 인식에 달려 있는 것이다.

V

많은 정치학자들과 몇몇 역사가들은 전쟁이 우발적인 것이거나 의도하지 않았던 것이라고 주장해 왔다. 그렇지만 실제로 조사를 해 보면 이 주장에 딱 들어맞는 전쟁의 사례를 찾아내기는 어렵다. 그렇다고 해서 우발전쟁이 일어난 적이 전혀 없었다는 것은 아니다. 그러나 그러한 전쟁의 가능성은 희박한 것으로 보인다. 그 이유는 과거에 그러한 전쟁이 있었다는 증거도 부족할 뿐만 아니라 그 개념에 있어서도 내재적인 혼동이 있기 때문이다.

논의를 위해서 1904년 일본이 러시아의 공격을 받을 위기에 처해 있었다고 오판하고서 기선을 제압, 선제공격을 하기로 결정했다고 가정해 보는 것도 좋을 것이다.27) 그러한 상황이었다고 하더라도 일본은 아마

---

27) 이것은 가설에 지나지 않지만 필자는 이 부분을 집필하고 나서 Frederick McCormick, *The Tragedy of Russia in Pacific Asia* (New York, 1907), Vol. I, p. 78에서 유사한 루머를 읽었다. 뤼순 주재 신문기자였던 맥코믹은 '러시아의

승리를 확신했거나, 적어도 패배의 위험성이 거의 없다는 자신감이 있었기 때문에 전쟁을 선포했을 것이다. 그와 같은 확신은 싸움을 시작하는 국가들에게 공통적인 것 같다. 반대로 일본이 자신의 능력에 회의를 갖거나 패배를 피할 수 없다고 생각했다면 과연 공격을 감행했을까? 아마 일본은 전쟁을 피하려는 생각으로 양보를 제의했을 것이다. 사전에 보류했던 양보를 러시아에게 한다는 사실이 일본 지도자들의 입맛에 그다지 맞지 않는 것처럼 보였을 지는 모르지만 군사적인 패배에 대한 전망보다는 더 구미가 당겼을 것이다.

이와 같은 가상적인 위기상태에서 일본 지도자들이 왜 러시아의 공격을 받을 것이라고 믿었는가 하는 의문을 제기해 보는 것도 중요하다. 실제로는 그렇지도 않았는데 어째서 그들은 공격이 임박했다고 믿었을까? 일본이 세인트 피터스버그 주재 자국 대사로부터 공격계획에 관한 러시아의 공식서류 사본을 입수했다고 가정해 보자. 또 시베리아의 러시아군 이동을 일본이 감지하고 있었다고도 가정해 보자. 사실 그 비밀서류는 위조된 것이었고 군대의 이동은 겨울철 기동훈련에 지나지 않았는데 일본이 잘못 판단했던 것이라고 해 보자. 어째서 일본은 그다지도 심각하게 러시아의 의도를 잘못 읽고 있었을까? 확신할 수는 없지만 아마도 1929년에 발표된 케임브리지의 철학자이자 문학비평가 리처드(I. A. Richards)의 주장에서 찾아볼 수 있을 것 같다. 그의 주장을 읽으면서 우리는 '시'라는 말을 '외교 전송문'으로 바꿔 넣어 보기만 하면 된다.

비록 이것이 공정한 서술방법은 아닐지도 모르지만 기본적으로 어떤 사람이 시를 잘못 해석하는 것은 *그가 시를 읽는 그 순간에* 그렇게 하기를 원하기 때문이다. 그가 해석하는 데 사용하는 단어들은 그 자신의 마음속에 자리잡고 있는 가능한 해석 가운데에서도 가장 기민하고 가장 활기 있는 것들이다. 모든 해석은 어떤 관심에 의해서 동기가 유발되는 것이며 떠오르는 개념은

군사계획에 관한 거짓 정보가 포함된 런던으로부터의 전송보도'에 관해 언급하고 있다.

보이지 않는 배후 조종자격인 이러한 관심사의 표현인 것이다.

　만일 일본의 지도자들이 러시아의 의도를 완전히 오해했다면 그것은 아마도 그들이 이미 — 반드시 의식적으로 그런 것은 아니지만 — 세 가지 중요한 결론에 도달해 있었기 때문일 것이다. 첫째는 러시아가 일본의 안보를 위협한다는 것이며, 둘째는 협상을 하기보다는 차라리 싸우는 편이 일본에 유리할 것이라는 점이었다. 그리고 셋째로 일본은 즉시 싸울 준비가 되어 있었다는 것이었다. 이와 같은 상황에서 전쟁이 비의도적인 것이라고는 할 수 없다.

　전쟁을 초래하는 여타의 조건들이 존재하고 있으면 '우발전쟁'의 가능성은 더욱 커지는 것 같다. 아이러니컬하게도 비우발적인 요인들이 강력할 때 '우발'전쟁의 가능성은 커진다. 마찬가지로 전쟁을 하고자 하는 의도가 더 강력하면 오히려 '의도하지 않았던' 전쟁의 가능성이 커진다. 전쟁이 아닌 법률문제로 바꾸어 생각해 보면 강한 살인의도를 가지고 있었던 살인범의 살인행위가 우발적인 범행이었다고 간주될 가능성이 커지는 것이나 마찬가지이다.

VI

　반론이 궁색해졌을 때에는 어떤 전쟁들은 양국 정부의 희망에 반하여 일어났다는 주장이 제기되기도 했다. 범선이나 외교 종사자들이 가장 빠른 뉴스의 전달자였던 시절에는 지구상의 먼 지역에서 벌어지고 있는 전쟁들은 이미 평화조약이 수립된 후에도 몇 달 동안이나 지속되는 경우가 있었다. 1814년 크리스마스 이브에 겐트(Ghent)의 플레미쉬(Flemish)읍에서는 런던의 대표와 워싱턴의 대표가 영국과 미국의 전쟁 종결을 합의하고 있었다. 같은 날 5천 마일이나 떨어진 뉴올리언즈의 외각지역에서는 양국의 군대가 교전하고 있었는데, 그들은 잠정적인 평화조약이 서명

206

되었다는 사실을 모른 채 최후의 결전을 계속 준비하고 있었다. 1815년 1월 18일 새벽녘 한 쪽으로는 빽빽한 수풀을 그리고 다른 한 쪽으로는 폭이 넓은 미시시피강을 끼고 주둔하고 있던 미국의 군대가 진군하고 있던 영국군을 향해 정확한 공격을 가했다. 그 결과 영국군 사령관 에드워드 패컨햄 경(Sir Edward Packenham)이 치명적인 부상을 입었고, 약 2천여 명의 병사들이 사상 또는 생포되었다. 1주일 후 영국의 소함대는 뉴욕항 근처의 봉쇄망을 뚫고 나온 미국의 프리깃함 프레지던트호와 연속적인 전투를 벌였다. 그리고 2월 11일 영국군은 7주나 지난 평화의 소식을 듣지도 못한 채 모바일(Mobile)의 요새를 점령, 366명의 요새 주둔군을 생포했다. 5일 후 워싱턴에서는 겐트로부터 도착한 조약의 문안이 상원에 의해 비준되었다. 그리고 평화의 소식은 멀리 떨어진 수비대와 먼바다에 떠 있는 전투함들에 천천히 전달되었다.[28]

유럽에서부터 멀리 떨어진 지역에서는 본국 정부들의 평화조약 서명 후에도 전쟁이 지속될 수 있었던 것처럼, 본국의 정부들이 싸울 것인가 어떻게 할 것인가를 결정하기 전에도 전쟁은 시작될 수 있었다. 본국에서 멀리 떨어진 지역에서 경쟁상태에 있던 군대와 군함들은 단지 본국에서 멀리 떨어져 있다는 이유만으로도 일종의 독립성을 확보할 수 있었다. 1759년 벵갈 지역에서는 네덜란드의 군대와 영국군이 캘커타로부터 위쪽으로 흘러나오는 훌리(Hooghly)강을 따라 의도적으로 충돌했는데, 네덜란드의 함대가 나포되고 네덜란드의 요새와 교역기지인 친슈라(Chinsura)가 점령되었다.[29] 그러나 그로부터 만 마일 떨어진 곳에서 영국과 네덜란드는 평화상태를 유지하고 있었다. 사실상 영국군은 추밀원의 공식적인 승인 없이 벵갈에서 네덜란드군을 공격했었다. 벵갈 지역의 총독 로버트 클라이브(Robert Clive)는 야전의 대령으로부터 공격을 추밀

---

28) *The Annual Register* (1815), p. 122.
29) *The Annual Register* (1760), p. 235; *The Dictionary of National Bio-graphy*, Vol. Ⅶ, p. 427.

원의 공식적인 명령으로서 추인해 달라는 요청의 메시지를 받았을 때 우연히 카드놀이를 하고 있었다. 귀찮게 추밀원 회의를 소집할 것도 없이 그는 게임하고 있던 카드의 뒷면에다 이렇게 썼다. "한 곳만 공격하라. 추밀원의 명령서는 곧 보내겠다."

여행이 더뎠던 시대에는 북아메리카와 벵갈 지역에서 발생했던 이와 같은 사건들과 유사한 사건들이 매우 많이 일어났다. 그 모두를 의도하지 않았던 전쟁이라고 부를 수는 없다. 분명히 우발적인 것이라고도 할 수 없다. 더욱이 그런 종류의 전쟁들은 지구상 이곳 저곳에서의 접촉이 거의 동시적으로 발생하는 시대보다는 의사소통의 속도가 느렸을 때 더욱 잘 일어날 것으로 기대되었다.

경우에 따라서 전쟁은 본국 정부의 의사에 반해서 시작되거나 계속되기도 했다. 남만주의 철도지역을 통제하던 일본군이 1931년 9월 묵텐시를 접수하고 중국으로부터 만주의 나머지 지역을 빼앗았을 때, 그들이 수행했던 전투행위는 도쿄 정부의 승인을 받은 것이 아니었다.[30] 실제로 야전의 사령관은 공격을 중단하라는 도쿄의 명령을 무시했다. 결국 이 전쟁은 일본 정부에 의해서 의도된 것은 아니었지만 일본의 관동군에 의해서는 완전히 의도된 것이었다. 그리고 관동군은 그러한 항명을 통해서 사실상 만주의 일본 정부가 되었다. 이러한 전쟁을 '의도하지 않은 것'이라고 부르는 것은 게릴라전을 '의도하지 않은 것'이라고 부르는 것과 같다. 아주 빈번하게 게릴라전은 본국 정부의 재가 없이 시작되거나 계속되지만 분명히 단호하고도 의도적인 형태의 전쟁임에는 틀림이 없다.

VII

'의도하지 않았던 전쟁' 그리고 '우발전쟁'의 개념은 오해되기 쉬운

---

30) W. G. Beasley, *The Modern History of Japan* (London, 1963), pp. 244-5.

것 같다. 핵시대에 있어서 이러한 개념들의 갑작스런 유행은 전쟁에 대한 정당한 초조감뿐만 아니라 전쟁의 원인에 관한 무지를 반영하는 것이기도 하다. 전쟁에 있어서 비의도적인 것은 싸우겠다는 결정에 관한 것이 아니라 싸움의 결과에 관한 것이라고 하겠다. 대개의 경우 전쟁은 교전국가들이 의도했던 것보다도 장기적이었고 또 비용도 많이 들었다. 무엇보다도 대부분의 전쟁들은 승리를 기대했던 적어도 어느 한 국가가 패배함으로써 끝이 났던 것 같다. 모든 전쟁의 직전에는 적어도 어느 한 국가가 자국의 협상지위를 오판하고 있었다. 그러한 의미에서라면 전쟁은 오해로부터 비롯되는 것이다. 그리고 그러한 의미에서라면 모든 전쟁은 우발적인 사고인 것이다.

제 **10** 장
목적과 무기

I

대부분의 일반적인 전쟁론의 한 복판에는 범죄자가 위치한다. 이 범죄자를 지목하는 데 여러 논란이 있을 수 있지만, 범죄자가 존재한다는 사실만큼은 널리 믿어지고 있다.

18세기의 많은 철학자들은 절대군주의 야심이 전쟁의 주요 원인이라고 생각했다. 따라서 군주의 힘을 약화시키면 전쟁이 줄어들게 될 것이라고 생각했다. 또 다른 이론은 많은 전쟁들이 식민지 및 상업을 위한 영국 - 프랑스의 경쟁관계로부터 비롯되었다고 주장했다. 국가의 이러한 욕구를 억제하면 보다 손쉽게 평화가 유지될 수 있으리라는 것이었다. 프랑스 대혁명 직후에 잇달아 발생한 전쟁들은 민중혁명이 국제전쟁의 주요 원인이 되어 가고 있다는 생각을 강화시켜 주었다. 19세기에는 골치 아픈 자신의 국가를 영광스런 대외전쟁을 통해서 단결시켜 보려는 군주들이 주로 범죄자들처럼 보였다. 19세기가 끝날 무렵에는 시장이나 투자의 배출구를 찾으려는 자본가들의 활동이 가장 인기 있는 전쟁의 악역이 되어 있었다. 제1차 세계대전을 통해서 많은 저술가들은 군비경쟁과 무기상인들이 악한이라고 확신했으며, 두 차례 대전은 군국주의적인 정치체제가 평화의 주요 교란자라는 생각을 강화시켜 주었다.

이와 같이 전쟁론들의 대부분은 번성했다가 곧 시들어 버리고는 다시

새 옷으로 갈아입고 나타나곤 했다. 중상주의가 전쟁의 주요 원인이라는 18세기의 믿음은 보어 전쟁과 제1차 세계대전을 통해서 영국인 홉슨(J. A. Hobson)과 러시아의 망명정객 레닌에 의해서 새로운 옷이 입혀졌다. 그리고 무기제조업자들이 전쟁의 주요 음모자들이라는 논리는 베트남전쟁의 확대과정을 설명하는 데 재활용되었다. 이러한 형태의 설명들이 자꾸 부활하는 이유는 아마도 그 속에 전쟁 그 자체의 해결책을 내포하고 있기 때문일 것이다. 즉 이 설명들은 특정의 범죄자를 지적해 주기 때문에 전쟁을 없애기 위해서는 그 범죄자를 제거하기만 하면 되는 것이다. 독재자, 자본가, 군국주의자, 무기제조업자 또는 기타 악한들 중 어느하나를 제거하면 평화가 유지될 수 있다는 것이다. 실제로 이와 같은 많은 전쟁론들의 인기를 유지하도록 해 준 것은 질병에 대한 분석이 아니라 해독제 — 그 해독제가 민주주의이든, 사회주의이든, 아니면 자유무역이든 — 에 대한 열정 때문인 경우가 많았다.[1]

이 이론들은 야심과 동기가 전쟁의 지배적인 원인이라고 가정한다. 전쟁은 점점 문명에 대한 사악한 범죄행위로 비난받고 있기 때문에 전쟁의 원인에 대한 모색이 때로는 악한을 찾아내려는 일이 되는 것은 이해할 만 하다. 그와 같은 탐색의 과정은 남아 있는 전쟁기록들의 도움을 받는다. 모든 전쟁 — 스페인 계승전쟁이든 아니면 현대의 사이공 계승전쟁이든 — 의 발생을 둘러싼 굉장히 많은 문건들은 상대방을 비난하려는 시도들 투성이다. 남아 있는 전쟁기록들은 범죄행위에 대한 암시와 비난 등으로 오염되어 있으며, 그러한 악영향들 중의 어떤 부분은 몇 세대 혹은 몇 세기 후에 그 전쟁을 연구하는 사람들의 저작에까지 미치기도 한다.

---

[1] 전쟁의 목적을 단순화하려는 시도의 타당성을 의심할 수도 있지만 때로는 과잉단순화가 필요하다고 할 수도 있다. 장기간을 포괄하는 정치사를 서술하는 사람들은 전쟁의 목적을 단순화하지 않으면 안 된다. 지면이 제약되어 있고 각 교전국가들의 목적에 관해 토론할 여유가 거의 없다면, 단지 한 두 가지의 목적만을 추출할 수밖에 없다. 이것은 피할 수 없는 것이며 고의적인 것은 아니다.

전쟁에 관한 많은 연구들이 악한을 찾아내는 과정이고, 또 증거 그 자체는 비난을 할당하려는 노력에 이끌리기 때문에 많은 전쟁론들과 개별적인 전쟁에 관한 설명들이 '침략자들'의 목적에 초점을 맞추고 있다는 사실은 그다지 놀랄 만한 일이 못된다.

특정 전쟁의 원인을 둘러싼 대부분의 논쟁들도 국가의 목적에 주목한다. 크리미아 전쟁에서 프랑스와 영국은 러시아에 대항하는 터키를 지원함으로써 무엇을 얻으려고 했는가? 1870년 프러시아 - 프랑스 전쟁의 직전에 비스마르크와 나폴레옹 3세의 야심은 무엇이었는가? 제1차 세계대전의 발발에 대해서는 누가 가장 비난을 받아야만 하는가? 학교와 대학에서 항상 출제되는 시험문제 — 어떤 전쟁의 정치적, 경제적 또는 종교적 주요 원인 — 는 야심이 전쟁이해의 열쇠라는 강한 전통을 반영하고 있다.

베트남 전쟁의 원인에 관한 현재의 논쟁은 결국 풍요로운 전통의 연장선에 있다. 펼쳐진 단어들의 길이로 측정하면 그 어떤 전쟁 이야기보다 가장 방대한 것이 될 것이지만, 주된 내용은 결국 야심과 동기에 관한 전통적인 논쟁으로 귀결된다. 베트남에서의 전쟁은 미국 자본가들의 시장 및 투자 배출구에 대한 욕구에 의한 것, 미국 군수물자 납품업자들의 압력에 의한 것, 공산주의에 대한 미국의 적개심에 의한 것, 모스크바와 북경의 십자군적 야심에 의한 것, 하노이의 공격적인 민족주의 혹은 공산주의에 의한 것, 또는 다른 목적들의 앞뒤 가리지 않는 충돌에 의한 것 등으로 다양하게 해석되어 왔다. 논쟁의 핵심은 압력이나 야심이 전쟁의 주요 원인이라는 가정이다.

II

전쟁이 단순히 목적들의 충돌에 의해서 야기된다는 생각은 본질적인 만족감을 제공해 준다. 군주, 재상, 대통령, 참모총장, 대주교, 편집자,

지성인 그리고 환호하거나 침묵하고 있는 군중 등이 전쟁 직전에 가졌던 야심들을 밝혀 낼 수 있을 경우에만 역사가들이 전쟁의 원인을 궁극적으로 이해할 것이라는 점은 쉽게 믿을 수 있다. 그러나 야심에 집착하는 많은 설명들에는 보이지 않는 약점이 있다. 그 설명들은 전쟁을 피할 수 없도록 강력하게 강요했던 바로 그 야심을 묘사하고 있다. 야심 — 권위를 위한 것이든, 이념을 위한 것이든 아니면 시장 혹은 제국을 위한 것이든 — 을 근본적인 원인, 기초적인 원인, 뿌리깊고 잠재적인 혹은 장기적인 원인으로 서술하는 것은 그와 같은 해석의 품질보증서나 거의 다름없다. 이러한 원인들이 전쟁을 산출해 내기 위해서는 사소한 사건을 도발하는 일만이 필요할 뿐이다. 이 사소한 사건들은 대개 전쟁의 원인(cause)과는 구별되어 전쟁의 유인(occasion)이라고 불려진다. 때때로 전쟁 직전에 발생한 사건들은 단기적인 원인이라고 불려지기도 하지만 그것도 장기적인 원인이 더욱 강력하다는 가정 하에서이다.

이와 같은 인과관계의 개념은 독특한 형태를 띠고 있다. 그러한 논리를 펴는 사람들은 갈등이라는 것을 잠들어 있는 것처럼 보이기는 하지만 실제에 있어서는 공포의 그 날로 점차 접근해 가고 있는 하나의 화산이라고 간주한다. 그들은 갈등이라는 것을, 아주 천천히 열을 끌어 모아서 마침내 끓어 넘치려고 하는 물이라고 생각한다. 전쟁 직전에 발생하는 사건들이 화산이나 주전자에 마지막으로 약간의 열을 가해 준다는 것이다. 이것은 단선적인 주장이다. 즉 전쟁의 원인은 마치 온도를 나타내는 그래프와 같아서 그래프 상의 최후의 상승 움직임이 평화로부터 전쟁으로의 전환을 표시해 준다. 만약에 그러한 그래프가 실제로 전쟁의 도래를 묘사하는 효과적인 방법이라면 전쟁이 끝날 무렵에는 온도 곡선이 하강하는 모습을 보게 되리라고 기대할 수도 있을 것이다. 뿐만 아니라 만일 전쟁 직전에 사소한 사건들이 갈등을 전쟁으로 유도하는 장기적인 원인들을 전환시킬 수만 있다면 비슷한 사건들로 인해 전쟁으로부터 평화로의 전환이 촉진되리라고 기대할 수도 있을 것이다. 그러나 그러한 설명들도 전쟁의 종결을 위해서 제공되지는 않는다. 만일 전쟁에 대한 설명의 틀이 평화에 대한 설명에도 유효하다고 믿는다고 해도 화산이나 주전자 이론은 매우 의심스럽다.

어떠한 설명에 있어서도 틀(framework)이라는 것은 매우 중요하다. 지식의 모든 분야에 있어서 보편적으로 받아들여진 설명들은 나열된 증거보다는 증거에 대한 논리적인 틀로서 제공되는 선입견에 더 좌우된다. 틀이라는 것은 어떠한 증거가 모색되어져야 하고 또 버려져야 되는 것인가를 결정하기 때문에 증거를 지배하기 마련이다. 우리들이 지니고 있는 논리적인 틀의 개념은 때때로 무의식적인 것이고, 이러한 모호함이 본질 파악의 수단을 확대시켜 주기도 한다. 야심을 강조하는 전쟁론은 설득력은 있지만 위태위태한 틀에 의존하고 있다고 말할 수도 있을 것이다.

프레드릭 대제, 나폴레옹 그리고 링컨 대통령과 같은 사람들의 정책은 전쟁을 이해하는 데 있어서 분명히 중요하다. 뿐만 아니라 그들이 활동하고 있는 권력핵심집단의 희망이나 그들이 이끌고 있는 국민의 희망도 전쟁을 이해하는 데 긴요하다. 마찬가지로 그들을 둘러싸고 있는 모든 주변국가들 ─ 이 국가들이 싸움을 열망하고 있든지 아니면 바라지 않고 있든지 ─ 의 목적도 중요하다. 그러나 많은 전쟁들의 목적에 관한 연구가 과연 유용한 패턴을 제공해 줄 것인가 하는 점에 대해서는 의심의 여지가 있다. 수세기에 걸쳐서 전쟁에 돌입한 국가들의 주요 목적이 단순한 경제적, 종교적 또는 정치적 공식으로 묶여질 수 있다고 할 만한 증거는 희박하다. 지난 장구한 세월 동안 영토나 시장에 대한 야욕 또는 이데올로기를 전파하려는 야심이 다른 모든 전쟁목적들을 좌우하는 경향이 있었다는 증거도 없다. 어느 한 세대에 있어서는 어떤 종류의 목적들이 지배적이었다고 주장하기는 더욱 더 어렵다. 주지하는 바와 같이 16세기에는 전쟁의 주요 '원인들' ─ 주요 목적들을 의미함 ─ 이 종교적인 것이었고, 18세기의 여러 국면에 있어서는 왕조적이거나 상업적인 것이었으며, 19세기에는 민족주의적이거나 경제적인 것이었다고 한다.[2] 그러나

214

전쟁을 치르기로 결정하는 데 역할을 한 사람들은 결정했던 그 주간(週間)에도 마음이 왔다 갔다 했고, 또 전쟁의 동안에는 틀림없이 변화된 다양한 목적들을 추구했던 것으로 보인다.

전쟁목적에 관해서 자신 있게 제시될 수 있는 일반론이 한 가지 있다. 즉 전쟁의 목적들은 다양하게 표현된 여러 가지 권력(power)일 뿐이라는 것이다. 공허한 민족주의, 이데올로기 전파의 의지, 인접지역의 종족 보호, 더 많은 영토나 상업에 대한 욕구, 패배나 모욕에 대한 보복, 민족적 강대함이나 독립에 대한 열망, 동맹을 강화하거나 공고화하고자 하는 희망 — 이 모든 것들은 겉모양만 다른 권력을 의미한다. 경쟁하는 국가들이 지니고 있는 목적들 간의 갈등은 언제나 권력의 갈등이다. 권력이란 것은 당면한 문제일 뿐만 아니라 그 문제를 해결하려는 결정이기도 하다. 따라서 평화적인 방법에 의해서든 호전적인 방법에 의해서든 문제는 대개의 경우 상대적인 권력평가에 의해서 결정지어진다.

III

목적을 강조하는 설명들은 경쟁과 적대감의 이론이라고 할 수는 있지만 전쟁에 관한 이론은 되지 못한다. 그 설명들은 국가들 사이의 점증하는 경쟁관계를 설명하는 데에는 유용하지만 그러한 경쟁관계가 어째서 전쟁으로 귀결되는가를 밝혀 주지는 못한다. 즉 국가들 사이의 심각한 불화가 반드시 전쟁으로 종결지어지는 것은 아니다. 전쟁이 아닌 다른 형태로도 얼마든지 발전할 수 있는 것이다. 예를 들면 외교관계의 단절, 강력한 제3국의 평화적인 개입, 경제적 봉쇄, 군비지출의 증가, 관세의 부과, 무혈 침공, 동맹국들에의 협조요청 등이 있을 수 있으며 심지어는

---

2) 예를 들면 Nef, p. 266; 1640년부터 1740년까지 '전쟁의 원인은 주로 경제적인 것에서 비롯되었다.'

성공적인 회담을 통한 긴장완화까지도 발생할 수 있다. 물론 이와 같은 다양한 형태의 갈등은 전쟁의 도래를 단지 연기시키는 데 불과할 뿐이며, 전쟁에 휩쓸리지 않더라도 심각한 경쟁 및 적대관계는 한 세기 동안이나 지속될 수도 있다. 1815년에서 1900년 사이에 영국과 프랑스는 위험천만한 위기들을 넘겼던 심각한 경쟁관계에 있었지만 그렇게 빈번하게 예상되었던 전쟁은 끝내 일어나지 않았다.

이러한 종류의 해석은 전쟁은 물론 평화의 원인들에 관해서도 모호한 태도를 취한다고 할 수 있다. 이러한 해석의 지지자들은 대개의 경우 어째서 전쟁이 종결지어지는가 하는 문제는 무시해 버린다. 결국 자신들로 하여금 전쟁의 원인분석의 수정을 강요하는 바로 그 사건은 무시해 버리는 것이다. 예를 들어서 제1차 세계대전의 주요 원인이 유럽을 지배하려는 베를린 정부의 야욕이었다는 널리 알려져 있기는 하나 의심의 여지가 많은 믿음에 대해 한번 생각해 보자. 만일 지금 그러한 설명이 확실한 근거가 있는 것이라면 1918년에 뒤이어 수립된 평화의 주요 원인은 무엇이었을까? 독일의 야심을 분쇄함으로써 평화가 도래했다고 답하는 것이 이러한 해석과 합치하는 것이 될 것이다. 그러면 그러한 야심은 왜 분쇄될 수밖에 없었는가? 1918년 10월에 이르러 독일의 군사력 — 그리고 그것의 핵심적인 요소는 사기(morale)이다 — 은 더 이상 지탱할 수 없게 되었다. 목적만을 강조해서는 1918년 평화에 대한 독일의 열망을 설명할 수가 없다. 그러므로 1914년 전쟁에 돌입하기로 한 독일의 결정도 목적이라는 측면에서 강변한다면 이것은 놀라운 일이다. 사실 1914년 당시 독일의 지도자들이 자국 군사력이 적정수준에 이르지 못했다고 믿었다면 독일의 목적이 그렇게까지 높아지지는 않았을 것이다. 전쟁 발발 당시에 수상이었던 베트만 - 홀베크는 후에 1914년 당시의 독일은 스스로의 힘을 과대 평가하고 있었다고 고백했다. "우리 국민은 지난 20년 동안 놀랄 만큼의 발전을 이룩해 왔었기 때문에 세계의 다른 국가들과 비교해서 우리 자신의 거대한 힘을 과대 평가하려는 유혹에 쉽게 굴복하는 사람이 많았다."[3]

한 가지 결론이 명백해진다. 즉 전쟁에 관한 어떤 설명이든지 야심에만 초점을 맞추는 것을 받아들이고 그러한 야심을 실행에 옮기는 수단을 무시하는 것은 위험하다. 한 정부의 목적은 그 목적을 수행할 만한 충분한 힘이 있는가 없는가 하는 자체적인 평가에 의해서 강한 영향을 받는다. 실제로 이 두 가지 요소는 조용히 그리고 신속하게 상호작용을 한다. 1933년 히틀러가 정권을 장악하고 게르만의 영광을 재현하려는 장기적인 포부를 가지고 있었을 때, 그의 야심만을 가지고는 강력한 대외정책을 펼 수가 없었다. 1933년 당시 히틀러의 대외정책은 스스로 생각하기에 활용할 수 있는 수단만큼이나 미약한 것이었다. 그 자신의 주장에 의하면 최초에는 군사적, 외교적인 무기가 대담한 외교정책을 펼 수 있게 해준 것은 아니었다. 어느 한 특정한 전쟁에 관한 한 가장 훌륭한 저작의 하나인 A. J. P. 테일러의 『제2차 세계대전의 기원』에 의하면 히틀러는 목적을 달성하기 위해서 활용할 수 있는 수단을 담금질해 낸 빈틈없는 기회주의자였다. 히틀러는 독일 재무장을 시작하면서 자신의 야심뿐만 아니라 유럽에서의 독일의 협상지위에 대한 자신의 감각에 따라서 행동했다. 만일 프랑스나 러시아가 독일의 항공기, 잠수함 및 탱크 등의 건조를 강력하게 막으려고 했다고 믿었다면 그는 재무장을 하지 않았을 것이다. 1933년부터 전쟁이 시작된 1939년 사이에 히틀러가 내린 주요 결정들에 있어서 그의 단기적인 목적과 독일의 협상지위에 대한 그의 감각은 순조롭게 진행되었기 때문에 그의 야심이나 독일의 힘에 대한 일정치 않았던 감각이 뚜렷하게 나타났는지 어떤지를 구별하기는 어렵다. 기회와 야심 — 또는 목적과 무기 — 은 서로 상호작용을 하기 때문에 이 두 가지는 본질적으로 불가분의 관계에 있다. 이러한 상호작용은 베를린에만 국한된 것은 아니었으며 1930년대의 런던, 파리, 바르샤바, 모스크바,

---

3) Fischer, p. 637.

로마, 프라하 등 모든 열강의 도시에서도 마찬가지였다.

한 정부의 단기적인 목적들과 그 목적 수행을 위한 정부 자체의 능력에 대한 평가는 언제나 어떤 조화를 이루고 있다. 얼핏 보기에는 이런 주장이 터무니없는 것처럼 보일지도 모른다. 지난 수세기 동안에 걸쳐서 많은 국가들은 지나친 술책을 부리다가 무리를 하여 전쟁에서 참패하기도 했다. 그렇지만 그러한 국가들이 전쟁에 돌입했던 것은 승리할 수 있을 만큼 충분히 강하다는 믿음에서였다. 그렇지 않았다면 그렇게까지 싸우려는 열의를 갖지는 않았을 것이다. 그러므로 1960년대 초반 베트남에서의 미국의 전쟁목적은 미국의 대다수 지도자들이나 보좌관들이 평가했던 것처럼 총체적인 미국의 힘을 벗어나는 것으로 보이지는 않았다. 이와 같은 조화는 절대로 놀라운 일이 못되는데, 한 국가의 정책과 자국의 힘에 대한 스스로의 인식은 동일한 심리구조의 산물이기 때문이다. 즉 예민해졌든 무디어졌든, 현실에 대한 동일한 감각을 반영하는 것이다. 무엇을 달성해야 하는가와 무엇이 성취될 수 있는가는 같은 사람이 결정한다.

전쟁의 원인에 관한 유용한 일반론은 결국 전쟁돌입의 결정에 있어서 발언권을 지닌 사람들의 마음속을 들여다보는 것에 지나지 않는다. 혹자는 그렇다면 결국 논의의 방향은 궁극적으로 이러한 심리과정, 즉 개인에 따라서 그리고 더 나아가서는 모름지기 시대에 따라서 그 심리과정이 어떻게 다양하게 나타나는가를 이해하는 데에서 결정되는 것이 아니냐고 의문을 제기하기도 한다. 그리고 심지어는 빈약한 지식만을 가지고도 지난 300년 동안 내려진 수백 명의 군주, 대통령, 수상 그리고 참모총장의 결정들이 결국 비슷한 상황에 처했을 경우 많은 공통점을 지니고 있을 것이라고 추측할 수도 있다. 만일 그렇지 않다면 전쟁과 평화의 발생에 있어서 패턴이란 것은 존재하지 않을 것이다.

권좌에 있던 사람들은 모두 권력의 전문가들이었기 때문에 그들의 행동양식은 많은 공통점을 지니고 있었다. 주지하다시피 몇몇 세습군주들 특히 젊고 발광적인 군주들은 권력의 어떤 측면에 대해서는 무관심했을지도 모르지만, 그렇기 때문에 더욱 더 그러한 군주들은 독단적인 조정에서 훈련되어 의심의 여지없이 권력의 전문가들이 된 각료들이나 보좌관들에게 자신들의 권위를 양도하거나 의존했던 것이다. 따라서 자국의 힘에 대한 지도자의 인식이 그 국가의 대외정책에 강력하고도 지속적인 영향을 미쳤다는 사실은 이해할 만 하다. 만일 그들이 자국의 힘이 약하다고 생각했다면 그에 맞춰서 국가의 목적도 재조정되었을 것이다. 반대로 자국의 힘이 강하다고 믿었다면 국가의 목적은 또 다르게 재단되었을 것이다.

IV

레닌의 저작들은 정책결정자의 야심에 주로 의존하고 있는 전쟁론들의 약점을 잘 요약하고 있다. 제1차 세계대전이 발발했던 처음 몇 달 동안 레닌은 스위스의 베른에서 망명생활을 하면서, 1차 대전에 관한 모든 해설서 가운데에서도 가장 널리 읽혀졌음이 분명한 저작을 집필했다. 러시아로 몰래 흘러 들어오고, 스위스에서는 공공연히, 그리고 오스트리아에서는 은밀하게 판매되었으며, 마침내는 많은 지역에서 도그마로서 평판이 자자해진 자신의 단호한 에세이와 팜플렛에서 레닌은 다음과 같은 질문을 던지고 있었다. 즉 모든 국가와 계급은 이번 전쟁에서 무엇을 얻으려고 하는가? 그에 의하면 선진 자본주의 국가들은 시장과 식민지, 독점산업 그리고 이윤과 전리품을 획득하기 위해 전쟁을 시작했다. 경제적 후진국가인 러시아는 자본주의의 압력 때문이 아니라 영토와 권력에 대한 갈망 때문에 전쟁으로 끌려 들어갔다.[4] 그는 "짜리즘은 이번 전쟁을 국내의 고조된 불만상태로부터 관심을 다른 데로 돌리기 위한

---

4) V. I. Lenin, *Collected Works* (Moscow, 1964), Vol. XXI, pp. 27, 301.

수단 및 점증하는 혁명운동을 억압하기 위한 수단으로 간주하고 있다"고 덧붙였다.5) 산업 열강의 통치자들조차도 당시의 전쟁을 국내적 긴장상 태를 진압하기 위해 꾸며진 부분적으로는 국수주의적인 곡예로 간주했 으며, 레닌에게는 실망스러운 것이었지만 그러한 곡예는 처음에는 수백 만 명의 피를 끓게 만들고 심지어는 대부분의 사회주의자들의 마음까지 빼앗았다. 경제적인 탐욕과 희생양을 찾기 위한 노력, 바로 이것이 제1차 세계대전에 대한 레닌의 설명의 핵심이었다.

무력(force)에 대한 통찰력이 있고, 또 무력에 의해서만 무산계급의 낙 원이 창조될 수 있다고 강하게 믿었던 레닌은 1914년의 유럽이 무력을 선택했던 이유에 대해서는 거의 언급하지 않았다. 레닌은 스스로 유럽 각국의 정부 및 압력단체들의 목적이라고 믿었던 것을 설명하면서도 어째서 그들이 전쟁에 의해서 그러한 목적을 달성할 수 있다고 믿었는지 에 대해서는 아무런 설명도 하지 않았다. 1915년에 출간된 자신의 팜플렛 『사회주의와 전쟁』(Socialism and War)에서도 레닌은 전쟁은 폭력적 수단 에 의한 정치의 연속이라는 클라우제비츠의 주의 깊은 명제를 긍정하고 있지만, 왜 폭력(violence)이 선택되었는가를 설명하는 것은 거의 잊고 있었다.6) 그의 대부분의 에세이나 짧은 논문들은 그런 문제에 대해서 단지 한 문장만을 할애하고 있다. 그럼에도 불구하고 그것은 통찰력 있는 문장이었다. 그것에 따르면 독일의 부르주아지는 승리에 유리한 시간을 선택했다. 즉 그들의 군사장비는 적보다 우월한 것이었지만 러시아의 대규모 무장계획의 관점에서 보면 독일의 무력상의 우월성은 그다지 오래 지속될 수 없는 것인지도 몰랐던 것이다.7) 레닌은 노동자, 농민 그리고 참호 속의 병사들에게 그 전쟁으로부터는 아무 것도 얻을 수 없다고 설득하려고 했기 때문에 그가 유럽 통치계급의 이기적인 목적들

---

5) *Ibid.*, p. 306.
6) *Ibid.*, p. 304.
7) *Ibid.*, p. 28.

을 강조했다고 해서 놀랄 것은 없다. 그가 관심을 가졌던 것은 왜 전쟁이 일어났는가에 대한 설명이 아니라 그 전쟁이 어째서 정당하지 못한 것인가에 대한 설명이었다. 오랜 망명생활 중의 레닌은 주로 선전 선동가였다. 사실상 (개인 혹은 집단의) 야심을 압도적으로 강조하는 거의 모든 전쟁 이론들은 일종의 선전이다. 그 이론들은 어느 한 집단이나 계급 또는 기관을 비난의 대상으로 지목하도록 되어 있다. 비난의 타깃을 선택하는 일도 전쟁에 대한 연구의 결과가 아니라 좀더 넓은 맥락 속에서의 행위에 관한 깊은 신념으로부터 비롯된다.

레닌의 유명한 이론은 1914년 유럽의 지도자들이 전쟁과 평화의 양자택일의 상황에 직면했을 때 그들의 마음속을 들여다보아야 한다고 강변했다. 나중에 동부 전선과 러시아의 도시들에서의 교전 증가로 인해 레닌은 전쟁과 평화의 갈림길에서 결단을 내릴 기회를 맞이하게 되었다. 1917년 3월에 러시아에서 제1차 러시아 혁명이 일어나자 독일 정부는 이와 같은 소요상태 때문에 러시아가 신속히 전쟁으로부터 철수하지 않으면 안될 것이라고 판단했다. 소요를 부채질하기 위해 독일 정부는 레닌과 볼셰비키들이 호위열차를 이용 스위스로부터 발틱으로 여행할 수 있도록 주선하였고, 이들은 조용히 스웨덴과 핀란드를 거쳐서 세인트 피터스버그로 이동했다.[8] 1914년 독일에 대한 증오의 불길 속에서 페트로그라드(Petrograd)로 개명되었던 세인트 피터스버그는 1917년 11월에 레닌과 그의 볼셰비키 동료들이 '평화 그리고 빵'이라는 단순한 슬로건을 내세워 권력을 장악했기 때문에 곧 다시 레닌그라드로 개칭되었다. 새로운 정부의 첫 번째 결정 중의 하나는 독일의 최고사령부에 동부 전선에서의 정전을 제안하는 메시지를 방송하는 것이었다. 잠정적인 휴전협정은 12월 5일에 조인되었다. 철도교통의 요지이자 요새이기도 한 브레스트 - 리토프스크(Brest - Litovsk)에서 독일, 오스트리아, 터키 그리고 불가리아의 대표들

---

8) Fischer, pp. 366 7.

은 평화조건에 관해 러시아인들과 협상을 시작했다.

  레닌과 정부의 위원회는 이제 협상 테이블에서 독일이 요구하는 가혹한 양보를 해야 할 것인지 아니면 교전을 재개할 것인지를 결정해야만 했다. 결국 레닌은 개인적으로 이미 3년 전에 베른에서 자신이 서술한 바 있던 딜레마를 이제는 페트로그라드에서 스스로 마주하게 되었다. 1918년 1월 21일 그는 볼셰비키당의 약 60여 명의 간부들이 모인 회합에서 자신의 견해를 밝혔다. 그는 브레스트 - 리토프스크 요새에서 독일 대표단이 트로츠키에게 요구했던 배상금 지불과 영토의 양보를 하고 싶지 않았다. 그는 독일의 산업도시들에서의 사회주의 혁명에 박차를 가하겠다는 희망을 가지고 독일에 대한 새로운 혁명전쟁을 시작하고자 했다. 그러나 이러한 목표들은 실현 가능성이 없는 것들이었다. 그는 "현재의 상황으로 보아서는 러시아군이 결코 독일의 공세를 격퇴시킬 만한 상태에 있지 않다"고 설명했다. 실제로 수만 명의 농민군대가 전선으로부터 동쪽으로 퇴각하고 있었고 이들 오합지졸들은 역과 기차로 몰려들어서 움직이는 기차의 지붕에 올라 타 많은 숫자가 얼어죽어 갔다. 레닌은 대부분의 병사들이 탈진상태에서 굶주리고 있다고 강조했다. 먹이가 부족했기 때문에 말들은 대포를 끌 수도 없었다. 식량은 부족하고 보급로는 혼돈상태였다. 리가(Riga) 동쪽의 발틱연안에서는 독일세력이 강대하고 상대적으로 러시아의 방어가 취약했기 때문에 만일 전쟁이 재개된다면 독일의 공격으로 페트로그라드는 쉽사리 함락될지도 몰랐다.9) 따라서 레닌의 생각으로는 승리의 가능성이 거의 보이지 않는 상황에서 새로운 러시아가 혁명전쟁을 개시한다는 것은 어리석은 짓이었다. 그보다도 볼셰비키는 경제와 군대를 재정비하고, '부르주아 계급의 필사적인 저항을 분쇄'하며 러시아에서의 사회주의를 공고히 하기 위한 평화를 추구해야만 했다.

---

9) Lenin, Vol. XXVI, p. 447.

레닌의 견해는 러시아의 취약함에 대한 올바르고도 현실적인 검토였다. 그것은 평화냐 아니면 전쟁이냐 하는 결정은 궁극적으로 권력에 대한 고려에 의존한다고 하는 가정을 반영하고 있었다. 오랜 세월에 걸쳐 전쟁과 평화에 대한 결단을 내려야만 했던 수많은 지도자들과 마찬가지로 레닌은 자신의 국가가 그 의지를 적에게 강요할 수 있을 만큼 충분히 강력한가 아닌가 하는 것이 중심문제라는 결론을 내렸다. 스스로도 잘 깨닫지 못하고 있었겠지만 결국 그는 제1차 세계대전의 원인에 관한 자신의 유명한 해석이 의존하고 있던 틀을 반박하고 말았다.

평화에 대한 그의 호소는 처음에 모스크바에서 온 열성적인 대표들에 의해서 거부되었다. 레닌은 "그들이 새로운 사회 - 경제적, 정치적인 상황을 제대로 파악하지 못하고 있다"고 개탄했다.10) 볼셰비키는 일종의 타협안으로서 브레스트 - 리토프스크에서의 협상을 지연시키려고 했다.11) 1918년 2월 10일 외무인민위원인 레온 트로츠키는 자신의 대표단을 이끌고 회의장으로부터 철수하여 러시아로 되돌아 왔다. 그로부터 8일 후 정전상태가 기한 만료되고 협정갱신을 위한 러시아 대표단의 참석이 없자 독일은 러시아에 대한 전쟁을 재개했다. 독일군은 평상시의 군사작전처럼 정확하게, 아무런 저항을 받지 않고 발틱연안을 따라 그리고 우크라이나의 평원을 가로질러 진격해 들어왔다. 레닌의 판단이 옳았음이 입증되었다. 볼셰비키의 지도자들은 이전에 자신들이 거부했던 것보다 훨씬 더 가혹해진 독일의 평화조건을 신속하게 수락하지 않으면 안되었다. 3월 3일 러시아인들은 평화조약에 서명하고 북서지역의 광대한 지역과 코카서스 일대를 넘겨주고 말았다. 전쟁에 관한 유명한 해석의 권위자가 권력의 정상에 올라서서 전쟁과 평화의 원인에 대한 자기 자신의 가정들을 검증하지 않으면 안되었던 경우는 많지 않다. 그런데 이상하

---

10) *Ibid.*, p. 451.

11) *Ibid.*, pp. 572-3.

게도 1914년의 전쟁의 원인에 관한 레닌의 이론적인 해석은 기억되고
있다. 전쟁과 평화의 원인에 대한 그의 실천적인 해석은 잊혀져 있는데도
말이다.12)

---

12) 전쟁에 대한 설명으로서 동기에 의존하는 일은 전쟁의 역사에서보다는 신문이나
정치적인 연설, 정치적인 소책자 그리고 일상의 대화에서 더욱 더 눈에 띈다.
그것은 비록 부분적으로는 사건들을 단순화시키기 위한 필요성에서 그리 했는지
는 몰라도 중등학교의 교과서에 만연되어 있다. 경제사학자들이나 사회사학자들
그리고 전쟁이란 것이 단지 제한적인 관심사밖에 되지 않는 역사학자들 사이에서
는 그것이 정상적인 것처럼 보인다. 정치사가들 사이에서는 지지자들이 더욱 더
적으며 전쟁의 원인보다는 과정에 더 관심을 갖고 있는 군역사학자들 사이에서의
공통점은 아마도 최소한일 것이다. 특정한 전쟁의 원인에 관한 수백 가지의 논쟁
들이 있었지만 필자가 알기로는 그 논쟁들은 목적에 초점을 맞추는 것들이 대부
분이었고, 목적이 과연 특정전쟁에 관한 적절한 설명이 될 수 있는가에 초점을
맞춘 것은 거의 없었다.
『신판 케임브리지 현대사』는 전쟁에 관한 역사가들의 가정을 위한 일종의 거울이
다. 그 책의 몇몇 기고가들은 특정전쟁들(예를 들어 1853년의 크리미아 전쟁과
1879년 태평양에서의 전쟁)의 발발을 압도적으로 야심의 측면에서 설명하고 있
는 반면에 많은 다른 기고가들은 그렇지 않다. 예를 들면 프러시아 - 프랑스 전쟁
에 관한 마이클 푸트(Michael Foot)의 논문과 미국의 남북전쟁에 관한 해리 윌리
엄즈(T. Harry Williams)의 논문 등 탁월한 두 편의 글은 또 다른 인과관계의
틀을 적용하고 있다.

제 **11** 장
고장난명(孤掌難鳴): 진주만의 신화

I

전쟁에 관한 대부분의 설명들은 어느 한 국가가 전적으로 아니면 주로 비난을 받아야 한다는 점을 가정하고 있다. 사실 비난의 논쟁은 전쟁의 첫 번째 총성이 울리기 이전부터 시작되는 것이 보통이다. 다시 말해서 모든 국가는 자신들은 단지 적의 위협에 대항하고 있을 뿐이라고 주장한다. 전쟁이 계속되면서 논쟁은 인공위성과 전파를 통해서 전 지구로 확산된다. 전쟁이 종결될 때에는 패전국이 전쟁을 도발했다는 내용의 평화조약을 승전국이 확실히 함으로써 논쟁에 종지부를 찍으려 하는 것이 보통이다. 그러나 그렇다고 해서 논쟁이 끝나는 것은 아니다.

II

어느 한 국가가 전쟁을 일으켰다는 생각은 우리에게 본질적인 만족감을 제공해 준다. 전쟁을 도발한 자를 찾아내지 않고서는 그 어떤 전쟁의 발발도 검토하기 어렵다. 뿐만 아니라 어느 한 국가가 전쟁을 시작했다면 그 국가가 전쟁을 일으킨 것이 틀림없다는 결론에 저항하는 것도 어려운 일이다. 더욱이 대부분의 전쟁에 있어서 전쟁을 시작한 국가를 찾아내는 일은 쉬운 것처럼 보인다. 따라서 1904년에는 일본이 러시아에 대해서 전쟁을 시작했고, 1914년에는 오스트리아가 세르비아를 공격했으며, 1950년에는 북한이 한국을 먼저 공격했다고 주장할 수 있다.

그러나 그 발발이 어느 한 국가 때문임이 명백한 이러한 전쟁들을 좀더 면밀하게 검토해 보면 그 명백함이 때로는 희미해지기도 한다. 어째서 그들의 적국이 아니라 그들 자신이 먼저 발포하기 시작했을까 하는 의문을 제기해 보면 여러 가지 참작해야 할 상황들이 많아진다. 1904년 일본이 러시아를 공격한 것은 부분적으로는 러시아가 동아시아에 함대와 군대를 파견, 배치한 데 대한 그리고 외교교섭이 실패한 데 대한 대응이었다. 1812년 미국이 영국을 공격한 것도 부분적으로는 중립적인 미국의 상선들에 대해 영국의 수많은 공격행위가 있었기 때문이며, 그런 의미에서 간헐적인 교전이 공개적인 전투로 바뀐 것에 불과했다. 1803년에 영국이 나폴레옹의 프랑스에 선전포고를 한 것은 부분적으로는 프랑스가 스위스를 침공한 것에 대한 대응이었다. 1754년 북대서양에서 프랑스의 함선들을 공격한 영국의 함대는 영국과 프랑스의 식민지 개척자들이 이미 간헐적으로 싸우고 있던 북아메리카에서의 위기에 대응했던 것이었다. 1778년 오스트리아에 대한 프러시아의 공격은 오스트리아가 바바리아의 일부를 합병함으로써 촉발되었다. 1830년에 프랑스가 알제리를 침공하기 위해 군대를 파견한 것은 공해 상에서 알제리인들의 수다한 해적행위를 응징하기 위해서였다. 1897년 터키의 크레테섬에서 발생한 내란에 그리스가 개입한 것도 그리스가 이미 중재자로 되어 있던 상황에서 상황타개를 위해 군사력을 이용한 것에 지나지 않는다. 그리고 1870년 프랑스는 프러시아에 전쟁을 선포했는데, 이것도 프러시아의 도발에 대한 대응이었다. 이상에서 전쟁이 발발하기 전에 진행된 8가지의 서로 다른 상황을 예시하였지만, 이와 같은 도발적인 상황들은 1700년 이후 발생한 대다수의 전쟁들에 적용된다. 사실 전쟁 이전의 보복이나 도발과 같은 것을 단지 전쟁의 한 단계 전까지만 추적하는 것으로는 충분하지가 않다. 왜냐하면 대개의 경우 전쟁이 시작되기 전에는 일련의 위협이나 사건들이 줄줄이 발생하기 때문이다.

　전쟁의 발발이란 대개 우리들이 상상하는 것과 같은 급작스런 단계는 아니다. 더욱이 두 국가가 호전적인 행위를 하고 있는 상태에서 한 국가가 그러한 갈등상태를 보통 전쟁이라고 불리는 단계로 확대시켰을 경우 반드시 그 시점에서 확전이 멈추지는 않았다. 18세기의 대부분의 전쟁은 동계 대공세로 끝나는 명확한 전투행위로 구분되어진다. 그리고 경우에 따라서는 공식적인 전쟁이 처음 발발했을 때보다도 봄철 최초의 녹음기에 한 쪽의 군대가 활기 있게 전쟁을 재개함으로써 격렬한 전쟁으로의 전환이 더욱 극적으로 이루어진다. 마찬가지로 어떤 갈등상태는 해양에서의 독립된 사건으로부터 시작해서 공식적인 해전으로 확전되어 결국 어느 한 쪽의 교전 당사국이 지상전을 시작할 때에 비로소 격렬해지게 된다. 예를 들어서 만일 프랑스가 첫 번째 조치를 취하고, 네덜란드가 그 다음의 조치를, 그리고 프랑스가 다시 세 번째의 단계를 밟아 나간 것이 분명하다면 네덜란드를 단순히 침략자라고 얼마만큼 비난할 수 있겠는가?

　모든 전쟁은 둘 이상의 국가들 사이의 관계로부터 비롯된다. 한 국가만이 관계되는 국제전쟁은 생각할 수도 없다. 오직 한 국가만이 전쟁을 원했고 또 전쟁을 일으켰다고 주장하는 것은 그 국가의 적국은 자기 방어를 위해서 싸울 수밖에는 다른 도리가 없었다고 가정하는 것과 같다. 그러나 전쟁이 시작되기 전에 적국은 다양한 대안들을 가지고 있었다. 즉 자국의 요구를 평화적인 방법으로 철회하거나 양보를 제의할 수도 있었으며, 비록 양보를 의미하는 것이기는 해도 강력한 동맹국의 협조를 구할 수도 있었을 것이다. 아니면 스스로 기습공격을 감행할 수도 있었을 것이다. 이와 같은 대안들이 거부되고 공격을 받는다고 해도 그 때 가서 아직 처음에 제시하지 못했던 양보를 제공할 수도 있었을 것이다. 또 하나, 군사적인 침략에 저항하는 것을 포기하고 평화적으로 항복 — 지난 3세기 동안 많은 약소국들과 큰 부족들이 채택했던 정책 — 하는 방법도 있었을 것이다. 만일 어떤 국가가 이러한 대안들을 거부한다면 결국 그 국가는 전쟁을 선호하는 것이라고 가정할 수 있다. 전쟁이란 두 국가가 협상보다는 싸움에 의해서 더 많은 것을 얻을 수 있다고 결심함으로써만 발생할 수 있다. 전쟁은 적어도 두 국가의 동의가 있어야만 시작될 수 있고 또 지속될 수 있는 것이다.

Ⅲ

평화상태로부터 전쟁으로의 비약은 보통 급변하는 국가관계에 있어서 가장 확연한 사건으로 간주된다. 전쟁으로부터 평화로의 도약도 마찬가지이다. 어느 한 국가가 전쟁을 시작했다는 이유로 비난을 받아야만 한다는 주장이 논리적이라면 전쟁을 종결시킨 국가는 그 반대로 칭찬을 받아야만 한다는 주장 역시 마찬가지로 논리적이라고 할 것이다. 미국의 저명한 인류학자 라울 내롤(Raoul Naroll) 교수는 1969년에 '전쟁을 하는 데에는 오직 한 국가만이 필요하다'고 적극적인 주장을 편 일이 있는데, 아마도 그는 자기 자신이 전쟁을 끝마치는 데에는 오직 한 국가만이 필요하다는 추론을 동시에 주장하고 있었던 셈이라는 사실을 깨닫지 못했을 것이다.[1] 전쟁이 비도덕적인 것이고 평화가 미덕이라면 전쟁을 시작한 국가가 비난을 받아야만 하는 것과 마찬가지로 전쟁을 종결시킨 국가는 칭찬을 받아야만 할 것이다. 그러나 그런 일은 일어나지 않는다. 전쟁을 개시한 자들은 쇄도하는 비난을 감수해야 하지만 평화를 창조한 자들은 알려지지도 칭찬을 받지도 않는다.[2]

---

1) Pruitt and Snyder, p. 152.
2) 수백 권이나 되는 전쟁에 관한 책과 논문 가운데에서 필자는 딱 한 번 그러한 칭찬의 문구를 읽었던 기억이 있다. 네프 교수는 자신의 저서 『전쟁과 인류의 진보』(*War and Human Progress*)에서 나폴레옹 3세가 1859년 오스트리아와의 전쟁을 끝내고 싶어했다면서 칭찬을 하고 있다. 네프에 의하면 프랑스 황제가 종전을 희망한 동기는 바로 마젠타(Magenta) 전장에서의 사람과 말의 시체들에 대한 그의 혐오감 — 말하자면 충분히 의심의 여지가 많은 동기 — 이었다는 것이

대개의 경우 전쟁을 종결짓는 것은 무엇인가? 1700년이래 대부분의 전쟁이 단지 승전국이 전장에서 압도적인 힘의 우위를 과시했다는 이유만으로 종결된 것은 아니었다. 대부분의 전쟁은 교전 당사국들이 여전히 전쟁을 계속할 수 있는 능력을 보유하고 있을 때에 중단되었다. 1700년 이후 유럽과 북아메리카에서 승전국이 상대방의 영토의 많은 부분을 점유하게 되고 또 나머지 영토도 곧 점령하게 될 것이라고 믿을 만큼 결정적인 단계에까지 이르렀던 전쟁은 거의 없었다. 가장 결정적인 전쟁이라고 해야 나폴레옹 전쟁, 남북 전쟁, 프러시아 - 프랑스 전쟁 그리고 제2차 세계대전 정도였다. 여타의 전쟁들 — 예를 들어 제1차 세계대전— 은 승전국이 전쟁터에서 우월했을 때 끝난 것들이었다. 그렇지만 그러한 전쟁들이 순전히 군사적인 우위 때문에 종결지어졌다고 생각하는 것은 잘못이다. 패전국의 국내분열이나 제3국의 개입에 대한 승전국의 우려 등을 포함한 다른 요인들이 전쟁의 종결에 기여했던 것이다.

그렇다면 비교적 결정적인 전쟁들을 고찰할 때 우리는 누구를 평화의 창조자라고 추앙해야 하는가? 종국적으로 무력에 의해서 평화가 도래하였다면 우리는 강자를 칭찬해야 하는가 아니면 약자를 칭찬해야 하는가? 프러시아 - 프랑스 전쟁의 경우에 1870년 당시 쉽게 무너졌다는 이유로 프랑스에 점수를 주어야 할까 아니면 군사적 위업을 달성한 프러시아에 점수를 주어야 할까? 한 전쟁에서의 결정적인 결과는 승자의 작전성공에서 비롯되는 것만큼이나 패자의 실패로부터도 도출되는 것임에 틀림없다면, 그리고 평화의 창조자가 칭찬을 받아야 하는 것이라면, 양자 모두에게 공을 돌리는 것이 현명한 것처럼 보인다. 그렇지 않으면 전쟁이 진행되는 과정에서 평화를 위한 교섭을 처음으로 시작한 국가를 칭찬해야 할까? 예를 들어 1870년 9월 프러시아의 군대가 파리를 향해서 진군해 들어갈 때 프랑스의 내각은 평화에 대해 고려하기 시작했다. 9월 15일

나. Net, p. 364.

밤 신생 프랑스 공화국의 부통령 겸 외상이었던 줄 파브르(Jules Favre)는 파리에서 동쪽으로 15마일 떨어진 로뜨쉴(Rothschild) 궁전에서 비스마르크와 대좌했다. 앨러스터 혼(Alistair Horne)은 『파리 함락』(The Fall of Paris)이라는 저서에서 그 장면을 다음과 같이 생생하게 묘사하고 있다. "파브르는 안절부절못하면서 이야기를 하고 있었고, 비스마르크는 아무런 동정심도 나타내지 않은 채 담배를 피우면서 이야기를 듣고 있었다. 그러다가 마침내 비스마르크는 자신이 생각하고 있는 주요한 평화조건을 제시했는데, 그것은 알자스의 동부지역 및 그에 인접한 로렌지역의 일부를 프러시아에 할양하라는 것이었다. 사실 이러한 평화조건들은 몇 개월 후에 서명되어야 했던 것이었지만 당시의 파브르에게는 몹시 불만스런 것이었다. 결국 파브르는 눈물을 흘리면서 궁전을 떠났고 프랑스는 계속해서 싸웠다."3) 프랑스와 독일은 서로 유리하지 못하다고 생각되는 평화조건을 수락하기보다는 싸우는 것이 더 낫다고 판단했기 때문에 평화를 위한 다른 제안들도 모두 실패로 끝나고 말았다. 비스마르크가 지나치게 많은 것을 요구했다든가 아니면 파브르가 너무나 적은 양보를 고집했다고 끈질기게 주장할 수도 있겠지만 아무튼 프랑스 정부나 독일 정부 그 어느 쪽도 진정한 평화의 창조자였다고 주장할 만한 증거는 없다. 사실상 언제나 그래야 하는 것처럼 양측의 관심은 평화 그 자체가 아니라 평화의 대가였던 것이다.4) 프러시아 - 프랑스 전쟁 당시에 평화를 위한 제안들에 해당되었던 사실은 제2차 세계대전 및 종국에 가서는 결정적인 승리로 끝나 버린 여타의 전쟁과정에서 제시된 평화제안들에도 해당된다. 즉 그 모든 전쟁들의 과정에 한 국가가 다른 국가보다 더 평화의 창조자였다는 점을 나타내는 증거는 거의 없다.

---

3) Alistair Horne, *The Fall of Paris: the Siege and the Commune 1870 ~1* (London, 1965), pp. 81-2.
4) 아무런 조건도 붙지 않는 국제평화의 개념은 무의미하다. 마찬가지로 그 어떤 조건도 없는 전쟁의 개념도 의미가 없다.

어쩌면 우리는 전쟁을 끝내려는 목적으로 자국이 지니고 있는 군사력에 비해서 지나치게 많은 양보를 감수하는 국가를 칭찬할 수 있을지도 모른다. 그러나 만일 우리가 그러한 정의(定義)를 받아들이고자 한다면 전쟁의 시작에 대해서도 똑같이 그것을 적용해야만 한다. 그리고 그렇게 적용된다면 때로는 전쟁을 시작한 국가가 칭찬을 받는 경우도 생긴다. 예를 들어서 1939년 폴란드를 침공한 독일은 전쟁 직전에 폴란드에 대해 독일 자신의 군사력으로 정당화될 수 있는 것보다 훨씬 적은 양보를 요구했다. 그리고 이러한 이유로 독일은 용서를 받을 수도 있다. 그렇게 되면 폴란드는 그와 같이 사소한 양보를 거절한 죄인이 되어 버리고 만다. 전쟁을 끝냈다고 해서 어느 한 국가를 칭찬해 주려는 모든 시도는 위험한 것이다. 여러 가지 정황으로 볼 때 전쟁은 합의에 의해서 종결지어지는 것 같다. 어느 한 국가만이 평화의 사도로 칭찬을 받을 수는 없다.

전쟁은 교전 당사국들이 자신들의 분쟁을 해결하는 데 전쟁이 결코 만족스럽지 못한 수단이라는 점에 동의할 때 끝나게 된다. 그리고 분쟁해결에 평화적인 외교 교섭이 만족스럽지 못한 수단이라는 점에 동의할 때 전쟁은 시작된다. 동의는 평화로부터 전쟁으로의 그리고 전쟁으로부터 평화로의 전환의 핵심이다. 왜냐하면 전쟁과 평화는 다름 아닌 국가관계의 변화양상이기 때문이다. 어릴 때부터 국가들 사이의 관계보다는 민족국가의 구성원으로서 한 국가에 관심을 집중시키는 방법만을 배워왔다면 그러한 국가관계가 존재한다는 사실을 제대로 인식하기 어렵다는 점은 인정할 수 있다. 더욱이 그러한 관계 — 평화로부터 전쟁으로의 그리고 전쟁으로부터 평화로의 변화 — 에 있어서의 극적인 전환점을 이루는 상호동의(합의)는 전쟁 초기의 특징인 격렬한 적대감 때문에 찾아내기도 쉽지 않다. 결국 두 국가는 전쟁에 돌입함으로써 분쟁해결을 위해 폭력적인 수단을 채택하는 데 동의하게 되는데, 이러한 과정도 그들 각자가 내세우는 명분상의 정의(正義)에 관해 서로가 인정하지 않는다는 명확한 사실 때문에 더욱 더 구별해 내기 어렵다.

IV

전쟁은 지나치게 파괴적이고, 극적이며 또 잔혹하기 짝이 없는 것이기 때문에 우리는 전쟁이 평화와 많은 유사점을 지니고 있다고 생각하지는 못한다. 이 때문에 전쟁과 평화에 대해 더 많은 것을 이해하지 못하고 있다. 우리는 평화를 파괴하는 무력행사에 대해 개탄하지만, 그 군사력이 평화를 유지하는 조용한 것일 경우에는 침이 마르도록 칭찬을 한다. 전쟁이 비도덕적인 것이라면 그 승자에게 주어지는 상 — 영토, 보상, 권위 혹은 정치권력 — 도 역시 비도덕적이라는 사실은 잊고 있는 것이다. 승자에게 주어지는 최고의 상은 강화된 국제적 권력이고 또 그렇게 획득된 권력은 뒤이은 평화시기에 자국의 이익을 보호하는 데 이용된다. 때문에 그렇게 수립된 평화는 올바른 것이라고 할 수가 없다.

불행하게도 평화의 성격과 조건은 도덕성의 수사와 외관 속에 묻혀버리고 만다. 전쟁을 촉발시킨 방법과 도덕성이 그 본질에 있어서 전쟁을 종결시킨 그것과 같은 것이라고 할지라도 전자는 비도덕적이라고 선언되는 반면에 후자는 도덕적이라고 선포되는 것이다. 따라서 1815년의 비엔나 회의도 국제도덕의 수호자로서 나폴레옹 보나파르트에 대해 정의를 선포한다고 할 수 있었다. 즉 "세계 평화의 적이자 교란자로서 나폴레옹은 공동의 보복을 감수하지 않으면 안되었다."[5] 마찬가지로 제1차 세계대전의 승전국들도 전쟁 종결의 명분으로 도덕성을 강조했다. 베르사이유 조약에서 독일과 그 동맹국들은 공식적인 침략자로서 낙인이 찍혔다. 조약은 또한 카이저 빌헤름 2세를 '국제도덕과 조약의 신성함을 파괴한 최악의 범죄자로' 기소할 특별법정 — 미국, 영국, 프랑스, 이탈리아 그리고 일본 등이 지명한 재판관들로 구성되는 — 을 열 것을 요구했다.[6] 그러나 1918년 11월 독일 황제는 자신의 본부를 서부전선에 남겨

---

5) Quincy Wright, p. 198.
6) A. B. Keith, ed., *Speeches and Documents on International Affairs 1918~1937*, 2 Vols. (Oxford, 1938), Vol. I, p. 49.

둔 채 네덜란드로 피신했으며, 네덜란드 정부가 그를 연합국에 인도하기를 거절함으로써 특별법정은 소멸되었다. 그럼에도 불구하고 독일의 지도자들은 독일에 부과된 가혹한 요구들이 자신들의 침략행위에 대한 응징 및 국제도덕 수호를 위한 것이라는 점에 동의하지 않으면 안되었다. 독일이 소유했던 해외의 식민지 몰수, 5개 인접국가에의 영토할양, 배상금의 징수, 함선파괴와 군대의 해체, 그리고 독일영토 일대에의 외국군대 주둔 등의 조치들이 승전국들이 베르사이유 조약에서 '독일 및 그 동맹국들에 의해서 강요된 전쟁'이라고 표현한 것에 대한 정당한 보상인 것처럼 보였다. 조약에 따르면 1934년에 가서야 마지막으로 외국군대가 라인란트 지역으로부터 철수하도록 되어 있었지만, 그것도 승전국들에 의해서 '독일의 이유 없는 공격에 대한 보장'이 적절히 이루어져 있다고 간주될 경우에 한하는 것이었다.[7] 사실상 이러한 조치들은 침략행위에 대한 응징이라기보다는 패배의 대가였다. 만일 전쟁에서 독일이 승리했더라면 그와 비슷하거나 보다 더 혹독한 처벌이 그것도 역시 국제도덕의 이름으로 연합국들에게 부과되었을 것이었다.

베르사이유에서는 승전국들이 국제도덕의 수호자였고, 그 도덕이란 것은 군사적 우월성에 의존하고 있었으므로 그들이 그러한 우월성을 계속해서 보유하고 있어야만 했다. 그렇지만 그들은 승리란 것이 대개의 경우 소모자산이라는 사실을 잊고 있었다. 마치 자기들 자신의 레토릭에 안심한 듯이 무장하는 것을 무시한 채 도덕성만을 계속해서 강조함으로써 수호자로서의 역할에 실패했다. 1930년대 독일 군국주의의 부활은 독일 자신뿐만 아니라 프랑스와 영국에서의 사태진전에 힘입은 바가 크다. 어쩌면 미국 — 1918년의 가장 강력한 승전국 — 으로 하여금 유럽으로부터 눈을 돌리도록 만든 미국 내 여론의 힘에 더욱 고무되었는지도 모른다. 1937년에 에딘버러대학의 베리데일 케이드(A. Berriedale Keith)

박사가 주장한 것처럼 "그 이후의 유럽의 사태발전에 대해서는 미국이 바로 책임의 근원이라는 데 의심의 여지가 있을 수 없다."[8] 케이드가 이런 주장을 한 것은 오스트리아와 체코슬로바키아 그리고 폴란드에 대한 독일의 압력에 의해서 유럽의 상황이 악화되기 전의 일이며, 국제도덕의 수호자 역할이 재빨리 베를린으로 넘어간 사실이 분명해지기도 전의 일이었다.

제1차 세계대전의 마지막 몇 개월 동안에는 본질적으로 분명한 승자와 패자의 관계가 형성되었는데 양측은 모두 그러한 관계를 받아들였다. 대부분의 독일인들은 그러한 관계를 받아들이기를 격렬하게 거부했었을 테지만 그 밖에는 다른 도리가 없었다. 그러한 관계가 받아들여지는 동안은 평화가 지배했다. 그러한 관계를 무력하게 만들고 결국 혼란에 빠뜨린 것은 패전국이었던 독일과 러시아가 재기했다는 사실은 물론 승전국들이 쇠퇴하거나 태만했다는 사실이었다. 제2차 세계대전의 배경에는 베를린의 팽창주의자들 만큼이나 워싱턴의 고립주의자들이 뚜렷한 위치를 차지하고 있었다. 영국 정부(Whitehall)의 방어적인 유화론자들은 크레믈린의 단호한 유화론자들 만큼이나 영향력이 있었으며, 파리의 기회주의자들 역시 로마의 기회주의자들만큼의 영향력을 가지고 있었다. 그럼에도 불구하고 제2차 세계대전 종결 후의 도쿄와 뉘렌베르크의 재판에서는 유럽에서의 전쟁은 독일의 침략정책이 그리고 태평양에서의 전쟁은 일본의 기습공격이 야기했다는 점이 확인되었다. 국제연합은 그러한 판결을 승인하고 그 이후에 발생한 다른 전쟁들에도 적용했다.

V

국제도덕의 외관 ─ 그리고 어느 한 국가가 전쟁에 대한 책임을 져야

---

8) *Ibid.*, p. xⅷ.

한다는 신념 — 은 평화의 말기와 전쟁의 초기에는 거의 최면술과도 같다. 기존 국제질서의 수혜자들은 국가 간 조약의 신성함과 의무의 엄숙함을 강조한다. 자기들에게는 더할 나위 없이 신성한 조약들도 군사력에 의해서 보장된 것이라는 사실은 망각한 채 군사력으로 자신들을 파괴한 자들을 비난하는 것이다. 만일 조약이 파기되려면 적어도 공식적인 통보가 있어야만 하고, 전쟁이 시작되기 위해서는 공식적인 경고가 있어야만 한다. 분명한 경고에 한 가지 장점이 있다면 분쟁을 평화적으로 해결하기 위한 마지막 기회가 제공된다는 점이다. 기존 질서의 수혜자들에게 더욱 중요한 것은 전쟁에 있어서 미리 경고를 함으로써 기습적인 무력행사의 위험성이 제거될 수 있다는 점이다. 왜냐하면 대개의 경우 기습공격은 기존의 경계를 변경시키고자 하는 국가들의 무기이기 때문이다.

20세기에 들어와서 기습공격과 함께 전쟁을 시작했던 국가들은 그 전쟁의 열기가 가라앉고 유격전이 잠잠해질 때까지도 널리 비난을 받아야 했다. 기습공격은 전쟁에 대한 책임의 증거로 간주되었다. 일본은 선전포고 없는 기습적인 전쟁의 대표자로 낙인이 찍혔다. 『브리태니커백과사전』에는 진주만 공격이 '비겁한 일본의 기습공격'이라고 언급되어 있다.9) 탁월한 신중함의 표상으로 알려져 있고, 민족주의적 편견이 전혀 발견되지 않는다는 점에서 많은 집필자들의 호평을 받고 있는 『신판 케임브리지 현대사』 조차도 1904년 뤼순(Port Arthur)에서와 1941년 진주만에서 일본이 얻었던 군사적인 이점을 '전쟁선포 없는 완벽한 기습 때문'이라고 서술하고 있다.10) 북아메리카의 몇몇 사관학교 출신인 3명의 교수들은 선전포고를 수반하지 않은 일본의 진주만 기습에 대해 "전면전쟁의 수행과 다르지 않은 것이며 일본의 군사적 전통"이라고 주장했다.11) 여기서 전면전쟁(total warfare)이란 20세기에 수행되는 총력전(all -

---

9) *Encyclopaedia Britannica* (1962), Vol. XXIII, p. 792 T.
10) *The New Cambridge Modern History*, Vol. XII, pp. 294, 314.
11) R. A. Preston, S. F. Wise and H. O. Werner, *Men in Arms: a history of warfare*

out warfare)이며 초기의 종교전쟁들에서 볼 수 있는 양상을 의미한다. 또 다른 학자 한 사람은 좀더 심오한 이유를 내세우고 있는데, 즉 이와 같은 개전 방법을 선호하는 일본인들의 국민성 속에는 어떤 요소가 있지 않을까 하는 의문을 제기하고 있다.12)

과연 일본은 그 유명한 기습공격을 통해서 채 준비하지 못한 적의 약점을 이용할 수 있었을까? 아니면 그러한 공격양상이 다른 현대전들의 개전 양상과 조금도 다르지 않은 것이었을까? 1904년 러일전쟁 직전에 많은 러시아의 함대와 군대는 동쪽으로 이동하고 있었다. 러시아 군대의 주둔지역과 뤼순의 해군기지에는 일본과의 전쟁이 임박했다는 루머가 나돌고 있었다. 그 해 1월초에는 함대용 석탄연료의 비축에 있어서 러시아가 우선권을 보유하고 있던 해군기지에 대해 일본의 화물선들이 석탄수송을 중지했다. 2월 1일에는 항구 내에서의 대부분의 민간 법령이 군법에 의해 대치되었다. 같은 날 러시아의 또 다른 태평양 해군기지인 블라디보스토크의 러시아 사령관은 일본인 상인에게 언제 포위공격이 선포될지 모르니 동족들에게 도시를 떠날 준비를 하도록 경고하라고 충고했다. 러시아와 일본 사이에 전쟁이 일어날 것이라는 예측은 수많은 유럽 신문에도 보도되었다. 기나긴 대륙횡단 철도를 통해서 뤼순에 도착한 특파원들은 도착하자마자 새로운 보안규칙 때문에 전신을 통해서 송신할 수 없음을 알았다. 2월 6일 아침 일본의 전함은 조선의 해안으로부터 3마일 떨어진 지역에서 콜롬보와 오뎃사로 향하고 있던 러시아의 증기 화물선을 나포하여 일본의 항구로 호송했다. 그 화물선은 22정의 라이플과 5정의 피스톨, 그리고 탄약 3상자로 무장되어 있었다고 한다. 같은 날 오후에는 러시아의 우편수송 증기선인 묵덴호가 조선의 부산항에서 일본의 전함에 의해 구금되었다.13) 그보다 1시간 전에는 도쿄에서 일본 정부가 러시아

---

and its interrelationships with western society (New York, 1964), p. 305.

12) Bruce Mazlish, 'Psychology and Problems of Contemporary History', *Journal of Contemporary History* (April 1968), p. 170.

대사에게 외교관계의 단절을 통보했다. 일본인들은 러시아에 대해 자신들은 "위협받는 위치를 방어하고 강화하기 위해서 최선이라고 생각되는 독립적인 행동을 취할 권리"를 가지고 있다고 경고했다.14)

뤼순의 외국 특파원이었던 프레드릭 맥코믹(Frederick McCormick)은 2월 8일 저녁 무렵 중국인 인부가 노를 젓는 배에 몸을 싣고 러시아 함대가 정박 중인 항구의 외각을 돌고 있었다. 조용한 저녁이었다. 만과 해안의 어귀를 둘러싸고 있는 헐벗은 산들이 뚜렷하게 눈에 띄었고 차가운 물살 위로는 한 떼의 전함 소리와 수병들의 저녁 찬가 노랫소리가 들려 오고 있었다. 그가 해안가로 다가가고 있을 즈음 서치라이트가 수면 위로 비추더니 근처의 순양함에서 전등신호가 번쩍였다. 그러나 그 밖에는 조용한 정경이었다. 뤼순은 중무장되어 있었고 그 주변은 항상 군대가 순찰을 돌고 있었으며 가장 가까운 일본의 항구로부터 적어도 6백 마일 정도는 떨어져 있었기 때문에 안전하게 보였다. 대부분의 주민들은 만일 전쟁이 시작된다고 해도 태평양에서 가장 강력한 기지 중의 하나인 이 곳이 공격을 받으리라고는 생각조차 하지 않고 있었다. 날이 더 저물어 자정까지 약 15분을 남기고 있을 무렵 맥코믹은 몇 발의 총성을 들었지만 여느 주민들과 마찬가지로 해군들이 훈련하는 소리라고 생각했다. 실제로 그것은 해군훈련이긴 했지만 그 주체는 일본인들이었다. 일본의 작은 구축함들은 2척의 러시아 전함과 1척의 순양함을 향해 조용히 어뢰를 발사했다.15)

전쟁이 시작된 다음에야 양측은 공식적으로 교전 중에 있음을 선포했다. '전(全) 러시아의 황제이자 전제군주인 짐 니콜라이 2세'는 세인트 피터스버그에서 자신의 가슴속에 평화라는 대의가 매우 소중한 것으로

---

13) Sakuye Takahashi, *International Law Applied to the Russo-Japanese War* (New York, 1908), pp. 24, 582-91.

14) A. S. Hershey, *The International Law and Diplomacy of the Russo-Japanese War* (New York, 1906), p. 69.

15) Frederick McCormick, *The Tragedy of Russia in Pacific Asia*, 2 Vols. (New York, 1907), Vol. I, pp. 66-67.

자리잡고 있다는 점, 그러나 전쟁을 하지 않으면 안될 필요성에 직면했다는 점 등등에 관한 확인서에 서명했다. 도쿄에서도 비슷한 내용의 포고문이 발표되었다. "하늘의 은혜를 받아 무한한 역사를 지닌 왕조의 왕좌를 유지하고 있는 짐, 즉 대일본의 천황은 짐의 모든 충직하고 용감한 신민들에게 선포하노라."16) 만일 어뢰가 발사되기 1시간 전에 천황이 공식적으로 전쟁을 선포했더라면 과연 그 충직하고 용감한 신민들이 뤼순에서 같은 승리를 거두었을까 하는 점에 대해 알아보는 것도 의미 있는 일일지 모른다. 뤼순의 러시아인들이 기습공격은 거의 불가능하다고 믿고 있었기 때문에 기습이 성공한 것은 아닐까 의심하는 사람들도 있는 것이다.

VI

1941년의 진주만은 거의 뤼순의 재현이라고 할 만 했다. 일본의 공격이 있기 수개월 전에 이미 도쿄와 워싱턴의 외교적 교섭은 거의 교착상태에 빠져 있었다. 일본이 공격을 준비하고 있을 무렵 미국은 방어적인 입장에서 태평양의 군사력을 증강시키고 있었다. 상호 적대적인 칙령의 발표 결과, 미국 내의 일본의 자산과 일본 내의 미국의 자산이 동결됨으로써 양국 사이의 교역도 중단되었다. 일본은 중국에서의 재량권을 요구했지만 미국은 일본의 군대가 중국으로부터 철수해야 한다고 맞섰다. 어느 편도 양보의 기미는 보이지 않았다. 이와 같은 상황에서 전쟁은 결코 기습적이라고 할 수 없었다.

공격방법도 기습적인 것이라고는 할 수 없었다. 1941년 1월에 도쿄에 있던 미국 대사 조지프 그류(Joseph C. Grew)는 항간에 떠도는 이야기에 따르면 전쟁이 일어날 경우에 '진주만에 대한 기습적인 대량공격'이 있을 것 같다고 경고했다.17) 그러나 워싱턴의 해군 정보국은 그러한 가능성을

---

16) Takahashi, pp. 6-8.

배제해 버렸고 진주만에서의 모의전쟁게임도 성공적인 공격은 있을 수 없다는 점을 암시하고 있었다. 결국 태평양 함대의 기지 역시 뤼순을 휩싸고 있던 것과 같은 지나친 안전감에 빠져 들어갔다. 진주만은 일본의 그 어떤 기지로부터도 멀리 떨어져 있었고, 튼튼한 방어체제를 갖추고 있었으며, 뿐만 아니라 방어자의 입장에서 보면 더욱 월등한 병력과 무기로 대비하고 있었기 때문이다. 사실 진주만은 갑작스런 공격에 대해 뤼순에서보다 더욱 더 강력하게 견뎌 낼 수 있을 것 같았다. 미국인들은 하와이에 접근하는 항공기를 탐지해 내는 레이더를 보유하고 있었고, 일본의 외교적인 비밀암호를 알고 있었으며, 심지어는 태평양에서의 수많은 일본 함정들의 움직임까지 추적할 수 있는 능력을 지니고 있었다.

　1941년 12월 7일 새벽 3시 45분경 소해정(掃海艇)에 타고 있던 관측장교는 진주만의 진입 수로 근처에서 잠수함의 잠망경을 보았다고 생각했다. 6시 30분 경에는 그다지 멀지 않은 곳에서 수상한 잠수함의 전망탑이 발견되었고, 미군의 구축함 한 척이 전속력으로 그 잠수함을 추격했다. 그리고 기나긴 태평양 전쟁의 시작을 알리는 첫 총성이 울렸다. 구축함의 총들이 전망탑을 향해 불을 뿜고 잠수함이 잠수한 지점 근처에서는 수중폭탄이 폭발했다. 교전을 알리는 무선암호 전파가 해안으로 발사되었지만 그 중요한 경고는 기민하게 활용되지 못했다. 거번 도우즈(Gavan Daws)는 자신의 관찰력 있는 저서 『시간의 함정』(Shoal of Time)에서 "일요일의 아침 7시는 하와이 주말의 슬럼프였다"고 기술했다.18) 몇 분 후 섬에 위치한 레이더 추적 통제실은 약 140마일 떨어진 곳에서 다수의 항공편대가 섬으로 접근해 오고 있는 것을 발견했다. 그것은 일본의 폭격기들이었는데, 약 30분전에 6척의 항공모함에서 발진하여 50분 후에는 진주만 상공에 도달할 것이었다.

---

17) Robert H. Ferrell, *American Diplomacy: a history* (New York, 1969), p. 626.
10) Gavan Daws, *Shoal of Time: a history of the Hawaiian islands* (New York, 1968), p. 341.

레이더의 경고는 무시되었다. 진주만에 대한 일본의 공격은 분명히 예기치 못한 것이었다. 비록 전쟁의 가능성은 있었지만 틀림없이 진주만 근처에서의 전쟁은 아닐 것으로 생각되었다. 그러나 8시 5분 전 전쟁의 암운은 진주만을 뒤덮었다. 미국의 전함 8척, 경순양함 3척, 그리고 구축함 3척이 침몰되거나 심하게 파손되었다. 그리고 188대의 항공기가 대부분 지상에서 파괴되었다. 루즈벨트 대통령은 이 날을 '파렴치한 행위로 영원히 기억되어야 할 날'이라고 지적했다.

일본이 러시아와 미국에 대해 각각 전쟁을 시작한 그 극적인 방법은 두 가지 의문을 제기한다. 즉 어째서 그들의 공격 개시가 그토록 성공적일 수 있었는가, 그리고 왜 그들은 파렴치하다는 비난을 받았는가? 이 두 가지의 의문은 서로 연관되어 있는데, 왜냐하면 만일 공격이 성공하지 못했다면 그들의 '파렴치한 행위'가 덜 부각되었을 것이기 때문이다. 뤼순과 진주만에서 적의 함대에 대한 공격이 성공한 것은 대부분이 적의 안일함 때문이었다. 두 해군기지는 튼튼하게 무장되어 있었고 또 일본의 항구들로부터 멀리 떨어져 있었기 때문에 평화시에는 물론 전쟁시에도 비교적 안전할 것으로 보였다. 러시아와 미국은 모두 스스로 일본보다는 군사적으로 우월하다고 자만하고 있었고 또 아시아인들의 군사력을 과소평가하고 있었기 때문에 안전감은 더욱 증폭되어 있었다. 일본의 전술은 그들의 안전감을 대담하게 이용했던 것이다. 일본은 군사적인 면에서 자국보다 더욱 강력한 국가들을 상대하고 있었기 때문에 그 안전감을 이용하려는 유인도 높을 수밖에 없었다. 무엇보다도 육지보다는 해상에서 기습의 기회가 더 많았다. 그리고 1904년과 1941년의 전쟁에서 해군력은 이상할 만큼 중요한 역할을 했다.

그러면 어째서 일본의 이러한 공격 스타일이 파렴치의 상징으로 간주되는가? 부분적으로는 그러한 공격들이 아주 성공적이었기 때문이다. 뿐만 아니라 그들의 성공이 이미 용인되어 있는 전쟁의 규범들을 위반함으로써 이루어진 것처럼 보였기 때문이기도 하다. 이상의 두 전쟁은 기습적으로 시작된 것으로 생각되는 것이 보통이지만 사실 이 두 전쟁은 협상이 교착상태에 빠졌을 때 시작된 것이었다. 일본의 적국들도 전쟁의 가능성이 매우 높은 것으로 판단하고 있었다. 일본이 공격개시 전에 선전 포고를 했었다고 가정하더라도 — 예를 들어 하와이의 일요일 아침 7시 에 일본의 전쟁선포 사실이 알려졌다고 가정하더라도 — 일본의 공격은 성공했었을 것이 거의 틀림없다. 사실상 미리 선전포고를 했더라면 일본 의 적들은 방어의 실패에 대한 사기진작용 구실마저 박탈당하는 셈이 되기 때문에 심리적인 측면에서도 일본의 공격은 더욱 더 성공적이었을 것이다. 일본은 아무런 사전 경고를 하지 않음으로써 공정치 못한 방법으 로 적을 기만했다는 견해가 있지만, 공정하지 못한 기만이란 것은 전쟁의 특징이다. 모든 전쟁에 있어서 적어도 한 국가는 스스로 적보다 강하다고 믿기 때문에 그리고 전쟁의 초기는 물론 전쟁의 전 기간 동안 '공정하지 못한 이점'을 지니고 있다고 믿기 때문에 싸우기로 작정한다. 마찬가지로 모든 평화의 시기에도 많은 국가들은 스스로 그와 같은 '공정하지 못한 이점'을 지니고 있다는 이유만으로 자신의 이익을 보호하기 위해 평화롭 게 권력을 행사하는 것이다.

뤼순과 진주만에서의 일본의 행동이 비정상적인 것이라고 믿는 사람 들 — 따라서 그러한 행동이 국민성이나 군사적 전통으로 설명되어야 할 것이라고 믿는 사람들 — 은 쏠 수 있는 마지막 화살을 하나 가지고 있다. 즉 그들은 일본이 기습공격을 통해서 성공했느냐 아니면 실패했느 냐 하는 문제는 전혀 관계없는 것이라고 주장할 수 있다. 일본은 전쟁을 시작하면서 용인된 페어플레이의 규범을 고의로 경멸한 것이라고 주장 할 수 있다. 그러나 그렇다면 그러한 규범의 존재는 의심받아 마땅하다.

VII

1882년 영국 육군성의 정보과에 근무하던 육군 중령 한 사람이 이

유명한 페어플레이의 규범에 대해 검토한 적이 있다. 기독교 사회주의 운동 창시자의 아들로 태어난 존 프레드릭 모리스(John Frederick Maurice)는 1870년대 아샨티 전쟁(the Ashanti War) 중에 윌즐리 경의 개인비서를 지냈고, 줄루 전쟁에서는 줄루족의 추장 세티와요를 생포하는 일을 도왔다.[19] 윌즐리 경은 모리스에 대해 자신이 포화 속에서 보았던 그 어떤 인물보다도 용감했다고 평한 적이 있었는데 사실 그는 적대적인 상황에 직면해서도 용맹을 발휘하곤 했다. 영국 해협을 가로지르는 터널 공사계획이 수립되어 그 터널이 혹시 적의 기습적인 침략에 이용될지도 모른다는 우려가 영국의 정가를 술렁이게 했을 때, 모리스는 윌즐리 경의 지시에 따라 "모든 인접국들과 평화롭게 살아가고 있는 나라가 갑작스럽게 전쟁이 터질지도 모른다는 두려움을 가질 만한 이유가 있는가" 하는 문제의 해답을 찾아내는 일을 맡게 되었다.[20] 이 문제에 관한 해답을 찾기보다 모리스는 유럽과 북아메리카의 국가들이 과거에 치렀던 전쟁들에 눈을 돌렸다. 그는 아무런 사전 경고나 선전포고 없이 시작된 전쟁은 거의 없을 것이라는 자신감을 가지고 볼테르로부터 킹레이크에 이르는 역사가들을 섭렵하기 시작했다. 그러나 놀랍게도 그는 계속해서 많은 반증들을 발견해 냈다. 결국 그는 대부분의 전쟁들이 선전포고와 함께 시작되는 것이 아니라 교전과 함께 시작되는 것이라는 사실을 깨닫기 시작했다. 그가 찾아낸 바에 따르면 그러한 전쟁이 18세기에는 47건 발생했고, 1800년부터 1870년 사이에는 60건이나 되었는데, 그 자신이 '야만족'과 유럽인들의 전쟁이라고 불렀던 것까지 연구했더라면 더 많은 예를 찾아낼 수 있었을 것이다. 그는 자신이 연구했던 그러한 전쟁들 중 41건의 경우에서 한 세력이 적을 놀라게 해 주려는 생각을 가지고 있었던 것 같다는 점도 발견했다. 결국 진주만의 사건은 오래된 패턴을 확인해

---

19) *The Dictionary of National Biography* (1912~21), pp. 374-5.
20) J. F. Maurice, *Hostilities Without Declaration of War* (London, 1883), p. 3.

준 것뿐이다. 일본인들의 비밀스런 행동은 프랑스, 프러시아, 영국, 미국 등 모든 주요 강대국들에 의한 많은 선례를 가지고 있는 것이었다. 반면에 1700년 이래로 채 10건도 되지 않는 전쟁들이 선전포고와 함께 시작된 것이었으며, 그러한 많은 사전 선전포고는 적에게 경고를 하기 위해서 취해진 것이 아니라 단순히 이제부터 전쟁상태가 시작되었다는 사실을 알리기 위한 것이었다. 모리스가 알기로는 1870년 프러시아에 대한 프랑스의 선전포고만이 실제로 적에게 교전이 시작되기 전에 경고전달의 의미로 발표된 유일한 것이었다.[21]

모리스는 자신의 보고서에 서명을 마치고 곧 이집트 전쟁에 참전하기 위해 떠나 버렸다. 그의 『선전포고 없는 전쟁』(*Hostilities Without Declaration of War*)은 1883년에 붉은 핏빛의 커버로 장정된 얇은 책자로 출판되어 1권당 2실링에 판매되었다. 전쟁의 얼굴에 대해 조사된 가장 가치 있는 결과물들 중의 하나였던 이 책은 짧은 기간밖에는 영향력을 발휘하지 못하고 세인들의 기억 속에서 점차 사라져 갔다. 필자는 지난 반세기동안 출판된 그 어느 책에서도 모리스의 결론이 인용된 것을 보지 못했다.

1904년 일본인들이 뤼순에서 어뢰를 발사하면서도 미리 선전포고를 하지 않았던 것은 국가간의 규칙이나 실제 그 어느 것도 위반한 것이 아니었다. 그러한 공격이 센세이션을 일으킨 것은 단지 그것이 성공적이었기 때문이다. 전쟁의 규칙을 위반한 공격이라는 주장들이 있지만 그러한 규칙은 애당초 존재하지도 않았다. 그런 규칙이 존재하지 않았다는 증거는 1907년 헤이그에서 개최된 제2차 국제평화회의에서 찾아볼 수 있는데, 이 회의에서 러시아의 군사대표는 전쟁이 어떻게 시작되어야 하는가에 관한 규칙을 제정할 것을 호소했던 것이다. 그의 호소는 러시아의 가장 가까운 동맹국인 프랑스 대표단의 지지를 받았다.[22] 결국 회의에서

---

21) *Ibid*, p. 76.
22) *American Journal of International Law* (Jan. 1908), pp. 64-5.

전쟁은 심사숙고된 선전포고 또는 조건부 선전포고를 포함한 최후통첩이 공표된 후에 비로소 시작되어야 한다는 내용의 규칙 내지는 협약에 관한 합의가 이루어졌다.[23] 이러한 규칙은 장차 발생할 전쟁들이 적에 대한 경고가 있은 후에 시작되어야 함을 보장하기보다는 일본에 의해 상실된 러시아의 체면을 살려주려는 의도를 강하게 내포했던 것으로 보인다. 뿐만 아니라 두 국가가 갑자기 전쟁에 돌입했을 때 제3자의 입장에 있는 중립 국가들의 이익을 보호하려는 희망에서 주로 지지를 받았던 것 같다. 헤이그에서 여러 국가들이 합의를 보았던 전쟁의 사전경고제도는 사실상 교전국들보다는 중립국가들을 보호하기 위해 고안되었던 것이다.

갑작스런 전쟁 시작의 예방조치로서 1907년의 헤이그 회의가 혁명적인 것은 아니었다. 즉 이에 따르면 적을 공격하기 1분전에 전쟁을 선포한 국가라고 할지라도 새로운 규칙을 준수하는 것이 되었다. 경고를 발하지 않은 국가라도 그것이 전쟁의 시작이 아니라 공격해 오는 적을 격퇴하는 것이라든지 아니면 소요발생지역을 진압하기 위한 것이라고 주장하기만 하면 규칙을 위반하는 것은 아니었다. 결국 회의에서는 어떤 종류의 행위가 전쟁에 해당되는지에 대한 정의를 내리지 않았는데, 중국의 대표는 이에 대해 경악을 금할 수가 없었다.[24] 새로운 규칙은 동의안에 서명한 국가들만을 구속하는 것이었고, 그들이 서명하지 않은 국가들과 전쟁을 할 경우에는 구속력이 없었다. 무엇보다도 헤이그에서 채택된 규칙은 전쟁을 시작하는 방법에 있어서의 많은 개혁조치들 중의 최초의 것인 동시에 개혁의 절정이었다.

제1차 세계대전에서 거의 모든 국가들은 전투에 가담하면서 이 규칙을 준수했다.[25] 얼핏 보기에 이는 새로운 전쟁규범의 승리처럼 보이지만 그

---

23) 'Convention Relative to the Opening of Hostilities': printed in full *Ibid.*, supplement (1908), pp. 85-7.
24) E. C. Stowell, 'Convention Relative to the Opening of Hostilities', *American Journal of International Law* (Jan. 1908), p. 55.

승리는 보잘것없는 것이었다. 헤이그의 규정은 단지 무기력한 경고만을 제공해 주었다. 더욱이 1914년 7월 유럽에서는 긴장과 전쟁에 대한 예상이 매우 높았기 때문에 기습공격의 이점은 별로 없었다. 전쟁이 발발할 때까지는 주요 유럽국가들에서의 외국인의 여행이 자유로웠고, 1914년의 동원과 공격은 공공철도 역을 통한 병력징집과 보급에 의존하고 있었기 때문에 기습적인 방법을 구사할 수 있는 기회는 적었다. 해상에서는 기습의 가능성이 높았지만 전쟁은 육지의 열강들 사이에서 시작되었기 때문에 오히려 해양 강대국들은 경계태세에 대한 충분한 경고를 받고 있었다.

제1차 세계대전이 끝난 뒤 승전국들의 관심은 전쟁의 시작방법에 관한 규칙의 조정보다는 전쟁 자체의 방지에 모아졌다. 베르사이유 조약의 제12조에 의하면 새로운 국제연맹의 회원국들은 분쟁이 발생할 경우 그 해결을 중재 또는 국제연맹의 위원회에 위임해야 하고 분쟁에 대한 판결이 있은 후 3개월이 되기 전에는 전쟁에 호소할 수 없었다.[26] 그러나 대부분의 국가들이 냉각기라는 개념은 말할 것도 없고 중재라는 것에 관심조차 없었기 때문에 그 3개월의 경고 기간은 무의미한 것이 되어버렸다. 사전 선전포고에 대한 헤이그의 합의조차도 1920년대와 1930년대에는 주로 무시되었다. 대부분의 전쟁들은 선전포고 없이 치러졌다. 폴란드를 침공하기 전에 히틀러도 선전포고를 하지 않는 연면한 전통을 따랐다. 그는 침공이 시작되고 55분이 지나서야 베를린발 라디오 포고문을 공표했을 뿐이었다. 폴란드가 전쟁 시작 이틀 전에 군대를 이미 동원한 상태였고, 독일도 이미 폴란드에 대해 여러 차례 위협을 가한 상태였기 때문에 사실상 헤이그 합의내용을 위반함으로써 히틀러가 얻은 것은 아무 것도 없었을 것이다. 1939년 유럽의 지상에서의 기습은 1914년만큼이나 가능성이 희박한 것이었다. 진주만의 기습에 관한 보고를 듣고 나서

25) *Encyclopaedia Britannica* (1962), Vol. XIII, p. 808.
26) Keith, Vol. I, p. 14.

히틀러는 이 문제에 관한 자신의 의견을 이야기한 적이 있다. "공격을 하려면 가능한 한 가혹하게 해야 한다. 그리고 선전포고에 시간낭비를 하는 일은 없어야 한다."[27] 그렇지만 그 자신은 1941년 12월 미국에 대해 전쟁을 선포하는 시간낭비를 했다.

일본인들이 선전포고 없이 진주만을 공격했을 때 수천 만 미국인들이 받았던 충격은 여러 유능한 정치학자들이나 역사가들의 저작 속에서 아직도 찾아볼 수가 있다. 미국인들은 주제넘게도 되풀이해서 일본인들이 전쟁을 시작한 방법을 지적하고 개탄한다. 발발 이전이나 진행 중에 아무런 공식적인 선전포고를 하지 않은 채 미국 스스로가 수행했던 전쟁들이 진행되는 동안에도 많은 미국인들은 일본의 행위를 고발하고 있었다. 이러한 모순은 놀라운 일이 아니다. 모든 주제들 가운데에서도 국가 간의 전쟁은 가장 감정적인 것이며, 우리 모두는 그러한 감정에 전염된다. 더욱 놀라운 것은 많은 국가들의 많은 집단에 널리 퍼져 있는 믿음, 즉 최근 몇 세기 동안의 거의 모든 전쟁들은 선전포고가 있은 다음에 시작되었다는 생각이다.

그러한 믿음이 널리 퍼져 있다는 것은 매우 시사적이다. 거기에는 전쟁과 평화 사이에는 아무런 공통점도 없고 확실히 구분되어지는 것이라는 의미가 내포되어 있는 것 같다. 국가들이 외견상 평화로운 상태에 있을 때, 경고 없이 폭력을 사용하게 되면 그러한 구분의 장벽은 파괴되고 만다. 따라서 분명한 경고를 발하지 않은 전쟁은 마음의 평화와 전쟁의 방법에 대한 침해행위로서 비난을 받는다. 미국의 국제법 전문가 엘러리 스토웰(Ellery C. Stowell)은 1908년 전쟁선포에 관한 헤이그에서의 새로운 합의 내용을 논하면서 다음과 같은 가치 있는 주장을 했다. "여론이 공정한 일대일의 결투라는 오랜 개념을 포기한 적이 없다는 사실을 우리는 기억해야만 한다."[28] 물론 전쟁은 프로권투가 아니다. 거기에는 싸움

---

27) Alan Bullock, *Hitler: a study in tyranny* (London, 1962), p. 662.

의 시작을 알리는 공 소리도 없으며 어느 한 쪽이 더 많은 병사와 우월한 무기를 사용하지 못하도록 규제하는 페어플레이의 규칙도 없다. 그리고 분명한 평화의 시대로 인도하는 공도 울리지 않는다. 전쟁과 평화는 명확히 구분된 별개의 것이 아니다. 평화는 위협과 힘에 의존하며 때로는 과거의 힘이 현실로 구체화된 것이기도 하다. 전쟁은 명백한 경고가 있은 다음에 시작되어야 한다는 널리 보급된 믿음이 자비로운 것이라는 점은 인정된다. 그러나 그러한 믿음은 평화와 전쟁 모두의 본질과 원인에 대한 뿌리깊은 오해에 근거한 것이기 때문에 위험한 것이기도 하다.

VIII

기회주의 그리고 은폐되거나 공공연한 무력사용은 연속적으로 발생하는 전쟁과 평화의 모든 국면에 널리 퍼져 있다. 전쟁의 시작 단계는 물론 전쟁이 계속되는 동안과 종전 단계까지도 지배한다. 평화의 시작단계와 평화가 계속되는 동안 그리고 평화가 종말을 고하는 시기도 마찬가지이다. 전쟁과 평화는 국가간에 무상하게 변화하는 여러 국면이며, 기회주의는 그 모든 관계에 만연되어 있다. 따라서 흔히 있는 전쟁의 도발자와 평화의 창조자, 침략자와 희생자, 그리고 비난과 칭찬 등의 대조법은 이러한 관계에는 적절하지 않다. 어느 한 국가가 전쟁을 일으켰다거나 전쟁에 책임이 있다는 주장은 의미가 없는 것 같다. 우리가 할 수 있는 말은 어느 한 국가가 전쟁을 야기했다거나 시작했다 또는 전쟁으로의 문을 열었다는 것 등이며, 그것도 전쟁의 시작에 대한 기술이지 결코 설명은 아닌 것이다.

모든 국가, 그 국가의 지도자들, 그리고 국민들이 모두 동등한 기회주의자는 아니다. 그들이 항상 자제할 수 없는 것도 아니다. 그러나 전쟁과

---

28) Stowell, p. 54.

평화의 직전에 어떤 행동이 정상적이고 실현 가능한 것인지를 우리가 이해할 때까지는 어느 국가를 비난하거나 칭찬하려는 모든 시도는 적절하지 않거나 도달하기 어려운 기준에 의존하게 될 것이다.

제 4 부

여러 가지 형태의 전쟁들

제12장 흑해의 오월동주
제13장 장기전
제14장 단기전
제15장 확전의 미스터리

제 *12* 장
흑해의 오월동주(吳越同舟)

I

정확히 2세기 — 1678년부터 1878년까지 — 동안 러시아와 터키는 서로 10차례의 전쟁을 치렀다. 이 두 나라는 정기적인 유럽 전쟁의 상설대회를 개최했던 셈인데, 몇 년 동안 싸우다가 자신들의 코너로 돌아가 쉬고, 약 20년의 휴식기간이 지나면 다시 싸우곤 하는 프로복서와도 같았다. 2세기 동안 그들 사이에 가장 긴 평화의 시간은 29년 동안이었다. 그러나 1878년에 터키의 패배 이후로는 싸움의 빈도가 조금 덜 잦았던 것 같다. 즉 4차례 정도의 전쟁을 치를 수 있을 만큼 충분히 긴 기간동안 — 만일 그들이 자신들의 상설대회에 집착했다면 — 그들은 단 한 차례밖에 시합을 갖지 않았다.

러시아인들과 터키인들 사이의 반목이 꾸준한 것이었다고 말할 수는 없다. 1798년 나폴레옹이 이집트를 침략했을 때 술탄과 짜르는 잠시 동맹 관계에 있었다. 기적 중의 기적이라고 아니할 수 없는 것은, 술탄이 러시아 해군의 소함대가 흑해를 출발하여 콘스탄티노플의 협류를 항해, 다다넬즈의 경비망을 통과해 지중해로 진입할 수 있도록 허락했다는 사실이었다. 그것은 마치 오늘날의 이집트가 수에즈운하를 다시 열어서 이스라엘의 함대를 통과하도록 허락하는 것이나 다름없었다. 1799년에 러시아와 터키는 힘을 합해서 코르푸(Corfu)와 이오니아제도로부터 프랑스 침략군을 몰아냈지만 그 해가 끝날 무렵에는 이미 러시아가 동맹으로부터 철수한 상태였다. 보스포러스(Bosporus)와 다다넬즈(Dardanelles)는 러시아군에게 다시 폐쇄되었고, 1806년 두 나라는 다시 싸우고 있었다.

II

두 나라 사이에 거듭된 전쟁의 원인은 무엇이었을까? 러시아인들과 터키인들은 어째서 그토록 자주 싸웠을까? 흑해의 유럽연안이 18세기와 19세기 유럽 최고의 격전지가 되고 플랜더즈보다 더 많은 병사들의 무덤이 된 이유는 무엇일까?[1] 비록 두 나라는 많은 공통점을 지니고 있었지만, 두 인접국을 갈라놓는 안보와 권력이라는 문제 말고도 양국 모두에게 중대하고도 항시적인 문제들 때문에 러시아와 터키는 반목할 수밖에 없었다.

종교적인 측면에서 보면 세인트 피터스버그와 콘스탄티노플 사이의 거리는 너무 멀었다. 오토만제국은 회교국가였지만 그 안에는 수백만 명의 그리스 정교도들이 살고 있었는데, 러시아의 그리스정교회는 그들이 터키의 규율 때문에 고통을 받고 있다고 믿고 있었다. 뿐만 아니라 오토만제국은 성지(the Holy Land)와 예루살렘을 포함하고 있었고, 서구의 카톨릭교도들이나 개신교도들과는 달리 그리스 정교도들은 여전히 이 성지들에 대한 순례를 열망하고 있었다. 순례자들의 유입은 분쟁의 씨앗이었고 종종 술탄과 짜르에 의해 서명된 많은 종전(終戰)조약에서 논의되곤 했던 문제였다. 1739년의 조약은 "러시아의 평신도들과 성직자들은 성도 예루살렘과 방문의 가치가 있는 다른 지역들을 자유롭게 방문할 수 있도록 허락될 것"이라고 선언했다.[2] 터키의 육지나 바다의 길고 광

---

1) 전쟁터로서의 플랜더즈(Flanders)는 흑해의 유럽해안과 많은 공통점을 가지고 있었다. 둘 다 평원인데다가 중요한 병참선이었고, 전략적으로 해양에 접해 있었으며 강내국들의 국경 부근에 위치하고 있었다.

활한 지역을 통과하여 성도로 여행하는 러시아의 순례자들에게는 공물이나 세금이 전혀 부과되지 않았으며 이와 같은 순례의 권리는 1774년의 평화조약에서 다시 한번 확인되었다. 그로부터 약 80년 후에 짜르 니콜라이 1세가 러시아 - 터키 전쟁의 직전에 설명한 것처럼, "우리나라에서 확립된 우리들(러시아인들)의 종교는 동방으로부터 온 것이며, 절대로 잊혀져서는 안될 의무는 물론 감정이란 것이 있다"고 할 수 있었다.[3] 그 뒤를 이은 짜르들도 그런 의무와 감정을 잊지 않았다.

터키에 대한 러시아의 군사행동은 성스러운 십자군 운동을 닮아 있었다. 1829년 러시아의 원정군은 흑해의 코카서스 해안에 있는 항구요새 아나파(Anapa)를 포위하여 백병전 끝에 마침내 터키인들을 굴복시키고 나서 성직자의 예복을 입고 '손에는 십자가를 받쳐 든' 그리스정교의 신부가 인도하는 행렬을 지어 아나파의문으로 행진해 들어갔다.[4] 1853년에는 다시 한번 예수의 십자가를 선두에 세운 러시아군이 유럽지역의 터키로 진입해 들어갔다. 1877년 또 한 번의 침공을 감행하기 직전에 키시네프(Kishinev)에서 동원된 자신의 군대를 사열하면서 짜르는 그리스정교회의 대주교로부터 칼끝으로 찌르는 듯한 설교를 들었다. "그대의 사명은 다뉴브강이 흐르는 지역의 초승달(역자 주: 터키 국기의 기장으로 터키 국 또는 회교를 의미) 위에 그리스도의 십자가를 높이 올리는 위대한 것이다. 그대가 보는 앞에서 그대를 통해 그리스도의 사랑을 받는 군대에 은총을 내리는도다……. 그대의 영웅적 행동에 대해 그리스도께서는 영광스런 승리의 왕관을 씌워 주시리라!"[5] 그리고 그 시각에 서쪽에서는 마호메트의 사랑을 받는 터키 군대가 진정한 예언자의 이름으로 살인을

---

2) J. C. Hurewitz, *Diplomacy in the Near and Middle East: a documentary record, 1535~1914*, 2 Vols. (Princeton, 1956), Vol. I, p. 50.

3) *Ibid.*, p. 136.

4) *The Annual Register* (1836), 'Chronicle', p. 370.

5) *The Annual Register* (1877), p. 253.

하려고 기다리고 있었다.

　그리스도의 십자가뿐만 아니라 상업적인 유혹도 러시아인들로 하여금 터키의 영토에 간섭하도록 부추기는 요인이었다. 러시아의 주요한 강들은 오랫동안 터키의 영해였던 남쪽의 흑해로 흘러들어 갔으며, 광활한 지역과 열악한 도로를 지닌 러시아 제국만큼 강이 중요성을 띠는 곳은 그 어디에도 없었다. 비록 남쪽으로 흐르는 강들이 발틱해로 흘러들어 가는 강들만큼 항해하기 쉽지는 않았지만 발틱 지역에서 멀리 떨어진 흑해의 항구들까지 많은 물품들을 수송할 수가 있었다. 1780년대 초에는 리투아니아의 산림에서 벌목된 돛대들이 머나먼 흑해까지 보내져서 서유럽으로 가는 배의 갑판에 적재되었다.[6] 유럽에서 가장 긴 볼가강은 북쪽으로는 세인트 피터스버그의 위도에 그리고 남쪽으로는 카스피해의 해안에 이르기까지 걸쳐 있는 이 지역의 대동맥으로서 어떤 지점에서는 돈(Don)강과 불과 45마일밖에 떨어져 있지 않을 정도로 굽이쳐 흐르고 있었기 때문에 먼 북쪽 지방의 상품들이 볼가강의 화물선으로 운반되어 내려와서, 돈 강까지는 육지의 마차로 옮겨지고, 그 다음에는 거룻배로 흑해까지 수송되었다. 유럽 지역의 러시아에 걸쳐 있는 세 곳의 바다 중에서는 흑해만이 유일하게 겨울철의 결빙에 의해 폐쇄되는 일이 없었다. 따라서 러시아의 많은 상인들은 물론 전략가들도 흑해를 선호하고 있었다.

　러시아는 강을 따라서 흑해로 이동했는데 18세기 말경의 성공적인 전쟁들을 통해서 터키로부터 강의 입구들을 탈취했을 때에도 그러한 움직임은 멈추지 않았다. 그러나 러시아가 남쪽에 — 1778년에는 헤르손(Kherson)에, 1786년에는 세바스토폴(Sevastopol)에 그리고 1796년에는 오뎃사(Odessa)에 — 해군 주둔지를 건설하고 흑해에 해군을 진출시킨 뒤에

---

6) M. S. Anderson, *The Eastern Question 1774~1923; a study in international relations* (London, 1966), p. 12n.

도 흑해는 여전히 술탄의 영향력 아래 있을 수밖에 없었다. 술탄은 흑해의 좁은 길목을 통제하고 있었던 것이다. 그가 원하기만 하면 언제든지 그 길목을 봉쇄할 수가 있었다. 따라서 러시아는 남쪽으로 흐르는 강들의 어귀를 확보하는 데 있어서 콘스탄티노플을 점령하거나 터키의 힘을 무력하게 만들 때까지 짜증나는 추격전을 계속해야 했다.

러시아와 터키의 불화는 때에 따라서는 또 다른 문제 때문에 격화되기도 했다. 오토만제국 내에는 수 백만 명의 슬라브인들이 살고 있었고 러시아인들은 수시로 동료 슬라브인들을 옹호하고 나섰다. 사실 러시아도 폴란드의 슬라브족을 탄압했고 또 발칸지역에서 독립을 쟁취한 슬라브족을 지배하려고 했기 때문에 이 느슨한 언어학적인 유대를 지나치게 강조하지 않도록 조심하지 않으면 안 된다. 그럼에도 불구하고 발칸지역의 슬라브인들 — 세르비아, 크로아티아, 불가리아 그리고 마케도니아의 슬라브족 — 은 자신들을 터키의 지배로부터 해방시켜 줄 것을 러시아에 빈번하게 요청하였고, 러시아 역시 때로는 그들을 해방시켜 주는 것이 거의 신성한 책무에 가깝다고 간주했다. 도스토예프스키와 차이코프스키는 1870년대 러시아의 범슬라브주의에 대한 가장 열렬한 주창자들이었으며, 그러한 사명감 때문에 터키와의 전쟁에 대한 러시아 내에서의 인기는 대단했다. 러시아인들이 오토만제국 내의 슬라브인들에 대해 유대감을 갖고 있었던 것과 마찬가지로 터키 역시 투르케스탄 지역 및 러시아의 아시아 쪽 지방에 살던 회교도들과 유대감을 지니고 있었다. 그렇지만 러시아 내의 회교도들이 억압당하고 있다는 콘스탄티노플의 믿음을 억압받는 러시아 내의 회교도들도 항상 갖고 있었던 것은 아니었다. 회교의 성직자인 부하라의 대공(the Emir of Bukhara)은 1904년 일본과의 전쟁에서 러시아가 당한 패배와 손실에 당황하여 일본과의 전투에 사용될 어뢰구축함의 구입비용을 유서 깊은 오지로부터 보내올 정도였다.[7] 결국 부하라 회교도들의 축복과 함께 기독교의 십자가가 한반도의 몇몇 해안지역에 힘차게 게양되었던 것이다.

254

Ⅲ

지리적인 위치와 종교, 그리고 그보다 정도는 덜하지만 슬라브 민족의 단결 등이 수세기 동안 러시아와 오토만제국을 연결시켜 놓았던 문제들이었다. 이러한 문제들은 강한 감정적, 상업적 통로로 활용되는 다리의 역할을 했지만, 그 다리는 술탄의 영토 내에 위치하고 있었기 때문에 대개의 경우 정상적인 통로로서의 역할을 규제하는 권력은 술탄이 쥐고 있었다. 술탄은 흑해와 지중해를 연결하는 좁은 길목 즉 해협을 통제했으며 성지도 관할하고 있었고, 발칸지역의 슬라브족을 통치했다. 대개의 경우 러시아가 터키 영역 내의 사건들에 간섭하고 있는 것처럼 보이거나 대부분의 그들 사이의 전쟁을 러시아가 시작한 것처럼 보였지만, 그 이유는 만일 그렇게라도 하지 않았다면 러시아에서 볼 때 매우 중요한 문제들에 대한 완전한 통제권을 주로 터키가 계속 쥐고 있게 될 것이기 때문이었다. 훌륭한 금붕어는 술탄의 연못 속에서 헤엄을 치며 놀고 있었고, 보통은 술탄 혼자서 낚시질을 즐기고 있었던 것이다.

이상의 문제들은 아마도 18, 9세기의 어느 두 국가가 직면한 문제만큼이나 러시아와 터키를 반목하게 하는 것이다. 그렇지만 만일 국가들이 서로의 군사적 능력에 대해 의견의 일치를 볼 수만 있었더라면 이런 문제들이 전쟁을 촉발하지는 않았을 것이며 또 그렇게까지 논쟁거리가 되지 않았을지도 모른다. 그러나 그들은 끝내 합의하지 못했다. 골든 혼(Golden Horn)의 언덕 위에 담으로 둘러싸인 궁전을 차지하고서 왕좌를 계승한 술탄들은 자국의 군사적 능력을 조금도 의심하지 않았던 것 같다. 그러나 세인트 피터스버그와 거의 모든 유럽의 수도에서는 그러한 의심을 하고 있었다. 국력은 경제발전, 실험정신 그리고 기술적 효율성 등에 의존한다고 믿고 있던 사람들에게는 오토만제국이 강대국으로서의 긴

---

7) R. A. Peirce, ed., *Mission to Turkestan: being the memoirs of Count K. K. Pahlen 1908~1909*, tr. from Russian (London, 1964), p. 72.

치세를 마감하게 될 것이라는 예측들이 사리에 맞는 것처럼 보였다. 이상의 어느 기준들에 비춰 보아도 터키는 후진국이었다. 터키의 지도자들역시 후진적인 것으로 유명했다. 어떤 술탄은 프레드릭 대제가 전투에서승리할 수 있었던 것이 점성가의 충고를 따랐기 때문이라고 믿었다.[8] 1791년 평화협상을 위해 터키 대표들과 오스트리아인들이 다뉴브강에서만났을 때, 터키인들은 지브롤터(Gibraltar)가 잉글랜드의 한 도시라고 생각했었다는 이야기가 새어 나왔다.[9]

임박한 오토만제국의 붕괴는 국제정치에 있어서 커다란 화젯거리가되었다. 1770년에 런던의 『연감』(The Annual Register)지는 "거대하지만그 기초가 병들어 주체하지 못하는 이 제국은 사실상 몰락에 동의하고있는 것 같다"고 보도했다. 그리고 서방 국가들이 러시아보다는 터키의지배하에 있는 동방과의 풍부한 교역루트를 더 선호하기 때문에 그 몰락이 지연되고 있는지도 모른다고 덧붙였다.[10] 1810년에 영국의 한 군사기술자는 지난 반세기 동안 '거의 모든 여행자들이' 터키의 즉각적인 몰락을 예측했었다고 보고했다.[11] 나폴레옹 보나파르트와 러시아의 여러 짜르들은 오토만제국은 슬쩍 밀기만 해도 와해될 것이라고 생각했다. 그래서 러시아는 계속해서 오토만제국을 공격했다. 1853년 2월 여덟 번째공격을 앞두고 짜르는 영국대사에게 터키는 마침내 붕괴될 것이라고호언했다. "자꾸 이야기하지만 곰은 죽어 가고 있어요." 1년 뒤의 크리미

---

8) M. S. Anderson, xviii p. 22n.
9) 물론 터키인들만이 이렇게 무지했던 것은 아니었다. 그로부터 1세기 이상이 지난 뒤에 유명한 미국 정치인인 윌리엄 제닝스 브라이언(William Jennings Bryan)은 발칸을 통과하는 재미있는 여행을 할 것을 기대하면서 콘스탄티노플의 철도역에서 전송을 받고 있었다. 그 때 브라이언은 사람들에게 물었다. '발칸이 도대체 뭐지?' Robert H. Ferrell, *American History: a history* (New York, 1969), p. 12.
10) *The Annual Register* (1770), p. 7.
11) Sir Charles Pasley, *Essay on the Military Policy and Institutions of the British Empire*, 2 Vols. (London, 1810), Vol. I, p. 435. 그는 왕실 공병대의 대위였다.

아 전쟁에서 영국과 프랑스의 원정군은 이 곰을 살려 두기 위한 원조를 했다. 1870년대에 있었던 그 다음의 러시아의 터키에 대한 공격은 매우 성공적이었지만, 터키는 여전히 세계에서 가장 귀중한 제국들 중의 하나로서의 위치를 지켜 나갔다. 1900년까지도 터키는 현재의 그리스, 알바니아, 유고슬라비아, 불가리아, 리비아, 튀니지, 시리아, 레바논, 이스라엘, 요르단, 사우디 아라비아, 이라크 그리고 페르시아만의 여러 작은 국가들의 영토의 전부 혹은 일부를 장악하고 있었다. 오토만제국은 사실상 그보다 늦게 출현한 스페인, 네덜란드, 프랑스, 영국, 독일 그리고 이탈리아 등의 제국들만큼이나 오래 유지되었다. 많은 관찰자들이 기술문명 및 경제발전을 군사적인 성공과 같다고 생각했지만 때때로 그러한 등식은 믿을 만한 것이 아니었다.

터키가 곧 붕괴될 것이라는 러시아의 믿음 그리고 그러한 믿음의 공유에 대한 터키의 거부는 그들이 서로의 상대적인 군사적 능력에 대해 거의 인식을 같이하지 못했다는 사실의 연장된 반영에 불과한 것이었다. 따라서 그들 사이의 현안이 외교적으로 해결되기는 어려웠다. 러시아와 터키 모두 서로에게 너무 많은 것을 요구했으면서도 양보는 거의 하지 않았다. 아이러니컬하게도 어떤 논쟁적인 문제들은 그들의 협상지위가 상충하는 원인이 되기도 했다. 종교적인 문제는 평화적으로 해결되기가 어려웠는데, 군사력에 대한 터키와 러시아의 판단이 알라나 그리스도가 자신들의 기수라는 신념에 의해서 더욱 증폭되었기 때문이다. 인종적인 문제도 비슷한 결과를 가져왔다. 오토만제국 내에서의 슬라브족 즉 소수 그리스정교도들의 봉기는 터키를 약화시킴으로써 러시아로 하여금 무모하게 참견하도록 하는 유인을 제공해 주었다. 동시에 이들 소수 민족이 러시아가 자신들을 원조해 줄 것이라고 믿게 되면, 반란을 일으킬 가능성은 더욱 커진다. 논쟁적인 문제들은 절망스럽게도 해결의 수단 — 군사적이든 평화적이든 — 에 얽혀 들어갔다. 만에 하나라도 러시아와 터키가 자신들의 상대적인 힘에 대해 합의를 이루기만 하면 논쟁적인 문제들이 평화적으로 해결될 수 있었지만, 그 문제들 중 어떤 것들은 누가 가장 강한가에 대해 서로가 합의할 수 없는 성질의 것들이었다.

결국 러시아와 터키는 각각 자국이 더 강하고 또 협상보다는 전쟁을 통해서 더 많은 것을 얻을 수 있다고 믿음으로써 싸울 수밖에 없었다. 매번 전쟁이 끝날 때마다 그들은 자신들의 힘에 관해 합의를 이루었지만 그 합의는 일시적인 것이었다. 10년 또는 20년이 지나면 패전국은 자신감을 회복하여 재정적인 능력을 다시 얻으면서 군대를 재정비하거나 함대를 증강했을 것이다. 그리고 전쟁의 위험성이나 고통은 망각한 채 자존심의 회복에 기여한 산재하는 민족적 신화 하나를 들먹이면서 전날의 군사적 패배를 둘러댔다. 새로운 통치자와 군사지도자가 등장함으로써 패배의 기억은 더욱 빨리 소멸되어 갔다. 이미 체결되어 있던 평화조약의 조건들은 이제 벗어 팽개쳐 버릴 수 있는 족쇄가 되었다. 이제는 실현 가능성이 엿보이기 때문에 복수란 것이 매력적으로 느껴지게 되었던 것이다.

IV

그들 사이에 전쟁이 되풀이 된 가장 핵심적인 이유는 한 국가가 다른 국가를 결정적으로 패배시키지 못했기 때문이었다. 대개의 경우 러시아가 승리했지만 그러한 승리들이 오토만제국의 군사력을 영구적으로 약화시키지는 못했다. 러시아의 승리가 터키의 해협장악을 약화 — 짜르 계승자들에게 매우 중요한 목표 — 시키지는 못했던 것이다. 1877년 그들의 열 번째 전쟁에서 딱 한번 유일하게 러시아군은 거의 콘스탄티노플의 성벽에까지 도달했었는데, 그 곳에서 영국이 개입할지도 모른다는 두려움 때문에 그만 멈추고 말았다. 러시아의 함대는 단 한번도 힘으로 보스포러스의 해협을 뚫고 나간 적이 없었다.

일상적인 사실들이 결정적인 승리를 가로막았다. 양국 모두 대규모 군대를 보유한 강대국이었는데 만일 터키가 영토나 인구 면에서 약소국이었다면 그들이 치렀던 일련의 전쟁들은 일찍 끝났을 것이다. 거의 2세기 동안 두 국가 중 어느 한 국가가 다른 한 국가에 패배함으로써 그 힘이 심각하게 약화된 적이 없었다. 러시아와 터키 모두 동맹국들의 도움이 있었다면 전쟁에서 결정적인 승리를 할 수 있는 더 많은 기회를 맞이했을지도 모른다. 그렇지만 양국 모두 거의 동맹국을 동원하지 않았다. 더욱이 러시아와 터키 사이의 전쟁에 동맹국들이 가세할 때에는 대개 약한 쪽을 지원하곤 했다. 따라서 러시아는 18세기에 그리고 터키는 19세기에 동맹국들을 갖고 있었다. 그렇지만 이러한 전쟁들의 결과가 결정적이지 못했던 것은 주로 지리적인 여건 때문이었다. 지질학적인 조건 및 터키에 의해서 요새화된 좁은 해협은 오토만제국을 위한 훌륭한 방벽이 되었다. 흑해의 유럽해안 쪽에 펼쳐진 광대한 평원과 동쪽 해안의 거친 코카서스산맥은 양 제국을 위한 방벽을 형성하고 있었다. 대부분의 전쟁에 있어서 결전장은 경쟁제국의 수도나 중심부로부터 멀리 떨어져 있어서 전투에서 결정적인 승리를 했다고 하더라도 패배하고 있던 국가의 중심 지역까지 위협하지는 못했다.

지리적인 간격이 바로 서로의 군대에 대한 가장 큰 적이었다. 러시아의 입장에서 보급물자 및 군대를 흑해 부근의 해안까지 수송하는 일은 시간과 비용이 많이 드는 일이었다. 1850년대에 이르러 러시아 내에서의 수송체계가 좀더 능률적으로 되었을 때에도 크리미아반도의 러시아군은 부적절한 보급과 증원 때문에 곤란을 겪었다.[12] 해안의 평원을 가로질러 콘스탄티노플을 향해 행진해 가는 데 있어서도 러시아군은 러시아를 노렸던 유럽의 침략자들을 위축시켰던 것과 똑같은 그러한 장애에 부딪쳤다. 즉 전진해 들어가면 갈수록 보급선이 더욱 더 어려워졌다. 흑해

---

12) John S. Curtiss, *The Russian Army under Nicholas I, 1825~1855* (Durham, North Carolina, 1965), pp. 59-61.

근처를 전진하는 러시아군은 최소한 보급과 증원을 위해서 배를 이용할 수 있었지만 그것도 러시아가 제해권을 장악하고 있을 경우에만 가능했다. 러시아의 주요 함대는 발틱해에 있었고 또 그 함대는 흑해에 도달하기 위해 다다넬즈와 보스포러스를 무력으로 통과할 수 없었기 때문에 러시아가 흑해의 제해권을 장악한다는 것은 극히 어려운 일이었다. 따라서 러시아는 흑해에 별도의 함대를 필요로 했고, 그러기 위해서는 경제적으로 발달하지 못했던 지역에 조선소를 가져야만 했다.13) 러시아 - 터키 전쟁들에서는 제해권이 중요했고 또 그 제해권이 대개의 경우 터키 쪽에 유리하게 기울었기 때문에, 1750년 이후 러시아의 지상전에서의 점증하는 우월성에 대한 가장 효과적인 제약 중의 하나가 바로 그 제해권의 문제였다. 그로부터 1세기가 지난 뒤에는 러시아도 흑해에 강력한 함대를 보유하게 되었으며, 주로 그 함대에 대한 두려움 때문에 영국과 프랑스는 1854년의 크리미아 전쟁에서 터키를 지원하게 되었다. 크리미아 전쟁에 대한 영국인들의 기억에 있어서 가장 유명했던 사건은 경기병(輕騎兵) 여단의 돌격이었으며 전쟁의 해상 전략적 목적들은 대부분 잊혀져 버렸다. 그러나 영국의 경기병 여단이 러시아의 기병대를 궤멸시킨 것은 러시아의 대규모 해군기지와 세바스토폴의 해군 조선소로부터 그다지 멀지 않은 곳이었는데, 결국 이 곳 조선소의 파괴로 전쟁은 종결되었다.14)

지리적인 간격은 양국간의 관계에 어떤 질서를 부여했을지도 모를 결정적인 승리를 불가능하게 함으로써 러시아와 터키 사이의 전쟁들을 지배했다. 그 간격의 주요 정복자는 철도였다. 1877년까지는 러시아의 서부 및 남부지역에 약간의 간선철도가 설치되어 러시아인들은 군대와

---

13) W. E. D. Allen and Paul Muratoff, *Caucasian Battlefields: a history of the wars on the Turco-Caucasian border 1828~1921* (Cambridge, 1953), p. 105.
14) Nicolas Bentley, ed., *Russell's Despatches from the Crimea 1854~1856* (London, 1966), ch. XXI.

대포, 말 그리고 보급물자 등을 남서쪽 국경에 집결시킬 수가 있었다. 루마니아 철도는 대부분의 침입자들과 보급물자를 다뉴브강의 양안(兩岸)까지 수송해 주었는데, 그곳은 콘스탄티노플에서 불과 200마일 정도 떨어진 곳이었다. 1870년 프랑스 침공을 위한 군대동원에 프러시아가 철도를 이용한 것이 철도가 어떻게 전쟁을 혁명적으로 변화시키고 있었는가 하는 데 대한 좋은 사례로 간주되는 것이 보통이지만, 1877년 러시아의 철도이용은 아마도 터키인들에 대한 압도적인 승리에 더욱 더 필수적이었을 것이다.

그 전쟁을 통해서 러시아는 결정적인 우위를 확보했다. 마침내 흑해를 장악하게 되었던 것이다. 뿐만 아니라 러시아는 오토만제국으로부터 떨어져 나온 발칸의 약소국들의 보호자로 자처했다. 이리하여 결국 콘스탄티노플 정부는 러시아에 대한 자국의 군사적 열세를 인정하는 것처럼 보였다. 1905년 극동지역에서 일본이 러시아에 대해 승리를 거둔 후에도 터키는 러시아의 일시적인 약세를 이용하지 않았다. 이제 터키는 현저하게 약화되어 1878년의 치명적인 패배를 당한 이후의 시대에는 많은 국가들이 터키의 영토와 영향력을 잠식해 들어갔다. 한편 러시아의 입장에서 보면 터키가 더욱 더 고분고분해졌기 때문에 터키 문제에 간섭할 필요성이 줄어들었다. 더욱이 러시아는 이제 발칸지역이 더 이상 서유럽으로부터 고립될 수 없다는 사실과 러시아의 어떠한 무력개입도 주요 강대국들을 자극할 것이 틀림없다는 사실을 깨닫게 되었다. 결국 러시아와 터키 사이의 36년간의 평화 — 근 2세기 이상의 기간동안에 있었던 가장 긴 평화기간 — 에 대한 가장 그럴 듯한 설명은 양국 모두 1878년의 전쟁에서 수립된 힘의 위계질서를 받아 들였다는 사실이다. 물론 논쟁적인 문제들은 여전히 두 나라를 갈라놓고 있었다. 예를 들어 러시아의 군함은 여전히 보스포러스를 항해할 수 없었다. 그러나 이러한 문제들은 양국이 적어도 전쟁보다는 외교를 통해서도 얻을 수 있다는 믿음을 가진다면 충분히 협상할 수 있는 성질의 것들이었다.

러시아와 터키의 마지막 전투는 제1차 세계대전 중에 있었다. 터키가 러시아의 적이었던 정도만큼은 독일의 동맹국이기도 했기 때문에 전쟁에 참여했다는 사실 그 자체는 새로운 양국 관계의 징후였다. 1914년부터 1917년 사이에 러시아인들과 터키인들은 주로 흑해의 험난한 아시아쪽 해안에서 싸웠는데, 그들의 전투는 러시아가 가담하고 있던 더 큰 전쟁의 지엽적인 사건에 지나지 않는 것이었다. 아이러니컬하게도 그 마지막 전쟁에서 러시아와 터키는 모두 패전국이 되었다. 그리고 러시아 군주제 및 터키 회교 군주제의 긴 역사는 막을 내렸다.

제 13 장
장기전

I

지난 3세기 동안 국제적인 전쟁들은 점차로 짧아지는 추세를 보여주였다. 전쟁의 소요기간은 짧아졌지만 전쟁의 양상은 더욱 치명적으로 되어 왔다. 18세기에 일어난 전쟁 중에서 단 10개월 동안 지속된 바바리아 계승전쟁이 가장 짧았던 전쟁이었지만, 1866년에는 '7주 전쟁'(the Seven Weeks War) 그리고 1967년에는 '6일 전쟁'(the Six Days War)도 출현했다.

전쟁의 소요기간은 단기화 되었지만 그 패턴은 단순하지도 않고 예측할 수도 없게 되었다. 1900년에는 4년 또는 8년 동안 지속된 전쟁들이 지구상의 마지막 장기전이 될 것이라고 많은 사람들은 생각하였지만 두 차례의 세계대전은 그러한 낙관론을 무색하게 만들었다.

핵무기의 개발로 인해 미래의 국제전쟁은 단기전 그것도 섬뜩할 정도로 짧은 기간의 전쟁이 될 것이라는 믿음이 다시 고개를 들었지만, 가장 강력한 핵무기를 소유한 강대국이 아무리 적게 잡아도 이미 8년 전쟁이 되어 버린 전쟁을 베트남에서 치르지 않으면 안 되었다. 왜 어떤 전쟁은 장기전이 되고, 어떤 전쟁은 단기전이 되는지를 예측하는 것은 쉽지도 않을 뿐만 아니라 때늦은 지혜를 가지고도 알 수 없다는 점만은 분명하다.

II

장기전은 18세기의 전형(典型)이었다. 1700년부터 1815년 사이에 유럽은 7년 혹은 그 이상 지속된 일곱 차례의 전쟁을 경험했지만 그 이후에는 유럽의 어떤 전쟁도 그렇게 길지 않았다. 18세기에는 장기전들이 달력을 뒤덮고 있었다. 18세기의 처음 25년 동안에는 약 3년 정도만이 전쟁이 없었던 기간이었고, 마지막 25년 동안에도 3년도 채 못되는 기간만이 전반적인 유럽의 평화상태였다. 1700~1815년의 전기간을 통해서 평화로웠던 기간은 20년을 넘지 않는 것으로 보인다.

시간이란 전쟁의 치열함을 측정하는 한 가지 수단에 지나지 않는데, 몇몇 전쟁들은 부분적으로는 싸움 자체가 결판을 낼 정도로 치열하지 않았기 때문에 장기화되기도 했다. 18세기의 전쟁은 일시 중단되었다가는 다시 불붙어 화염에 휩싸이는 경향이 있었다. 그리고 전쟁의 템포는 계절에 따라 변화하기도 했다. 겨울이 다가오면 대부분의 함대는 소속국의 모항(母港)으로 후퇴했고 병력은 대부분 동절기의 막사로 들어갔다. 물론 이러한 동면(冬眠)현상의 극적인 예외들이 있기는 했다. 그 일례로 1790년대의 네덜란드 함대는 얼어붙은 항구에서 안전하게 대기하고 있는 듯이 보였지만 프랑스 기병대의 일개 대대에 의해 공략되고 말았다.[1] 따뜻한 계절에는 18세기의 공통적 특성인 포위공격과 봉쇄의 끈질긴 과정에 의해서 싸움의 템포가 느려지기도 했다. 그러나 역시 전쟁은 처절한 전투와 잔인한 싸움의 긴 과정을 포함하고 있었으며, 평화의 기간이라고 할지라도 간헐적인 난투극들 특히 통제하기가 어려웠던 공해상(公海上)에서의 싸움들로 점철되어 있었다. 18세기의 그 많은 전쟁들에 간헐적인 싸움들을 포함시킨다고 하더라도 역시 전쟁들은 확연하게 장기적인 것이었다.

그러한 장기전들은 방어가 위주였던 시기와 일치한다고 알려져 왔다.

---

1) C. D. Lloyd, *The New Cambridge Modern History*, Vol. VIII, p. 190.

전쟁은 유별나게 승리하기 어려웠다. 제1차 세계대전 중의 서부전선의 치명적인 교착상태는 18세기에는 자주 발생하던 현상이었다. 18세기에는 대체로 군대가 전장에서의 병력을 충원하고 독려하는 방법으로 애국심이라는 것에 의존할 수는 없었다. 뿐만 아니라 본국이 침략을 당한 경우에는 그러한 충원마저도 기대할 수 없었다. 조그만 땅이라도 가지고 있는 농민들조차도 자신들의 지방이 적에 의해 영원히 병합된다고 할지라도 결국은 자신들이 토지를 계속 보유하게 될 것이라는 사실을 알고 있었다. 자신들의 지방이 침공을 받더라도 그들은 민족주의자가 되기보다는 중립을 지켰으며, 그들의 곡물과 계란 그리고 육류 등은 양쪽의 군대에 의해서 징발되거나 약탈당했다. 대개의 경우 교전을 하면서도 사유재산은 존중되었다. 1793년 네덜란드에 들어 온 오스트리아군은 자신들의 병력이 숙영했던 지역의 임대료를 지불하기조차 했다. 이듬해 오스트리아군은 마인쯔에서 프랑스군에게 밀려 후퇴하면서 자신들을 라인강 너머로 안전하게 수송해 줄 나룻배를 빌릴 현금이 부족했다고 한다. 결국 그들은 무일푼의 상태에서 조용하게 항복했다.[2]

아마도 라인강안(江岸)의 오스트리아군은 단순히 정직이라는 미명하에 항복했을 것이다. 전쟁에 대한 열정을 결여한 군대는 탈영이나 항복을 기쁘게 받아들였던 것이다. 탈영은 매우 널리 퍼져 있어서 군사전술에 영향을 미쳤고, 전쟁을 모호하게 만들었다. 1704년 탈라르(Tallard)는 대부분 신병들로 구성된 프랑스의 병력을 이끌고 슈바르쯔발트(역자 주: 독일 남부의 삼림지대)를 통과하면서 대부분의 병력을 탈영으로 잃고 말았다.[3] 반세기 뒤의 7년 전쟁에서 프랑스, 오스트리아, 프러시아의 군대는 20만 명 이상의 병력을 탈영으로 잃었다.[4] 전쟁 직후에 영국의 장군 존

---

2) F. N. Maude, 'Strategy', *Encyclopaedia Britannica*, 11th ed. (London, 1910~11), Vol. XXV, pp. 988-9.

3) C. F. Atkinson, *Encyclopaedia Britannica* (1910-11), p. 601.

4) M. S. Anderson, *Europe in the Eighteenth Century*, p. 138.

버고인 경(Sir John Burgoyne)은 유럽의 '거대한 조직체'였을 당시의 프러시아 육군에 대해 개인적으로 언급하면서, 평화시의 탈영자가 프러시아 병력의 5분의 1에 이르고 있다고 주장했다.5) 그는 전장에서 프러시아가 패배하는 동안에 탈영한 병사들의 명단은 대개의 경우 전사하거나 포로가 된 병사들의 3배는 되었다고 덧붙였다. '작전 중 실종'이라는 문구가 18세기에는 분명히 다른 의미를 지니고 있었다는 것이다.

마을에서 식량을 징발하는 작업을 병사들에게 안심하고 맡길 수가 없었다. 그들은 보이지 않는 곳으로 가서 징발을 하다가 사라지곤 했을 것이다. 따라서 대개의 경우 군대는 통신 라인으로 연결되어 있었고, 불편한 도로를 따라 천천히 앞장서서 가는 보급마차의 뒤를 따랐다. 바바리아 계승전쟁에 관한 탁월한 명저를 저술한 해롤드 템펄리(Harold Temperley) 교수는 프레드릭 대제 시대의 군대는 "바다의 잠수부와 같아서 그 행동이 제약되어 있었고, 목숨을 보장해 주는 가늘고 긴 통신튜브에 연결되어 있었다"고 주장했다.6)

믿을 수 없는 병사들 때문에 신중한 전술이 구사되었다. 사기를 유지하는 문제에 골몰해야 하는 장군들은 자연히 공격을 받았을 경우에 병력이 분산되어 있기보다는 결집되어 있는 것을 선호했다. 1790년대부터 프랑스가 많은 전투의 초기 단계부터 효과적으로 이용했던 척후병이나 저격병들은 대부분의 초기의 사령관들로부터 너무 위험하고 믿을 수 없는 것으로 간주되었다. 통일적으로 제약된 전술은 통상적인 전장에서의 결정적인 승리의 기회를 제약했을 것이다. 승리를 획득할 수 있는 기회를 제약했을 것은 분명하다. 후퇴하는 적군을 추격할 수 없었던 한

---

5) Harold Temperley, *Frederick the Great and Kaiser Joseph: an episode of war and diplomacy in the eighteenth century* (London, 1915), p. 225에서 재인용. 버고인이 제시한 수치만으로는 5분의 1이란 것이 연간 통계를 의미하는지 아니면 장기간에 걸친 추세를 의미하는 것인지 분명하지 않다.
6) Temperley, p. 243.

가지 이유는 바로 승리한 군대의 일부가 적군을 추격할 뿐만 아니라 오히려 그들보다 앞질러 가 버릴지도 모른다는 두려움 때문이었다. 말보로(Marlborough)는 1706년 성공적인 추격의 드문 예를 제공해 주는데, 라밀리즈의 전투(the Battle of Ramillies)가 끝난 후 그는 약 두 주일만에 후퇴해 가는 프랑스군으로부터 플랜더즈인과 브라반트인들을 잡아냈다. 중요한 것은 네덜란드에서 바바리아에 이르는 긴 행군을 통해서 이미 그 자신이 탈영으로 인한 병력의 손실을 놀라울 정도로 거의 보지 않은 몇 안 되는 장군들 중의 하나였다는 사실을 알고 있었다는 점이었다.[7]

사기와 충성심의 면에서는 외인부대가 민족의 군대보다 더 선호되곤 했다. 중부 독일의 산록에 위치한 헤세 - 카셀(Hesse - Cassel)이라는 소국은 백작영주들이 외국의 군주들을 위해 빌려 준 용병으로 유명했다. 오늘날의 이탈리아나 그리스 등이 노동력을 외국에 고용되도록 하는 것처럼 헤세 - 카셀은 병사들을 수출했다. 실제로 전쟁의 동안에는 병사들이 국가의 주요 수출소득원이었을 것이다. 오스트리아 계승전쟁에서는 약 6천 명 병력의 헤세인 분견대가 영국으로부터 보수를 받으면서 오스트리아를 위해 싸웠고, 다른 분견대는 오스트리아에 대항해서 싸웠다.[8] 영국은 단독으로 헤세와 병력공급을 위한 17건의 계약에 서명했다. 3백만 파운드 상당의 한 홍정에서 영국은 2만 명 정도의 헤세인 병사를 고용, 1770년대 아메리카 식민지에서 발생한 반란의 진압을 시도했다.[9] 오랫동안 북부 아메리카 지역의 밀 산출지대의 골칫거리였던 거무스름한 헤세 파리라는 해충은 당시 이 용병들이 사용하던 밀짚 침구를 통해서 전파되었다고 한다. 러시아도 용병 공급국의 하나였는데, 영국은 1770년대에 보스턴과 뉴욕에서 발생한 반란을 진압하기 위해 러시아 용병의 수송선 파견을

7) Atkinson, p. 602.
8) Sir Richard Lodge, *Studies in Eighteenth-Century Diplomacy 1740~1748* (London, 1930), p. 12.
9) *Encyclopaedia Britannica* (1910 -11), Vol. XIII, p. 411.

고려했던 적도 있다.

군사적인 교착상태는 유럽의 서부지역에서 가장 심각했다. 이 지역은 대체로 훨씬 더 조밀한 지역이었으며, 도시들이 번성하고 튼튼하게 요새화된 곳이었다. 당시의 신중한 교전 등으로 인해 간접적으로나마 튼튼한 요새들이 더욱 강화되어서 쉽사리 점령할 수가 없었다. 더욱이 신중한 적들은 진격을 해 나가는 과정에서, 요새들을 지나쳐 감으로써 군대의 통신라인을 위태롭게 하는 우를 범하려고 하지 않았다.

유럽의 동부와 북부지역에서의 교전은 이보다는 덜 정적(靜的)이었다. 프러시아, 스웨덴, 폴란드, 러시아 그리고 터키 등에 의해서 빈번하게 전장으로 활용되었던 평원에서는 군마(軍馬)가 기동할 수 있는 공간이 존재했고, 이 기동력은 때로는 결정적으로 중요한 것이었다. 한 군사 전문가의 견해에 의하면 프레드릭 대제는 '군대의 역사상 가장 뛰어난 두 명의 기병장교'를 거느리고 있었다.10) 그리고 프레드릭 대제는 소총과 대포를 이용한 자신의 기병대 병력으로 적어도 15차례의 전투를 승리로 이끌었다. 조밀하지 않은 평원에서의 전투는 교착상태가 적었다. 1700~90년 사이의 모든 전쟁에 있어서 적에 의해서 장악된 유일한 주요 강대국의 수도는 북부평원의 도시 베를린이었다. 베를린은 7년 전쟁 당시 프러시아가 프랑스, 러시아, 오스트리아 및 다른 군소국가들의 연합군과 싸웠을 때 공략된 적이 있다. 베를린은 프러시아의 남부국경으로부터 20마일도 채 떨어져 있지 않았기 때문에 더욱 더 취약했다고 해야 할 것이다.

18세기의 가장 예리한 전략가 두 사람의 명언을 살펴보면 지상전에서 흔히 나타났던 지지부진함이 극명해진다. 드 삭스(de Saxe)장군과 H. H. E. 로이드 두 사람은 유능한 장군이라면 교전을 회피함으로써 장기간의

---

10) C. C. Chesney and Henry Reeve, *The Military Resources of Prussia and France and Recent Changes in the Art of War* (reprinted from *Edinbrugh Review* 1866~67) (London, 1870), p. 65.

성공을 거둘 수 있다고 믿었다. 즉 유능한 장군은 강력한 지점을 선택하여 적으로 하여금 감히 공격할 엄두를 못나게 할 수 있다는 것이다.[11] 이것은 장난감 병정의 제언이 아니라 철인(鐵人)의 충고이다. 그들의 경력을 살펴보면 그들의 충고가 더욱 찬란해진다. 모리스(Maurice) 즉 드 삭스 백작은 프랑스군에 입대하기 전인 청소년 시절에 프랑스에 대항, 오스트리아의 편에 서서 싸웠고, 스웨덴과 터키를 적으로 러시아를 위해서 싸웠다. 1745년 5월 폰테노이(Fontenoy)에서 프랑스군이 영국군과 교전했을 때, 삭스는 수종에 걸려서 몹시 고생을 하고 있었기 때문에 버들가지로 엮은 마차를 타고 전투를 지휘할 수밖에 없었다. 휠체어 같은 것을 타고 전투를 지휘하는 사령관은 그 어느 시기에도 정상적인 것은 아니다. 더욱 더 놀라운 것은 사령관이 외국인이라는 사실이다. 폰테노이에서 프랑스를 승리로 이끌었을 때 삭스는 프랑스의 시민이 아니었다. 마찬가지로 웨일즈 지역 성직자의 아들인 헨리 로이드 역시 프랑스군의 중장, 오스트리아군의 소장 등을 거쳐서 1774년 터키전쟁의 실리스트리아(Silistria) 점령 당시에는 러시아 사단의 사령관이었던 것 같다. 그가 프러시아를 위해서 싸웠을 가능성도 있다. 그 자신은 조국에 대한 의무감 때문에 1779년에 군사론 『대영제국 방위의 정치 - 군사서사시』(A Political and Military Rhapsody on the Defense of Great Britain)를 집필했다고 주장하지만, 그럼에도 불구하고 영국을 위해서 싸웠던 적이 없었다는 점만은 분명하다.[12]

삭스와 로이드는 당시의 용병들과 같은 이른바 용장(傭將)이었다. 유능한 장군은 전장에서 승리의 기회가 확실하지 않으면 교전을 회피해야 한다고 하는 그들의 격언은 군사적인 교착상태의 시기에 수많은 전투들

---

11) Michael Howard, in M. Howard (ed.) *The Theory and Practice of War: essays presented to Captain B. H. Liddell Hart* (London, 1965), p. 8; Denis de Rougemont, *Passions and Society*, tr. from French (London, 1056), p. 357.
12) *The Dictionary of National Biography*, Vol.XI, pp. 1301-2.

의 무익함을 반영했을 것이다. 그리고 1790년대에 들어서 어째서 전투가 더욱 기동적으로 변화했는가 하는 데 대한 한 가지 이유로는 열성적인 국민군대의 출현을 들 수 있을 것이다. 이러한 국민군대에는 외국인 장군이나 돈을 주고 고용한 헤세의 용병들이 설자리가 없었으며, 그 보다는 열정과 힘의 지성적인 이용으로 적을 무너뜨릴 수 있을 것이라는 생각이 지배적이었던 것이다.

III

18세기의 해군 사령관들 가운데 가장 성공적이었다고 할 수 있는 인물은 에드워드 보스커원(Edward Boscawen)이다. 그는 1744년 4월 오스트리아 계승전쟁 중에 영국 해협에서 프랑스의 순양함 한 척을 나포했다. 3년 뒤에는 피니스테르 곶(Cape Finisterre) 외해의 붐비는 해로에서 대기하다가 프랑스 함대와 조우, 10척의 전함과 약 30만 파운드의 금화를 포획한 앤슨(Anson) 지대(支隊)에서 고참 함장으로 활약했다. 1755년 보스커원은 부제독의 계급으로 승진, 함대 전열(戰列) 중 11척의 함선 지휘권을 부여받았다. 그리고 대서양 서편의 프랑스군을 공격하라는 명령을 받았다. 영국을 출발하여 6주만에 그는 64문의 대포로 무장한 프랑스 함정 1척과 캐나다 지역의 증원을 위해 항해하는 두 척의 수송선 가운데 한 척을 포획했다.

보스커원의 가장 결정적인 승리는 영국의 해군력이 절정에 달해 있던 1759년에 이루어졌다. 프랑스 전열의 12척의 함대가 지브롤터 해협을 빠져 나와 브레스트(Brest)에 있는 우군의 함대에 가세, 영국해협을 가로질러 가는 침략 수송선을 보호하려는 목적으로 툴롱(Toulon)항을 출발, 항해하고 있었다. 8월 4일 해협을 순찰하는 영국의 순양함이 접근해 오는 프랑스 함대를 발견했을 때, 보스커원의 함대는 지브롤터만에 정박하고 있었다. 그날 저녁 보스커원은 함대를 발진했다. 14척의 함선으로 추격한 끝에 결국 그는 운 좋게도 포르투갈의 외해에서 7척의 프랑스함선과 조우했다. 74문의 대포로 무장한 프랑스 함선 1척이 공격을 받아 파선되고 다른 4척의 함선이 포르투갈의 라고스(Lagos)항으로 쫓겨 들어왔다. 그러나 보스커윈은 중립을 존중하지 않았다. 포르투갈의 내해에서 그는 4척의 프랑스 함선을 공격하여 2척을 나포했다. 만일 프랑스군이 불을 지르지만 않았더라면 나머지 2척도 포획했을 것이었다. 곧 이어 영국의 해군은 프랑스 해안을 실질적으로 통제하게 되었다. 영국의 제해권은 매우 강력한 것이어서 보스커윈은 자신의 함대를 퀴베롱만(Quiberon Bay)에 정박시키고, 가까운 프랑스의 섬에 야채 밭을 경작하기도 했다. 그것은 마치 프랑스의 함대가 와이트섬(the Isle of Wight)의 곳에다가 야채를 기르는 것과도 같았다.13)

줄곧 머리를 한쪽으로 삐딱하게 기울인 자세를 유지했던 테리어종 사냥개와도 같은 이 사나이의 해전 경력이 결정적인 것만으로 점철되어 있던 것은 아니었다. 보스커윈은 적의 요새를 공략하고 항구를 강화하는 시도를 적어도 네 차례 - 서인도의 카르타게나, 동인도의 모리셔스와 폰디체리, 그리고 케이프 브레튼 아일랜드의 루이스버그 등 - 에 걸쳐서 했는데, 마지막 공격에서만 영국군은 성공했다. 더욱이 해전에서의 그의 유명한 승리들은 프랑스 해군의 극히 일부분인 소규모 함대를 대상으로 한 것이었다. 그럼에도 불구하고 그의 활동경력은 뚜렷한 결말을 보지 못하던 해전이 일반적이던 시대에 교전의 결정적인 모습들을 예시해 주었다.

18세기 후반의 해전들은 교착상태에 빠지는 경향이 있었다. 1763년 프랑스인 비고 드 모로그(Bigot de Morogues)는 "해전에서 더 이상의 결정적인 전투 다시 말해서 전쟁의 결과를 절대적으로 좌우하는 전투는 없을 것"이라고 술회했다.14) 40대에 개인적인 연구로 전환한 잿빛 머리칼의

---

13) *The Dictionary of National Biography*, Vol. II, pp. 877–81.

에딘버러 상인 존 클러크(John Clerk)는 1781년 해군 전술에 관한 자신의 에세이에서, 지난 반세기 동안 영국의 해군이 경험한 해전 가운데 소수의 교전만이 승리로 끝난 것이었다고 불평했다. 대규모의 영국 해군과 프랑스 해군이 전투를 위해 대치했을 때 대개의 경우 싸움은 "기념할 만한 성과나 함선의 손실조차도 없이 그리고 어느 편이나 승리한 것으로" 끝났다는 것이다.15) 존 클러크나 다른 학자들은 이러한 성과 없는 전투의 원인을 동시대의 천편일률적이고 제약된 해군 전술의 탓으로 돌렸다. 해전은 볼룸 댄스와도 같은 거의 형식적이고 의식(儀式)적인 것으로 되었으며, 파트너의 손을 잡는 대신 방향도 정확하지 않게 뱃전에다 대고 포를 쏘아 대는 점을 제외한다면 적의 함대라는 것은 마치 줄을 맞춰 서 있다가 무도장의 가운데로 돌아 나오는 댄서 같았다. 영국 해군에서 교전을 위해 평행하게 대치한 두 전열을 묘사한 인기 있던 표현은 '모든 사람에게 매력적인 파트너를 제공해 주는 것'이었다. 이것은 해전이 아니라 담배연기 자욱한 디스코 테크에서 들을 수 있는 말처럼 들리지만 의미는 비슷한 것이었다.

1692년부터 90년 동안 영국이 해상에서 경험한 15차례의 전투들 가운데 6건만이 결정적인 것이었다고 해군사가인 크리스토퍼 로이드(Christopher Lloyd)는 평가한다.16) 그리고 그 이유는 주로 형식적인 전열이 일련의 개별적인 추격전으로 단편화되었기 때문이었다. 그러한 확실한 전투들에 있어서도 대개의 경우에는 패배한 함대의 많은 함선들이 도망을 쳤기 때문에 승리의 정도라는 면에 있어서는 한계가 있었다.

18세기의 전쟁을 표현하는 데 있어서 상투적인 문구는 '제한전'(limited war)이었지만 해전의 경우에 있어서는 그 표현이 완전히 옳다고는 할 수 없었다. 밀수품들을 수송하는 중립국의 배나 적국의 상선을 노리는

---

14) C. D. Lloyd, *The New Cambridge Modern History*, Vol. Ⅷ, p. 175에서 재인용.
15) *English Historical Documents*, Vol. Ⅹ, p. 605.
16) C. D. Lloyd, p. 175.

수백 척의 무장 사략선(私掠船)들에 의해서 일종의 게릴라전이 행해졌다. 미국 독립전쟁 당시에 영국 정부는 몇몇 상인들이나 칭송 받는 해적들을 포함한 약 2,100척 이상의 사선들에게 적선 나포의 허가장을 발부했다. 전쟁의 한해 동안 리버풀의 항구는 거의 9천명의 선원을 고용한 120척의 사략선을 보유하고 있었고, 전쟁의 마지막 해에 신생 미국은 단지 7척의 해군함정과 327척의 방대한 사략선을 보유하고 있었다. 영국 해협으로부터 노바 스코시아(Nova Scotia) 연안에 이르는 해역에 출몰했던 사략선들은 한 유명한 이론에 의문부호를 제기하지 않을 수 없게 한다. 즉 18세기에는 시대정신 자체가 열정보다는 제한을 선호했기 때문에 전쟁이 제한적이었다는 이론이다. 절제가 시대의 숨결이었다고는 해도 던커크, 리버풀 그리고 보스턴으로부터 쏟아져 나온 사략선들의 출몰 지역에서는 숨을 죽이고 있었던 것이다.

IV

한편 부분적으로는 재정적 부담으로 인한 전술의 간소화 때문에 전쟁이 지연되는 경우도 있었다. 수십 년 동안 전쟁이 계속되다 보면 왕실의 금고가 바닥나는 것이 보통이었다. 따라서 많은 국가들은 부유한 동맹국으로부터 재정적 보조를 받지 않는 한 좀처럼 전쟁을 시작하거나 중단된 전쟁을 재개하려 하지 않았다. 가장 왕성한 전비(戰費)지출국은 영국이었는데, 프랑스 대혁명과 나폴레옹 전쟁 당시 영국의 동맹들은 영국으로부터 6천 5백만 파운드를 지원 받았다. 예를 들면 1813년 오스트리아, 프러시아, 포르투갈, 러시아, 시실리, 스페인 그리고 스웨덴 등이 영국의 금이나 군비를 지원 받았으며, 이듬해에는 덴마크와 하노버가 이 대열에 가담했다.[17] 지원금을 받은 국가들이라고 하더라도 대개의 경우에는 해

---

17) John M. Sherwig, *Guineas and Gunpowder: British foreign aid in the wars*

상의 함대나 야전의 육군을 유지하기 위해서 자국의 독자적인 수입으로부터 더 많은 비용을 지출하지 않으면 안되었다. 시민들에게 부과하는 세금만으로는 충분한 수입이 되지 못했기 때문에 외국은 물론 국내에서도 돈을 빌리지 않으면 안 되었다.

18세기의 프러시아는 막대한 빚을 지지 않으면서도 전쟁을 수행하는 능력으로 유명한 나라였다. 1740년 프레드릭 대제는 즉위하면서 9백만 탈러(thaler, 역자 주: 당시의 은화)를 상속받았는데, 1786년 그가 사망할 당시의 금고 속에는 5천만 탈러가 보관되어 있었다. 그러나 그와 같이 훌륭한 모범적 재정 운영자도 영국의 지원금이 없었더라면 7년 전쟁에서 패배했을 것이다. 18세기의 장기전에 관여한 대부분의 다른 국가들은 무거운 부채를 초래했다. 전쟁경제의 탁월한 분석가이기도 한 애덤 스미스는 "현재 유럽의 모든 강대국들을 짓누르고 있는 그리고 결국에 가서는 국가를 파멸로 몰고 갈 막대한 부채"를 개탄하고 있었다.18) 유럽의 군주들은 백화점이나 자동차 판매 영업사원이 출현하기 오래 전부터 할부 구입의 가치를 체득하고 있었지만 '우선 지금은 싸우고 나중에 지불해 주겠다'는 그러한 의향 자체가 그들에게는 값비싼 대가를 요구하는 것이었다. 1770년대의 미국 혁명과 1790년대의 프랑스 대혁명은 부분적으로는 이전의 전쟁으로 인해 부과된 높은 세금에 대한 분노 때문에 촉진된 것이기도 했다.

전투에서 잃어버린 병력과 군비를 보충하기 위한 비용은 말할 것도 없고 대규모의 육해군을 유지하는 데 필요한 비용도 부담이 되었다. 군주국들은 군대 내에 막대한 양의 주요 장비 즉 한번 파괴되어 버리면 대체하기가 거의 불가능한 장비들을 보유하고 있었다. 그러나 군대의 장비란

---

with France 1793~1815 (Harvard, 1969), p. 345.

18) Adam Smith, *An Inquiry into the Nature and Causes of the Wealth of Nations* (London: Everyman edn., 1954), Vol. II, p. 393. 애덤 스미스는 18세기의 전쟁들에 관해서 가치 있는 관찰들을 남기고 있다.

파괴의 위험을 무릅쓰지 않고서는 제대로 그 기능을 수행할 수 없는 법이었다. 결국 잃어버릴 위험을 피해서 승리하라는 지시를 받은 지휘관들이 양성될 수밖에 없었다.

프러시아의 탁월한 군사 전략가인 카를 폰 클라우제비츠는 "전쟁만큼 언제나 그리고 보편적으로 기회(chance)라는 것과 밀접히 연관되어 있는 인간사는 없다"고 술회하면서 인간 행위의 모든 영역 가운데서 전쟁은 '도박과 가장 흡사한 것'이라고 첨언하고 있다.19) 만일 이것이 사실이라고 해도 18세기의 전쟁이라는 도박은 도박성을 최소화하려는 광범위한 욕구를 그 특징으로 하고 있었던 것이다.

V

18세기의 지상전이나 해전은 부분적으로는 무기와 전술 때문에 지지부진해지기도 했는데, 결국 이러한 현상은 군주제도의 사회, 경제적 구조의 영향을 받은 것이었다. 지지부진한 전쟁을 경험하고 나서야 전쟁 개시 국가의 권력 구조에 활기를 불어넣는 일련의 사건들과 개혁이 이루어졌다. 1790년대의 혁명 프랑스에서는 20년 전의 아메리카 식민지의 반란에서와 마찬가지로 거리와 마을의 사람들이 일시적으로는 열광적인 전쟁의 참여자들이 되었다. 평민이었던 나폴레옹은 과거 그 어느 군주보다도 많은 병력을 지휘했으며 그의 군대는 18세기의 그 어느 군대도 보여주지 못했던 열정으로 가득했다. 용병의 군대에서 요구되었던 조심성과 엄격한 규율의 속박이 풀리자 많은 군대들이 새로운 융통성과 파괴력을 갖추기 시작했다. 프랑스군은 행군해 가는 도중 지방에서 식량을 징발했으며 과거의 병사들에 비해서 무서운 속도로 전진해 갔다. 나폴레옹의 군대는

---

19) Roger A. Leonard, ed., *A Short Guide to Clausewitz on War* (London, 1967), pp. 54-5.

교전의 초기 단계에서 사격솜씨가 뛰어난 척후병을 활용하기도 했다. 과거의 군대 같았으면 이 척후병과 징발병의 이용은 빈번한 탈영 때문에 위험시되었을 것이다.

프랑스에서는 구체제의 몰락으로 향신계급의 장군들 대신 다양한 출신성분의 청년장교들의 성장이 가능해졌다. 새로운 지휘관들은 군사적, 계급적 전통에 그다지 얽매이지 않고 새로운 이념에 걸맞은 분위기를 활용했다. 나폴레옹의 프랑스는 풍부한 상상력을 지닌 전쟁방식의 상징이 되었고, 이러한 상징은 워털루 해전 100주년을 즈음해서 영국의 한 유력한 관리가 작성한 비망록에도 나타나 있다. 그 장본인은 에셔 경(Lord Esher)이라는 인물로서 그는 제1차 세계대전이 교착상태에 빠졌을 당시 프랑스에서 영국의 비밀임무를 수행하고 있었다. 그는 자신의 일기에 '풍부한 상상력을 수반한 열정'이 없이는 대전에서 승리할 수 없으며 젊음으로부터 새로운 힘이 창출된다고 술회했다. 바로 그러한 특징들을 가지고 있었던 것은 젊은 나폴레옹이었지 1815년의 피로에 지친 나폴레옹은 아니었다. 에셔는 1915년의 영국과 프랑스에는 약 40명의 유능한 장군들이 정부와 전투병력을 통솔하고 있지만 창의성과 열정을 제공해 주지는 못하고 있다고 개탄했다. 그들은 "자신들의 직업에 안주하여 긴 인생을 보냄으로써 정신상태가 느긋해져서 어이없게도 무엇인가를 할 수 있는 능력을 결여"하고 있다는 것이었다.[20] 그 자신이 60대였던 에셔 경이 철석같이 믿고 있었던 것은 만일 지도자들이 참호 속에 잠복해 있는 병사들만큼이나 젊은 사람들로 대치되기만 한다면 독일군은 밀려서 후퇴하게 될 것이라는 점이었다. 에셔 경은 이것을 지나치게 믿고 있었던 것 같다. 사실 나폴레옹을 지탱해 주고 후에 모택동과 히틀러로 하여금 군사적 체스게임의 정체상태에 활기를 불어넣도록 도와 준 것은

---

20) Viscount Esher, *Journal and Letters of Reginald Viscount Esher*, esp. Vol. III (London, 1938), pp. 248-250.

젊은이들뿐만이 아니라 다양한 지배계급 및 그들의 폐쇄된 정신상태의 붕괴 — 간단히 말해서 시민혁명 — 이었던 것이다.

나폴레옹 전쟁은 방어전에서 공격전으로의 전환을 알리는 이정표였으며, 이러한 전환은 1790년 이전에도 희미하게나마 보이기는 했지만 그 이후에 확실히 나타난 것이었다. 전술과 전략은 더욱 대담해졌고 정열과 열기로 인해 신중함이 사라졌다. 그리고 반세기 전만 하더라도 전형적이었던 느린 속도의 교전형태는 장거리를 신속하게 넘나드는 기동전에게 그 자리를 내주었다. 훨씬 더 정력적인 방법들의 채택으로 용병 시대와 같은 소요 기간이라 하더라도 더 많은 교전으로 전쟁을 장식할 수 있었다. 그러나 새로운 정신이 전쟁을 단축시킬 수는 없었던 것으로 보인다. 프랑스 혁명전쟁은 10년 동안이나 그리고 나폴레옹 전쟁은 12년 동안이나 지속되었다. 그렇다면 결국 전쟁을 연장하거나 단축하는 조건들은 분명히 복잡한 것이다.

전쟁의 연장 혹은 단축에 영향을 미치는 다른 그 무엇이 있었음에 틀림없다. 그 한 가지는 너무나도 명백한 것이어서 간과되어 왔던 것으로 보인다. 1700년에서 1815년 사이의 장기전들은 다수의 국가들이 참전한 대전들(general wars)이었다. 적어도 각각 7년씩 지속되었던 일곱 차례의 전쟁들은 모두가 대전이었다.[21] 이와는 대조적으로 나폴레옹의 패배와

---

21) '대전'(general war)이라는 표현은 확정되거나 일반적으로 용인된 정의는 아니다. 필자는 대전을 적어도 5개국이 참가하고 그 가운데 3개국은 주요 강대국인 것으로 정의한다. 이 정의에 따르면 1700~1815년 사이에는 아홉 번의 대전이 있었고, 1815~1930년 사이에는 두 번의 대전이 발생했다. 좀 더 엄격하게(즉 8개국이 참전하고 그 중 4개국이 주요 국가인 것으로) '대전'을 정의한다면, 19세기와 18세기의 구분은 더욱 명확해진다. 이 기준에 따르면 1700~1815년 사이에는 여섯 번의 대전이 그리고 1815~1930년 사이에는 한 번의 대전(제1차 세계대전)이 있었다. '주요 국가'(major state)를 정의하기가 곤란하기 때문에 유일한 기준은 전쟁에 참가하는 국가의 숫자일 수밖에 없다고 논박하는 사람들의 입장에서 본다면 1700~1815년 사이에 8개국 혹은 그 이상의 국가들이 참전한 전쟁은 여섯 번이었으며, 1815~1930년 사이에는 그러한 전쟁이 두 번 즉 프러시아 - 프랑스 전쟁과

제1차 세계대전 발발 사이의 19세기에 북반구에서 발생한 유일한 대전은 크리미아 전쟁이었다. 이 전쟁이 당시 유럽에서 가장 긴 전쟁이었다는 사실은 의미심장하다.

2~3개국이 참가하는 전쟁들에 비해서 대전이 장기화하는 경향을 보이는 이유는 무엇일까? 적어도 네 가지 이유를 들 수 있을 것이다. 첫째로 다수 국가가 참가하는 전쟁은 양측의 군사력이 비교적 균등한 경우가 많고 또 그럴수록 전쟁의 조기 종결은 더욱 어려워지게 된다. 둘째, 대전의 경우에는 지상전은 물론 해전에 이르기까지 여러 전선에서 전투가 수행되는 것이 일반적이기 때문에 어느 한 쪽의 동맹이 모든 전장에서 동시에 승리하기가 어렵게 된다. 결국 싸움은 연장될 수밖에 없다. 셋째, 다수 국가의 전시 동맹체제는 대개의 경우 전투를 효율적으로 조화시키지 못했다. 참가국들은 평화교섭을 위한 회담에 쉽사리 끌리지도 않았을 뿐만 아니라 화평을 위한 조건에도 쉽사리 동의하지 않았다.

네 번째 요인은 대전은 장기화시키고 두 국가간 전쟁은 단축시키는 요인이기도 하다. 즉 양국간 전쟁에서는 제3국이 전쟁에 개입할 우려도 있고 또 그렇게 되면 승자가 어렵사리 얻은 이익이 무산될 수도 있기 때문에 승리하고 있는 측은 조기 평화를 추구하게 된다. 그러나 이와는 대조적으로 대전에서 승리하고 있는 국가들은 다른 국가가 개입할지도 모른다는 우려 때문에 전투를 중단하려고 하지는 않는다. 거의 모든 이웃 국가들이 이미 전쟁에 참여하고 있는 상태에서 결정적인 개입의 위험성이 적을 수밖에 없다는 점은 쉽게 이해될 수 있을 것이다. 1790년대 이후의 유럽에서는 무모한 목적이 대전의 한 특성이었지만 양국간 전쟁에 있어서는 절제된 목적이 전쟁의 뚜렷한 특징이었다. 나폴레옹과 피트의 시대로부터 처칠과 히틀러의 시대에 이르기까지 모든 대전은 승리하는 측이 절제된 승리에 만족하기를 거부함으로써 장기화되기가 일쑤였다.

제1차 세계대전이 있었다고 할 것이다.

워털루 전투로 인해 유럽에서는 대전의 시대가 종말을 고했다. 1700년과 1815년 사이의 전쟁의 장기화 조짐은 한편으로는 교전의 템포가 더욱 간헐적으로 된 데도 원인이 있지만 다른 한편으로는 당시에 확산된 교전 기술이나 국가의 사회경제적 구조에도 그 원인이 있을 것이다. 그러나 전쟁의 장기화에 영향을 미친 중요한 요인은 전쟁에 다수 국가가 참가하는 경향 바로 그것이었다.[22]

VI

워털루 이후의 세기에 장기전들은 주로 유럽의 밖에서 수행되었다. 식민지 전쟁들이 전투의 달력을 장식하기 시작한 것이다. 식민지 전쟁에서 1년 동안 치러야 했던 희생이나 비용이 유럽 전쟁에서의 1개월 동안의 그것에도 미치지 못했지만 그러나 많은 식민지 전쟁들은 나름대로 심각하고 또 예상과는 달리 승리하기 어려운 전쟁들이었다. 그러므로 그러한 장기적인 식민지 전쟁들이 유럽에서의 전쟁을 장기화시킨 것과 동일한 요인들의 영향을 받았는지에 관해서 의문을 제기해 보는 것도 유익할 것이다.

19세기의 가장 긴 국제전은 프랑스와 알제리 사이의 전쟁이었을 것이며, 어떤 면에서 그것은 금세기 중반에 프랑스가 알제리와 인도차이나에서 감내 해야만 했던 장기전들을 예고해 주는 것이기도 했다. 1830년 프랑스가 침공하기 직전의 알제리는 사하라 사막의 외각으로부터 울퉁불퉁한 지중해 해안에 걸쳐 있는 독립공화국이었다. 여러 세대 동안 알제리의 해적들은 바위투성이의 항구로부터 항해해 와서는 지중해 서안의 유럽의 항구와 선박들을 공격했으며, 이 북아프리카(Barbary)의 해적들은

---

22) 2, 3개국이 참가하는 전쟁과 구별되는 대전의 원인에 관해서는 제15장 '확전의 미스터리'에서 논의될 것이다.

유럽 함대의 원정들을 용케도 견뎌 내곤 했다. 1816년 8월이 되어서야 펠류 제독(Admiral Pellew)은 다섯 척의 영국 전열함대를 이끌고 네덜란드 순양함대의 지원을 받아 약 8시간에 걸쳐서 알지에의 항구를 포격한 뒤 약 3천 명의 유럽인 노예들을 구출했다. 그러나 그의 이러한 무력시위 는 곧 잊혀졌다. 같은 해에는 영 - 불의 원정함대가 알제리의 해안에 출현 하기도 했지만 해적들은 여전히 창궐했다.23) 수십 년 전부터 시작된 이 와 같은 해군의 원정은 몇 년에 한 번씩 여우사냥을 하기는 하지만 여우 굴 자체를 봉쇄하지는 못하는 사냥과도 같은 것이었다.

1830년 5월 프랑스 정부는 여우굴을 소탕하기 위해서 강력한 원정대 를 파견했다. 9척의 프랑스 전열함대, 56척의 순양함, 쾌속정, 범선 그리 고 8척의 증기선 및 소함대가 툴롱항을 떠났다. 이 대규모 함대에는 37,000명의 병력과 4,000필의 말이 포함되어 있었고 프랑스 전쟁상(相)인 부르몽 원수(Marshal de Bourmont)가 침공작전을 직접 지휘했다. 알지에로 부터 몇 마일 떨어진 곳에 출현한 프랑스의 증기선을 보고 일단의 아랍인 무장기병대는 혼비백산했으며, 프랑스 연대는 상륙작전을 감행했다. 3주 가 채 지나기도 전에 알지에는 함락되었으며, 곧 이어 알지에의 태수(太 守)는 보호를 받으며 이탈리아로 추방되었다. 그리고 태수의 병사들 대부 분은 배에 실려 소아시아로 보내졌다.24) 그런 상태에서 프랑스가 원했던 것은 전 해안에 걸쳐 존재하는 작은 항구들을 점령하는 일 뿐이었다. 그렇게 되면 해적들은 자취를 감추게 될 것이었고, 무엇보다도 중요한 것은 프랑스가 지중해의 전략적 요충지역의 하나를 지배하게 될 것이라 는 점이었다. 그러나 이들 항구 지역에 식량과 마초, 물자 등을 공급하는 주변 지역을 함께 장악하지 못하는 한 프랑스군은 오랑(Oran), 보너(Bona) 그리고 알지에 등과 같은 항구들을 완전하게 지배할 수는 없었다. 뿐만

---

23) *The Annual Register* (1816), 'Chronicle', pp. 230 ff.; *The Dictionary of National Biography*, Vol. XV, pp. 714-15.
24) *The Annual Register* (1830), pp. 234-8.

아니라 외각 지역이 비교적 평온 상태를 유지하지 못하는 한 항구를 둘러싼 주거 지역을 효율적으로 장악할 수 없었다. 바위투성이의 지역은 저격병의 활동에 안성맞춤이었고, 알제리인들은 두려움을 모르는 기마민족이었기 때문에 프랑스의 알제리 해안 정복은 지지부진할 수밖에 없었고 치러야 하는 대가도 엄청나게 큰 것이었다. 알지에를 정복한 지 3년이 지난 1833년 프랑스군이 장악한 것은 3개의 항구뿐이었으며, 그것마저도 외각 지역은 안전하지 못한 것이었다. 1835년에는 6개의 해안 마을만을 지배할 뿐이었다.

프랑스군의 산발적인 승리도 지지부진한 교전과 암울한 패배들로 중단되곤 했다. 1835년 여름 오랑에 주둔하던 일단의 프랑스군은 산악지역 행군을 감행하던 중에 커다란 손실을 입고 퇴각하기 시작했으며, 알제리의 저격병들은 이들을 오합지졸로 만들었다. 퇴각하는 과정에서 프랑스군은 570명의 사상자를 내었고 모든 물자와 마차를 잃었다. 프랑스로부터 1만 명 규모의 원군과 명예에 굶주리고 있던 왕위 계승자 오를레앙공이 파견되었다. 그의 프랑스 대군과 26문의 포대는 오랑으로부터 산악지역으로 밀고 들어와 황급히 버려진 마스카라(Mascara)시를 파괴했다.[25] 그러나 승리를 거둔 프랑스군과 오를레앙 공이 오랑으로 되돌아오자마자 알제리의 기병들은 산에서 내려와 주변 지역을 다시 지배하기 시작했다.

알제리인들은 오랑의 남서쪽에 있는 한 마을을 장악했으며, 이에 프랑스는 1836년 1월 또 다른 대규모 병력을 파견하여 상실된 지역을 탈환하도록 했다. 그러나 그들이 이 지역에 도착했을 때에는 이미 완전히 소개(疏開)된 뒤였다. 수천 명의 알제리 기병들의 막사가 오지에서 발견되어 프랑스 기병들이 추격전을 개시했지만 알제리인들은 프랑스군보다 속도가 훨씬 더 빨랐다. 프랑스군은 장악된 지역에 500명의 병력으로 구성된

---

25) *The Annual Register* (1835), pp. 423-4.

수비대를 주둔시켰지만 주 병력이 오랑으로 돌아오자마자 알제리인들은 프랑스 연대가 행군해 내려왔던 도로를 점령해 버렸다. 1836년 4월 프랑스군은 다시 오랑에서 행군을 시작, 프랑스로부터 4,000명의 증원군을 지원 받으며 오랜 전투를 펼친 끝에 알제리인들을 산 속으로 쫓아버릴 수 있었다. 산악지역에서 알제리인들을 소탕하는 것보다는 그들을 산 속으로 쫓아 버리는 편이 훨씬 더 쉬운 일이었는데, 그리고 나서 프랑스군은 다시 철수했다. 한편 1836년이 끝날 무렵 7,000명의 프랑스 병력이 오랜 역사를 지닌 섬 도시 콘스탄틴을 점령하기 위해 보너를 출발했다. 비와 눈으로 인해 중무장의 포대는 진흙탕 속에 발이 묶여 차축까지 묻혀 버렸고, 병사들도 질병과 적에의 노출 때문에 쓰러져 죽어 갔으며, 결국 콘스탄틴 성벽에 대한 공격도 사다리 운반 차량이 습격을 당하는 바람에 실패로 끝났다. 그리고 퇴각하는 프랑스군은 아랍인 기병대의 기습을 받아야 했다. 프랑스의 한 장군은 "콘스탄틴 원정은 완전한 성공을 거두지 못했다"고 술회했다.26) 그렇게 수년 동안 전투는 반짝하다간 사라지곤 했다.

알제리의 저항세력은 모하메드의 직계 후손인 압델-카데르 (Abdel-Kader)가 지휘하고 있었다. 그는 프랑스가 침공을 개시하기 직전에 메카와 바그다드의 성지순례로부터 귀국, 1832년 약관 25세의 나이로 마스카라의 토후로 선출되었다. 마스카라는 그에 의해서 알제리 저항세력의 본거지가 되었다. 10년 동안의 거의 전 기간을 통해서 그의 기동대는 프랑스군을 괴롭혔는데, 압델-카데르는 승산이 아주 클 때를 제외하고는 거의 언제나 전투를 회피하는 재능을 지니고 있었다. 타고난 전술가이자 기병으로서(그는 철학적인 소논문뿐만 아니라 아랍의 말에 관한 서적의 저자이기도 했다) 그리고 이념적인 설득력과 야전에서의 용맹함을 겸비한 지도자로서 그는 최근의 동아시아의 민족 지도자들 — 모택동과 호치민 —

---

26) *The Annual Register* (1836), pp. 347-9.

과 같은 특성을 지니고 있었다. 1840년부터 알지에 총독의 자리에 있던 프랑스의 부고 원수(Marshal Bugeaud)가 알제리인들의 기동 전술을 모방하여 속도가 늦은 마차 수송대 대신에 짐 싣는 동물들을 이용하는 한편, 여러 모로 불편한 보병부대를 움직이는 대신에 기마부대의 기습작전을 활용하고 나서야 압델 - 카데르는 결국 주도권을 상실하게 되었다.[27] 1847년 12월 그는 마침내 항복, 유형에 처해졌다.

프랑스가 알제리를 정복하는 데 17년 이상이나 소모해야 했던 이유에 대한 설명은 다른 장기적인 식민지 전쟁들에도 해당된다. 인구가 분산되어 있는 작은 지역은 수백 만 명이 거주하는 넓은 지역보다는 쉽사리 정복되었다. 알제리는 동서로 약 600마일에 걸친 지역인 동시에 남쪽으로도 그 반 정도의 거리가 침묵의 사하라 지역까지 뻗어 있었다. 그리고 인구도 대략 3백만 정도는 족히 되었기 때문에 쉽사리 침략자의 희생물이 되지 않았다. 뿐만 아니라 여름의 혹서와 바위투성이의 지리적 조건도 알제리의 수호자들에게는 바람직한 것이어서 전쟁이 연장될 수밖에 없었다. 이와 마찬가지로 상대적으로 통합된 지역 — 알제리는 이슬람교의 신앙으로 뭉쳐 있었다 — 은 인종적으로나 종교적으로 심각하게 분열된 지역보다는 유럽인의 통치에 저항할 수 있는 희망적인 요인을 더 많이 갖고 있었다.

침공군의 힘은 다양한 전쟁 기술에 있어서의 우월성에 의해 좌우되는 것이 아니라 식민지 전투에 효율적으로 적용될 수 있는 좁은 범위의 기술에 있어서의 우월성에 의해 좌우되었다. 그러한 치욕적인 교훈을 받아들이는데 주저하는 것도 전쟁의 연장에 일조 했다. 즉 프랑스의 포병병력은 유럽에 있어서의 많은 전쟁에서 결정적인 역할을 하곤 했는데, 알제리의 지형과 같이 포차를 내지까지 끌고 가는 것 자체가 힘드는 일일뿐만 아니라 끌고 갈 때 나는 소음으로 인해 알제리인들이 쉽사리

27) Sir Basil Liddell Hart, *The New Cambridge Modern History*, Vol. X, p. 320.

프랑스의 공격 계획을 알아 챌 수 있는 지역에서는 그다지 위력을 발휘하지 못했다. 알제리에서 가장 신속한 수송 수단은 말이었기 때문에 오히려 그러한 험한 지역에서는 알제리인들이 프랑스군을 능가하곤 했다. 비슷한 이야기이지만 1960년대의 베트남에서는 월등한 공군력을 지닌 미국이 적에 대해서 그다지 우위를 확보하지 못했는데, 적의 수송 체계가 소수의 주요 철도에 집중되어 있거나 적의 전쟁 수행능력이 취약한 중공업 지역에 의존하고 있는 경우라면 몰라도 주요 중공업 지역이란 것이 소련과 동유럽 그리고 중국 등에 존재하고 있던 월맹의 경우에는 그다지 취약하지도 않았던 것이다. 일견 군사력의 상징처럼 보이는 핵무기도 베트남에서의 미국의 군사 작전에는 아무런 쓸모도 없는 것이었는데, 이것은 영국이 세계 최강의 해군력을 보유하고 있었으면서도 세기의 전환기에 남아프리카의 오지에서 벌어진 보어 전쟁에 아무런 도움도 주지 못했던 것과 같다. 이와 같이 활용도 하지 못하는 상징적인 군사력의 가치는 오히려 제3국이 교전에 개입하지 못하도록 경고하는 능력을 가지고 있다는 점에 있었다.

그러므로 식민지 전쟁을 연장시킨 한 가지 요인은 강대국이 우월한 무기들을 사용하지 못했다는 데 있었다. 사실 몇몇 식민지 전쟁들은 유럽에서 해군 국가와 육군 국가 사이에 벌어졌던 전쟁과 비슷한 점이 있었다. 즉 그들은 적절하게 맞붙을 수가 없었던 것이다. 상황을 더욱 더 모호하게 만든 것은 이른바 게릴라전이었는데 1830년대의 알제리아인들, 1870년대와 1890년대 스페인군에 대항했던 쿠바인들, 세기의 전환기에 영국군에 대항했던 보어인들, 1945년 이후 프랑스군과 미군에 저항했던 베트남인들, 그리고 그 외의 식민지 전쟁 혹은 해방 전쟁에서 활동했던 토착 저항세력 등에 의해서 수행된 게릴라전들을 예로 들 수 있겠다. 게릴라전에 대한 서구의 대응은 천편일률적으로 증원군을 파견하는 일이었는데 수송선을 파견하거나 전함을 보충하는 데에는 언제나 많은 비용과 시간이 소모되었다. 식민지 전쟁들도 장기화되면서 결국은 처음에 생각했던 것보다는 훨씬 많은 병력을 필요로 했다.

　모든 장기적인 식민지 전쟁들은 적어도 어느 한 국가 아니면 양 국가 모두의 기대가 지나치게 낙관적이었다는 사실을 극명하게 보여준다. 예를 들면 프랑스의 경우 알제리 전쟁을 시작할 때에는 제한된 목적을 가지고 있었다. 즉 주요 항구들을 신속하게 장악하면 알제리를 통제할 수 있으리라고 믿고 있었다. 항구들을 안전하게 확보하기 위해서는 내부의 지역들을 점령해야 한다는 사실을 깨닫기까지 시간이 흘러야 했는데 그러한 진리를 수용할 때까지는 무의미한 병력증강을 계속했던 셈이었다. 결국 줄줄이 등장한 프랑스의 정부 각료들이 승리를 위해서는 더 많은 자금과 병력이 필요하다는 사실을 깨닫는 데 시간이 걸렸기 때문에 전쟁이 장기화되었던 것이다. 유럽국가가 식민지 전쟁 — 승리의 대가가 매력적이기는 하지만 대개의 경우 마음을 홀릴 정도까지는 되지 못하는 전쟁 — 을 할 때 주요 강대국과의 전쟁에 쏟아 붓는 만큼의 전심전력을 기울이지 않았다는 점은 이해할 수 있다. 주요 강대국과의 전쟁에서 패배한다는 것은 치명적인 것이었지만 식민지 전쟁에서의 패배는 단지 창피한 사건에 지나지 않았던 것이다. 사실 후진적인 것으로 간주했던 종족들에게 결국에는 패배할 것이라는 점은 상상조차도 하기 힘든 일이었다. 그리고 이러한 가능성에 대한 부인을 고집함으로써 식민지 원주민들에 대항해서 교전할 증강 병력의 규모를 제한하기가 어려워졌던 것이다.

　자유주의 사조와 인명 존중의 풍조 때문에 '선진국'의 신속한 정복활동 수행능력이 지체되는 경우도 있었다. 1830년 알지에시를 점령한 프랑스는 다음과 같은 관용의 선언을 발표했다.

　　마호메트교의 종교 활동은 이전과 같이 자유롭게 허용될 것이다. 모든 계층의 주민들의 자유, 그들의 종교, 사유재산, 상업활동, 산업 등은 침해받지 않을 것이며, 그들의 여자들도 존중될 것이다. 총사령관은 이 점을 자신의 명예를 걸고 약속하는 바이다.[28]

이러한 원칙을 천명한 국가라 할지라도 그 원칙을 완벽하게 존중하지 못하는 경우가 가끔 있기는 했지만 이러한 원칙 때문에 이교도들과의 전쟁이 위축된 것도 사실이었다. 프랑스는 알제리의 민간인들 특히 압델-카데르를 지원하거나 프랑스 점령 지역에서의 테러 활동에 관여하는 알제리인들에 대해서 상대적으로 관용적인 태도를 취했기 때문에 적들은 더욱 효과적으로 저항할 수가 있었다. 그와 같은 한계는 전후 25년 동안 인도차이나 지역에서도 나타났다. 만일 프랑스와 미국이 자신들의 점령지역을 통치함에 있어서 제2차 세계대전 중 독일과 일본이 구사했던 것과 같은 더욱 무자비한 방법들을 채택했더라면 베트남 전쟁은 좀더 결정적인 모습을 띠었을지도 모른다. 1960년대의 베트남 남부지역에서는 점령지역으로부터 적을 소탕하는 데 있어서 미군보다는 비교적 소규모의 한국군이 훨씬 더 능률적으로 — 달리 표현하면 좀더 무자비하게 — 전투를 수행했는데[29] 이러한 한국군의 성공 사례를 통해서 간접적으로나마 미국이 남부 베트남에서 질서를 회복하는 데 어려움을 겪어야만 했던 이유를 알 수 있는 것이다.

식민지 전쟁 혹은 제국주의 전쟁은 전쟁을 빨리 끝내고 싶어하는 비판자들 때문에 지지부진하게 연장되는 경우도 있었다. 1830년대의 프랑스에서는 반전주의자 그룹이 목소리를 높이기 시작했는데 알제리에서 프랑스군이 실패를 거듭하자 전쟁의 비판자들은 평화를 요구하고 나섰다. 반전주의자들의 목소리는 그와 같이 가장 어려웠던 시기에 가장 높아졌기 때문에 오히려 정부는 신속한 승리를 굳히기 위하여 증원 부대를 파견하고자 했던 것이다. 만일 반대세력이 강력했더라면 그리고 프랑스

---

28) *The Annual Register* (1830), p. 237.

29) 1968년 밀라이(My Lai)에서 발생한 비무장 베트남 민간인 학살사건이나 그 이후에 벌어진 조사활동은 두 가지 의미를 지니고 있다. 우선 첫째로 모반자들에 대한 미군의 대응방법이 폭로되었다는 점이며, 둘째로 그러한 방법들은 공식적으로 승인되지 않은 것이라는 점이었다.

의 다른 부처들과 마찬가지로 전쟁상이 위기를 감지했더라면 증원군의 파견은 자제되었을지도 모른다. 1830년대와 1840년대에 파리에서 격렬하게 벌어졌던 전쟁에 관한 논쟁은 프랑스가 1세기 뒤에 인도차이나에서 곤혹스러워 하고 있을 때에도 재현되었으며, 같은 지역 같은 상황에서 미군이 헤어나지 못하고 있을 때 워싱턴에서는 그보다 더욱 시끄러운 논쟁이 벌어졌다. 전쟁터에서 멀리 떨어진 국내의 반전론자들은 전쟁 그 자체에 대한 혐오감보다는 군사적인 원정의 실패에 대한 혐오감이 더욱 강한 것으로 보인다. 아이러니컬하게도 이러한 반전론은 군사적인 증강의 가능성을 흐리게 함으로써 전쟁을 더욱 장기화하기도 한다.

이와는 대조적으로 1899년부터 1902까지 영국은 두 개의 보어 공화국들과 싸우면서 국내의 강력한 지지는 물론 주전론자들의 도움을 받았다. 물론 영국에도 반전 그룹이 있었지만 알제리와 인도차이나에서 싸우고 있던 프랑스와 미국정부를 괴롭혔던 반전 그룹들처럼 강력한 실체는 되지 못했다. 보어 전쟁에 대한 국민적인 열광은 영국은 물론 대영제국의 다른 많은 지역들에서도 대단한 것이어서, 오스트레일리아 식민지로부터는 징집 연령에 해당하는 병력 자원의 매 50명 가운데 1명으로 구성되는 자원 부대가 파견되어 왔다. 그리고 전쟁에 대한 지지 상황은 남아프리카로 파견되는 영국군의 규모에도 여실히 반영되었다. 현대 전쟁의 역사에 있어서 군인이나 민간인을 막론하고 적국의 인구와 비교해서 침공군의 규모가 그처럼 컸던 적이 있을까 의심할 정도였던 것이다. 결국 게릴라전의 마지막 국면에서 영국군은 대규모 병력을 이용, 보어 민병대를 소탕할 수 있었다. 그렇지만 만일 소탕작전이 더 늦어졌더라면 영국 내부의 반전 그룹의 영향력이 더욱 강화되었을 지도 모를 일이다.

식민지 전쟁을 장기화시키는 요인 가운데 또 다른 하나가 있다. 해외에서의 기나긴 전쟁들은 유럽에서 평화가 지배하던 시기에 치러졌다. 유럽의 평화가 식민지 전쟁의 장기화를 조장했는지 아니면 식민지 전쟁이 유럽의 평화를 지속시키는 요인이 되었는지 의문을 가져 볼 수 있다.

두 가지 주장이 모두 타당하다. 예를 들어서 프랑스는 알제리에서의 전쟁에 수 년 동안 매우 깊숙하게 빠져 있었기 때문에 유럽의 외교무대에서 위기를 자초하는 일은 회피하려고 했을지도 모른다. 동시에 유럽이 평화스러웠기 때문에 프랑스는 알제리에서의 전투를 계속할 수 있었다. 서구의 국가들이 비싼 대가를 치러야만 하는 식민지 전투에 몰두하고 있을 때 유럽에 중요한 전쟁이 엄습했더라면 틀림없이 식민지 전투는 종결지어졌을 것이다.

여러 가지 조건들을 길게 나열해 보면 발생하려고 하는 식민지 전쟁이 단기전이 될 것인가 아니면 장기전이 될 것인가를 판별할 수 있을 것이다. 그러한 조건들의 목록에 눈에 보이지 않는 중요 변수 — 사기와 리더십 그리고 전투를 좌우하는 예기치 못하는 사건들 — 가 첨가되면 그 복잡성은 더욱 심해진다. 그럼에도 불구하고 잘 생각해 보면 목록의 단순화가 가능하다. 장기적인 식민지 전쟁들은 대개의 경우 단 2개의 교전 당사국만이 가담하고 있으면서도 유럽에서 발생한 대전의 성격을 지니고 있었다.[30]

다수의 국가가 참전하는 유럽 전쟁을 장기화하는 요인들은 유럽 이외의 지역에서 발생하는 양국간 전쟁의 장기화 요인들과 닮은 점이 있다. 장기적인 식민지 전쟁에서의 전투는 여러 개의 전선에서 수행되었기 때문에 — 이것은 게릴라전의 정의와 거의 같다 — 어느 한 쪽이 모든 전선에서 동시에 승리를 거둘 수는 없었을 것이다. 마찬가지로 지상전(紙上戰)에서는 어느 한 쪽이 아주 우세할지라도 실전에서는 예기치 못했던 원인 때문에 양쪽의 실질적인 군사력이 평준화되기도 했다. 그리고 식민지 전쟁에서는 양쪽의 전쟁 목적이 궁극적으로 양립할 수 없었기 때문에 평화를 위한 합의에 도달하기도 어려웠다. 한 쪽 당사국이 궁극적인 목표

---

[30] 그 뿐만 아니라 식민지 전쟁은 대국에서 발생한 장기적인 내전의 성격도 내포하고 있었다. 예를 들면 1851~64년 중국에서 발생한 태평천국의 난이나 1916~36년 그리고 1946~49년의 중국 내전과 같은 경우이다.

로 삼고 있었던 것은 민족 독립의 권리였으며 이것은 유럽에서는 나폴레옹 전쟁이나 제2차 세계대전 등과 같은 비참한 대전의 경우에만 논란의 대상이 되었던 권리였다.

무엇보다도 식민지 전쟁은 유럽의 대전들과 마찬가지로 외부의 간섭으로부터 격리된 상태에서 치러졌다. 부분적으로는 전장이 멀리 있었기 때문에 격리되기도 했지만 더욱 중요한 이유는 이들 장기전을 수행했던 서구 제국의 위력 때문이었다. 1830년부터 1847년까지 알제리에서 전쟁을 수행하던 프랑스군은 세계에서 가장 선진적인 것으로 널리 존경을 받고 있었으며, 보어 전쟁 당시의 영국 해군은 전능함을 자랑하고 있었다. 그리고 베트남에 개입한 미국의 공군력은 필적할 상대가 없을 정도였다. 그러므로 서구의 국가가 식민지 전쟁을 수행하고 있을 당시에는 다른 서구의 국가로부터의 거의 아무런 직접적인 반대에 부딪치지 않았다. 아주 드문 예외 중의 하나로서 1898년 쿠바를 대신해서 미국이 개입, 스페인과의 전쟁에 돌입한 사건이 있다. 그러나 중요한 것은 이 개입은 매우 일어나기 쉬운 것이었다는 점인데, 스페인은 2류 국가이었을 뿐만 아니라 전장이 스페인보다는 미국에 훨씬 가까웠기 때문이었다. 따라서 쿠바 전쟁은 다른 식민지 전쟁들을 장기화시킨 그러한 격리성을 갖지 않고 있었다. 유럽에서의 양국간 전쟁은 더 강력한 제3국이 개입할지도 모른다는 우려 때문에 급히 끝나는 경우가 종종 있었지만 유럽 밖에서의 식민지 전쟁은 그러한 우려가 없었기 때문에 장기화되는 경우가 종종 있었던 것이다.

제 **14** 장
단기전

I

워털루 전투로부터 제1차 세계대전에 이르기까지 99년 동안 유럽에서 발생한 전쟁은 대부분이 단기전이었다. 7주 전쟁(the Seven Weeks War)은 19세기의 가장 주목할 만한 사건들 중의 하나였지만 사실 점증하는 단기전들 중의 하나에 불과했다. 1880년대에는 더욱 더 짧은 전쟁이 발생, 세르비아와 불가리아간에는 단 2주간의 치열한 교전이 이루어졌다. 1890년대에는 그리스와 터키 사이에 국경 근처의 구릉지대에서 전투가 발생, 수많은 외국의 특파원들이 가까스로 전선에 도착했지만 결국 30일간의 전쟁은 이미 끝났다는 뉴스를 본국에 타전할 수밖에 없었다.[1] 19세기의 평균적인 유럽 전쟁이 그 이전 세기의 평균적인 전쟁들만큼 장기적인 것이었다면 다윈, 비스마르크, 마르크스 그리고 에디슨 등의 시대를 살았던 사람들 중에서 동시대를 평화라고 환호하면서 맞아들인 사람은 거의 없었을 것이다. 그러한 행운의 세대가 누린 상대적인 평화를 설명할 수 있는 가장 중요한 핵심은 간단히 말해서 유럽에서의 전쟁이 단기적인 것이었다는 사실이다.

---

1) J. B. Atkins, *Incidents and Reflections* (London, 1947), p. 97.

II

유럽인들에게 있어서 경이로운 기계 발달의 시대의 놀라운 측면 중의 하나는 전투의 속도였다. 사실 전쟁의 신속성은 주로 산업혁명의 뒤늦은 결과로 받아들여졌다. 새로운 기계는 싸움을 변형시킨다는 것이었다. 군함에 있어서는 증기기관이 돛을 대치하고, 목재 대신에 철재가 등장했다. 지상에서는 철도의 등장으로 짐마차가 사라졌으며, 전신의 발명으로 긴급 전령의 역할이 무의미해졌다. 군대의 조직은 더욱 효율적으로 변화했고 그 장비도 후장식 라이플, 자동소총 그리고 대포 등으로 바뀌었다. 무기의 발달은 특히 현저해서 1900년에 이르러서는 대부분의 유럽인들이 장기전은 이미 과거의 일, 병사들은 화약 자루를 운반하고 장교들은 장식이 달린 소매 옷을 입던 시대의 일이라고 믿게 되었다.

1864년, 1866년 그리고 1870년의 전쟁에서 프러시아가 전격적인 승리를 거두기 이전에도 기계 시대의 혁신적 성과들은 신속한 승리에 공헌하고 있는 것처럼 보였다. 1859년에 발생한 오스트리아와 프랑스의 전쟁으로 몇몇 결정적인 전투들이 현대전의 핵심을 이룬다는 생각이 촉진되었다. 샌드허스트(Sandhurst) 소재 참모대학의 군사(軍史)학 교수이며 때로는 영국의 가장 탁월한 군사 비평가라고 일컬어지는 찰즈 체즈니(Charles Chesney) 대령은 새로운 형태의 전쟁을 처음으로 라이플을 손에 넣은 궁사의 경이감을 가지고 받아 들였다. 그는 새로운 기술을 노동 절약적인 것일 뿐만 아니라 생명 절약적인 것이라고 보았다. 그는 '전세계는 30년 전쟁의 장기간의 공포로부터 마침내 해방되었다'고 기술했다. 이제 새로운 형태의 전쟁은 '갈등의 처음 며칠 동안에' 국가의 운명을 결정하게 되었다. 이미 1866년 1월에 체즈니는 다음과 같이 확신하고 있었다. 즉 "문명의 발전, 부의 증진, 확실한 통신 수단의 가속적인 발달로 인해 전략은 그 영역을 넓혀 갈 것이며 더욱 대담해짐과 동시에 더욱 더 결정적인 것이 된다"는 것이었다.[2] 이와 같은 그의 주장은 샌드허스트식의 맨체스터 예언과 거의 다름이 없었다. 많은 상인들은 기술의 문명화가 전쟁에의 호소를 약화시킬 것이라고 믿고 있었지만 많은 군인들은 기술 문명으로 인해 더욱 신속하고 덜 혼란스런 전쟁이 출현할 것이라고 믿었던 것이다.

오스트리아와 프러시아 간의 7주 전쟁은 체즈니의 이러한 낙관론을 확인해 주었다. 오스트리아의 영토에 프러시아가 침공한 것은 1866년 6월 중순이었다. 지금의 지도상으로는 동부독일과 폴란드로부터 체코슬로바키아의 평원을 향해서 남쪽으로 밀고 들어간 것과 같다. 3주가 채 지나지 않아서 20만 이상의 프러시아군 그리고 역시 20만 이상의 오스트리아군과 색슨인들이 엘베강 부근의 사도와(Sadowa)에서 조우했다. 한 전장에서 조우했던 군대로서는 가장 큰 규모였을 것으로 추측되는 양편의 군대는 6월 3일의 비 내리는 아침에 교전을 시작했다. 오후 4시 30분경이 되었을 때 오스트리아군은 이미 자국군의 5분의 1에 해당하는 포로와 전사자들을 뒤로 한 채 후퇴하고 있었다. 그로부터 3주 후 오스트리아와 프러시아는 평화를 수락했다.

1866년의 전쟁에서 프러시아는 오스트리아의 전장식 라이플을 능가하는 새로운 후장식 라이플을 선보였고, 1870년의 전쟁에서는 세밀한 철도 체계의 조직이 대군을 전선으로 신속하게 수송할 수 있다는 사실을 보여 주었다. 프러시아가 공격을 개시하면서 보여준 신속함은 프랑스는 물론 전 유럽의 군사 관계자들을 경악케 했다. 약 17일 동안 독일은 철도를 이용, 44만 명의 병력과 13만 5천 필의 군마 그리고 1만 4천량의 수송수단과 소총 등을 전선으로 보냈는데 이를 위해서 1천 2백량의 열차가 시계의 태엽장치와도 같은 행렬을 이루며 움직였다.3) 전쟁 개시 2개월째가 끝날 무렵 프러시아인들은 파리 점령의 시작을 자축했다. 근대사에

---

2) C. C. Chesney and Henry Reeve, *The Military Resources of Prussia and France and Recent Changes in the Art of War* (reprinted from *Edinburgh Review* 1866~ 67) (London, 1870), pp. 17-18.

3) Donald Portway, *Science and Mechanisation in Land Warfare* (Cam- bridge, 1938), p. 25.

있어서 가장 결정적인 전쟁들 중의 하나였던 이 프러시아 - 프랑스 전쟁은 새로운 군사기술이 치명적인 것이라는 메시지를 전달해 주는 것처럼 보였다.

단기전의 행렬은 계속되었다. 1860년부터 1914년 사이에 유럽에서 벌어진 9차례의 전쟁들은 사실상 모두가 1년 이내에 종결되었다. 같은 시기에 장기전도 물론 발생했지만 그것은 아메리카 대륙에서 발발한 것이었다. 1860년대에 일어난 3차례의 전쟁 — 남북전쟁, 파라과이 전쟁, 그리고 프랑스의 멕시코 원정 전쟁 — 은 각각 최소한 4년 이상 지속된 것이었으며, 1879년 칠레와 볼리비아 그리고 페루가 시작한 태평양 전쟁(the War of Pacific)은 4년 동안 화염을 토해 냈다. 이 전쟁들은 모두가 유럽의 바깥에서 일어났고, 또 멕시코 전쟁만이 유럽의 1개국을 포함한 것이었기 때문에 전쟁이 자꾸만 짧아지고 있다는 신념의 확산에는 유감스럽기는 하지만 아무런 장애도 될 수 없었다. 이 전쟁들은 새로운 군사기술이 충분히 적용되지 않은 전쟁들로서 대개의 경우 고려의 대상에서 제외되었다. 그럼에도 불구하고 적어도 한 가지 면에 있어서는 눈에 띄지 않는 교훈을 제공해 주었다. 즉 이 전쟁들은 대양에 의해서 혹은 정치적 환경에 의해서 격리되어 있음으로 해서 국외자의 개입을 회피할 수 있었다는 점이다. 유럽에서였다면 전쟁을 종결시키는 작용을 했을 그러한 압력은 받지 않았다는 것이다.

유럽의 많은 전쟁들은 새로운 무기 및 수송 수단의 결정적인 효과를 예증해 주기는 하지만 그러한 효과들은 쉽사리 과장되기도 했다. 1815년 이후에 발생한 유럽 전쟁의 적어도 절반은 패전국이 여전히 강력한 전투 능력을 지니고 있는 상태에서 정전조약이 서명되었다. 승전국은 한 편으로는 제3국이 개입하여 자신의 이득을 가로챌지도 모른다는 두려움 때문에 패전국에게 온건한 조건을 제시했던 것이다. 1859년 프랑스는 오스트리아에 대한 작은 승리에 만족했는데 그것은 전쟁이 지속되면 프러시아가 오스트리아의 편에 실 것 같았기 때문이었다. 1864년 덴마크를 상대로 신속한 전쟁을 했던 프러시아와 오스트리아조차도 프랑스와 영국이 패전국을 지원하면서 개입해 들어 올 위험성을 잘 알고 있었다. 그리고 1866년 프러시아는 비엔나로 철수해 가는 오스트리아군을 지원하기 위한 프랑스의 개입 위험성을 경계하고 있었다. 당시 비스마르크는 프러시아의 하원 의원들에게 다음과 같이 말했다.

> 여러분은 본인이 말하는 것을 이해할 것입니다. 그 누구도 우리가 두 개의 전쟁을 동시에 수행하기를 기대해서는 안됩니다. 오스트리아와의 평화조약은 아직 체결되지도 않은 상태입니다. 또 다른 새로운 적과의 적대행위에 곤두박질 침으로써 우리의 영광스런 전투의 성과를 위태롭게 할 수는 없지 않습니까?[4]

유럽에서 벌어진 전쟁들의 단기화를 설명하려고 하는 사람들은 비스마르크의 말은 잊어버리고 단지 후장식 다발총의 스피드나 프러시아 군용열차의 적절한 행렬만을 기억하는 경향이 있었다. 그러므로 그들은 어째서 단기전이 유럽의 통상적인 전쟁의 모습이 되었는가에 관한 더욱 중요한 이유를 간파해 내지 못했던 것이다.

III

장래의 전쟁이 단기전이 될 것이라는 믿음은 일종의 도그마가 되기는 했지만 완전한 상승세를 탄 것은 아니었다. 이 도그마에 대한 가장 미미한 공격을 가한 사람은 다름 아닌 러시아 통치하의 바르샤바시에 살고 있던 한 은행가였다. 1897년과 1898년에 이반 블로흐가 전쟁에 관한 6권의 저작을 출판했을 때만 해도 그의 목소리는 증기 기관차가 기적 소리를 내며 지나가는 시골의 물웅덩이 속에서 울어대는 개구리의 울음과도 같은 것이었다. 그렇지만 그는 전략가들에게 무엇을 기대해야 할 것인지

---

4) *The Annual Register* (1866), p. 249.

를 이야기해 주는 비즈니스맨이었다. 그에 의하면 장래에 발생할 유럽의 주요 전쟁은 장기적이고도 잔학한 양상을 띠게 될 것이었다. 거대하여 주체하기도 힘든 군대가 방대한 전선에 퍼져서 생존자들이 참호 속에서만 피난처를 찾아야 할 정도로 맹렬한 속도와 정확도를 가지고 포격을 가할 것이라고 예측했던 것이다. 그는 "앞으로의 전쟁은 참호 속의 대전쟁이 될 것이다. 야전삽은 라이플과 함께 병사들에게는 필수불가결한 도구가 될 것이며, 자기 자신의 목숨을 부지하기 위해서 모든 사람들이 가장 먼저 해야 할 일은 땅에 구멍을 파는 일이 될 것"이라고 주장했다.[5] 참호 속에서 대치하고 있는 양쪽 군대 사이는 총탄이 빗발치고 있기 때문에 그 어느 쪽도 상대편의 참호로 돌진할 수 없다. 그가 인용한 한 프랑스군 대위의 표현에 의하면 전선은 '그 어떠한 생물체도 통과할 수 없도록 십자 포화가 난무하는 약 1천 걸음 정도의 띠'를 형성하고 있다.[6] 그렇게 기괴한 전쟁에서는 어느 쪽도 승리할 수 없다. 참호 속에서 대치하고 있는 정돈상태가 지속되는 동안 민간인 주민들은 고통을 겪는다. 식량이 부족하게 되고, 물가는 앙등하며 시민들의 사기는 크게 흔들리게 된다. 결국 평화는 찾아오게 되지만 그것은 기근과 사회주의적인 혹은 무정부주의적인 격동의 시기를 거친 뒤에야 가능하며 어느 국가에도 승리는 주어지지 않는다. 블로흐가 예상한 것은 대체로 이러한 것들이었다.

　전쟁 연구자로서 이반 블로흐는 천재적이었다. 그의 예측은 인간 행태의 분야에 있어서 그 어느 견해보다도 주목할 만한 것들 중의 하나였다. 수많은 대규모 전쟁들 — 플랜더즈와 갈리치아의 진흙 투성이 참호들, 수 백만 명의 사상자, 러시아의 사회주의 혁명, 러시아와 오스트리아 그리고 독일 군주제의 붕괴, 전장에서의 드문 승리들 — 은 그의 예언대로였다. 무엇보다도 그는 비참한 장기전을 예견했다. 그러한 그가 '장기전'

---

5) Ivan S. Bloch, *Is War Now Impossible*, tr. from Russian (London, 1899), p. xxvii.
6) *Ibid.*, p. 49.

으로서 최소한 2년은 지속되는 전쟁을 그리고 있었다는 점은 장래의 전쟁이 단지 몇 달 동안 정도만 지속될 것이라는 믿음이 널리 퍼져 있다는 사실의 징후이기도 했다.[7]

이러한 예견을 성립시키기 위해서 블로흐는 최근의 전쟁들로부터 자신에게 필요한 증거들을 발췌했는데, 그가 대상으로 삼았던 전쟁들을 관찰한 다른 사람들은 단기전이 필연적이라는 생각을 갖고 있었다. 다른 사람들은 프랑스 - 프러시아 전쟁을 보고 근대의 전쟁이 결정적인 속도전이 될 것이라는 간단한 교훈을 얻어냈지만, 블로흐는 1870~71년 파리를 둘러싼 지지부진한 공방 속에 발생한 혁명에 주목했다. 다른 사람들이 1877년 터키에 대한 러시아의 공격 속도에 단지 경악하고 있는 동안에 블로흐는 다뉴브강 근처의 플레브나에 성급하게 만들어진 터키군의 참호가 어떻게 러시아의 침략자들을 몇 달 동안이나 차단할 수 있었는지에 주의를 기울였다. 그러나 블로흐와 다른 전쟁 연구자들 사이에는 보다 더 뚜렷한 차이가 있었다. 블로흐는 과거의 전쟁이 장래 유럽의 주요 강대국들 사이에 벌어질 전쟁의 믿을 만한 지침은 될 수 없다고 믿었던 것이다. 그의 생각에 의하면 모름지기 유럽의 주요 전쟁은 러시아와 프랑스가 한편이 되고 독일과 오스트리아 그리고 이탈리아가 다른 한편이 되는 그러한 전쟁이 된다는 것이었다. 각 동맹은 각각 약 5백만 명의 전투병력을 보유하고 있고, 그들의 군비도 서로 거의 엇비슷하며, 그들 국가들의 국경은 중무장 상태의 요새화가 되어 있을 뿐만 아니라 현재의 군사기술이라는 것도 방어자에게 유리하게 되어 있기 때문에 그 어느 한 동맹도 적의 방어를 격파할 만큼 충분한 힘을 가지고 있지 않다는 것이었다. "누가 뭐라고 해도 앞으로의 전쟁은 요새화된 지역을 탈취하기 위한 투쟁이 될 것이며, 따라서 장기전이 될 수밖에 없을 것"이었다.[8]

---

7) *Ibid.*, p. 141.
8) *Ibid.*, p. 59.

블로흐는 또한 궁극적으로는 다른 요인들이 개재되어 전쟁을 종결짓게 될 것이라고 믿고 있었다. 그것은 경제적인 요인들이었다. 유럽의 경제가 변화했기 때문에 과거의 전쟁들보다는 점차로 기근과 인플레라는 요소가 재빠르고 파괴적인 모습을 띠면서 중요시될 것이었다. 차관 제공자가 부족해짐에 따라서 국가가 금과 식량을 빌릴 수 없게 되기 때문에 대전 (general war)에 있어서 가장 효력을 발휘하는 변수는 경제적인 변화일 것이라고 그는 주장했다. 대규모의 군을 보유하고 있는 유럽에서 '대전을 수행하면서 동시에 국민을 먹여 살릴 수는 없다'는 것이었다.

블로흐의 저작 가운데 영어로 번역된 단 1권의 책에 서문을 기고한 런던의 저널리스트 스티드(W. T. Stead)는 1899년 인간 블로흐에 대해 짤막한 스케치를 한 적이 있다. 그에 의하면 블로흐는 인자한 외모에 보통의 체격을 지닌 '50대에서 60대의 중간 정도의 연령'의 소유자였다. 그러한 그가 사슴 한 마리라도 쏘아 본 적이 있는지 그리고 하프시코드를 연주했는지 또는 냄새 맡는 담배를 즐겼는지 분명치 않다. 머릿속이 무기에 관한 목록과 색인으로 꽉 차 있던 블로흐에 대해서 알 수 있는 유일한 다른 단서는 파리에 체재할 때에는 그랜드호텔에 그리고 세인트 피터스버그에 체류할 때에는 구라파호텔에 투숙했다는 사실 정도이다.

1899년 말에 시작된 보어 전쟁은 장래의 전쟁에 대한 상반된 예언들의 시험무대가 되었다. 바르샤바에 있는 자신의 집에서 혹은 즐겨 투숙하는 호텔의 서재에서 블로흐는 머나 먼 남아프리카의 초원에서 벌어지고 있는 긴 전투를 추적하고 있었다. 단기전의 주장자들은 보어 전쟁이 길어질 수밖에 없었던 이유를 남아프리카의 지역적 고립성과 특성 — 유럽에서 발생할 장래의 전쟁들과는 별로 관계가 없는 조건들 — 이나 근 40년 동안 주요 전쟁을 경험하지 못했던 영국군의 무능함, 혹은 대양 저 건너편에서 싸워야 하는 영국의 악조건 등의 탓으로 설명했다. 1901년 블로흐는 자신의 이론이 위태롭게 되자 반론을 제기했다. 그는 우선 군사 비평가들은 보어 전쟁으로부터 올바른 교훈을 얻어내려는 자세가 되어 있지 않다고 개탄했다. 그의 생각에는 여기서 얻어내야 할 교훈은 매우 중요한 것이었다. 바야흐로 새로운 무연 화약과 소구경 라이플 등이 대량으로 사용되는 최초의 전쟁이 벌어지고 있었다.[9] 그러한 소총으로부터 발사되는 총알의 탄도와 누가 발사했는지를 알 수 없는 상황 — 연기가 나지 않기 때문에 발사의 근원을 알 수 없었다 — 으로 인해 화력은 더욱 파괴력을 지니게 된다는 사실을 영국과 보어의 병사들은 너무나 잘 알고 있었다. 따라서 블로흐의 견해로는 비록 적의 숫자가 4대 1 정도로 압도적이라고 할 지라도 성공의 가능성은 방어자에게 있다는 것이었다. 방어자는 자기 자신을 보호하기 위한 참호를 파고 공격자로 하여금 좀더 오랜 시간 방어자의 화력에 노출되어 있도록 하기 위하여 철조망을 설치하기만 하면 가장 최근에 벌어졌던 전쟁의 마지막 국면을 화려하게 장식했던 신속한 공격을 저지할 수 있다는 것이었다.[10] 그의 예측에 의하면 유럽의 전쟁에서보다는 오히려 남아프리카의 초원에서 소병력에게 어떤 상황이 벌어질 것인가가 선명하게 관찰될 수 있었다. 미래의 전쟁을 결정짓는 것은 군사력이 아니라 경제력이지만 '현재와 같은 조건하에서 지속되는 긴 전쟁을 지탱해 나가기 위해서는' 독일의 루르 지역이나 러시아의 밀 산출지대의 경제력 정도로는 부족하다는 사실을 다시 한 번 강조했다.[11]

이반 블로흐는 보어 전쟁이 끝나기 전인 1902년에 사망했다. 그는 대단한 논객이었지만 결국 사망으로 인해서 반론의 자격을 상실했기 때문에, 그의 주장은 퇴색하고 말았다. 그러나 분명한 것은 그의 주장은 죽지 않았다는 점이다. 그의 저작들은 수 개국의 언어로 번역되었고, 그 중의 하나가 응용과학의 충격을 감지한 소설가 웰즈(H. G. Wells)를 통해서 영어권 세계에 큰 반향을 불러 일으켰다. 전쟁은 더 이상 분쟁을 해결하기

---

9) Jean de Bloch (Ivan Bloch), 'The Wars of the Future', *The Contemporary Review* (September 1901), p. 325.

10) *Ibid.*, p. 329.

11) *Ibid.*, p. 306.

위한 효과적인 방법이 아니라는 점에 많은 군인들이 동의하게 되었다. 블로흐 스스로가 골츠 장군(General von der Goltz)의 견해를 즐겨 인용하곤 했는데, 그것은 민간인의 의견보다는 장교의 의견 특히 독일 장교의 그것이 강력한 힘을 지니고 있기 때문이었다. 골츠의 견해에 의하면 "전쟁이란 어느 한 쪽을 완전하게 궤멸시키거나 아니면 양 교전 당사국을 완전히 탈진 상태로 만들기 전에는 결코 끝나지 않는 것이라고 단언할 수 있는" 것이었다.[12]

1904~05년의 러일 전쟁을 통해서 참호와 철조망 그리고 새로운 자동 소총과 속사포의 가공할 화력 등이 기동성을 감퇴시킨다는 사실이 어느 정도 분명해지기는 했지만 그렇다고 해서 이러한 요인들이 전쟁을 신속한 승리로 이끌어 가는 데 있어서 장애요인으로 작용했던 것도 아니었다. 1911~12년의 이탈리아 - 터키의 전쟁과 제1, 2차 발칸 전쟁은 강력한 무기를 보유한 대규모 군대에 의해서 유럽의 땅에서 치러진 전쟁으로서는 오히려 더 짧은 기간에 끝이 났다. 1900년 이후의 전쟁들은 서로 모순되는 교훈들을 제공해 주었는데, 그 하나는 방어자의 힘이 점증할 것이라는 블로흐의 경고를 뒷받침해 주는 것이었고, 다른 하나는 단기전에 대한 신념에 친근한 것이었다. 블로흐의 예언은 강대국들의 경쟁적인 동맹체제 사이에 벌어지는 유럽 전쟁에만 관련된 것이었기 때문에 그의 예언은 입증되지도 그렇다고 반증되지도 않은 셈이다.

대전 전야의 군마에 대한 신뢰감은 장래의 전쟁에 대한 널리 퍼진 의견을 잘 요약해 보여준다. 방어자의 화포의 사정거리가 짧고, 정확도가 떨어지며, 재장전에 시간이 걸릴 경우에는 기병대에 의한 공격이 가장 효과적이었다. 1840년의 활강총인 브라운 베스(Brown Bess)는 유효사거리가 2백 야드에 불과했는데 그 정도의 지상 거리는 기병대의 투입으로 신속하게 극복할 수 있는 것이었다. 1900년에 이르면 기병대가 위험에

---

12) *Ibid.*, p. 321.

처할 수 있는 영역이 4배 내지는 5배 정도로 길어져서 적진으로 접근해 가는 기병대는 몇 분 동안이나 적의 라이플이나 자동소총의 사정거리 내에 노출되지 않으면 안되게 되었다.[13] 소총이 1분간 발사할 수 있는 횟수에 있어서도 브라운 베스의 경우 약 2발 정도였던 것이 맥심(Maxim) 자동소총에 이르면 7백 발의 발사가 가능하게 되었을 뿐만 아니라 정확도 역시 개선되어 기병대는 치명적인 공격에 노출될 수밖에 없게 되었다.

보어 전쟁 당시 영국의 기병대는 현명하게도 칼과 창을 포기했지만 전쟁이 끝난 후에는 기병대의 훈련과정에 다시금 창이 슬그머니 등장했다. 일단 그렇게 되자 야전의 근무에도 다시 사용되었다. 1907년의 영국의 『기병대 훈련교범』(Cavalry Training Manual)을 보면 여전히 군마를 찬양하고 있음을 알 수 있다. "라이플은 효과적이기는 하지만 군마의 속도, 돌격의 매력 그리고 칼날의 공포 등이 가져다 주는 효과를 대체할 수는 없다."[14] 군마에 대한 영국의 신뢰감은 그 후 7년 동안 조금씩 쇠퇴해 갔지만 많은 군사 지도자들은 사기가 낮은 보병에 대한 기병대의 돌격이 야말로 다가오는 전쟁에서의 승리를 결정해 주는 전술이라고 생각하고 있었다. 1914년에도 오스트리아와 프랑스에서는 기병대의 선호도가 매우 높았고, 영국에서도 강력한 지지를 얻고 있었지만 독일에서는 사정이 달랐다.

장래의 전쟁에 있어서 기병대의 역할에 관한 예측을 시도했던 유럽의 장군들 가운데 파괴적인 화력의 시대가 도래하면 기병대의 역할이 위축될 것이라고 생각했던 사람은 거의 없었다. 지난 수십 년 동안보다도 더욱 더 군마가 중요한 역할을 할 것이라는 주장까지도 있었다. 모드 대령(Colonel F. N. Maude)은 맨체스터 대학에서 군사(軍史)를 강의하며 관련 저작을 통해서 많은 독자를 확보하고 있던 인물이었는데, 그 역시

---

13) Brian Bond in Michael Howard, ed., *The Theory and Practice of War: essays presented to Captain B. H. Liddell Hart* (London, 1965), pp. 97-8.
14) *Ibid.*, p. 89.

장차 발생할 주요 전쟁에서는 군마가 승리할 것이라고 믿고 있었다. 자동
소총과 라이플이 접근해 오는 기병대를 몰살시킬 것이라는 주장에 대해
서 그는 다음과 같은 낙관적인 견해를 피력했다. "근대 보병의 무기의
사정거리가 엄청나게 늘어난 것은 사실이지만 기병대의 속도와 지구력
은 그보다 훨씬 더 높은 비율로 신장되었다."15) 그의 설명에 따르면 나폴
레옹 시대의 기병대의 돌격 라인은 8백 야드를 속보로 달려가서 마지막
2백 야드는 질주해 가는 꼴이었지만 이제는 8천 야드 — 거의 5마일의
거리 — 를 속보로 달려가서는 마지막 공격 국면에서 사기가 저하된 보병
대를 향해 약 1마일 이상을 질주해 들어갈 수 있게 되었다는 것이었다.

모드 대령이 예측한 것은 단기적이고도 화려한 전쟁이었다. 대포들을
길게 정렬시켜서 월등한 화력으로 적을 패주 시킬 수 있는 국가가 전투에
서 승리할 것이었다. 기병대는 우군의 포병대를 엄호하고 적의 포병대를
괴롭힘으로써 과연 어느 쪽이 포병대를 효과적으로 배치하는 데 성공할
것인가를 결정짓게 된다는 것이다. '전투의 운명 그리고 궁극적으로 국가
의 운명'은 전투 초기단계의 기병대의 격돌에 의해서 결정된다는 것이었
다.16)

이상과 같은 주장의 많은 부분들은 전쟁에 징집될 장군들은 물론 병사
들에게도 익숙한 것들이었다. 유럽의 서점들에서는 다음에 다가올 주요
전쟁은 단기전이 될 것이라고 예언하고 있는 과학적 픽션 같은 책들이
많이 팔리고 있었다. 영국에서 최초로 등장한 새로운 예측은 조지 체즈니
경(Sir George Chesney)의 작품이었는데 그는 기병대가 활약하는 인도의
연병장으로부터 귀국, 1870년 독일이 프랑스를 격파하는 모습을 보고
경악하고 있었다. 이듬해 『블랙우드 매거진』(Blackwood's Magazine)은 영
국을 공격하는 독일을 가상한 그의 익명의 논문 「닭싸움」을 게재했

---

15) F. N. Maude, 'Cavalry', *Encyclopaedia Britannica*, 11th ed. (London, 1910~11),
   p. 569.
16) *Ibid.*

다.17) 이 논문은 과학적 무기가 군대를 신속하게 격파하게 될 장차의 전쟁 특히 영국과 프랑스간의 전쟁을 묘사한 수십 권의 책들의 선구를 이루었다. 유럽에서 간헐적으로 나타났던 전쟁의 공포로 인해 논자들은 각자가 두렵게 예상하는 전쟁이 어떤 형태가 될 것인가에 관한 생생한 시간표를 다투어 작성해 본 것이었다. 결국 1905년의 탄지에르 위기(Tangier crisis)는 독일어와 영어 서적의 서가의 한 단을 가득 채우게 되었다. 그 중에서도 윌리엄 르퀴(William Le Queux)의 독일의 영국침공에 관한 저술이 가장 인기를 모았다. 그의 『1910년의 침공』(The Invasion of 1910)은 백만 부 이상 팔려 나갔고 27개국의 언어로 번역되었다.18) 다가올 제1차 세계대전에 관한 이러한 예견서들은 클라크(I. F. Clarke)가 최근에 펴낸 『전쟁의 예언자들』(Voices Prophesying War)이란 책에서 면밀히 분석되었는데, 그의 결론에 의하면 이러한 책들의 대부분은 '한두 차례의 결정적인 전투로써 적대행위를 신속하게 종결시킨 1870년의 경험 그리고 발칸전쟁들에 바탕을 둔 일반론을 반영한 것'이었다.19)

IV

낙관주의는 경제적 논쟁에 의해서도 가열되었다. 많은 은행가와 사업가들은 금이나 채권이 궁핍해지면 전쟁이 곧 종결될 것이라고 생각했다. 에드거 크래먼드(Edgar Crammond)는 1911년 런던의 상공회의소에서 연설하면서 앞으로의 전쟁은 기껏해야 6개월 정도 지속될 것이라고 보았다.20)런던에서 발행되던 잡지 『유나이티드 엠파이어』(United Empire)는

---

17) I. F. Clarke, *Voices Prophesying War, 1763~1964* (London, 1966), pp. 1-2.
18) *Ibid.*, pp. 144-7.
19) *Ibid.*, p. 144.
20) E. Crammond, 'God Reserves in Time of War', *National Review*, London, Vol. LVII, pp. 701-2.

1914년 9월호 사설에서 현대 전쟁의 관건은 다름 아닌 금이라는 점을
독자들에게 상기시켰다. 즉 "적대행위가 발생하는 순간에 대륙의 강대국
들이 보유하고 있는 금전이나 금괴의 양은 수행되는 작전의 강도를 결정
하는데 있어서 뿐만 아니라 전쟁의 지속 기간을 결정하는데 있어서도
매우 중요한 요소"라는 것이었다.21) 런던의 『더 타임즈』(The Times)는
금을 비축하여 국가의 효율적인 자산을 감소시키는 영국인들은 적의
군대에 가담하여 조국에 등을 돌리는 짓보다 더 적을 이롭게 하는 행위를
하는 것이라는 점을 지적하면서 이미 전쟁이 시작된 첫 번째 주에 『유나
이티드 엠파이어』와 비슷한 경고를 발하고 있었다.22) 금에 대한 강조는
오늘날의 관점에서 보면 약간 이상하게 보이기도 하지만 1914년의 시점
에서 금은 경제생활에 필수불가결한 척도였다. 전시에 방대한 양의 금을
비축하고 있음으로써 필수품의 수입이 가능하며, 무엇보다도 인플레를
억제할 수 있었다. 많은 사람들의 눈에는 금이란 것이 경제적, 사회적
혼란의 적이었던 것이다.

  금의 중요성을 강조하지 않았던 사람들조차도 좀더 넓은 의미에서
재정적인 요소들을 전쟁의 조기 종결을 위한 보장책이라고 생각했다.
1911년 노먼 앤젤(Norman Angell)이라는 영국인 저널리스트의 베스트 셀
러는 대규모 전쟁이 더 이상 유익하지 않은 『위대한 환상』(The Great
Illusion)이라고 묘사했다. 많은 독자들은 그의 비관적인 전제를 받아 들였
지만 거대한 파괴현상이 발생하기 전에 국가들은 전쟁을 끝낼 것이라는
낙관적인 믿음을 갖게 되었다. 런던에서 발행되는 가장 권위 있는 경제
전문지인 『이코노미스트』(The Economist) 역시 1914년 9월 "현재로서는
수개월 동안 적대행위를 지속하는 것이 경제적으로나 재정적으로 불가
능하다"고 주장하면서 키치너 경(Lord Kitchener)의 장기전 예언을 일축했

21) United Empire (1914), Vol. V, p. 692.
22) The Times, 7 Aug 1914.

다. 장기전의 가능성에 대한 이와 같은 의문들이 전쟁의 초기에는 되풀이되면서 강조되었다. 『이코노미스트』는 비엔나와 베를린의 재정적인 궁핍상태를 희망적으로 간파하면서, 독일의 제국은행은 방대한 양의 은행어음을 발행함으로써 화폐의 가치를 떨어뜨리고 있으며 치솟는 전쟁비용을 감당하기 위해서 발행한 대규모 공채는 지출되기가 무섭게 지급이 요구되고 있다고 보도했다. 독일 재정체계의 붕괴와 전쟁의 조기 종결을 예측했던 것이다.23) 애덤 스미스 이래 몇 안 되는 전쟁 경제학의 연구서 가운데 하나를 집필한 영국인 허스트(F. W. Hirst)는 1915년 재정적인 예언을 되풀이했다. 예상했던 것처럼 곧 바로 붕괴현상이 일어나지는 않을지도 모르지만 그래도 결국은 붕괴될 것이며 그 결과도 가공할 만한 것이 될 것이라는 주장이었다. '유럽대륙의 국가들이 모든 채권을 행사해 버리고 가능한 모든 채무를 지게 됨으로써 결국은 탈진상태를 초래한 뒤에 평화가 찾아 왔을 때, 유럽이 어떤 상태에 떨어져 있을 것인가는 상상에 맡기도록 하자'는 것이었다.24)

우리들이 경험한 두 차례 대전을 보면 이러한 재정적인 예측들은 잘못된 것으로 보인다. 그렇지만 1914년 당시의 이 어두운 그림자는 이해할 만한 것이었다. 금융과 재정은 최소한의 간섭을 받을 때 가장 잘 작동하는 미묘한 메커니즘으로 간주되었다. 정부의 빈번한 간섭은 위험한 것으로 여겨졌으며 막대한 차용과 과세 역시 위험한 것이었다. 그러나 전쟁을 통해서 이 메커니즘은 예상했던 것보다 훨씬 더 강인하고 유연한 것임이 증명되었다. 1914년에 유럽을 어둡게 덮고 있던 불균형 예산, 막대한 정부의 공채, 물가 앙등, 식량 배급제, 높은 세금 등의 경제적 곤경을 많은 사람들이 잘 견뎌 낼 수 있음을 전쟁은 입증해 주었다.25) 사회적인 파국의 순간은 19세기의 장기간의 평화 속에서 길들여진 사람들이 생각

23) *The Economist* (1914) pp. 442, 482, 782–3.
24) F. W. Hirst, *The Political Economy of War* (London, 1915), p. 311.
25) J. M. Keynes, *General Theory of Employment, Interest and Money, passim.*

했던 것보다 훨씬 나중에 도래했다.

재정상의 혼란보다는 생산과 교역의 붕괴로 인해서 1914년의 전쟁이 종결될 것이라는 예견도 있었다. 유럽의 국가들은 전쟁 직전까지의 교역에 있어서 그 어느 때보다도 서로에게 의존하고 있었다. 뿐만 아니라 식량과 원료의 많은 부분을 신세계로부터의 수입에 전적으로 의존하고 있었다. 전쟁이 일어난다면 이와 같은 단조로운 교역 패턴과 대서양, 태평양 그리고 인도양으로부터의 정기적인 물품 수입이 교란될 것이었다. 따라서 교전국가들은 머지 않아 식량과 화약, 무기 등의 결핍으로 나가떨어질 것으로 생각되었다. 개전 당시 러시아에서는 이와 같은 혼란에 대한 공포심 때문에 패닉 현상이 일어났다. 당시 러시아를 분석하고 있던 한 연구자의 주장에 의하면, '도처에서 전세계적인 경제적 붕괴가 불가피한 것으로 여겨졌으며, 그것도 불과 몇 달 안에 발생할 것이라는 생각이 팽배했다.'[26] 그렇게 된다면 결국 전쟁은 중단될 것이 거의 확실했다.

전쟁이 끝난 후 제1차 세계대전의 장기화를 예측하지 못했다는 이유로 고위급 군인들을 비웃는 일이 보편화 — 마치 '군인'이 어리석음의 동의어가 되었듯이 — 되었지만, 좀더 냉정하게 생각해 보면 수많은 경제학자나 재정 전문가들 역시 장기전을 예견하지 못했음을 알 수 있다. 낙관주의는 전쟁에 관한 의사들의 예측에도 스며들어 있었던 것 같다. 의학자인 암로스 라이트 경(Sir Almroth Wright)은 "전쟁에서의 부상으로 인한 치명적인 전염병의 만연 가능성에 대한 의학적인 견해의 일치가 전쟁 발발 이전에 이루어졌더라면, 남아프리카 전쟁이나 민간 병원의 사고환자 병동에서 얻어진 경험을 통해서도 그러한 패혈증이 이미 오래 전부터의 현상이라는 주장이 설득력 있게 받아 들여졌을 것"이라고 기술하고 있다. 그러나 전투가 행해진 거름 투성이의 농토, 참호의 진흙과 배설물

---

26) K. Leites, *Recent Economic Developments in Russia* (Oxford, 1922), p. 25.

그리고 근접 거리에서 강력한 무기가 발사하는 총탄과 파편의 속도 등이
그러한 예측을 혼란스럽게 했다. 1915년 라이트는 "이번 전쟁에서의 모
든 부상은 전염성이 매우 강하다"고 주장했다.[27] 우리들의 예측의 대부
분은 가장 최근에 얻어진 경험의 산물에 지나지 않는다. 즉 그것은 역사
는 되풀이된다는 주장에 불과하다. 전쟁에 대한 대부분의 예언들도 그
패턴을 따르고 있는 것이다.[28]

V

1914년 독일의 군사 지도자들은 블로흐의 사도들이 아니었다. 그들은
전투의 교착 상태는 생각도 하지 않았다. 그들의 공격 계획은 앨프리드
폰 슐리펜(Alfred von Schlieffen) 장군이 1906년 참모총장으로 퇴임하기
전에 수립해 놓았던 작전 계획을 좀더 주의 깊게 변형시킨 것이었는데,
독일군의 일부 병력이 동부 전선에서 러시아를 견제하고 있는 동안 주력
부대는 서부 전선에서 기습적인 전격전을 감행한다는 것이었다. 슐리펜
플랜에 의하면 서부 전선 작전의 전위 부대는 룩셈부르크, 벨기에, 프랑
스 북부 그리고 파리를 거쳐서 광대한 선회 이동을 하도록 되어 있었다.
한편 독일군의 좌측 부대 — 우측으로 광대한 선회 이동을 하는 부대
병력의 불과 15%에 불과 — 는 알자스와 로렌 지역에서 프랑스군에 대
항, 후비 방어를 하도록 되어 있었다. 이 지역은 궁극적으로는 벨기에와
프랑스 북부를 통과한 부대의 대선회 이동이 완결되면서 프랑스를 후방
으로부터 점령할 것으로 예상했던 지역이었다.

---

27) Sir Zachary Cope, *Almroth Wright: Founder of Modern Vaccine- Therapy*
(London, 1966), p. 63에서 재인용. 라이트는 전쟁 부상의 전문가였다.
28) 본 장에서는 대부분 차기 세계 대전의 장기화 가능성에 대한 긴 논쟁에 많은 지면을
할애하고 있는데, 그 이유는 이것이 전쟁을 단기화 혹은 장기화하는 것으로 믿어지는
요인들을 밝혀 내는 가장 쉬운 방법이라고 생각되기 때문이다.

슐리펜의 후임자인 헬무트 폰 몰트케(Helmuth von Moltke) 장군은 — 현명한 생각이라고도 할 수 있지만 — 이 작전 계획은 너무 위험한 것이라고 생각, 우측의 병력을 줄이더라도 좌측을 좀더 강화하려고 했다. 결국 우측은 약화되었다. 전쟁이 시작되고 독일군은 벨기에와 프랑스 북부를 통과하는 대선회를 시작했지만 결정적인 공격을 실행할 병력이 부족해졌다. 뿐만 아니라 개전 첫 달에 프랑스에 있던 우측 부대를 빼내어 러시아와 대항하고 있던 동부 전선의 병력을 증강시키려는 몰트케의 결정이 내려짐으로써 세력은 더욱 더 약화되었다. 그럼에도 불구하고 독일군의 진공은 매우 강력한 것이어서 행군 중단과 철퇴를 강요당하기 전에 이미 파리에 도달해 있었다.

개전 첫 달의 전투는 대부분의 군사 지도자들이 기대했던 기동성을 과시했다. 독일군이 진공해 들어갔지만 결국 프랑스의 세력 회복으로 인해 철수할 수밖에 없었던 바로 그 지방의 모습은 1859년의 짧은 전쟁이 끝난 후의 이탈리아의 전쟁터를 묘사한 판화들과 매우 흡사한 것이었다. 즉 바로 이곳에 초기의 단기전 예언자들로 하여금 다가올 전투가 전장에 ─시체들이 매장되기만 하면 ─ 비교적 아무런 상처도 내지 않고 지나가는 뇌우 같은 것이 되리라는 주장을 펴도록 한 그 상황이 재현되었던 것이다. 1914년 9월말에 마른(Marne)의 격전지를 방문한 사람들은 바로 그 달에 양국의 대군이 두 차례나 휩쓸고 지나간 현장에서 포화에 의해서 산산 조각난 프랑스의 농가와 날아가 버린 교량, 밀짚으로 겨우 가려 덮여진 말의 시체 그리고 여기 저기 널브러진 병사들의 시신 등을 목격했지만 전체적인 인상은 평화로운 삶 그 자체였다. 수확은 풍성했고, 과수원의 나무들에는 사과와 배가 주렁주렁했으며, 포도원의 포도 역시 익어가고 있었지만 수천 구의 시체들은 땅 밑에 묻혀 있었던 것이다.[29]

29) Viscount Esher, *Journals and Letters of Reginald Viscount Esher*, Vol. Ⅲ, p. 188.

더 나아가 북쪽과 동쪽으로는 새로운 풍경이 전개되어 있었다. 병사들이 참호를 파고 공개적인 전투를 통해서는 실현될 수 없는 이른바 방어태세에 돌입하면서 밀고 밀리는 공격과 반격은 중단되었다. 야전삽과 철조망은 서부 전선을 요새화된 참호로 변모시켰다. 대치하고 있는 양 진영의 참호선은 북해로부터 스위스에 이르기까지 거의 중단된 곳 없이 연결되었다. 임시적인 방어선이 결국은 영구적으로 고착되었다. 1914년 10월부터 1918년 3월까지 ―3년 반 동안― 참호를 돌파하려는 대규모 작전들을 통해서도 전선은 그 어느 쪽으로도 몇 마일 이상은 움직이지 않았다. 군대가 돌진해 들어가려고 할 때마다 포화의 세례를 받게 되어 희생은 막대할 수밖에 없었다. 1916년 베르덩(Verdun)의 약 20마일에 걸친 전선에서 독일군이 공격을 개시, 약 5마일 정도 진격해 들어간 일이 있지만, 이 정도는 긴 참호선이 약간 비틀어져 들어간 정도에 불과한 것이었다. 그 5마일을 위해서 독일과 프랑스 양국은 1마일 당 평균 12만 명 이상의 사상자를 내지 않으면 안 되었다. 같은 해 약 30마일에 걸쳐 있는 솜므(Somme) 전투에서 최대한의 관통 거리인 7마일이 달성되었지만, 그 황폐한 지역을 얻기 위해서 치러야 했던 대가는 영국, 프랑스 그리고 독일의 사상자를 모두 합해서 거의 100만 명을 넘는 것이었다.

기계화된 병기 ―자동 소총, 대포, 박격포, 속사 라이플 등― 의 결정적인 능력을 보여줄 것으로 기대되었던 전쟁은 이미 사라져 버린 포위 공격의 시대에나 전형적이었던 참호 속에 묻혀 버렸다. 역설적으로 참호전은 원시적인 무기들을 필요로 했다. 우스운 이야기이지만 런던의 제국 전쟁 박물관(the Imperial War Museum)에는 당시 서부 전선에서의 백병전을 위해 병사들이 조악하게 만든 참호 곤봉의 진열대가 있다. 거기에는 끝 부분에 못이 튀어져 나온 바통이라든가 쇠못 투성이의 곤봉, 야구 방망이의 상단 절반 부분과 비슷한 나무 곤봉 등이 진열되어 있다. 만일 아무런 설명서도 없이 진열되어 있다면 관람객들은 그것들을 샤를르마뉴나 시이저의 군대가 사용했던 무기라고 생각할 것이다.

많은 사람들이 예언했던 것과는 달리 기병대도 전혀 극적인 영향력을 보여 주지 못했다. 러시아의 전선과 메소포타미아에서는 활동 공간이 넓었기 때문에 기병대가 유용했고 때로는 결정적으로 중요한 역할을 했다. 서부 전선에서도 때때로 기마 부대가 활용되었으며 특히 방어 진지의 급작스런 공백을 메우는 데 유용했지만, 전체적으로 보면 미미한 교전 수단밖에 되지 못했다. 서부 전선에서는 기병대간의 대규모 충돌이 전혀 없었으며 단지 퇴각시에 추격해 오는 적군을 위협하거나 추격 당하는 우군을 보호하는 역할을 몇 차례 했을 뿐이었다. 5백 마일의 거의 전 구간에 일단 참호가 형성된 뒤에는 기병대가 적의 측면을 공격할 수 있는 공간이 없어져 버렸다. 거미줄과도 같은 철조망이 설치된 후에는 기병대의 선두 공격도 무용지물이 될 수밖에 없었다. 정찰의 임무도 말에서 비행기로 옮겨졌다. 결국 수백 개나 되는 기병 대대들은 갑작스럽게 시작될지도 모를 추격전에 대비하여 대치선의 후방에서 대기하고 있을 뿐이었다. 전쟁이 지속된 4년 동안 영국으로부터 프랑스로 선적, 수송된 막대한 양의 화약과 보급품들 가운데 가장 주요한 물자는 말먹이였다.[30] 그러나 전쟁이 끝나 갈 무렵에 몇몇 진영에서는 기병대의 가치에 대한 믿음이 부활되었다. 1918년의 정전일 아침에 작성된 더글러스 헤이그 경 (Sir Douglas Haig)의 마지막 전보문에는 영국의 기병대 2개 사단이 쉘트강 동쪽에서 독일군을 추격하다가 돌연 전쟁이 끝났다는 소식을 들었다는 내용이 기술되어 있다. 헤이그는 승리의 아침을 박탈당했다고 탄식했다.

기병대의 진격을 계속할 수 있도록 허용되었다면 지리멸렬된 적의 퇴각 부대는 틀림없이 대패하고 말았을 것이다.[31]

---

30) J. F. C. Fuller in E. Requin, et al., *What Would be the Character of a New War?* (London, 1931), p. 60.

31) R. G. Howard - Vyse, 'Mounted Troops', *Encyclopaedia Britannica* (1922) Vol. XXXI, p. 1008.

동부 전선에서는 참호와 철조망이 그렇게 빨리 출현하지도 않았을 뿐만 아니라 전투가 몇 달씩이나 교착 상태에 빠지는 일도 없었다. 발틱해로부터 중립국인 루마니아의 국경에 이르는 650마일의 긴 전선은 러시아군이나 오스트리아 - 독일의 동맹군에게 측면 공격을 할 수 있는 어느 정도의 공간을 제공해 주었다. 그 곳에서의 전쟁은 대부분의 병력이 참호 속에 자리를 잡았던 1915~16년의 겨울까지 공방과 진퇴를 반복하고 있었다. 1916년에 루마니아군이 러시아군에 가세하면서 또 한 차례의 전투가 시작되었는데, 발틱해와 흑해를 연결하는 그 기나긴 전선에서 러시아군이 1917년 정전을 모색할 때까지 결정적인 공격들이 행해졌다. 동부 전선의 대규모 희생은 유례없이 혹독했던 겨울과 참호가 제공해 주는 보호 방패의 부재를 반영한 것이기도 했다.

장군들은 물론이거니와 정치가들도 서부 전선에서의 지지부진했던 전투에 대한 책임이 있었다. 많은 정치가들이 적절한 화약 보급의 중요성을 깨닫지 못하고 있었기 때문에 전투가 시작되고 불과 한 달이 지나자 서부 전선의 여러 곳에 배치되어 있던 포병대는 집중 포화로 승기를 잡을 수 있었을 바로 그 순간에 포탄 부족에 허덕여야 했다. 정치가들은 군사 지도자들이 교착 상태도 해결하지 못하는 무능한 장군들이라고 비난함으로써 자신들에 대한 비판을 피해 나갔다. 윈스턴 처칠은 "이와 같은 교착 상태에 직면해서 군사 기술은 침묵을 지키고 있다"고 기술했다.[32] 처칠의 주장은 적에 대해서 새로운 전장을 형성, 부분적으로나마 교착 상태를 해결하여야 한다고 주장했던 목소리들 중의 하나였다. 1915년 4월 영국의 함대와 영 - 불의 연합군은 다다넬즈 해협을 돌파하려고 시도했지만 갈리폴리(Galipoli) 전투를 통해서 얻어진 유일한 결과는 25만 2천명에 달하는 영국, 프랑스, 오스트레일리아, 뉴질랜드의 병사들 그리

---

32) W. S. Churchill, *The World Crisis 1911 ~18*, abridged and revised edn. (London, 1943), p. 296.

고 그 절반에 달하는 터키군 병사들의 전사, 체포, 부상뿐이었다. 발칸의 다른 한 쪽에서도 새로운 돌파구를 열기 위한 시도가 있었지만, 그러한 시도는 전쟁의 마지막 달에 불가리아군이 갑작스럽게 패배하면서 콘스탄티노플을 신속한 지상 공격의 위험에 노출시키고 나서야 겨우 성공을 거두었다.

서부 전선에서 독일군은 교착 상태 타개를 위한 시도의 일환으로 1915년 적의 참호를 향해 염소 독가스를 살포했고, 1917년에는 이페릿 독가스를 투입했다. 미군 희생자 수 전체의 4분의 1은 가스에 의한 피해자였지만, 가스의 효과로 인해서 결국 사망에 이른 것은 가스 피해자의 50분의 1에 불과했다. 풀러(J. F. C. Fuller) 장군의 기록에 의하면 "일반적으로 생각되는 것과는 달리 가스는 전쟁에서 사용된 병기 중에서 가장 자비롭고도 효과적인 무기 중의 하나였다."[33] 1918년 3월 서부 전선의 한 지역에서 독일군이 영국군을 거의 40마일 정도까지 밀어내면서 처음으로 참호선의 우위를 달성했을 때에도 포병대의 지원에 의한 가스탄의 집중 포화에 전적으로 의존하고 있었다. 그리고 같은 해 말에 영국군이 적의 참호를 돌파하여 파상 공세를 펼칠 수 있었던 것도 탱크에 의존했기 때문에 가능한 것이었다. 이 두 가지 경우에서 결국 부각된 것은 정확한 화력으로 공격자를 엄호해 줄 수 있는 움직이는 방패의 중요성이었다. 탱크와 가스탄 폭격은 교착상태의 돌파구를 마련해 주는 역할을 했던 것이다. 그러나 1918년 11월 전쟁이 종결되었을 때에도 서부 전선에서 대치하고 있던 양 진영의 참호는 300마일이나 펼쳐져 있었고, 그 중의 극히 일부분만이 독일의 영토 위에 존재하고 있었다. 모름지기 전쟁이 끝난 이유는 전장에서 독일과 오스트리아가 참패했기 때문이 아니라 두 나라의 국내적인 붕괴와 봉기 때문이었던 것이다.

---

33) J. F. C. Fuller, *The Conduct of War 1789~1961: a study of the impact of the French, Industrial and Russian revolutions on war and its conduct* (London, 1961), p. 174.

VI

제1차 세계대전 이전의 약 반세기 동안 전쟁 연구자들은 그 어느 때보다도 열성적으로 전쟁을 장기화하거나 단축하는 조건에 관한 토론을 벌였다.[34] 그리고 1918년 이후에 드러난 사실들이 결론을 굳혀 주었다. 즉 1차 대전이 그렇게 길어진 이유는 무엇인가 하는 의문에 대한 답은 거의 하나로 일치되었다. 참호전으로 인한 교착 상태가 전쟁 장기화의 요인이었으며, 기술적인 면에 있어서의 추세가 방어자의 쪽으로 기울어져 있었다는 것이다. 이는 제1차 세계대전으로부터 가능한 한 좀더 정확한 교훈을 탐구해 내려고 했던 재능 있는 군인들과 전쟁사가들이 내린 결론이었다. 이와 같은 — 영국의 베이실 리델 하트 경이나 풀러 장군 등에 의해서 가려내진 — 몇 가지 교훈들이 제2차 세계대전에 있어서 독일군의 성공적인 공격에 영향을 주었던 것처럼,[35] 앞서 발생한 대전에 대한 그들의 해석은 시간이 지날 수록 더욱 성가를 높여 갔다.

이들 군인들이나 전쟁사가들의 주장의 핵심은 1차 대전의 전투 형태가 예측될 수 있었다는 점 그리고 그 보다 이전에 치러진 전쟁들을 연구함으로써 회피될 수도 있었다는 점이었다. 1920년대의 기록에서 아이언 해밀턴(Sir Ian Hamilton) 장군은 자신이 직접 참전했던 보어 전쟁 그리고

---

34) 한 가지 부언해 둘 것은 이 토론이 전쟁이 시작되기 직전에 궁정이나 각료들 사이에서 벌어졌던 토론들보다는 훨씬 더 학문적이고 공정한 것이었다는 점이다. 샌드허스트의 체즈니와 바르샤바의 블로흐는 이러한 토론에 대해서 반기를 들겠지만, 이 학문적 토론은 일반적인 원칙들에 근거한 것이었다. 반면에 전쟁 시작 전에 지배층 내에서 벌어진 토론은 자국이 원칙에 충실하고 따라서 자국은 전쟁의 장기화 혹은 단기화를 결정한다고 믿어지는 요인들의 영향으로부터 어느 정도 벗어나 있다는 신념에 의해 지배되어 있었다. 이미 앞장에서 살펴본 바와 같이 1914년의 독일과 러시아는 각각 자국이 군사적으로 우세하다는 점과 따라서 전쟁은 단기전이 될 것이라는 점을 확신하고 있었다.

35) Robert O'Neill in Michael Howard, ed., *The Theory and Practice of War: essays presented to Captain B. H. Liddell Hart* (London, 1965), p. 164; Wavell in *The New Cambridge Modern History*, Vol. XII, p. 267.

자신이 공식적인 참관인으로서 일본군과 함께 행동, 관찰한 바 있던 러일 전쟁 등의 교훈을 받아들이지 않았던 점에 대해 유감을 표명하고 있다. 그는 1914년부터 영국군을 지휘한 키치너 경이 새로운 무기보다는 고대의 도자기에 더 열중하고 있었다고 회고했다.

> 일본군에 파견되어 있던 영국군 장교는 1905년 3월 만주의 전투로부터 귀국하는 길에 캘커타에서 여행을 중단하고 인도 정부에게 가장 최근의 전쟁의 발전모습을 직접 가르쳐 주라는 명령을 받았다. 그러나 봉황성(역자 주: 러시아와 일본 사이에 전투가 벌어졌던 만주의 지명)에는 청자가 없다는 사실을 알고 나자 키치너는 곧 흥미를 상실했다. 11인치 곡사포와 철조망, 그리고 박격포에 대해서 듣고 싶어했던 것은 커즌 경(인도의 총독)이었다.[36]

그는 새로운 무기의 충격을 깨닫지 못하는 것을 다음과 같은 유명한 말로 요약하고 있다. "대전을 수행하는 과정에서 전세계는 전쟁만을 염두에 두고 있었지 기술적인 면에 대해서는 전혀 도외시하고 있었다. 이러한 행태는 전쟁기술의 역사에 그 예가 없는 것이다."[37] 야전 사령관이었던 워블(Wavell) 백작, 역시 야전 사령관이었던 몽고메리 경 그리고 풀러 장군 등도 이와 비슷한 생각을 가지고 있었다. 그들은 1914년의 유럽 군인들이 1877년의 러시아 - 터키 전쟁이나 나중의 보어 전쟁 또는 러일 전쟁 등의 야전 작전수행을 좀더 면밀하게 연구했더라면 1차 대전이 장기전이 될 것이라는 점은 예측할 수 있었을 것이라고 생각했다.[38] 또한 리델 하트 경은 당시의 유럽 군인들이 아메리카 남북 전쟁의 실전을 주의 깊게 검토했더라면 "비록 단기전을 원한다고 하더라도 장기전을 예상, 대비하는 법을 배울 수 있었을 것"이라고 주장했다.[39]

---

36) Sir Ian Hamilton, 'War', *Encyclopaedia Britannica*, 13th edn. (London, 1926), Vol. Ⅲ, pp. 981-6. 해밀턴은 자기 자신을 3인칭으로 표현하고 있다.
37) *Ibid.*
38) Wavell. *The New Cambridge Modern History*, Vol. XⅡ, pp. 256; Fuller, P. 160; Lord Montgomery of Alamein, *A History of Warfare* (London, 1968) p. 450.

거의 잊혀져 있던 이반 블로흐의 이름이 풀러와 리델 하트의 아량에 힘입어 되살아났다. 그러나 그들이 — 혹은 우리가 — 블로흐의 많은 군사적 예언들이 현실로 나타난 이유에 대해서 알고 있었는지 어떤지는 분명하지 않다. 블로흐가 자신의 예언을 입증하기 위해서 자기 이전 시대의 전쟁들을 거론한 것은 사실이지만 그 전쟁들의 야전 작전들로부터만 자신의 예언들을 도출해 낸 것은 아니었다. 활용 가능한 병력의 거대화, 참호 속의 방어진, 방어진을 돌파할 수 있는 공간의 부족 등으로 인해서 유럽의 주요 전쟁이 교착 상태에 빠지게 되는 상황을 감지할 수 있는 상상력을 블로흐는 갖고 있었다. 이와 같은 유럽의 주요 전쟁의 특징들이 현대 병기의 살상능력과 결합하여 교착 상태에 관한 블로흐의 예언을 탄생시켰던 것이다.

참호전의 교착상태는 블로흐 자신이 예견하지 못했던 전쟁 중의 사건이나 측면 등이 작용하여 발생한다고 해도 블로흐의 천재성이 빛을 잃는 것은 아니다. 그는 독일과 오스트리아 그리고 이탈리아가 동맹을 형성하고 다른 한편으로는 러시아와 프랑스가 손을 잡을 것이라고 예측했다. 그렇지만 실제로는 더 많은 국가들 — 그 중에는 강대국들도 있었다 —이 전쟁에 가담했다. 만일 전쟁이 5개 국가들 사이에만 한정된 것이었더라면 참호 속의 교착 상태가 그토록 만연하고 또 장기화되었을 것인지에 대해서는 아무도 단언할 수 없다. 5개국에 한정된 전쟁이었다면 또 다른 전기를 맞이하여 결국 훨씬 더 빨리 병력을 소모해 버렸을지도 모른다.[40] 당시의 양 진영의 군사력을 비교해 보면 분명히 독일 쪽의 동맹이 훨씬 더 우세했기 때문에 좀더 기동적이고 결정적인 전쟁을 수행할 수도 있었다. 집필 당시의 블로흐는 독일 해군력의 성장을 예견할 수도 없었을

---

39) *The New Cambridge Modern History*, Vol. X, p. 330; Liddell Hart, 'Tactics', *Encyclopaedia Britannica*, 13th ed. (London, 1926), Vol. III, pp. 714 - 19도 참조.

40) Bloch, *Is War Now Impossible?*, tr. from Russian (London, 1899), p. xi. 이 책은 1900년에 '*Modern Weapons and Modern War*'라는 제목으로 출판되었다.

뿐만 아니라 해저에서의 독일의 우세가 제1차 세계대전에 미칠 영향을 내다 볼 수도 없었다. 독일은 발틱해를 제패하고 터키와의 동맹을 통해서 다다넬즈 해협의 통제권을 확보함으로써 외측으로부터의 공격 가능성을 완전히 차단했는데, 이 때문에 당시 형성되어 있던 서부 및 동부 전선의 중요성은 더욱 높아졌고 결국 전쟁이 정돈 상태에 빠질 가능성도 더 많아졌었다. 그러나 이 모든 것은 추측에 불과하다. 이러한 상황적인 요인들은 끝없는 논쟁의 대상이 될 뿐이며 수많은 가상적인 대안들을 일일이 평가하는 것에 지나지 않는다. 필자의 생각으로는 1914년 8월 1일의 상황으로부터 얻을 수 있는 가장 확실한 증거로 미루어 보아 전쟁이 교착 상태에 빠질 것이라는 점은 개연성 있는 사실이 아니라 강력한 가능성을 지닌 예견이었다.

더욱이 1914년부터 1918년까지의 전투들은 블로흐가 예측한 것처럼[41] 또는 후세의 그의 찬미자들이 생각했던 것처럼 그렇게 지지부진한 것도 아니었다. 프랑스와 영국, 그리고 미국의 대부분의 국민들에게는 전쟁에서의 교전의 중심지가 서부 전선이었다. 그리고 바로 그 교전 장소의 상황이 거의 4년 동안이나 정태적이었기 때문에 결국 모든 지역에서의 전투가 정태적일 것이라고 믿는 경향이 있었다. 영국군과 프랑스군이 갈리폴리의 산악지대에 묶여 있었다는 사실도 전쟁 전체가 교착상태에 빠져 있다는 생각을 강화시켜 주었다. 그러나 이 두 전선을 제외한 지역의 전투는 훨씬 더 기동성을 띠고 있었다. 동쪽의 독일군과 오스트리아군은 폴란드와 백러시아에서 러시아군을 수 백 마일이나 쫓아내었고 발틱해안의 지역에서는 100마일 이상 밀어내었다. 뿐만 아니라 세르비아와 루마니아를 신속히 정벌해 버렸다. 소아시아 지역에서 러시아군은 터키군의 중심부를 파고 들어가 흑해의 남동쪽으로 약 300마일이나 진격,

---

41) 서부 전선에서도 습격 부대가 간간이 양 최전선 사이의 죽음의 무인지대를 가로지르곤 했는데 블로흐는 이 지역은 아무도 통과할 수 없는 곳이라고 예측했었다. 결국 '총검의 시대는 끝났다'는 블로흐의 신념은 노선 맡게 되었나. *Ibid.*, p. xiii.

페르시아만에 이르렀다. 영국군도 팔레스타인과 메소포타미아 지역에서 터키 영토의 중심 지역을 획득했다. 제2차 세계대전 중의 공격을 기억하고 있는 사람들에게는 이들 공격이 느린 것처럼 보이며 장악된 지역도 작은 것처럼 보이겠지만 실제로 이것은 상당한 것이었다. 1815년부터 1914년 사이에 일어난 주요 전쟁들에 있어서 응수하는 적군에 맞서서 200마일을 진격한다는 것은 그다지 흔치 않은 성과였다는 점을 상기할 필요가 있다. 같은 기간의 유명한 공격들 — 1870년 프러시아군의 파리 입성, 1877년 러시아군의 콘스탄티노플 진공, 또는 1904년 일본군의 만주 침략 — 도 제1차 세계대전 중의 몇몇 느린 공세들이 획득한 것보다 더 긴 거리를 확보하지는 못했었다. 서부 전선에서의 그 가공할 시련들이 없었다면 제1차 세계대전이 정태적인 전쟁으로 기억되지는 않았을 것이다. 그리고 전쟁의 장기화 및 지연의 주요 원인으로서 전쟁의 기술 같은 것이 거론되지도 않았을 것이다.

유럽의 참모들이 다른 형태의 전쟁을 준비했더라도 그리고 군인들이 방패막으로서 참호와 토루에 아주 잠깐씩만 의존했더라도 전쟁은 변함 없이 장기화되었을 것이다. 어쩌면 4년 이상 지속되었을지도 모른다. 이것은 어느 정도 확신을 가지고 말할 수 있다. 사실 제1차 세계대전의 이전과 이후에 지속된 논쟁에서 제외되었던 것으로 보이는 한 가지 원칙이 있는데 그것은 대전은 장기전으로 흐르기 쉽다는 법칙이다.[42] 시대를 막론하고 유럽에서 발생한 전쟁들 가운데 다수 국가가 가담한 전쟁은 2, 3개국만이 참전한 전쟁들보다는 장기적이었다. 전쟁이 지지부진하지 않고 결정적이었을 때에도, 그리고 전쟁의 기술이나 전술상의 장기적인 추세가 공격자에게 유리했을 때에도 대전은 장기화되는 경향이 있었다. 그러므로 공격자에게 유리한 추세였음에도 불구하고 나폴레옹의 혁명전

---

42) 어떤 명료한 방법에 의해서가 아니고 직관적인 방법에 의한 것이기는 하지만 아마도 블로흐는 이 원칙의 의미를 파악하고 있었을 것이다.

쟁은 장기전이었던 것이다. 또 다시 방어자에게 유리한 추세가 형성되었던 제1차 세계대전도 장기전이었다. 그리고 다시금 공격자가 유리한 시대의 전쟁, 즉 제2차 세계대전 역시 장기전이었다. 2차 대전은 신속한 기동전이었는데 이를 극적으로 보여 준 것은 1940년 독일의 기갑 사단 병력이 프랑스의 벌판을 질주하여 영국 해협에 도달한 일이었다. 1차 대전 중 바로 이 프랑스의 벌판에서 양측의 군대는 4년 동안이나 발이 빠져 허우적거리고 있었다. 제2차 세계대전은 교착 상태를 면했음에도 불구하고 제1차 세계대전 보다 훨씬 더 길어지고 말았던 것이다.

VII

1920년부터 1970년까지의 반세기 동안 대부분의 국제전은 단기전이었다. 런던 소재 전략문제연구소의 데이비드 우드(David Wood)가 분류한 엄선된 리스트를 보면 이 반세기 동안 적어도 30건의 전쟁은 주권국가들 사이에 치러진 것이고 그들 대부분이 반 년 이내에 끝난 것임을 알 수 있다. 그러나 그 중 많은 수는 전쟁이라기보다는 폭력 사태라고 할 수 있는 것들이었다. 따라서 약 40명의 전사자를 낸 1957년의 혼두라스 - 니카라과 전쟁도 전쟁이라기보다는 외부와 차단된 상태에서 발생한 분쟁이었기 때문에 단기간에 끝났을 것이다.[43]

1920년이래 소수의 국가들만이 참여한 대부분의 전쟁들은 단기적이었고, 사상자의 내용에 있어서도 경미한 것들이었다. 그러나 1920년부터 1945년 사이의 기간에 3건의 예외가 있었다. 그 하나는 1920년대 초 그리스와 터키 사이에 발생한 참혹한 전쟁으로서 이 전쟁에서는 약 5만 명의 병사들이 전사했고 소아시아 지역에서는 그 보다 더 많은 수의 민간인이

---

43) David Wood, *Conflict in the Twentieth Century*, Adelphi Papers no. 48, Institute for Strategic Studies (London, June 1968), p. 14.

희생되었다. 또 1928년부터 1935년까지 남아메리카 내지의 습한 저지대에서 치러진 차코 전쟁(the Chaco War)에서는 격전이 벌어진 3년 동안 약 13만 명의 볼리비아인과 파라과이인이 살해되었다. 그리고 1937년에 시작된 중일 전쟁은 막대한 군인 및 민간인 사상자를 내면서 8년 동안이나 타올랐다.

중국에서 벌어진 전쟁에서 18세기의 장기전들이 뒤늦게 되풀이된 이유는 무엇일까? 해답의 일부는 각각의 전쟁이 지니고 있는 독특한 여건에서 찾아볼 수 있겠지만 일반화할 수 있는 부분이 없는 것도 아니다. 일본과 중국의 힘은 대단한 것이었고 또 전장이 지리적으로 격리되어 있었기 때문에 개전 5년째에 전쟁이 제2차 세계대전의 일부로 편입되었을 때에도 제3국의 강력한 개입 위협은 별로 없었다. 실제로 1945년 중국 바깥에서 일본이 패배하고 나서야 비로소 중국에서의 전쟁도 끝이 났다. 마찬가지로 중국의 영토가 광대했기 때문에 긴 보급로의 확보 문제가 모든 침략자를 괴롭혔다. 광대한 영토를 지닌 중국에서의 전쟁은 때때로 여러 개의 전선에서 수행될 수밖에 없었고 따라서 어느 한 편이 모든 전선에서 동시에 승리를 거둘 수 있는 기회를 가질 수가 없었다. 뿐만 아니라 전쟁에는 또 하나의 전선 — 게릴라전 — 이 형성되어 언제나 전쟁을 장기화하는 요인으로 작용하곤 했다. 요컨대 대전을 장기화하는 요인들은 중일 전쟁에서도 그 효력을 발휘하고 있었다.

지난 반세기 동안 세계가 경험한 대전은 오직 한 차례, 즉 제2차 세계대전뿐이었다. 2차 대전은 장기전이었으며 전사자 천 7백만 명이라는 숫자는 1차 대전의 사상자 숫자의 두 배에 달하는 것이었다. 또 하나의 현대전인 한국 전쟁은 어떤 의미에서는 대전이라고 불릴 수 있다. 한국 전쟁은 18개의 국가들이 참전하기는 했지만 대부분의 국가들은 동일한 조직의 지휘하에 전투를 수행했다. 3년 동안 지속되면서 약 60만 명의 전사자를 낸 한국 전쟁은 분명히 치열한 그리고 어떤 면에서는 장기적인 전쟁이었다.

그러므로 전쟁 장기화의 요인들에 관해서 이전부터 생각되어 오던 결론의 도출을 교란하는 사건은 1920년 이후에는 거의 발생하지 않았다. 이것은 정통적인 국제 전쟁은 물론 식민지 전쟁에도 해당된다. 19세기 알제리에서의 프랑스 전쟁이 오래 지속된 이유로서 제기된 것들은 거의 모두가 인도차이나에서의 프랑스 전쟁(1945~54), 프랑스의 통치에 저항하여 발생한 알제리 독립전쟁(1954~62), 그리고 1962년 시작된 미국의 베트남전 개입 등에도 적용되는 것으로 보인다. 이상의 4건의 전쟁에는 장기적인 대전에서 볼 수 있는 것들과 비슷한 요소들이 내포되어 있다. 그렇지만 그렇다고 해서 이 4건의 전쟁이 시작될 때부터 장기화될 것이라고 자신 있게 예견될 수 있었다는 의미는 아니다.

전쟁을 장기화 혹은 단기화 하는 요인들은 긴 세월에 걸쳐서 본다면 비슷한 것 같다. 전쟁의 기계화가 한 가지 예외가 될지도 모르지만 그것의 영향도 균등하게 나타나지는 않았다. 사실 기계화가 초래하는 전쟁 단축 효과의 어떤 부분은 환상에 지나지 않는다. 기계화에 의해서 전쟁 수행이 더욱 격렬해지고 또 더 많은 시간을 전투에 투입하게 됨으로써 전체적인 전쟁의 기간이 단축될 뿐이다. 즉 기계전은 낮뿐만 아니라 야간에도 그리고 여름뿐만이 아니라 겨울에도 전쟁의 국면을 계속할 수 있도록 해 주는 것이다. 지난 150년 동안 기계화된 교전 수단의 가치를 여실히 입증해 보여 주는 것으로 생각되는 단기전들은 단지 부분적으로만 새로운 전쟁 기술의 영향을 받아 단기화 되었다. 그러므로 1866년의 7주 전쟁이 신속하게 종결된 것도 사도와에서의 결정적인 전투에 의해서였다기보다는 전쟁을 계속할 경우 다른 국가들이 개입하여 결국 자국의 위치가 위태로워질지도 모른다는 사실을 교전의 양 당사국이 깨달았기 때문이었다. 1967년에 발생한 아랍 국가들과 이스라엘간의 6일 전쟁도 이와 비슷한 우려와 선택에 의해서 종결되었을 것이다. 이 2건의 신속한 전쟁은 기계화된 전쟁의 결단성을 보여주는 고전적인 예로 간주되어 왔다. 더욱 중요한 것은 이 전쟁들이 외부와 차단되지 않은 상황에서 특히 제3국의 개입에 취약한 전쟁의 고전적인 예이기도 하다는 점이다.

전쟁 수단의 기계화가 장기전을 불가능하게 할 것이라는 희망은 1860년부터 1914년까지 많은 사람들이 안고 있던 것이었는데 결국 실현되지 않았다. 1945년 최초의 핵 폭탄이 일본의 도시에 투하되었을 때 이러한 희망은 다시 부활되었지만 아직껏 실현되지 않고 있다. 양 핵 강대국이 전쟁을 시작한다고 할지라도 거미줄과도 같은 동맹체제로 인해 결국은 대전으로 전환될 것이며, 현재의 지식으로 판단컨대 대전이 단기전으로 끝날 가능성은 없는 것으로 보인다. 전쟁이 핵공격과 함께 시작된다고 해도 단기간에 끝날 가능성은 그다지 크지 않다. 대전이 일어난다면 한 달만에 그것도 참혹한 한 달로 끝날 가능성이 없는 것은 아니지만 그보다는 몇 년이고 지속될 가능성이 훨씬 더 큰 것이다.

제15장
확전의 미스터리[1]

I

세계대전을 경험한 것은 역사상 금세기가 처음일 것이라는 믿음은 20세기에 형성된 허상 중의 하나이다. 18세기에 발생한 전쟁들 중에서 적어도 5건은 많은 수의 국가들이 참여하고 또 지구상의 넓은 지역에 걸쳐서 수행된 것으로서 가히 세계대전이라고도 불릴 수 있는 것들이었다.[2] 어째서 그렇게 광대한 해양과 육지에서 전쟁이 수행되었는가 하는 이유를 설명하는 것은 쉬운 일처럼 보인다. 즉 전 세계적인 전쟁은 유럽 제국의 식민지 확대와 문명화 그리고 기계 문명의 발달로 인한 시간적, 공간적 거리의 단축 등을 반영하고 있었다. 그러나 1700년 이후에 발생했던 대부분의 전쟁들은 대전이나 세계 전쟁이 아니었다. 따라서 몇몇 국가에만 그리고 지역적으로 좁은 전장에서만 전쟁을 제한시키는 요인들은 대개의 경우 세계화의 요인들보다는 분명히 더 강력한 것 같다.

어떤 전쟁은 2개국에 한정되어 발생하고, 또 어떤 전쟁은 10개국이든

---

1) 이미 앞의 장들을 통해서 익히 알게 된 사실들을 새로운 틀에 맞추어 보려는 것이 본 장의 주요 목적이다.
2) 제1차 세계대전은 '잘못된 표현'이라는 주장에도 나름의 강점은 있다. J. M. K. Vyvyan, *The New Cambridge Modern History*, Vol. XII, pp. 329 참조; A. J. P. Taylor, *The Origins of the Second World War*, p. 41, 테일러는 1941년까지의 전쟁은 세계대전이 아니었다고 주장하고 있다.

20개국이든 휘몰아 가는 이유는 무엇인가? 몇몇 학자들은 대규모 전쟁은 틀림없이 커다란 원인들을 내포하고 있다고 주장한다. 다시 말해서 다수의 국가가 참전하는 전쟁의 발생 직전에는 단 2개국간의 전쟁을 유발하는 원인이 응축되어 존재하고 있다는 것이다. 따라서 문명적 가치의 붕괴, 전쟁 불감증의 증가, 내전의 확산 등이 전쟁의 주요 원인이라고 생각하는 사람들은 이러한 요인들이 소규모 전쟁의 직전보다는 주요 전쟁의 직전에 더욱 고농도로 응축되어 존재하고 있다고 주장할 것이다. 소규모 전쟁보다는 대규모 전쟁을 연구해야만 전쟁의 원인에 관해서 좀더 많은 것을 배울 수 있다는 것이 많은 정치학자, 사회학자 그리고 국제관계 이론가들 사이에는 하나의 상식으로 되어 있다. 극히 미미하기는 하지만 어느 정도의 타당성이 있는 이야기이기는 하다. 그렇다면 과학자들은 반드시 말라리아의 대규모 만연 상태를 연구함으로써만 말라리아의 원인들에 관해서 배울 수 있었을까? 또 경제학자들이 경기 변동의 주요 원인에 대해서 알게 된 것은 반드시 심각한 경기 침체를 연구함으로써만 가능했던 일일까?

전쟁이 대전화[3]하는 이유에 대한 하나의 대안적인 설명으로써, 대전이 발생하기 전에는 동맹체제의 네트워크가 형성되어 있었다는 점을 주장할 수 있다. 그러므로 2개국이 전쟁을 시작하면 동맹체제에 의해서 많은 다른 국가들이 자동적으로 말려 들어갔다는 것이다. 이런 식의 해석은 제1차 세계대전에 심심찮게 적용되어 왔는데, 과연 많은 대전들에도 이런 해석이 적용될 수 있는지는 의문이다. 우선 이런 식의 해석으로는 나폴레옹의 혁명전쟁을 설명할 수가 없고, 제2차 세계대전에는 설명할

---

3) 필자는 대전(general war)을 3개 주요 강대국을 포함하여 최소한 5개국이 주요 세력으로 참여하는 전쟁이라고 정의한다. 지난 3세기 동안의 대부분의 대전들은 세계 대전이었다. 단 북방전쟁(the Great Northern War), 폴란드 계승전쟁(the War of the Polish Succession), 크리미아 전쟁(the Crimean War)은 예외적인 경우이다.

수 있는 부분이 아주 조금 밖에 없으며, 18세기에 발생한 전쟁들 중 몇 건에는 넓게 해석해야만 적용될 수 있는 형편이다. 더욱이 주요 국가들의 평화시의 동맹은 한 회원국이 참가하고 있는 전쟁에 다른 회원국들이 자동적으로 개입해 들어가는 것을 의미하지는 않았다. 어떤 동맹체제는 전쟁 개시 전에는 견고해 보였지만, 시련에 부딪치자 곧 붕괴되는 모습을 보이기도 했다. 또 전쟁이 발발하면서 휴지 조각처럼 아무런 효력을 발휘하지 못하게 된 동맹체제들도 있었다.

오랫동안 필자는 전쟁들이 대전화하는 이유를 설명하는 데 동맹체제 이상 가는 요인을 찾아볼 수가 없었다. 그러나 이 동맹체제라는 것도 결국은 극히 부분적인 설명밖에는 제공해 주지 못하는 것 같다. 해답은 아니지만 실마리로서의 가치는 있다고 하겠다. 대전들의 발생과정을 조사해 보아도 더 이상의 성과를 얻기는 힘들었다. 결국 문제 자체를 완전히 거꾸로 뒤집어서 확전되지 못한 전쟁들을 분석해 보는 것이 의미 있는 일일지도 모른다는 생각이 들었다. 전쟁을 2개국 사이의 일로만 묶어 두는 장벽들을 찾아낼 수 있다면 그 장벽들이 대전의 경우에는 존재하지 않았다고 생각할 수 있지 않겠는가?

II

2개 국가에만 한정된 전쟁들을 검토해 보면 즉각 하나의 실마리가 보인다. 즉 국제적 열강들의 중심지역이 아니라 지리적으로 외각지대에서 발생한 전쟁들이 대부분이라는 점이다. 18세기와 19세기에는 열강의 중심지가 유럽이었다는 점에는 반론의 여지가 없다. 그리고 동시기에 유럽의 중심무대에서 2개국에 한정된 전쟁은 드물었으며 유럽의 변방에서 그러한 전쟁이 빈발했다는 점, 그리고 유럽에서 멀리 떨어진 지역에서는 그러한 전쟁이 일상적인 현상이었다는 점 등도 분명하다.

미국의 경우를 보면 패턴이 분명해진다. 미국은 독립을 달성한 후 약

125년 동안 교전 당사자가 2개를 넘는 전쟁에는 개입한 적이 없다. 미국은 프랑스(1798~99), 트리폴리(1801~05), 영국(1812~14), 알지에(1815), 멕시코(1846~48), 연방의 이탈자들(1861~65), 그리고 스페인(1898) 등과 계속해서 전쟁을 했다. 프랑스 그리고 뒤이어 영국과 치른 단기전들은 어떤 의미에서는 나폴레옹 혁명전쟁의 에피소드들이지만 미국은 프랑스 또는 영국의 동맹국들에 대해서 선전포고를 한 적도 없을 뿐만 아니라 프랑스나 영국의 적국들을 꾀어 자국 중심의 동맹을 형성하지도 않았다. 따라서 프랑스 및 영국과 치른 이 두 차례의 단기전은 유럽에서 치러지고 있던 격전의 변방에서 격리되어 행해진 전쟁들이라고 할 수 있다. 그러면 미국을 교전 당사국으로 하는 대외적인 전쟁들이 격리되었던 이유는 무엇인가? 미국이 치른 전쟁들이 격리되어 행해질 수 있었던 이유는 대서양이 존재하고 있었기 때문이기도 하지만 미국 자신의 국력이 상당했기 때문이기도 했다. 미국의 국력은 동맹국을 필요로 하지 않을 만큼 충분했으며, 미국의 적대국들은 대개의 경우 군사적으로 약했거나 지리적으로 고립되어 있었기 때문에 자기편으로 동맹국들을 끌어들일 수가 없었다. 대전으로부터 미국의 전통적인 고립은 금세기의 두 차례 세계대전에도 뒤늦게 참전했다는 사실에서 잘 나타난다.

유럽에서 서쪽으로 멀리 떨어진 지역에서와 마찬가지로 유럽에서 동쪽으로 멀리 떨어진 지역에서 일본이 수행한 대부분의 전쟁들 역시 2개국에 한정된 것들이었다. 메이지유신 이후 일본은 중국을 상대로 세 차례 그리고 러시아를 상대로 두 차례의 전쟁을 치렀다. 제3차 중일 전쟁의 후반부를 제외하고는 전부가 2개국간의 전쟁이었다. 뿐만 아니라 제1차 세계대전에서도 일본은 태평양의 일부 지역에서만 전투를 벌였으며, 제2차 세계대전에는 뒤늦게 가담했다.

19세기에 치러진 2개국 전쟁의 공통된 특징은 그것이 아프리카와 아시아의 지역에서 산발적으로 치러진 식민지 전쟁이었다는 점이다. 전장이 너무 멀리 떨어져 있어서 이 전쟁에 대한 다른 유럽 열강의 개입

능력은 제한될 수밖에 없었다. 뿐만 아니라 이탈리아의 식민지 전쟁에 프랑스가 개입할 만한 유인이나 스페인의 식민지 전쟁에 영국이 개입할 만한 유인은 그다지 크지 않은 것이 보통이었는데, 그 이유는 군이 개입 하여 싸운다고 할지라도 그 결과가 유럽 열강의 세력분포에 영향을 미칠 만큼 대단한 것이 아니라고 생각되었기 때문이었다. 마찬가지의 이유로 인해서 아프리카 및 아시아의 국가들이나 부족들은 인접국들을 동맹으로 끌어들일 수 없는 것이 보통이었다. 1870년대 영국과 교전하고 있던 줄루족이나 1890년대 이탈리아와 전쟁하고 있던 이디오피아인들의 주변에는 동맹국이 될 만큼 강력하거나 그러한 의지라도 지니고 있는 인접국이 존재하지 않았다.

유럽 안에서도 러시아와 터키가 치른 전쟁들의 대부분은 동맹국 없이 치러진 것들이었다. 1750년부터 1900년에 이르는 기간동안 러시아와 터키는 사실상 외부 국가들의 원조나 개입이 없는 상태에서 네 차례에 걸쳐서 서로 전쟁을 치렀는데, 외부의 한두 개 국가가 참여한 다른 두 건의 전쟁에서도 러시아와 터키는 서로 적대국이었다. 이상의 전쟁들이 치러지는 과정에 개입의 장벽으로 등장한 것은 흑해 및 흑해에 이르는 접근로였던 것 같다. 왜냐하면 거의 모든 경우에 있어서 러시아와 터키는 흑해의 연안을 장악하고 있는 유일한 국가들이었을 뿐만 아니라 콘스탄 티노플의 해양 통로는 너무 좁아서 터키가 동의하지 않는 한 서구의 해양 강대국이 전쟁에 개입할 여지가 없었던 것이다. 러시아 - 터키의 전쟁들이 격리되었던 데에는 또 하나의 지리적인 이유가 있다. 러시아와 터키는 모두 광대한 영토를 관장하고 있는 주요 강대국이었던 반면 대부분의 인접국들은 약소국이었던 것이다. 러시아와 터키가 의지할 수 있는 유일한 강대국들은 중부 유럽에 위치하고 있었다. 그 하나가 폴란드였지만, 폴란드는 18세기말에 이르면 이미 소멸되어 가고 있었다. 또 하나 오스트리아가 있었지만, 오스트리아는 러시아 - 터키의 전쟁에 대해서 여러 차례 중립적인 입장을 고수했다. 따라서 러시아와 터키의 전쟁은 비교적 고립된 상태에서 치러질 수 있었다. 사실상 자연의 힘에 의해서 흑해가 말라 버려 러시아와 터키 사이에 건조 지형의 훌륭한 전장이 형성되었다고 가정하더라도 사방 팔방을 둘러보아도 주위에 강력한 이웃 국가가 존재하지 않았기 때문에 양국간의 전쟁은 어느 정도 고립된 상태에서 치러졌을 것이다.

지도를 펼쳐 놓고 지난 1세기 반 동안 유럽에서 2개국 전쟁이 치러진 특정 지점들을 표시해 보면 위에서 언급된 사실들이 옳다는 점을 확인할 수 있을 것이다. 14건의 전쟁 중에 11건이 해양에 가까운 지역에서 치러졌고 단 3건만이 100마일 이상 내지로 깊숙이 들어간 지역에 주요 전장을 형성하고 있었다. 14건 중의 10건은 유럽의 남동부 또는 소아시아의 건너편 해안 지역에서 치러졌다. 그리고 중부 유럽이나 서부 유럽의 주요 2개 국가가 참여한 전쟁은 한 건도 없었다.

2개국 전쟁의 지리적 특징과 중립의 지리적 특징이 유사하다는 사실이 즉각 분명해진다. 어떤 국가들이 세계 전쟁에서 중립상태를 고수하는 데 도움이 되는 요인들은 전쟁을 국지화하는 요인들과 흡사한 것이었다. 20세기의 두 차례 세계대전에서 중립을 고수했던 유일한 유럽 국가들은 스웨덴, 스위스 그리고 스페인 등이었다. 이들 국가들은 모두 산맥이나 해양에 의해서 지리적으로 격리되어 있었기 때문에 그다지 외부로부터의 영향에 쉽사리 동요하지 않았다. 그리고 비교적 소국들이었기 때문에 전쟁에 개입할 만한 유인도 적었다. 이런 것들이 이들 3개 국가로 하여금 중립을 유지하도록 했던 유일한 요인은 아니었지만, 그래도 중요한 요인들이었던 것만은 틀림없다.

Ⅲ

전쟁의 당사국을 단 2개국으로 제한시키는 요인들에 관한 잠정적인 설명을 거꾸로 뒤집어서 생각해 보자. 그러면 전쟁에 다수 국가가 가담하게 되는 이유도 설명할 수가 있을 것이다. 따라서 유럽의 중심부 근처에서 시작되고 처음부터 유럽 주요 강대국이 적어도 하나라도 포함되어 있는 전쟁이라면 그 전쟁은 확전의 가능성이 크다고 추론할 수 있다. 1700년이래 소국 또는 중급 국가 2개국 사이의 전쟁으로서 대전의 기원이 된 전쟁은 단 한 건도 없었다. 한 주요 국가가 결정적인 승리를 거두었거나 — 저항을 받지 않는 상황에서 — 결정적인 승리를 거둘 것으로 예상되고 있다면 그 전쟁은 확전될 가능성이 더욱 크다. 다시 말해서 국가간의 힘의 위계질서에 대한 급격한 변동의 위협이 발생했을 경우에는 전쟁의 확대 가능성이 더욱 높았다. 이러한 상황에서는 당사국 이외의 국가들에 개입의 유인은 물론 개입의 기회도 있었다.

대전들은 단순히 양국간의 전쟁으로부터 시작되었다. 다른 국가들은 나중에 끌려 들어갔다. 따라서 대전이란 일련의 전쟁들이 서로 맞물려서 동시에 발생하는 것을 의미한다. 대전으로의 발전 과정에 있어서 새로운 국가들이 가담하는 모습은 물고기를 둘러싼 물새들의 싸움에 개입하는 어부의 그것 또는 어부가 잠자는 동안에 물고기를 채가는 물새의 그것과 흡사한 경우가 많다. 이것은 지난 200년 동안의 대전들을 검토해 보면 잘 나타난다.

미국의 독립전쟁은 1775년 식민지 전쟁으로 시작되었는데, 봉기를 진압하는데 있어서 영국이 점차 어려움을 겪지만 않았더라도 다면적인 전쟁으로 발전해 가지는 않았을 것이다. 계속된 영국의 패배는 1777년의 사라토가(Saratoga) 전투에서 그 절정을 이루었는데, 이 일련의 과정을 관찰하고 있던 프랑스는 이번 기회에 이전의 영 - 불 전쟁의 결과를 뒤집어 보겠다는 생각을 갖게 되었다. 1778년 프랑스와 영국은 전쟁에 돌입했다. 그 이듬해에는 스페인이 설득되어 전쟁에 가담했는데, 스페인은 플로리다와 지중해의 섬 미노르카를 탈환할 수 있는 기회라고 믿고 있었을 것이다. 1년 뒤에는 네덜란드가 영국의 네 번째 적으로 등장했다.

1792년 4월에 시작된 프랑스의 혁명 전쟁은, 비록 프러시아가 오스트리아의 동맹국으로서 가세할 수 있는 가능성이 높기는 했지만, 처음에는 단순히 프랑스와 오스트리아간의 전쟁에 불과했었다. 그러나 개전 4개월이 지나기도 전에 프러시아가 전쟁에 개입, 프랑스 침공을 시작하려 하고 있었다. 만일 침공이 성공적으로 수행되었다면 전쟁이 대전으로 확대되는 일은 없었을 것이다. 그러나 침공은 실패로 끝나고 1792년이 저물기도 전에 프랑스군은 북쪽으로는 오스트리아령 네덜란드, 동쪽으로는 라인 강 너머의 지역까지 점령했고 남동쪽으로는 니스와 사보이를 장악했다. 프랑스의 전면적인 승리로 인해서 전쟁은 단축되기는커녕 더욱 확전되었다. 애당초 프랑스가 의도하고 있던 전쟁의 목적은 점점 대담해졌는데, 1792년 말에는 점령된 지역에 프랑스 고유의 혁명적인 제도들을 강요하는 결정을 내림으로써 그 대담성이 더욱 명확해졌다. 프랑스의 초기의 군사적인 승리들은 중립을 고수하고 있던 이웃 국가들의 독립을 위협했을 뿐만 아니라 그 국가들 내부에 혁명의 이념에 동조하는 급진주의자들의 제5열 활동을 부추겼다. 이들 국가들은 결국 프랑스에 대항하여 전쟁에 가담할 수밖에 없는 강력한 동기를 갖게 되었고 또 프랑스에 아주 가까이 위치해 있었기 때문에 쉽사리 개입할 수 있었다. 1793년의 처음 석 달 동안 영국, 네덜란드 공화국, 오스트리아 그리고 스페인이 프랑스에 맞서서 전쟁에 가담했다. 전쟁은 계속 확대되어 결국에는 대부분의 유럽 국가들이 참여하게 되었다. 1802년에 마지막 평화 조약이 체결되었지만 1년 뒤에 영 - 불 전쟁을 발단으로 해서 나폴레옹 전쟁이 시작되었다. 그리고 역시 마찬가지의 과정, 즉 수면 위를 튀어 날아가는 돌멩이와도 같은 모습으로 프랑스가 지상전에서 결정적인 승리들을 거둠으로써 전쟁은 대전으로 확대되어, 사실상의 세계대전으로 발전해 갔다.

그 후의 100년 동안은 크리미아 전쟁만이 대전의 차원으로 발전해 갔다. 애초에는 러시아와 터키 사이의 전쟁으로 시작되었지만, 1853년 11월 흑해의 시노프(Sinope)항에서 터키의 함대 1개 사단 병력이 파괴됨으로써 러시아가 터키를 궤멸하고 마침내는 지중해로 진출, 지금보다 더 강력한 국가가 될지도 모른다는 우려가 팽배해졌다. 1854년 초 영국과 프랑스가 러시아에 선전포고하고 전쟁에 돌입했으며 1855년 1월에는 사르디니아 소왕국이 참전했다. 그러나 전쟁터가 너무 멀리 떨어져 있었으며, 무엇보다도 결정적인 군사적 승리들이 없었기 때문에 유럽의 다른 어부들이 개입하도록 할 만한 유인이 제공되지 않았다.[4] 한편 터키가 전쟁의 초기에 러시아에 대해서 결정적인 승리들을 거두었더라면 다른 강대국들의 개입 가능성은 그다지 높지 않았을 것이다. 터키는 이미 오래 전부터 유럽에서 그다지 위협적인 존재로 비쳐지지 않았던 것이다.

1848년부터 1870년까지의 기간에 유럽에서 발생한 일단의 전쟁들 가운데 유럽의 중심부에서 주요 강대국들이 가담하고 있었기 때문에 대전으로 발전할 위험성이 농후했던 전쟁이 3건 더 있다. 그 중의 두 건 — 1859년의 프랑스 - 오스트리아 전쟁과 1866년의 오스트리아 - 프러시아 전쟁— 은 어느 한 쪽이 결정적인 우위를 점할 만큼 오래 지속되지는 않았다. 오스트리아는 이 두 차례의 전쟁에서 모두 패배했지만 강대국으로 잔존했다. 유럽 열강들의 위계 질서가 급격히 변화될 정도로 대패지는 않았던 것이다. 세 번째의 전쟁 즉 1870~71년의 프랑스 - 프러시아 전쟁은 유럽의 전사에서도 가장 치명적인 패배를 기록하면서 종결되었다. 그러나 프랑스는 프러시아보다 더 위협적인 존재로 간주되어 왔기 때문에 프러시아의 승리로 인해 프러시아가 유럽을 지배하게 될지도 모른다는 즉각적인 우려가 발생하지는 않았다. 전쟁이 결정적인 단계에 들어서서 다른 국가들을 불러들일 가능성이 높아졌을 때, 개입을 고려하고 있던 인접국들은 파리에서 발생한 폭력적인 혁명 사태 때문에 주춤하고 있었는데 이것이 결과적으로 대단한 행운이었는지도 모른다.

19세기의 상당 기간은 민중 혁명에 대한 공포, 그리고 민중 혁명은

---

4) 아시아 지역에서는 1856년 페르시아가 영국의 세력권으로 침투해 들어갈 수 있는 기회를 포착, 결국 영국 - 페르시아의 나시션이 발생했다

전 유럽을 휩쓸고 지나갈 수 있는 전염병과도 같은 것이라는 믿음 등이 국가를 전쟁으로부터 멀리하게 하는 역할을 했을 것이다. 혁명의 해인 1848년에 쉽사리 멀리 할 수만은 없는 유럽의 중심지에서 3건의 전쟁이 발생했지만 모두 확산되지 않았다. 전투가 격리되어 치러질 수 있었던 이유는 부분적으로는 많은 지도자들이 국제적인 전쟁을 국내적 안정을 교란하는 것으로 간주했기 때문이었다. 1859년의 프랑스 - 오스트리아 전쟁이 시작되기 전에 영국의 외상 맘즈베리 백작(the Earl of Malmesbury) 은 전쟁이 장기화하고 지지부진해지면 "허욕과 야욕을 실현하기 위해서 무정부 상태를 획책하는 두려운 계급에게 새로운 생명을 불어넣어 주는 격이 될 것"이라고 경고했다.5) 1870년과 1871년에 파리에서 발생한 혁명 들로 인해 이러한 두려움은 지속되었다. 1905년 러일 전쟁이 끝나 갈 무렵에 러시아에서 발생한 혁명으로 공포심은 되살아났다. 1914년에 널 리 퍼져 있던 생각들 중의 하나는 곤경과 기근으로 인해 국내에서 혁명이 일어날 것 같은 분위기가 조성되면 각국 정부는 전쟁을 그만두게 될 것이라는 믿음이었다. 무정부주의자들, 사회주의자들 그리고 호전적인 반란자들에 대한 두려움이 각국 정부의 지도자들 사이에 널리 퍼져 있는 동안 때로는 그로 인해서 전쟁을 신속하게 그것도 온건한 조건으로 종결 시키는 경우가 종종 있었을 것이다. 전쟁이 국제 분쟁을 해결하는 수단이 라고는 해도 그로 인해서 국내적인 심각한 분쟁을 야기할 위험성이 증가 한다면 그다지 매력적인 수단이 될 수 없었던 것만큼은 분명하다.

IV

언뜻 보기에 제1차 세계대전은 대전이 양국간 전쟁의 확전이라는 주 장과는 배치되는 것으로 보인다. 그러나 1차 대전의 배후를 살펴보면

---

5) *Annual Register* (1859), p. 205.

개전의 첫 주에 수면 위를 날아가는 돌멩이와도 같은 결정적인 승리의 모습들이 나타났음을 알 수 있다. 1912~13년의 두 차례 발칸 전쟁을 거치면서 세르비아는 점점 더 대담해졌고 자국의 영토를 두 배나 확장했다. 발칸 전쟁의 종료와 제1차 세계대전의 개전 사이에 1년이라는 시간이 흘렀지만 전쟁의 초기 국면은 거의 발칸 전쟁의 연장전 즉 발칸 전쟁으로부터 날아 온 돌멩이가 계속 튀어 날아가는 형국이나 다름없었다. 1차 대전은 1914년 7월 28일 애당초 오스트리아와 세르비아간의 전쟁으로 시작되었다. 그리고 러시아는 세르비아가 원조를 받지 않으면 패배하고 말 것이라는 사실을 깨닫고 세르비아를 원조하기 위해서 군대를 동원했다. 8월 1일 오스트리아가 원조를 받지 않으면 러시아와 세르비아에게 패배할 것이라는 판단을 내린 독일은 러시아에 전쟁을 선포했다. 8월 3일 독일은 프랑스가 러시아와 손을 잡을 것이라는 사실을 알고 프랑스에 전쟁을 선포했다. 기묘하게도 8월 5일까지 오스트리아와 러시아는 공식적인 전쟁상태에 있지 않았고 또 10일 이후에야 프랑스와 오스트리아가 전쟁상태에 돌입하게 되었지만, 아무튼 이렇게 해서 불과 개전 6일 사이에 전쟁의 한편에는 러시아와 프랑스 그리고 세르비아가, 다른 한편에는 오스트리아와 독일이 가담하여 사실상 대전이 되어 있었다.

사건의 진행 과정에서 나타난 지체 현상은 본질을 호도한다는 주장이 있을 수도 있다. 즉 유럽의 주요 국가들을 얽어 놓은 동맹체제들이 형성되어 있었기 때문에 1914년의 전쟁은 애초부터 거의 대전이나 다름없었다는 것이다. 이러한 주장이 옳을지도 모른다. 그렇다면 바로 그 동맹체제들은 어떠한 의미를 지니고 있었는가? 견고한 동맹이 존재하는 이유는 단 하나이다. 즉 동맹이 존재하지 않으면 외교나 전쟁을 통해서 국가가 약화될 것이라고 국가들이 믿고 있기 때문이다. 1914년에 양대 동맹체제는 전쟁이 단기전으로 끝날 것이라는 널리 퍼진 신념 때문에 단단하게 뭉쳐 있었다. 동맹국이란 전쟁에 신속하게 가담할 것이라는 약속을 하고 있는 경우에만 쓸모가 있는 것이며, 전쟁이 시작되고 몇 주가 지난 뒤에야 도착하는 동맹군은 별로 도움이 되지 못한다.

대부분의 대전의 경우 주로 개전 국면에서 발생한 결정적인 군사적 승부들에 대한 반작용으로 동맹이 형성된 경우가 많았지만 1914년의 동맹들은 전쟁이 일어나기도 전에 발생한 군사적인 승부들에 대한 반작용으로 형성된 것이었다. 1914년의 동맹들은 전쟁이 발생할 경우 결정적인 군사적 승부들이 곧 뒤이어 있게 될 것이라는 예측에 근거하고 있었다. 따라서 프랑스와 러시아가 동맹관계에 있었던 이유는 전쟁이 일어날 경우 어느 한 국가의 힘만으로 대응하기에는 독일이 너무 벅찬 상대라는 생각을 가지고 있었기 때문이다. 그리고 독일과 오스트리아가 동맹관계에 있었던 것은 만일 전쟁이 시작될 경우 서로 손을 잡고 있는 프랑스와 러시아가 매우 강대할 것이라는 두려움을 안고 있었기 때문이다. 1914년 7월의 오스트리아 - 세르비아 전쟁이 1914년 8월의 대전으로 발전해 간 속도에는 주로 이러한 신념들이 반영되어 있었다. 1914년의 대전으로의 이행 과정과 그 이전의 대전들이 경험한 이행 과정 사이에 유일한 차이점이 있다면 바로 이 속도의 측면에서였다.

전쟁이 시작되기 전에 견고한 동맹이 존재하고 있었다고 해서 그것만으로 어느 국가들이 전쟁에 돌입하는가 하는 것까지 결정되는 것은 아니었다. 1914년 7월 영국은 아무런 동맹에도 가담하지 않고 있었다. 영국은 러시아 - 프랑스 동맹 쪽과 더 밀접한 상태에 있었지만 단단한 의무관계로 묶여 있었던 것은 아니었다. 그러나 1914년 8월 3일 독일이 북부 프랑스로의 대선회 행군을 시작하는 첫 단계로서 벨기에를 침공하자 영국의 내각은 전쟁 개입을 결의했다.[6] 그러므로 영국이 제1차 세계대전에 돌입

---

6) 영국이 전쟁 선포의 이유로 제시한 것은 독일이 벨기에의 중립을 침해했다는 것이었다. 영국은 벨기에의 중립을 보장하는 국가들 중의 하나였다. 그러나 그보다 이틀 전, 역시 마찬가지로 영국이 중립을 보장하는 국가였던 룩셈부르크를 독일이 침공했을 때 영국은 독일의 이러한 침해에 대해 아무런 전쟁 위협도 하지 않았었다. 한 가지 중요한 차이가 있다면 벨기에는 영국 해협에 면해 있었다는 점이다. 중요한 문제는 중립의 침해가 아니라 지리상의 침해였을 것이다.

한 과정은 1793년의 상황과 비슷했다. 1793년 당시에는 프랑스의 '벨기에' 점령이 영국의 우려를 불러 일으켰고 결국 영국은 프랑스의 혁명전쟁에 돌입했던 것이다. 다른 점이 한 가지 있다면 1914년의 영국은 적군이 해협의 항구에 도달하기 전에 전쟁에 돌입했다는 점뿐이다. 1914년에는 신속한 속도전이 예상되는 상황이었기 때문에 영국은 마냥 기다릴 수만은 없다고 판단했다. 대립하고 있던 두 동맹 체제의 그 어느 쪽의 충실한 회원국도 아니었던 영국이 재빨리 제1차 세계대전에 돌입한 반면, 이탈리아는 독일이 주도하던 3국 동맹의 세 번째 동맹국이었음에도 불구하고 9개월 동안이나 중립을 지키고 있었다. 이탈리아는 전쟁의 첫 번째 국면에서 아무런 위협도 받지 않았던 것이다. 1915년 5월 비로소 전쟁에 돌입하면서 이탈리아는 과거의 동맹국이었던 오스트리아에 대해 전쟁을 선포했다. 그리고 이탈리아가 독일에 대해 전쟁을 선포한 것은 1916년 8월의 일이었다.

전쟁은 계속되면서 점차 확대되어 갔는데, 일찍부터 돌격과 반격의 과정을 거치면서 대전으로 발전해 갔다. 뒤늦게 참전한 주요 국가들로서 일본과 터키는 1914년에, 이탈리아와 불가리아는 1915년에, 루마니아와 포르투갈은 1916년에, 그리고 미국과 중국은 1917년에 전쟁에 가세했다. 그럼에도 불구하고 전쟁은 마치 각각의 개별적인 전쟁들이 염주알이 되어 느슨하게 연결되어 있는 것과 같은 상태로 지속되었다. 한 가지 중요한 사실은 1917년의 8개월 동안 미국은 독일과 전쟁 상태에 있었지만 독일의 주요 동맹국인 오스트리아와는 평화 상태에 있었다는 점이다.

V

제2차 세계대전은 1939년 9월 1일 독일과 폴란드 사이의 전쟁으로부터 시작되었다.[7) 영국과 프랑스는 폴란드의 동맹국이었기 때문에 9월 3일 독일과의 전쟁을 시작했다. 그리고 그 날과 그 다음 날에 걸쳐서 영연방의 4개 자치령이 전쟁에 돌입했다. 9월 14일 러시아는 폴란드의 동부를 침공했지만 영국 및 프랑스와는 평화 상태를 지속했다. 결국 1939년 9월말에 이르러 폴란드가 함락된 상태에서 전쟁은 프랑스와 대영제국이 최소한의 교전으로 독일과 싸우는 식의 단순한 경쟁상태로 축소되었다.

1914년에는 결정적인 승리에 대한 광범위한 기대 때문에 전투가 어느 틈엔가 대전으로 확전 되어 갔지만, 1939년에는 전쟁이 결정적인 형태를 띨 것이라는 예상이 중립국가들 사이에는 전혀 보편적인 현상이 아니었다. 따라서 1940년의 신속한 승리들이 일시적으로 전쟁을 확대시켜 나갔다. 4월에 독일은 덴마크와 노르웨이를 점령했고, 5월에는 벨기에와 네덜란드를 점령했다. 1940년 6월 독일이 파리로 진군해 들어가기 4일 전, 이탈리아가 독일의 편에 서서 전쟁에 돌입했다. 1940년 6월말에 이르기까지 히틀러의 승리는 눈부신 것이어서 이제 그의 유일한 대항국은 영국과 해외의 영연방국들 정도가 남아 있을 뿐이었다. 아이러니컬하게도 1940년 여름에 이르러 전쟁은 시작 첫 달 동안의 상황에 비해 대전이라고 하기도 어려운 형편이 되어 있었다.

서부 유럽에서의 위기 상황은 동쪽의 러시아에게 행동의 자유를 제공해 주었다. 1939~40년의 겨울 동안 러시아는 핀란드와 싸워서 독일군이 파리를 점령하고 있던 그 주간에는 라트비아, 리투아니아 그리고 에스토니아 등 발트 3국을 조용히 점령해 버렸다. 그리고 그 달 말에 러시아군은 루마니아의 상당 부분도 점령했다. 루마니아 영토의 다른 부분들은 헝가리와 불가리아에게 넘어 갔다. 동유럽에서 이러한 상황들이 전개되고 있는 동안 러시아는 서부 유럽의 주요 교전국들과의 전쟁에 전혀 휘말려 들어가지 않았다.

---

7) 1941년 12월까지의 전쟁에 대해서 제2차 세계대전이라는 이름을 붙이는 것은 본질을 오도할 우려가 있다. 이 시점까지의 전쟁은 18세기에 발생한 6건의 대전들과 마찬가지로 세계 전쟁이라고 할 수는 없는 것이었다.

군사적 상황에 대한 반향은 시간이 지나면서 나타나기 시작했다. 승리할 것으로 보이는 편에 이탈리아가 가담하면서 전쟁의 중심은 영국과 이탈리아가 기지 및 식민지를 보유하고 있던 지중해 쪽으로 옮겨져 갔다. 마찬가지로 프랑스가 패배하면서 지중해의 아프리카, 아시아 쪽 연안에 위치한 프랑스 식민지들에 대한 쟁탈전이 시작되었다. 유럽 쪽 연안에 위치하고 있던 유고슬라비아와 그리스의 중립도 위태로워졌고, 1941년 5월에 이르러 결국 이들 국가들은 독일의 공격에 굴복해 있었다. 이리하여 추축국인 독일과 이탈리아는 노르웨이 - 러시아의 국경으로부터 에게해와 흑해로 뻗어져 있는 유럽의 외안을 사실상 보유하게 되었다. 유일한 공백 지역은 스페인과 포르투갈이 중립을 유지하고 있던 이베리아반도뿐이었다.

결정적인 유럽의 전쟁은 때때로 이전에는 멀리 떨어져 있던 두 국가를 마주하게 하기도 했다. 나폴레옹 전쟁에서 프랑스가 성공을 거둠으로써 러시아와 프랑스가 이웃 국가가 되었던 것처럼, 제2차 세계대전의 첫 번째 국면을 통해서 독일과 러시아는 국경을 접하게 되었다. 1919년부터 1939년까지 양국은 발틱해의 에스토니아로부터 흑해의 루마니아에 이르는 지역에 위치한 6개국의 장벽에 의해서 서로 떨어져 있었다. 그러나 1940년에 이르러 이 6개국은 자취를 감추었고, 이들을 삼켜 버린 국가들 — 독일과 러시아 — 은 발틱해에서 흑해에 이르는 국경을 공유하게 되었다. 서부와 중부 유럽에서 거둔 승리로 인해 히틀러는 더욱 더 대담해져서 마침내 소련을 공격했다. 독일은 나폴레옹 시대이래 가장 혁혁한 승리들을 거두며 승승장구하고 있는 상황이었던 반면에 소련은 핀란드라는 약소국과의 단기전에서도 그다지 인상적이지 못한 모습을 보여 주고 있었다. 윈스턴 처칠의 표현을 따르자면 러시아군이 마침내 핀란드의 호수와 삼림 그리고 인공 요새들을 관통해 들어가지 직전까지 이 전쟁은 "전 세계인들이 보기에 붉은 군대의 군사적 무능함을 노정했던 것이다."[8] 러시아군이 오합지졸에 불과하다는 히틀러의 자신감 — 그의 군사 고문들은 생각을 달리 했지만 — 은 1940년 12월 18일자의 그의 비밀 문서의 제일 첫 문장에 기록되어 있다. "독일군은 영국과의 전쟁이 끝나기 전에 신속한 전투를 통해서 소비에트 러시아를 궤멸시킬 준비를 해야 할 것이다."9) '신속한 전투'라는 표현은 매우 시사적이다. 이 표현은 과거의 많은 전쟁들이 시작되기 직전에 나타났던 수많은 예언들을 그대로 되풀이하고 있는 것이었다. 1941년 6월 독일군은 소련에 대한 신속한 전투를 개시하여 겨울 — 그 해의 초겨울 — 이 되어 더 이상 진군할 수 없을 때까지는 기갑 전위 부대가 모스크바 주의의 숲과 레닌그라드의 근교, 그리고 흑해로 연결되는 강안의 항구 로스토프에 도달해 있었다. 독일군은 러시아의 내지에서의 동절기 전쟁에 필요한 장비는 물론 의복조차 준비하고 있지 않았다. 독일군이 러시아를 어느 정도까지 패배의 상황으로 몰고 갔었는지는 알 수 없을 것이다. 그러나 겨울이 시작되면서 러시아에서의 전쟁으로 독일의 전반적인 힘이 점차 잠식되기 시작했다는 사실은 알려져 있다.

러시아의 침공 직후 소련과 영국 그리고 영연방 국가들은 동맹을 맺었지만 다른 의미에서 러시아의 전쟁은 별개의 독립적인 전쟁으로 남아있었다. 핀란드와 헝가리 그리고 루마니아가 러시아에 대한 공격에 가세했지만 영국은 거의 6개월 동안이나 기다리고 있다가 동맹국을 공격하고 있던 이들 3개국에 대해 전쟁을 선포했다. 이와 비슷하게 1941년 말 일본은 독일과 이탈리아의 동맹국이 되었지만 러시아에 대한 전쟁에는 돌입하지 않았다. 일본과 러시아는 대치하고 있던 양 동맹체제의 중심적인 회원국들이었음에도 불구하고 거의 4년 동안 — 전쟁의 마지막 달이 될 때까지 — 서로 평화 상태를 유지했다.

독일의 서부 및 중부 유럽 정복과 소련 침공은 전세계적인 반향을 불러일으킨 커다란 사건이었다. 동아시아에서는 그 효과가 곧 나타났다.

---

8) Liddell Hart in *Encyclopaedia Britannica* (1962), Vol. XXIII, p. 791E에서 재인용.
9) W. L. Shirer, *The Rise and Fall of the Third Reich: a history of Nazi Germany* (London, 1964), p. 969.

일본과 중국은 1937년이래 전쟁 상태에 있었는데, 1940년 대규모 병력의 일본군은 전쟁을 끝내기 위한 시도를 시작했고, 일본의 비행기들은 중국의 새로운 수도 중경에 폭탄을 쏟아 붓기 시작했다. 네덜란드와 프랑스가 정복되고 영국이 위험한 지경에 처하게 됨으로써 일본의 협상 지위는 갑자기 호전되었다. 다시 말해서 동남 아시아에 식민지를 가지고 있던 식민 종주국 3국이 이제는 취약해진 것이었다. 1940년 6월의 제1차 협상에서 일본의 목적은 영국을 설득하여 버마로부터 중국 서부로 들어가는 도로를 일시적으로 차단케 하고, 함락되고 있는 프랑스 정부로 하여금 인도차이나에서 중국 남부로 이어지는 철도를 차단하도록 하는 것이었다. 버마를 통과하는 도로가 나중에 다시 개통되기는 했지만, 아무튼 중국이 의지하고 있던 단 2개의 외부로부터의 보급로는 봉쇄되었다. 프랑스령 인도차이나는 특히 취약했는데, 태국의 군대가 서부 지역을 공격했고 일본은 북부 지역을 중국에 대한 공습을 위한 기지로 이용할 수 있는 권리를 획득했다.

1941년 히틀러의 러시아 침공은 일본의 측면에 대한 또 하나의 위험성을 제거해 주었다. 즉 한 달 후에 일본군은 프랑스령 인도차이나의 남부 지역을 침공하여 동남 아시아와 그 일대의 도서 지역에 있는 서방의 영지들을 공격할 수 있는 발판을 마련했다. 도쿄에서는 영국의 식민지인 홍콩, 말라야, 버마 등과 네덜란드령 동인도 제도, 그리고 필리핀에 대한 진공 계획이 수립되었다. 물론 필리핀 및 그 지역의 미군 주둔지에 대한 공격은 미국을 전쟁으로 불러들이는 초대장이 될 것이었지만 워싱턴 당국은 이미 일본의 야심을 제어하기 위해서 보이지 않는 힘을 행사할 것이라는 점을 표명하고 있었다. 워싱턴 당국은 강철과 고철 그리고 항공 연료의 일본으로의 선적을 금지하고 있었으며, 중국으로는 필수품을 선적 수송하고 있었고, 마침내는 미국 내의 일본 자산을 동결시키고 있었다.

1941년 12월 7일 일본의 비행대는 하와이와 영국령 말라야를 폭격했고, 일본의 함대와 육군은 도서 전쟁에서 시도된 것으로서는 일찍이 그

예를 찾아보기 어려운 놀랄 만한 모험을 감행하기 시작했다. 영국과 미국은 재빨리 일본에 대해 전쟁을 선포했다. 그리고 중국과 독일이 전쟁 중에 단 한 발이라도 교전한 적이 있는지가 의문이기는 하지만 아무튼 중국은 독일과 이탈리아에 대해 전쟁을 선포했다. 또한 중국은 탄환수로 계산하면 수억 발에 달하는 교전을 하고 있던 일본에 대해서도 전쟁을 선포했다. 진주만 공격 4일 후 미국과 독일은 공식적인 적국이 되었다. 비록 하나의 거대한 전쟁이라기보다는 여러 개의 전쟁들이 모여진 형태를 계속 유지하고 있기는 했지만 아무튼 전쟁은 바야흐로 세계적인 전쟁으로 발전해 있었다.

VI

1770년대 이후에 발생한 6건의 대전들은 많은 공통점을 지니고 있다. 이 전쟁들은 2개국 사이의 전쟁으로 시작되어 결국에는 힘의 배분상태를 뒤흔들 만한 승리들에 의해서 확대되어 갔다. 전쟁이 시작되기 전부터 결정적인 승부들이 명백하게 예기되었다는 단 하나의 이유 때문에 제1차 세계대전은 조금 다르기는 하다. 이들 대전들이 시작되기 직전에 궁극적으로는 얼마나 많은 국가들이 전투에 참여하게 될 것인지를 논리적으로 예언한 사람은 아무도 없었다. 단지 제1차 세계대전 직전에는 그렇게까지 많은 국가들이 관여할 것으로 예견하지는 못했지만 그래도 다가오는 전쟁이 대전이 될 것이라는 점은 예견할 수 있었다.

진행 중인 전쟁에 새로운 국가가 참전하는 것은 사실상 새로운 전쟁의 시작이다. 동시에 벌어지고 있는 일련의 전쟁들이 서로 얽혀 있는 것이 대전이다. 왜 두 국가가 전쟁을 시작하는가를 설명할 수 있는 추론 능력이 있다면 제3, 제4 더 나아가 제10의 국가가 왜 싸움에 가세하게 되는가를 설명할 수도 있을 것이다.

두 국가가 자국의 협상 지위에 대해서 서로 상충하는 생각들을 지니고 있고 따라서 자국에게 본질적으로 중요한 영향을 미치는 문제에 대해서 평화적으로 해결할 수 없게 될 때 전쟁은 시작된다. 그 전쟁이 다른 국가들로 확산되어 가는 것은 전쟁이 시작될 때 형성된 것과 같은 종류의 상황의 결과이다. 인접해 있기는 하지만 초연한 입장에 있는 국가들에게 아주 중요한 문제들이 전쟁의 이유로서 제기되는 경우가 가끔 있다. 즉 전쟁을 통해서 자국의 독립이 위태로워지거나 아니면 반대로 독립적 지위를 더욱 강화할 수 있는 기회가 제공될 경우이다. 몇몇 전쟁들의 초기 국면에서 발생한 결정적인 전투들은 인접 국가들에게 매우 중요한 문제들을 제기했을 뿐만 아니라 군사력에 관한 정반대의 인식을 야기하기도 했다. 전쟁의 초기 국면에서 결정적인 승리를 거두고 있던 국가 — 1792년의 프랑스와 1940년의 독일 — 는 대개의 경우 더욱 더 자신감에 넘쳐 전쟁의 목적을 확대해 갔다. 그러나 그러한 힘에 대한 고양된 인식이 인접국가들에 의해서도 동일하게 공유되지는 않았다. 이러한 인식에 동의하는 국가들도 있었는데, 그러한 국가들은 승전국들의 일시적인 전시 동맹국이 되거나 아니면 평화적으로 양보하겠다고 제의했다. 그러나 평가를 달리 하는 국가들은 자국의 힘을 확신하면서 일시적인 승전국에 대해 전쟁을 선포했다. 결과적으로 대전화된 전쟁의 첫 번째 국면은 많은 평화의 시대에 아주 천천히 형성되었던 것과 같은 상충된 기대들을 산출해 냈다.

전쟁이 확전 되어 가는 과정 즉 대전화 하는 과정은 전쟁의 마지막 단계에 이르면 역전되었다. 1917년에 발생한 두 가지의 극적인 사건은 전쟁의 확대와 축소의 과정이 얼마나 많은 공통점을 지니고 있는지를 극명하게 보여준다. 1917년 4월 독일과 미국은 자신들의 협상 지위에 대한 의견이 서로 일치하지 않았기 때문에 선전 포고문에 서명했다. 그리고 1917년 12월 독일과 러시아는 자신들의 협상 지위에 관해서 의견의 일치를 보고 평화조약에 서명했다. 첫 번째 사건은 제1차 세계대전을 확전으로 몰고 갔고 두 번째 사건은 같은 전쟁을 축소시켰지만, 두 사건은 모두 동일한 인과법칙의 틀에 들어맞는다. 미국을 전쟁으로 끌어들인 목적들은 무력으로 달성될 수 있는 것으로 보인 반면, 애당초 러시아를 전쟁으로 끌어들인 목적들은 무력으로는 달성할 수 없는 것이 되어 버렸던 것이다. 워싱턴은 자국의 군사력에 대해서 자신감을 지니고 있었지만, 페트로그라드는 자국의 군사력에 대해서 자신감을 상실해 버렸던 것이다.

VII

대전의 특성과 원인에 관한 이와 같은 분석이 타당하다면 일련의 결론들을 나열할 수 있을 것이다. 국가간의 관계에 있어서 극적인 전기들을 설명하는 데에도 같은 틀과 같은 원인들이 적용될 것이다. 서로 다른 조합의 형태를 띨 지는 모르지만 결국은 같은 요인들로 전쟁과 평화 모두가 설명된다. 전쟁의 발발, 다른 국가들의 개입으로 인한 전쟁의 확대, 다른 국가들의 철수로 인한 전쟁의 축소, 전쟁의 종결, 평화시의 위기 극복, 그리고 그러한 평화기간의 종언 등을 설명하기 위해서는 같은 종류의 요인들이 검토되어야만 한다

결 론

제16장 전쟁과 평화 그리고 중립

제16장
전쟁과 평화 그리고 중립

　1. 최소한 2개 국가가 평화보다 전쟁을 선택하지 않는다면 전쟁은 일어날 수가 없다.

　2. 교전 국가들 간의 합의를 통해서만 평화가 도래하듯이 평화로운 상태에 있는 국가들 간의 합의를 통해서만 전쟁은 발생한다.

　3. 전쟁을 야기했다는 이유로 어느 한 국가만이 주된 비난을 받을 수 있다는 생각은 전쟁을 종결시키는 데 공헌했다는 이유로 어느 한 국가만이 주된 칭찬을 들을 수도 있다는 생각만큼이나 잘못된 것이다. 그러나 전쟁에 대한 현재의 대부분의 설명들은 이러한 오류를 범하고 있다.

　4. 외교의 파국이 전쟁을 초래하는 것이 사실이라면 전쟁의 파국이 외교를 초래한다는 것도 또한 사실이다.

　5. 외교의 파국은 각 국가가 협상보다는 전쟁을 통해서 더 많은 것을 얻을 것이라는 신념을 반영하고 있지만, 전쟁의 파국은 각 국가가 전쟁보다는 협상을 통해서 더 많은 것을 얻을 수 있다는 신념을 반영하고 있다.

　6. 전쟁이나 평화와 마찬가지로 중립 역시 합의에 의존한다. 예를 들어 스웨덴과 스위스는 1세기 반 이상 동안 중립을 유지해 오고 있는데 그것은 그 국가들이 중립을 선택했기 때문만이 아니라 교전 국가들이 그 국가들을 중립으로 남아 있을 수 있도록 허용했기 때문이기도 했다.

　7. 전쟁과 평화는 단지 정반대 되는 개념만은 아니다. 전쟁과 평화는

너무나 많은 공통점을 지니고 있기 때문에 다른 하나가 없이는 그 어느 쪽도 이해될 수 없다.

원인의 틀

8. 전쟁과 평화는 동일한 원인의 틀을 공유하고 있는 것으로 보인다. 다음과 같은 사항들을 설명하는 데에는 동일한 종류의 요인들이 등장한다.

전쟁의 발발;
새로운 국가의 개입에 의한 전쟁의 확대;
평화의 발생;
평화시의 위기의 극복; 그리고,
물론 평화의 종언까지도.

9. 경쟁 국가의 지도자들이 전쟁을 시작, 지속 또는 종결시킬 것인가를 결정해야만 할 때에는 그들은 의식적이든 무의식적이든 결국은 동일한 질문을 다양한 형태로 자문하게 된다. 즉 그들은 자국의 의지를 경쟁 당사국에 강요할 능력 또는 무능력에 대해 평가하게 되는 것이다.

10. 국가의 지도자들은 전쟁 또는 평화를 결정함에 있어서 적어도 다음과 같은 7가지 요인들에 의해서 강한 영향을 받는 것으로 보인다:

① 군사력 그리고 전쟁이 벌어질 경우 그 군사력을 효율적으로 활용할 수 있는 능력;
② 전쟁이 일어난다면 다른 국가들이 어떻게 행동할 것인지에 관한 예측;
③ 자국 그리고 적국이 내부적으로 단결되어 있는지 아니면 내분 상태에 있는지에 관한 인식;

④ 전쟁의 고통과 실제에 관한 지식 또는 망각의 정도;

⑤ 민족주의 및 이데올로기;

⑥ 경제 상태 그리고 예상되는 전쟁을 지탱할 수 있는 경제적 능력;

⑦ 같이 결정을 내리는 사람들의 인격과 경험.

11. 대개의 경우 전쟁은 두 국가가 자국의 상대적인 힘에 관해서 의견의 일치를 보지 못할 때 시작되며, 교전 국가들이 자국들의 상대적인 힘에 관해서 합의에 도달할 때 종결되는 것이 보통이다. 합의 또는 의견의 불일치는 동일한 일련의 요인들이 서로 다른 방식으로 혼합되어 나타난다. 그러므로 각각의 요인들은 전쟁 또는 평화를 촉진할 수가 있다.

12. 한 가지 요인에 있어서의 변화 ─ 동맹국의 이탈 또는 적국 내에서의 분쟁 발생 ─ 는 자국의 협상 지위에 대한 평가를 극적으로 바꾸어 놓을 수도 있다. 단기적으로 그러한 요인은 불합리하게 보일 정도로 대단한 영향력을 행사할 수도 있다.

13. 국가들이 서로 싸울 준비를 할 때에는 전쟁의 지속 기간과 결과에 대해 서로 상반되는 예상들을 하게 된다. 그러나 그러한 예견들이 더 이상 상충하지 않게 되면 전쟁은 거의 확실하게 끝나게 된다.

14. 국가들이 자신들의 국력에 관해서 의견의 일치를 보게 될 가능성을 높여 주는 요인은 잠재적인 평화의 요인이 된다. 강력한 평화의 요인 하나는 결정적인 전쟁이다. 왜냐하면 전쟁은 힘에 관해서 가장 널리 받아들여지는 척도를 제공해 주기 때문이다.

15. 결정적인 전쟁도 영원한 영향력을 지닐 수는 없다. 왜냐하면 승리란 것은 언제나 소모되는 자산에 불과하기 때문이다.

16. 국제적인 세력관계를 측정하는 공식이 필요불가결 하다. 아이러니컬하게도 가장 유용한 공식은 전쟁이다. 전쟁의 기능이 그 진가를 인정받는 동안은 좀더 자비롭고 좀더 효율적인 세력 측정 방법을 모색하는 것은 무의미한 일이 될 가능성이 높다.

전쟁의 다양성

17. 전쟁에 앞서 공식적인 '선전 포고'를 하는 것이 대개의 경우 정상적인 행위로 간주되어 왔지만 1700년 이후의 증거들을 보면 그것이 비정상적인 행동이었다는 것을 알 수 있다. 1941년에 있었던 일본의 진주만 기습은 강한 국제적 전통에 해당되는 것이었다.

18. 2개국에 한정된 전쟁들은 대개의 경우 세계적인 힘의 중심지가 아니라 지리적인 변방지역에서 치러졌다.

19. 대전이나 세계 전쟁은 대개의 경우 두 국가 사이의 전쟁으로 시작되어 결국에는 동시적으로 수행되면서 서로 얽혀 있는 일련의 전쟁들로 발전해 갔다. 그러므로 대전이나 다면적인 전쟁에 대한 설명은 구조적으로 몇 개의 양면 전쟁에 대한 설명과 흡사하다.

20. 내전의 어느 한 편이 이념적으로나 인종적으로 또는 다른 면에서 외부의 국가와 연계를 가지고 있을 때, 그 내전이 국제전으로 발전해 갈 가능성이 가장 높다.

21. 햇수를 기준으로 했을 때 대전은 보통 장기전이었다. 핵무기의 시대라고 할지라도 대전은 — 만일 발생한다면 — 장기전이 될 것이다.

22. 1700년 이후에 발생한 전쟁 가운데 교전의 양 당사국이 모두 장기전이 될 것이라고 확신하고 시작된 전쟁은 있을 것 같지 않다.

23. 전쟁 기술에 있어서의 놀라운 진보로 인해서 전쟁이 점차 단기화될 수밖에 없다는 생각은 많은 세대들이 지니고 있던 것이었지만 결국 많은 전쟁들에 의해서 그 허구성이 입증되었다.

전쟁과 평화에 관한 현존 이론들의 결점

24. 인기 있는 전쟁론의 대부분 — 그리고 각각의 개별적인 전쟁들에

대한 많은 역사가들의 설명들 — 은 자본가들, 독재자, 군주 또는 다른 개인들이나 압력 단체들을 비난하고 있다. 그러나 이 이론들은 전쟁 그 자체보다는 경쟁과 긴장에 대해 설명하고 있다. 국가간의 경쟁과 긴장은 전쟁으로 이르지 않는 상태에서 여러 세대에 걸쳐서 존재할 수도 있는 것이다.

25. 각각의 전쟁을 설명하는 데 각국 정부의 목적과 야심은 중요한 것이지만, 야심은 강조하면서 그 야심을 실현하는 수단을 무시하는 것은 설명되어야 할 주요 문제를 무시하는 것이다. 왜냐하면 전쟁의 발발과 평화의 발생은 본질적으로 새로운 수단에 의해서 목적을 실현하겠다는 결의이기 때문이다. 전쟁을 설명하려는 노력은 왜 무력적인 수단이 선택되었는가를 설명하려는 노력과 동일한 것이다.

26. 세력 '불균형'이 전쟁을 유발하기 쉽다는 존경할 만한 이론은 과거의 전쟁 사례들에 의해서 별로 뒷받침되지 못한다. 그러나 이 이론을 뒤집어서 보면 어느 정도 타당성을 지니게 된다.

27. 희생양 이론이나 희생양 이론이 제기하는 가설 즉 국내적인 문제에 직면한 통치자들이 종종 승리를 통해서 국내적 평화를 도모해 보겠다는 희망을 가지고 대외적인 전쟁을 시작한다는 가정은 과거의 전쟁 사례들에 의해서 뒷받침을 받지 못한다.

28. '한 쌍의 손' 이론 즉 돈벌이에 바쁜 국가는 전쟁을 할 만한 여력이나 시간적 여유를 가지고 있지 못하다는 믿음은 과거의 전쟁 사례들에 의해서 뒷받침을 받지 못한다.

29. 인간이란 원래 싸움을 좋아하는 생래적인 성향을 가지고 있다는 생각은 전쟁에 대한 설명의 차원으로까지 승화될 수 없다. 지난 3세기 혹은 13세기 동안의 통계적인 증거를 근거로 해서 인간은 생래적으로 평화를 애호하는 성향을 지니고 있다는 주장이 상당한 타당성을 가진 것으로 주장될 수 있었다. 전쟁과 평화는 국가들 간의 관계에 있어서 변동의 추세를 표시하는 것이기 때문에 '생래적인' 요인들에 의해서라기

보다는 그 자체가 변동하는 요인들에 의해서 더욱 잘 설명될 수 있을 것이다.

30. 한 국가에 있어서 전쟁 권태증은 종종 평화를 촉진하며 전쟁 열광증은 전쟁을 촉진한다. 그러나 전쟁 권태증이 전쟁을 촉진했다는 뚜렷한 사례는 아직 없다.

31. 맨체스터 이론은 ─ 공통의 언어, 해외 여행, 그리고 상품과 사상의 교환 등을 통한 ─ 국가들 사이의 접촉 증대가 편견을 제거하며 강력한 평화의 촉진제가 될 것이라고 주장한다. 그러나 이 이론에 대한 증거는 확실하지 않다.

32. 의도하지 않은 전쟁이나 '우발적인' 전쟁은 존재하지 않는다. 의도되지 않는 것이 있다면 그것은 전쟁의 길이와 유혈성이다. 패전 역시 의도되지 않는다.

33. 지난 3세기 동안 이룩된 사회, 기술 그리고 전쟁에 있어서의 변화로 인해 어떤 연구자들은 국제관계가 매우 혁명적으로 변화하여 과거의 경험이 별로 중요하지 않게 되었다는 주장을 하고 있다. 그러나 기병대의 시대와 대륙간 미사일의 시대 사이에는 상당한 연속성이 있다는 주장을 입증할 증거는 많다.

참고문헌

　다음의 책과 논문들은 증거자료들 또는 개념상 흥미로운 것들로서 필자가 가장 유용하다고 생각되는 것들을 정리한 것이다. 목록을 참조하기 편하게 하기 위해서 『신판 케임브리지 현대사』(*The New Cambridge Modern History*)와 『연감』(*Annual Register*), 그리고 『브리태니커백과사전』(*Encyclopaedia Britannica*)의 여러 판본들, 영국의 『국내인물사전』(*Dictionary of National Biography*) 등의 사서류에 수록된 개별 논문과 장들은 거의 예외 없이 제외하였다. 그러나 각주에는 이 개별 논문과 장들을 소개하였다. 마찬가지로 각주에는 본서의 주제와 극히 부분적으로만 관련이 있는 다른 책들이 소개되어 있다.

　각주에 소개된 작품을 쉽게 찾아볼 수 있도록 이 참고문헌은 주제별이 아니라 알파벳 순서로 정리되어 있다. 책의 제목으로 다루고 있는 주제를 충분히 파악할 수 없는 경우에는 설명을 덧붙였다.

Acton, Harold, *The Bourbons of Naples* (1734~1825) (London, 1956).

Albrecht - Carrié, René, *A Diplomatic History of Europe since the Congress of Vienna* (New York, 1958).

Allen, W. E. D., and Muratoff, Paul, *Caucasian Battlefields: A History of the Wars on the Turco - Caucasian Border 1828~1921* (Cambridge, 1953).

Anderson, M. S., *Europe in the Eighteenth Century 1713~1783* (London, 1961).

_____, *The Eastern Question 1774~1923: A Study in International Relations* (London, 1966).

Anderson, Olive, *A Liberal State at War: English Politics and Economics during the Crimean War* (London, 1967).

Andrews, Stuart, *Eighteenth - Century Europe: the 1680s to 1815* (London, 1965).

Apjohn, Lewis, *Richard Cobden and the Free Traders* (London, c. 1880).

Ardrey, Robert, *African Genesis* (London, 1961).

Aron, Raymond, *Peace and War: A Theory of International Relations, tr. from French* (New York, 1966).

Ashton, T. S., *Economic Fluctuations in England 1700~1800* (Oxford, 1959).

Ashworth, William, 'Economic Aspects of Late Victorian Naval Administration', *Economic History Review* (December, 1969).

Aspinall, A. ed., *The Later Correspondence of George III*, 5 vols. (Cambridge, 1962~70).

Atkins, J. B., *Incidents and Reflections* (London, 1947). 앳킨스는 1890년대 미국 - 스페인 전쟁과 그리스 - 터키 전쟁시 특파원으로 활동했다.

Barclay, Sir Thomas, 'Peace', *Encyclopaedia Britannica*, 11th ed. (London, 1910 - 11), XXI, 4 - 16.

Barnes, G. R. and Owen, J. H., ed., *The Private Papers of John, Earl of Sandwich, First Lord of the Admiralty 1771~1782*, 4 vols. (London, 1932 - 38).

Barnett, Correlli, *The Swordbearers: Studies in Supreme Command in the First World War* (London, 1963).

Barraclough, G., *Factors in German History* (Oxford, 1946).

Bartlett, C. J., *Great Britain and Sea Power 1815~1853* (Oxford, 1963).

Beasley, W. G., *The Modern History of Japan* (London, 1963)

Bentley, Nicolas, ed., *Russell's Despatches from the Crimea 1854~1856* (London, 1966).

Biro, S. S., *The German Policy of Revolutionary France: A Study in French Diplomacy during the War of the First Coalition 1792~1797*, 2 vols. (Harvard, 1957).

Bismarck, Otto, *Bismarck: The Man and the Statesman, Being the Reflections and Reminiscences of Otto Prince von Bismarck*, 2 vols., tr. from German (London, 1889).

Bloch, Ivan S., *Is War Now Impossible*. tr. from Russian (London, 1899). 이 책은 1900년 'Modern Weapons and Modern War'라는 제목으로 재출판 되었다.

de Bloch, Jean (Ivan Bloch), 'The Wars of the Future', *The Contemporary Review* (September 1901).

Boulding, Kenneth, *Conflict and Defense* (New York, 1962).

_____, *Beyond Economics: Essays on Society, Religion and Ethics* (Ann Arbor, 1968).

Browning, Oscar, ed., *Despatches from Paris 1784~1790*, 2 vols., Camden Society, XVI, XIX (London, 1909~10).

Buchan, Alastair, *War in Modern Society: An Introduction* (London, 1968).

Buckle, Henry Thomas, *History of Civilization in England*, 3 vols. (London, 1885).

Bullock, Alan, *Hitler: a study in tyranny* (London, 1962).

Burns, Arthur Lee, *Of Powers and Their Politics: A Critique of Theoretical Approaches* (Englewood Cliffs, New Jersey, 1968).

Burns, E. McN., *Western Civilizations: Their History and Their Culture* (New York, 1969).

Bury, J. P. T. , *Napoleon III and the Second Empire* (New York, 1968).

Butler, Sir Geoffrey and Maccoby, S., *The Development of International Law* (London,

1928).

Butterfield, H., ed., *Select Documents of European History,* vol. III, 1715~1920 (London, 1931).

Cairnes, J. E., 'International Law,' *Fortnightly Review* (November, 1865).

Carlyle, Thomas, *History of Friedrich II of Prussia, called Frederick the Great,* 10 vols. (London, 1882 edn).

Chamberlain, Sir Austen, *Down the Years* (London, 1935). 1880년대 이후의 영국 - 독일 관계의 여러 국면에 관한 회고록.

Chance, J. F., ed., *British Diplomatic Instructions 1689~1789:* vol. III - Denmark (London, 1926).

_____, *British Diplomatic Instructions 1689~1789:* vol. V. Sweden 1727 - 1789 (London, 1928).

Chesney, C. C. and Reeve, Henry, *The Military Resources of Prussia and France and Recent Changes in the Art of War* (reprinted from Edinbrugh Review 1866~67) (London, 1870).

Churchill, Randolph S., *Winston S. Churchill,* 2 vols. (London, 1966).

Churchill, Sir Winston , *The World Crisis 1911~1918,* abridged and revised edn. (London, 1943).

Clark, Sir George, *War and Society in the Seventeenth Century,* esp. ch. VI, 'The Cycle of War and Peace in Modern History' (Cambridge, 1958).

Clarke, I. F., *Voices Prophesying War, 1763~1984* (London, 1966).

Clausewitz, Carl von, *On War,* ed. by F. N. Maude, tr. from German, 3 vols. (London, 1940).

Coombs, Douglas, *The Conduct of the Dutch: British opinion and the Dutch Alliance during the war of the Spanish Succession* (The Hague, 1958).

Cope, Sir Zachary, *Almroth Wright: Founder of Modern Vaccine - Therapy* (London, 1966).

Cowles, Virginia, *The Russian Dagger: Cold War in the Days of the Czars* (London, 1969).

Cruikshank, R. J., *Roaring Century* (London, 1946).

Curtiss, John S., *The Russian Army under Nicholas I, 1825~1855* (Durham, North Carolina, 1965).

Curzon, Hon. George N., *Problems of the Far East: Japan - Korea - China* (London, 1894).

Daniel, Norman, *Islam, Europe and Empire* (Edinburgh, 1966).

Daws, Gavan, *Shoal of Time: A History of the Hawaiian Islands* (New York, 1968).

Dehio, Ludwig, *The Precarious Balance: The Politics of Power in Europe 1494~1945,* tr. from German (London, 1963).

Deutsch, Karl W., *The Analysis of International Relations* (Englewood Cliffs, New Jersey, 1968).

Dictionary of National Biography, The, 27 vols. (Oxford, 1968).

Earle, E. M., ed., *Makers of Modern Strategy: Military Thought from Machiavelli to Hitler* (Princeton, 1952).

Economist, The, weekly, London. 필요한 부분만을 간헐적으로 이용하였다. 특히 1878, 1885, 1897, 1904, 1914년의 부분.

English Historical Documents (ed. D. C. Douglas), esp. vols. X, XI (London, 1957~9).

Esher, Viscount, *Journal and Letters of Reginald Viscount Esher,* esp. vol. III (London, 1938). 에셔는 1914년 프랑스에서 전쟁 중의 비밀임무를 수행했다.

Fay, S. B., *The Origins of the World War* (New York, 1965).

Ferrell, Robert H., *American Diplomacy: A History* (New York, 1969).

Fischer, Fritz, *Germany's Aims in the First World War,* tr. from German (London, 1967).

Fisher, Roger, ed., *International Conflict and Behavioural Science: The Craigville Papers* (New York, 1964).

Flournoy, Francis R., *Parliament and War* (London, 1927).

Foner, Philip S., 'Why the United States Went to War with Spain in 1898,' *Science and Society* (Winter, 1968).

Franco‑German War 1870~71, anon., tr. by F. C. H. Clarke from the German official account, 4 vols. (London, 1881).

Fried, Morton, Harris, Marvin and Murphy, Robert, eds., *War: The Anthropology of Armed Conflict and Aggression* (New York, 1968).

Froude, J. A., 'England's War' in *Short Studies on Great Subjects,* vol. 2 (London, 1891).

Fuller, J. F. C., *The Conduct of War 1789~1961: A Study of the Impact of the French, Industrial and Russian Revolutions on War and Its Conduct* (London, 1961).

Garvy, George, 'Kondratieff's Theory of Long Cycles,' *The Review of Economic Statistics* (November 1943).

Giffen, Sir Robert, *Economic Inquiries and Studies,* 2 vols. (London, 1904). 1870~71년의 프랑스 - 프러시아 전쟁의 경제학에 관한 연구를 포함하고 있다.

Gilbert, Martin, ed., *A Century of Conflict 1850 - 1950: Essays for A. J. P. Taylor* (London, 1966).

Gooch, G. P., *Studies in Diplomacy and Statecraft* (London, 1942).

_____, *Louis XV: The Monarchy in Decline* (London, 1956).

Gulick, E. V., *Europe's Classical Balance of Power* (New York, 1967).

Hamilton, Sir Ian, 'War', *in Encyclopaedia Britannica*, 13th edn. (London, 1926), III 981 - 6.

Hamilton, Ian B. M., *The Happy Warrior: A Life of General Sir Ian Hamilton* (London, 1966).

Harrod, Sir Roy, *The Life of John Maynard Keynes* (London, 1951).

Hartmann, Frederick H., *The Relations of Nations* (New York, 1957).

Hatzfeldt, Count Paul, *The Hatzfeldt Letters: Letters of Count Paul Hatzfeldt to His Wife, written from the Headquarters of the King of Prussia 1870 ~71*, tr. from French (London, 1905).

Hayes, C. J. H., *A Generation of Materialism 1871 ~1900* (New York, 1941).

Heckscher, Eli F., *The Continental System: An Economic Interpretation* (Oxford, 1922).

_____, An Economic History of Sweden (Harvard, 1954).

Henderson, W. O., *Studies in the Economic Policy of Frederick the Great* (London, 1963).

Hershey, A. S., *The International Law and Diplomacy of the Russo - Japanese War* (New York, 1906).

Hicks Beach, Lady Victoria, *The Life of Sir Michael Hicks Beach* (Earl St. Aldwyn), 2 vols. (London, 1932).

Higonett, Patrice Louis - Rene, 'The Origins of the Seven Years' War', *Journal of Modern History* (March 1968).

Hill, David J., *A History of Diplomacy in the International Development of Europe*, 3 vols. (London, 1914).

Hirst, F. W., *The Political Economy of War* (London, 1915).

Hobson, J. A., *Imperialism: A Study* (London, 1902).

Hoetzsch, Otto, *The Evolution of Russia*, tr. from German (London, 1966).

Holland, T. E., *Letters on War and Neutrality* (London, 1914).

Holsti, Ole R. and North, Robert C., 'The History of Human Conflict', ch. VIII, in E. B. McNeil, ed., *The Nature of Human Conflict* (Englewood Cliffs, New Jersey, 1965).

Holsti, O. R., Brody, R. A. and North R. C., 'International Relations as a Social Science: a research approach', *International Social Science Journal* (No. 3, 1965).

Horne, Alistair, *The Fall of Paris: The Siege and the Commune 1870 ~1* (London, 1965).

Howard, Michael, ed., *The Theory and Practice of War: essays presented to Captain B. H. Liddell Hart* (London, 1965).

_____, *The Mediterranean Strategy in the Second World War* (London, 1968).

352

Huck, Arthur, *The Security of China: Chinese approaches to Problems of War and Strategy* (London, 1970).

Hughes, Jonathan, *Industrialization and Economic History: Theses and Conjectures* (New York, 1970).

Huhn, A. von, *The Struggle of the Bulgarians for National Independence under Prince Alexander: A Military and Political History of the War between Bulgaria and Servia in 1885*, tr. from German (London, 1886).

Hurewitz, J. C., *Diplomacy in the Near and Middle East: A Documentary Record, 1535~1914*, 2 vols. (Princeton, 1956).

Ireland, Gordon, *Boundaries, Possessions, and Conflicts in Central and North America and the Caribbean* (Harvard, 1941).

Jevons, W. S., *Investigations in Currency and Finance* (London, 1884).

Joll, James, 'The 1914 Debate Continues: Fritz Fischer and his Critics', *Past and Present* (July 1966).

Kautsky, Karl, ed., *Outbreak of the World War: German documents collected by Karl Kautsky* (New York, 1924).

Keith, A. B., ed., *Speeches and Documents on International Affairs 1918~1937*, 2 vols. (Oxford, 1938).

Keynes, J. M., *The Economic Consequences of Peace* (London, 1919).

Kindleberger, Charles P., *Economic Growth in France and Britain 1851~1950* (Harvard, 1964).

Kinglake, A. W., *The Invasion of the Crimea: Its Origin, and an Account of Its Process down to the Death of Lord Raglan* (London, 1863), esp. vol. 1.

Kissinger, Henry A., *A World Restored* (New York, 1964).

Kondratieff, N. D., 'The Long Waves in Economic Life', in American Economic Association, *Readings in Business Cycle Theory* (New York, 1950), pp. 20 - 42.

Kurtz, Harold, *The Empress Eugenie 1826~1920* (London, 1964).

Landmann, George, *A Universal Gazetteer, or Geographical Dictionary* (London, 1840).

Latey, Maurice, *Tyrranny: A Study in the Abuse of Power* (London, 1969).

Lefebvre, Georges, *The French Revolution: From Its Origins to 1793*, tr. from French (London, 1962).

Leites, K., *Recent Economic Developments in Russia* (Oxford, 1922).

Lenin, V. I., *Collected Works* (Moscow, 1964), esp. vols. X XI, X X VI.

Leonard, Roger A., ed., *A Short Guide to Clausewitz on War* (London, 1967).

Levontin, A. V., *The Myth of International Security: A Juridical and Critical Analysis*

(Jerusalem, 1957).

Liddell Hart, Sir Basil, 'Tatics', *Encyclopaedia Britannica,* 13th ed. (London, 1926), III
    714 - 19.

_____, *The Memoirs of Captain Liddell Hart,* 2 vols. (London, 1965).

Lockhart, J. G., and Woodhouse, C. M., *Rhodes* (London, 1963).

Lodge, Sir Richard, *Studies in Eighteenth - Century Diplomacy 1740 ~1748* (London,
    1930).

Logan, Rayford W., *Haiti and the Dominican Republic* (New York, 1968).

Lough, John, *An Introduction to Eighteenth Century France* (London, 1960).

McBriar, A. M., *Fabian Socialism and English Politics 1884 ~1918* (Cambridge, 1966).

Macfie, A. L., 'The Outbreak of War and the Trade Cycle', *Economic History,* (A
    Supplement to The Economic Journal), February 1938.

McCormick, Frederick, *The Tragedy of Russia in Pacific Asia,* 2 vols. (New York, 1907).

McLaren, Walter W., *A Political History of Japan During the Meiji Era 1869 ~1912*
    (London, 1965).

McNeil, E. B., ed., *The Nature of Human Conflict* (Englewood Cliffs, New Jersey, 1965).

Maguire, T. M., *Outlines of Military Geography* (Cambridge, 1899).

Maude, F. N., 'Cavalry', *Encyclopaedia Britannica,* 11th ed. (London, 1910 ~11) V 563 - 72.

_____, 'Strategy', *ibid.* XXV 986 - 97.

Maurice, J. F., *Hostilities Without Declaration of War* (London, 1883).

Maurois, Simone, *Miss Howard and the Emperor,* tr. from French (London, 1957).

Maxwell, Neville, *India's China War* (London, 1970).

Mayer, Arno J., 'Internal Causes and Purposes of War in Europe, 1870 ~1956: A Research
    Assignment', *Journal of Modern History* (September 1969).

Mazlish, Bruce, 'Psychology and Problems of Contemporary History', *Journal of
    Contemporary History* (April 1968).

Mehta, Ved, *Fly and the Fly Bottle: Encounters with British Intellectuals* (London,
    1965).

Mezoe, Ferenc, *The Modern Olympic Games* (Budapest, 1956).

Monteith, William, *Kars and Erzeroum: With the Campaigns of Prince Paskiewitch
    in 1828 and 1829* (London, 1856).

Mongenthau, Hans J., and Thompson K. W., eds., *Principles and Problems of
    International Politics: Selected Readings* (New York, 1950).

Moses, John A., 'The War Aims of Imperial Germany: Professor Fritz Fischer and his
    Critics', *University of Queensland Papers,* vol. 1, No. 4, 1968.

Nef, John Ulric, *War and Human Progress: An Essay on the Rise of Industrial*

Civilization (New York, 1963).

New Cambridge Modern History, vols. Ⅵ‑Ⅻ (Cambridge, 1960‑70).

Nicolson, Harold, *Diaries and Letters 1939~1945,* ed. by Nigel Nicolson (London, 1967).

Oakes, Sir Augustus and Mowat, R. B., eds., *The Great European Treaties of the Nineteenth Century* (Oxford, 1921).

Oman, C. W. C., 'Column and Line in the Peninsular War', *Proceedings of British Academy* (London, 1909~10).

Ono, G., *Expenditures of the Sino‑Japanese War* (New York, 1922).

Paleologue, Maurice, *An Ambassador's Memoirs,* 2 vols. (London, 1923). 팔레올로그는 1914년 당시 러시아 주재 프랑스 대사였다.

Palmer, R. R., *The Age of the Democratic Revolution: A Political History of Europe and America, 1760~1800,* 2 vols. (Princeton, 1959, 1964).

Palmer, T. A., 'Military Technology', ch. 29, in Kranzberg, M., and Pursell, C. W., Jr., *Technology in Western Civilization,* Ⅰ (New York, 1967).

Pares, Sir Bernard, *The Fall of the Russian Monarchy: A Study of the Evidence* (New York, 1961).

Pasley, Sir Charles, *Essay on the Military Policy and Institutions of the British Empire,* 2 vols. (London, 1810).

Phelps Brown, E. H. and Browne, Margaret H., *A Century of Pay* (London, 1968).

Phillips, Peter, *The Tragedy of Nazi Germany* (London, 1969).

Peirce, R. A., ed., *Mission to Turkestan: Being the Memoirs of Count K. K. Pahlen 1908~1909,* tr. from Russian (London, 1964).

Platt, D. C. M., *Finance, Trade and Politics in British Foreign Policy* (Oxford, 1968).

Portway, Donald, *Science and Mechanisation in Land Warfare* (Cambridge, 1938).

Preston, R. A., Wise, S. F. and Werner, H. O., *Men in Arms: A History of Warfare and Its Interrelationships with Western Society* (New York, 1964).

Pruitt, Dean G., and Snyder, R. C., eds., *Theory and Research on the Causes of War* (Englewood Cliffs, New Jersey, 1969).

Rees, David, *Korea: The Limited War* (London, 1964).

Requin, E., and others, *What Would be the Character of a New War?* (London, 1931). 국제의원연맹의 연구로서 J. F. C. Fuller와 E. F. Heckscher의 논문이 포함되어 있다.

Rich, Norman R., *Friedrich von Holstein: Politics and Diplomacy in the Era of Bismarck and Wilhelm Ⅱ,* 2 vols. (Cambridge, 1965).

Richardson, Lewis F., *Arms and Insecurity* (London, 1960).

Richmond, H. W., 'National Policy and Naval Strength, ⅩⅥth to ⅩⅩth Century',

Proceedings of the British Academy (1923) pp. 339 - 54.

Rodger, A. B., *The War of the Second Coalition 1798 to 1801: A Strategic Commentary* (Oxford, 1964).

Röling, Bert V. A., 'National and International Peace Research', *International Social Science Journal* (1965), No. 3.

Rose, J. Holland, *The Indecisiveness of Modern War and Other Essays* (London, 1927).

Rose, J. Holland and Broadley A. M., *Dumouriez and the Defence of England against Napoleon* (London, 1909).

Rosen, Baron, *Forty Years of Diplomacy,* 2 vols. (London, 1922).

Rougement, Denis de, *Passions and Society,* tr. from French (London, 1956).

Sandburg, Carl, *Abraham Lincoln,* 3 vols. (New York, 1959).

Sazonov, Serge, *Fateful Years 1909~1916: The Reminiscences of Serge Sazonov* (London, 1928).

Seton - Watson, Hugh, *The Russian Empire 1801~1917* (Oxford, 1967).

Sherwig, John M., *Guineas and Gunpowder: British Foreign Aid in the Wars with France 1793~1815* (Harvard, 1969).

Shirer, W. L., *The Rise and Fall of the Third Reich: A History of Nazi Germany* (London, 1964).

Smith, Adam, *An Inquiry into the Nature and Causes of the Wealth of Nations* (London: Everyman edn., 1954). 애덤 스미스는 18세기의 전쟁에 관해서 훌륭한 관찰을 하고 있다.

Sorokin, Pitirim A., *Social and Cultural Dynamics,* 3 vols. (New York, 1937).

Southgate, Donald, 'The Most English Minister……': *The Policies and Politics of Palmerston* (London, 1966).

Stafford - Clark, David, *Psychiatry To - day* (London, 1952).

Steinberg, Jonathan, 'The Copenhagen Complex', *Journal of Contemporary History* (1966) No. 3. 1890년대부터 1914년까지의 독일의 해군력에 대한 우려에 관한 연구.

Steinberg, S. H., *The Thirty Years War and the Conflict for European Hegemony 1600~1660* (New York, 1966).

Stern, Fritz, *The Politics of Cultural Despair: A Study in the Rise of Germanic Ideology* (New York, 1965).

Stewart, Michael, *Keynes and After* (London, 1967).

Stomberg, A. A., *A History of Sweden* (London, 1931).

Stone, Norman, 'Army and Society in the Habsburg Monarchy, 1900~1914', *Past and Present* (April 1966).

356

Stowell, E. C., 'Convention Relative to the Opening of Hostilities', *American Journal of International Law* (January 1908).

Stretton, Hugh, *The Political Sciences: General Principles of Selection in Social Sciences and History* (London, 1969).

Swettenham, John, *Allied Intervention in Russia 1918‑1919: And the Part Played by Canada* (London, 1967).

Takahashi, Sakuye, *International Law Applied to the Russo‑Japanese War* (New York, 1908).

Taylor, A. J. P., 'Otto Bismarck', *Encyclopaedia Britannica*, 1962, III 659‑68.

————, *The Struggle for Mastery in Europe 1848~1918* (Oxford, 1954).

————, *The Origins of the Second World War* (London, 1964).

————, *English History 1914~1945* (Oxford, 1965).

————, *The Hapsbrug Monarchy 1809~1918: a history of the Austrian empire and Austria‑Hungary* (London, 1964).

Temperley, Harold, *Frederick the Great and Kaiser Joseph: An Episode of War and Diplomacy in the Eighteenth Century* (London, 1915).

Temperley, Harold and Penson, Lilian, eds., *Foundations of British Foreign Policy from Pitt (1792) to Salisbury (1902), or Documents Old and New* (Cambridge, 1938).

Thayer, George, *The War Business: The International Trade in Armaments* (London, 1969).

Thompson, J. M., *The French Revolution* (Oxford, 1959).

Thomson, David, *Europe since Napoleon* (London, 1966).

Thomson, Mark A., 'Louis XIV and the Origins of the War of the Spanish Succession', Ch. 9, in *William III and Louis XIV: Essays 1680~1720* by and for *Mark A. Thomson*, ed. Hatton, R. and Bromley, J. S. (Liverpool, 1968).

Thorne, Christopher, *The Approach of War, 1938~1939* (London, 1967).

Toynbee, Arnold J., *Experiences* (London, 1969).

————, *A Study of History*, 12 vols. (London, 1969).

Trevelyan, Humphrey, *The Middle East in Revolution* (London, 1970). 트레벨리안 경은 수에즈 위기 당시 이집트 주재 영국대사였다.

Triffin, Robert, *Our International Monetary System: Yesterday, Today, and Tomorrow* (New York, 1968).

Trotter, Wilfred, *Instincts of the Herd in Peace and War 1916~1919* (London, 1953).

Tsunoda, R., de Bary, W. T. and Keene, D., eds., *Sources of Japanese Tradition* (New York, 1958).

357

Tuchman, Barbara W., *The Guns of August: August 1914* (London, 1964).

Tupper, Harmon, *To the Great Ocean: Siberia and the Trans-Siberian Railways* (London, 1965).

Turner, L. C. F., 'The Russian Mobilization in 1914', *Journal of Contemporary History* (January 1968).

United Empire: The Royal Colonial Institute Journal, London (esp. 1914).

Vernon, H. M., *Italy from 1494 to 1790* (Cambridge, 1909).

Vital, David, 'Czechoslovakia and the Powers, September 1938', *Journal of Contemporary History* (October 1966).

Wangermann, Ernst, *From Joseph II to the Jacobin Trials* (London, 1959).

Weinstein, Franklin B., *Indonesia Abandons Confrontation: An Inquiry into the Functions of Indonesia's Foreign Policy*, 'Cornell Modern Indonesia Project' (Ithaca, N. Y., 1969).

Williams, Neville, *Chronology of the Modern World: 1763 to the Present Time* (London, 1966).

Witte, Sergei, *The Memoirs of Count Witte,* tr. from Russian, ed. by A. Yarmolinsky (London, 1921).

Wood, David, *Conflict in the Twentieth Century*, Adelphi Papers no. 48, Institute for Strategic Studies (London, June 1968).

Woodward, E. L., *War and Peace in Europe 1815~1870 and Other Essays* (London, 1931).

Woolf, Leonard, *Principia Politica: A Study of Communal Psychology* (London, 1953).

Wright, Quincy, *A Study of War,* 2 vols. (Chicago, 1942).

_____, *A Study of War*, abridged by Louis L. Wright (Chicago, 1965).

358

색 인

(ㄱ)

가스전, 311
갈리폴리 전투 (1915년), 310, 315
걸릭, 에드워드 (Gulick, Edward), 165
게릴라전, 208, 273, 280, 284, 288, 318
경제 제재, 74
경제적 조건, 33-34, 138-150, 149, 214,
    253-254, 295-297, 302-304, 343, 346, 봉
    쇄와 커뮤니케이션, 무역 항목 참조.
계승전쟁, 103-104
계절, 88, 94-95, 145-155, 159, 228, 264
골츠 장군 (General von der Goltz), 299
공산주의, 158-159, 211, 219-224
공포, 전승국 단합의 촉매로서의 공포, 175
공포, 전쟁 전야의 공포, 81-83, 205-206
공포의 균형, 164, 177-178
관세, 215
국가의 착각, 84-85
국제의원연맹, 43
국제도덕, 232-233
국제법, 43
국제연맹, 48, 100, 245
국제연합, 234
국제원조, 52
군국주의, 45, 161, 233
군비 지출, 200-201, 203, 215, 273-274,
    303-304
군사력, 202, 265-267, 274, 291
군중, 87
권력 (세력균형 항목 참조)
군사력에 의한 평화, 102
힘의 분포와 평화에의 효과, 16, 88, 102,
    104-105, 161-181, 191-192, 213-214,
    222-223, 232, 314, 340, 345

힘의 측정, 169, 171, 178, 191-192, 345
그레이 경, 에드워드 (Grey, Sir Edward), 82, 178
그류, 조지프 C. (Grew, Joseph C.), 238
그리스-터키 전쟁, 76, 97-98, 122, 126-127, 134,
    155, 226, 232, 215; 발칸전쟁 항목 참조.
그린스푼, 레스터 (Grinspoon, Lester), 86
극한정책, 193
글래드스턴, W. E. (Gladstone, W. E.), 38
기병대, 267, 299-300, 308-309
『기병대 훈련교범』, 300
기습공격, 187-189, 234-247, 345-346
기회주의, 102, 129, 217, 234, 247

(ㄴ)

나폴레옹 1세 (Napoleon Ⅰ), 24, 167, 232,
    250, 276
나폴레옹 3세 (Napoleon Ⅲ), 109, 114-115,
    228n.
나폴레옹 전쟁, 87-90, 97, 167, 226, 228,
    278-279, 316, 324
나폴레옹 전쟁 이후의 평화, 21, 24, 26-27,
    37-38, 175
낙관주의, 84, 87-88, 106, 153-159, 179-181, 203
날씨, 138, 145-151
내란, 345
    내란과 국제전, 10-11, 28-29
    전쟁의 전조로서의 내란, 117-129,
            142-143, 149-150, 343
내롤, 라울 (Naroll, Raoul), 228
네덜란드, 327
네프, 존 얼릭 (Nef, John Ulric), 31, 228n.
노벨, 앨프리드 (Nobel, Alfred), 44
노스, 로버트 C. (North, Robert C.), 189, 191
뉴캐슬 공작 (Newcastle, Duke of), 194

니카라과-혼두라스 전쟁, 317
니콜라이 1세 (Nicholas I), 러시아, 252-253
니콜라이 2세 (Nicholas II), 러시아, 44, 237

(ㄷ)

대전
　　경제적 변화, 297
　　권력의 척도, 176
　　빈도, 166-167, 266-267
　　원인, 192, 321-326, 345
　　전야의 공포, 67-70
　　정의, 277n., 322n., 330, 337
　　지속기간, 277-278, 286-288, 316-319
던대스, 헨리 (Dundas, Henry), 70-71
도발, 225-226
도셋 공작 (Dorset, Duke of), 134
도스토예프스키, F. M. (Dostoievsky, F. M.),
　　254
도우즈, 거번 (Daws, Gavan), 239
독일
　　독일 (1914년), 47, 306, 333-334
　　반공주의, 76
　　재무장, 47-49, 54, 217, 234
　　전쟁의 목적, 216-217
　　제1차 세계대전, 311
　　제2차 세계대전, 334-337
독일-러시아 우호조약 (1939년), 78
동맹, 82-83, 91, 96-100, 105, 175-176, 180,
　　324-330, 335-336, 338
드레드노트, 202

(ㄹ)

라데츠키 원수 (Radetzky, Field- Marshal),
　　143
라이트 경, 암로스 (Wright, Sir Almroth),
　　305
라이트, 퀸시 (Wright, Quincy), 110, 164

러셀 경, 존 (Russell, Lord John), 148
러시아
　　연합국의 개입, 75
　　전쟁의 빈도, 16
　　제2차 세계대전, 336-337
　　1917년 혁명, 220-224
　　헝가리 개입, 100, 144
러시아-독일 우호조약 (1939년), 78
러시아-터키 동맹, 250
러시아-터키 전쟁, 40, 71, 74-75, 124, 149,
　　250-262, 296, 313, 314-315, 325-326,
　　328-329
러시아-폴란드 전쟁, 76
러시아-프랑스 동맹, 83
러시아-핀란드 전쟁 (1939년), 80, 149n., 334
러일 전쟁 (1904~5년), 43, 76-77, 96,
　　114-115, 147, 170, 203-205, 226,
　　236-237, 243, 299
레닌, V. I. (Lenin, V. I.), 211, 219-224
레마르크, 에리히 (Remarque, Erich), 20
레오폴드 2세, 황제 (Leopold II, Emperor),
　　104
레이드 경, 조지 (Reid, Sir George), 188
레헨펠트 백작 (Lerchenfeld, Count von), 60
로이드 조지, 데이비드 (Lloyd George,
　　David), 61
로이드, H. H. E. (Lloyd, H. H. E.), 268
로이드, 크리스토퍼 (Lloyd, Christopher),
　　272
로젠 남작 (Rosen, Baron), 64
로터리, 52
룅링, B. V. A. (Röling, B. V. A.), 185
루이 14세 (Louis XIV), 106
루이 15세 (Louis XV), 133
루즈벨트, 프랭클린 D. (Roosevelt, Franklin
　　D.), 240
룩셈부르크, 196
르퀴, 윌리엄 (Le Queux, William), 302

360

리델 하트 경 (Liddell Hart, Sir Basil), 312-314
리버풀 경 (Liverpool, Lord), 90
리비아, 97, 125n.
리처드, I. A. (Richards, I. A.), 205
리처드슨 경, 랠프 (Richardson, Sir Ralph), 19
리처드슨, 루이스 F. (Richardson, Lewis, F.), 18-21
링컨, 대통령 (Lincoln, President), 73

(ㅁ)

마리아 테레사 여제 (Maria Theresa, Empress), 68, 132
만국박람회 (1851년), 38, 155
만주사변, 76, 142-143, 208
말레이지아-인도네시아 분쟁, 11, 120
말보로 백작 (Marlborough, 1st Duke of), 267
맘즈베리 백작 (Malmesbury, Earl of), 330
맥스웰, 네빌 (Maxwell, Neville), 81
맥시밀리언 1세 (Maximilian I), 멕시코, 92
맥코믹, F. (McCormick, F.), 237-238
맥피, A. L. (Macfie, A. L.), 136-144, 153
맨체스터, 51
맨체스터 평화론, 37-46, 47-53, 184, 199, 347,
머레이 경 (Murray, Sir Archibald), 62-63
멕시코, 91-92, 101, 293
모드, F. N. (Maude, F. N.), 300-301
모로그, 비고 드 (Morogue, Bigot de), 271
모로코, 145, 149n.
모리스, J. F. (Maurice, J. F.), 242
모택동, 276, 282
몬테네그로, 97
몰트케, 헬무트 폰 (Moltke, Helmuth von), 60, 118, 307
몽고메리 경 (Montgomery, Lord), 313
무기

개발, 202-203, 291-292, 295-301, 308, 312, 318-320, 345, 347
군비경쟁, 49, 135, 197-202, 210
제조업자, 186, 197, 198-199
무역
국제무역, 37-42, 45, 54, 137-138, 253-254, 347
주기, 151-152, 136-142
미국
고립주의, 234
나폴레옹 전쟁, 89-91, 100
남북전쟁, 11, 27, 32, 229, 293, 313
독립전쟁, 68-69, 106, 267, 273, 323-325
반공주의, 212
영국과의 전쟁, 89-91, 100, 206-207
영향권, 91
유럽의 미국개입, 91
전쟁의 수행능력, 27
중립, 101
1917년 전쟁의 목적, 85
1798~1898년의 전쟁, 324
평화운동, 52, 123
평화의 개척자, 45
미야토비치, C. (Mijatovich, C.), 157
민족주의, 88, 155, 158, 212, 215, 269, 343
밀, 존 스튜어트 (Mill, John Stuart), 38
밀너, 앨프리드 (Milner, Alfred), 75

(ㅂ)

바바리아 계승전쟁, 69, 103, 184, 194, 263, 266
바텔, 에머리히 드 (Vattel, Emerich de), 165
바하만 제독 (Bachmann, Admiral), 61
반란, 외세와 결탁한, 124-125
발칸동맹, 94-99
발칸전쟁, 254-255, 299; (1885년) 94-95, 140, 290; (1911~13년) 76, 97-98, 198, 331
발틱 국가, 310, 314-315, 335

배상, 36, 127, 134, 222, 233
버거, 쇼크 (Burger, Schalk), 76
버고인, 존 (Burgoyne, Sir John), 266
버컨, 앨러스터 (Buchan, Alastair), 163
버크, 에드먼드 (Burke, Edmund), 70
버클, 헨리 토머스 (Buckle, Henry
    Thomas), 39-42, 51
버클레이 경, 토머스 (Barclay, Sir Thomas),
    44-45
번영과 역경, 27, 40, 55-56, 130, 137-138,
    142-143, 155, 157
번즈, A. L. (Burns, A. L.), 139n.
범슬라브주의, 254
베르사이유 조약, 34, 35, 50, 232, 245
베를린 봉쇄, 186
베트남 전쟁, 9, 51, 211-212, 284-285
    지속기간, 263, 284-287, 319
베트만-홀베크, T. 폰 (Bethmann-
    Hollweg, T. von), 59-60, 118, 216
보스커원, 에드워드 (Boscawen, Edward),
    186, 194, 270-271
보어 전쟁, 108, 284, 287, 297-298, 300
보울딩, 케네스 (Boulding, Kenneth), 54
볼라퓌크어, 42-43
볼리비아, 274, 295
봉쇄, 61, 89, 127, 186, 207, 215, 254, 337
부고 원수 (Bugeaud, Marshal), 283
부르몽 원수 (Bourmont, Marshal de), 280
부하라 대공 (Bukhara, Emir of), 254
북방전쟁, 322n.
불, 헤들리 (Bull, Hedley), 163
브라이언, W. J. (Bryan, W. J.), 256n.
브래도크, 에드워드 (Braddock, Edward) 193
브런즈위크 공작 (Brunswick, Duke of), 70
브레스트-리토프스크 조약, 225-222
블로흐, 이반 S. (Bloch, Ivan S.), 74,
    294-299, 306, 312n, 314-315
비관주의, 71, 76, 181

비스마르크, 오토 폰 (Bismarck, Otto von),
    29, 72, 212, 230, 290, 294
비엔나 회의 (1815년), 90, 232
비테 백작 (Witte, Count), 115-116
빅토리아 여왕 (Victoria, Queen), 109,
    156-158
빌헬름 2세, 카이저 (Wilhelm II, Kaiser), 81,
    157, 168

(ㅅ)

사도와 전투, 292, 319
사략선, 273
사르디니아, 108, 124, 143, 329
삭스 백작, M. 드 (Saxe, Count M. de)
    268-269
산도밍고, 91, 108
산업 주기, 137-138
산업화, 26
세계 전쟁, 대전 항목 참조.
세력균형 162-169, 177; 힘의 분배 항목 참조.
세르비아, 94-99, 108, 125, 149, 157-158, 199,
    226, 253, 290, 315, 331-332; 발칸전쟁 항
    목 참조.
세이어, 조지 (Thayer, George), 198
소로킨, 피티림 (Sorokin, Pitirim), 16-17
소수민족, 외세와 결탁한, 128, 257-258
솜므 전투, 136, 308
수에즈 운하, 43, 250
수에즈 위기 (1956년), 80, 100
수카르노 대통령 (Sukarno, President), 120
수호믈리노프 장군 (Soukhomlinov,
    General), 63
쉘링, T. C. (Schelling, T. C.), 187
슐리펜 백작, 앨프리드 폰 (Schilieffen,
    Count Alfred von), 306-307
스미스, 애덤 (Smith, Adam), 24, 39-40, 165,
    274

스웨덴, 12, 22, 44, 68-69, 104, 137, 221, 268, 269, 273, 326, 342
스위스, 117, 219, 221, 308, 326, 342
스탈린, J. (Stalin, J.), 78, 80
스태포드-클라크, 데이비드 (Stafford-Clark, David), 139
스토웰, 엘러리 C. (Stowell, Ellery C.), 246
스튜어트, 마이클 (Stewart, Michael), 153
스티드, W. T. (Stead, W. T.), 297
스페인, 17, 68, 84, 91-94, 103, 106, 108, 124, 184, 273, 284, 324-328, 335
스포츠로서의 전쟁, 107
슬라브 민족, 255
식민지 전쟁, 142, 279, 283-289, 319, 324-327
　　멕시코, 91-92, 101, 108, 293
　　베트남 전쟁 항목 참조.
　　북아메리카, 193, 226
　　알제리, 71, 108, 109, 226, 279-288, 319
　　이디오피아, 77, 100
　　인도, 62, 75
　　중국, 201
　　지속기간, 279-287, 318-319
　　쿠바, 284, 289
식민지화, 201
『19세기』, 187
19세기
　　단기전, 290-293
　　평화시대, 27-18, 29-30, 37-47, 53-55, 174
쓰시마 해전, 203

(ㅇ)

아미엥 화약, 167
아이언사이드 경, 에드먼드 (Ironside, Sir Edmund), 79
알래스카, 93
알렉산더 2세 (Alexander II), 러시아, 74

알렉산더 공 (Alexander, Prince), 불가리아, 96n.
알제리아 해적, 226, 279
알제리아, 프랑스의 알제리아 정복, 71, 226, 279-287, 319
앤젤, 노먼 (Angell, Norman), 65, 303
앨버트 선제 (Albert, Prince Consort), 38, 46
앵글로 색슨 민주주의, 55
야간전투, 147
야마가타 아리토모, 93
양국간 전쟁
　　원인, 323-326, 329-330, 345
　　중립과 양국간 전쟁, 325-326
언어
　　공통어, 19, 43-44, 347
　　국제어, 42
에셔 자작 (Esher, Viscount), 62, 276-277
에스페란토, 42
여론, 43-48, 55
영국
　　동맹국들에 대한 지원, 273
　　방위비 지출, 200-202
　　재무장, 200-202
　　전쟁의 빈도, 17
　　제2차 세계대전, 55
영국-미국 전쟁, 89-92, 97, 206-207, 226, 323; 미국 독립전쟁 항목 참조.
영국-프랑스 경쟁, 193-194, 210, 215
영국-프랑스 전쟁, 327
예루살렘, 251
오스트리아 계승전쟁, 132-135, 166, 267, 270
오스트리아, 60, 92, 199, 226, 325
오스트리아-프랑스 전쟁, 70, 166, 265, 293, 327
오스트리아-프러시아 전쟁, 72, 188, 226, 292-293, 329
오스트리아-헝가리 제국, 125, 143-144, 157
오쿠보 도시미찌, 93, 135-136

오토만제국, 239-242
올림픽 게임, 52, 155
외교, 87-88, 160, 161-164, 215-261, 342
외교적 위기, 161-164
용병, 266-269
우드, 데이비드 (Wood, David), 317
우발전쟁, 184-209, 347
울프, 레너드 (Woolf, Leonard), 110
워블 백작 (Wavell, Earl), 188, 313
월즐리 경, 거니트 (Wolseley, Sir Garnet, 후
　에 자작이 됨), 187, 242
월폴 경, 로버트 (Walpole, Sir Robert), 68
웰즈, H. G. (Wells, H. G.), 298
위협, 54, 199
윌슨, 우드로 (Wilson, Woodrow), 86
유교, 20
『유나이티드 엠파이어』, 302-303
유화정책, 50-51, 119, 234
6일 전쟁, 319
이데올로기, 158-159, 343
이디오피아, 이탈리아의 이디오피아 침공,
　77, 100, 325
이민, 26
이스라엘-이집트 전쟁, 80, 319
이집트 전쟁, 43, 243
이집트-이스라엘 전쟁, 80, 319
『이코노미스트』, 197, 303-304
이탈리아, 제2차 세계대전, 335
이탈리아-터키 전쟁 (1911~12년), 76, 97,
　149n., 156, 299
이탈리아의 이디오피아 침공, 77, 100, 325
인구팽창, 26-27
인도, 207
인도-중국 국경분쟁 (1962년), 80-81
인도네시아-말레이지아 분쟁, 11, 120
일본
　기습공격, 235-248, 247
　제2차 세계대전, 335-338; 진주만 항목

참조
　조선정책, 93, 135

(ㅈ)

자본주의, 199, 210-211, 219
재무장, 49, 199, 217
재정공황, 가을의 공황, 152-153
전면전쟁, 235
전범재판, 232
전신, 38
전쟁 권태증, 26
　평화의 원인으로서의 전쟁 권태증,
　22-26, 56, 347
전쟁과 평화의 주기, 23, 136-142
전쟁선포, 235-248, 345
전쟁의 기록, 17, 66-67, 211
전쟁의 목적 140, 155-164, 210, 257-258, 264
전쟁의 예측, 105, 228-231, 238
전쟁의 원인, 110-111, 126-129, 155-156,
　165-167, 245
　경제적 조건, 88-98, 156, 189-190,
　　228-230, 264
　계절의 효과, 88, 94-95, 145-155, 159,
　　228, 264
　국내적 불안의 배출구, 70-84
　군비경쟁, 26, 93, 141-146, 153
　낙관주의, 84, 87-88, 106, 153-159,
　　179-181, 203
　날씨의 효과, 138, 145-151
　내란, 117-129, 1142-143 149-150, 343
　동맹, 82-83, 91, 96-100, 105, 175-176,
　　180, 324-333, 335-336, 338
　민족적 축제의 효과, 106-109
　비행론, 27-28
　서로 다른 기대감, 38-56, 61-62, 70, 84,
　　86-88, 121-123, 147, 151-152,
　　159-160, 167, 257-258

선전포고 없는 전쟁, 235-248
세력균형 162-169, 177, 191-192, 264
외교적 위기, 168-172
우발적인 전쟁, 47, 184-209, 347
이데올로기, 343
전쟁의 빈도, 16-17
전쟁의 종결, 167-170, 258
제3자의 행동, 58-67, 90-92, 99, 102,
　　　　186, 193, 210, 223, 243,
　　　　247-248, 254, 257
정신질환론, 20
종교, 188-189, 192
통치자의 사망, 69-71, 89, 99, 121
평화에 대한 불만, 8
희생양 이론, 70-88, 99-100, 153-154,
　　　　160, 170-173, 261-262, 264
전쟁의 지속
기대감, 34-45, 51, 53, 61
단기전, 219-224, 241
단기전의 원인, 209, 223-228, 236-244,
　　　　263
대전, 266-267, 286-288, 316-319
식민지 전쟁, 279-289, 318-319
완화, 197
장기전, 197-198, 229-236, 263
장기전의 원인, 198-206, 237-238,
　　　　241-244
전제정치, 74
절대왕조, 153
정신질환으로서의 전쟁, 20
제1차 세계대전, 23-24, 116, 168, 196, 229,
　　　232-240, 245, 250-252; 베르사이유 조약
　　　항목 참조
암살, 115-116
우발적 사건으로서의 제1차 세계대전,
　　　132, 136-138, 143-144
전야의 분위기, 51, 65-66, 83, 101, 108,
　　　　136-137, 140-141, 181,

226-227, 232
전야의 사회적 불안, 79
조기종결의 희망, 33-38, 46
제2차 세계대전, 116, 168-169, 241-242, 245,
　　　252-256; 진주만 항목 참조
전야의 희망, 48-50, 53, 81-82, 122
제본스, W. S. (Jevons, W. S.), 151-153
젠킨즈의 귀 전쟁, 87, 184
조제프 1세, 오스트리아 황제 (Joseph I,
　　　Emperor of Austria), 69, 106
조지 3세 (George III), 영국, 69
종교, 214, 234, 251-252, 255, 257, 285
공통의 종교, 19
줄루 전쟁, 156-157, 187-189, 242, 325
중국
국공내전, 8
인도와의 국경분쟁 (1962년), 80-81
중일전쟁, 46, 64, 98-99, 151, 242, 247,
　　　255-256
중립
무역과 중립, 66
원인, 247-249, 261-262
유익한 중립, 59
전쟁의 기대에 미치는 효과, 61, 64, 66
중립국가의 이해관계, 180
중상주의, 40, 211
중일전쟁, 46, 65, 242, 247, 255-256
지도, 43
지도자, 54-55, 137-140, 148, 157
지지부진한 전쟁 193, 197-201, 204, 234, 240,
진주만, 9, 31, 90, 102, 225, 234, 240-242, 245,
　　　337, 345
짐멜, 게오르그 (Simmel, Georg), 173

(ㅊ)

차이코프스키, P. I. (Tchaikovsky, P. I.), 254
찰즈 12세 (Charles XII), 104

참호전, 61, 62, 220, 276, 295-296, 298-299, 305, 308-309, 310-312, 314

처칠, 윈스턴, 55, 61, 145, 159, 278, 310, 335

철도, 27, 38-43, 51, 74, 95, 98, 147, 208, 236, 245, 260, 261, 284, 291-292, 337

체임벌린, 네빌 (Chamberlain, Neville), 23, 49, 54, 178

체즈니 경 (Chesney, Sir George), 301

체즈니, 찰즈 (Chesney, Charles), 291-292, 312n.

체코 위기 (1938년), 50, 54, 196

친차 군도, 91

7년 전쟁, 36, 68, 104, 167, 193-195, 265, 268, 274

칠레, 203, 293

7주 전쟁 (1866년), 263, 290, 292, 319

(ㅋ)

카네기 국제평화재단, 197

카네기, 앤드류 (Carnegie, Andrew), 197

카데르, 압델 (Kader, Abd-el), 282-283, 286

카우니츠-리트버그 공(Kaunitz-Rietberg, Prince von), 133

캐나다, 90, 186, 193, 270

캐슬리 경 (Castlereagh, Lord), 165, 175

커뮤니케이션
전쟁과의 관계, 60, 102-103, 150-151, 193-194, 199, 221, 223, 242
평화와의 관계, 16-26, 29

커존 경 (Curzon, Lord), 313

케네디, 존 F. (Kennedy, John F.), 64

케언즈, J. E. (Cairnes, J. E.), 41-42, 46

케이드, A. 베리데일 (Keith, A. Berriedale), 233

케인즈, 존 메이너드 (Keynes, John Maynard), 34-35

코도니에, 빅토르 (Cordonnier, Victor), 63

코브덴, 리처드 (Cobden, Richard), 38

코소보 전투, 157

쿠로파트킨, A. N. (Kuropatkin, A. N.), 115

쿠바
미사일 위기, 64, 186
1898년 전쟁, 87, 108, 289

크래먼드, 에드거 (Crammond, Edgar), 302

크레테, 108, 122, 126-128, 226

크리미아 전쟁, 18, 22, 29, 32, 40, 47, 71, 108-110, 113, 139, 161, 212, 256, 259-260, 278, 322n., 328

클라우제비츠, 카를 폰 (Clausewitz, Carl von), 65, 160-162, 220, 275

클라이브, 로버트 (Clive, Robert), 207

클라크 경, 조지 (Clark, Sir George), 139-141

클라크, I. F. (Clarke, I. F.), 302

클러크, 존 (Clerk, John), 272

클로위즈 경, 윌리엄 (Clowes, Sir William), 202

키치너 경 (Kitchener, Lord), 62, 303, 313

킹레이크, A. W. (Kinglake, A. W.), 107-113, 242

(ㅌ)

『타임즈』, 303

탄지에르 위기 (1905년), 302

탈라르, 콩트 드 (Tallard, Comte de), 265

탈영, 265-267

태평양 전쟁, 239, 293

터널(해저), 186-187, 242

터크먼, 바버라 W. (Tuchman, Barbara W.), 64

터키
소수민족, 83-6

터키-그리스 전쟁, 76, 97-98, 122, 126-127, 134, 155, 226, 232, 315; 발칸전쟁 항목 참조

터키-러시아 동맹, 250

터키-러시아 전쟁, 40, 71, 74-75, 124, 149,
    250-262, 296, 313, 314-315, 325-326,
    328-329

터키-이탈리아 전쟁 (1911-12년), 76, 97,
    149n., 156, 299

테일러, A. J. P. (Taylor, A. J. P.), 217

텔스타, 52

템펄리, 해롤드 (Temperley, Harold), 266

토인비, 아놀드 J. (Toynbee, Arnold J.),
    21-23, 164

톰슨, 데이비드 (Thomson, David), 28-29, 33

통치자의 사망, 68-70, 86, 95, 117

트로츠키, 레온 (Trotsky, Leon), 222-223

(ㅍ)

파라과이 전쟁, 293, 328

파러 경, 토머스 (Farrer, Sir Thomas), 186

파리 조약 (1763년), 167

파머스턴 경 (Palmerstone, Lord), 29-30, 92

파브르, 줄 (Favre, Jules), 230

팔레올로그, 모리스 (Paleologue, Maurice),
    83, 355

패컨햄 경, 에드워드 (Packenham, Sir
    Edward), 207

페루, 92, 293

페르시아, 329n.

페이, S. B. (Fay, S. B.), 117

펠류 제독 (Pellew, Admiral), 280

평화 단체, 45, 51

평화상, 45

평화운동, 27

평화의 대가, 140-141

평화의 원인, 126-129, 140-141, 167-168,
    261-265
    '위인'론, 11-12, 30-31
    공통어, 19, 42-43

내부분열, 83-84

맨체스터 이론, 37-44, 46-55, 184, 199,
    347

번영과 역경, 27, 40, 55-56, 130, 137-
    138, 142-143, 155, 157

비관주의, 71, 76, 181

위대한 사상, 31

전쟁 권태증, 20-22, 265

커뮤니케이션, 16-22, 27

힘의 분포, 56, 67, 69, 111-129, 138,
    157-158, 162-163, 170, 240,
    258, 262-263

평화의 창조자, 159-60, 173

평화조약의 효과, 31, 93, 124, 170-171

평화회담, 45
    베르사이유 (1919년), 34-35, 50, 232, 245
    헤이그 (1899년), 44, 197
    헤이그 (1907년), 243-246

포르토, 루이지 다 (Porto, Luigi da), 130

포르투갈, 271, 273, 333, 335

포앙카레, 레이몽 (Poincare, Raymond), 83

폴란드 계승전쟁, 103, 166, 322n.

폴란드-러시아 전쟁, 76

풀러, J. F. C. (Fuller, J. F. C.), 311-314

프란츠 조제프 황제 (Franz Josef, Emperor),
    72, 156-157

프랑스 (식민지 전쟁 항목 참조)
    영국과의 경쟁, 193-194, 210, 215
    영국과의 전쟁, 327
    오스트리아 계승전쟁, 132-135
    혁명전쟁, 115-116, 153, 208-209, 241,
        233, 234, 236

프랑스-러시아 동맹, 83

프랑스-오스트리아 전쟁, 70, 160, 265, 293,
    328

프랑스-프러시아 전쟁 (1870년), 72-73, 114,
    293, 329

프러시아, 199, 226

프러시아-덴마크 전쟁, 69, 104-105, 223
프러시아-오스트리아 전쟁, 72, 188, 226,
    292-293, 329
프러시아-프랑스 전쟁 (1870년), 72-73, 114,
    293, 329
프레드릭 대제 (Frederick the Great), 68,
    104-106, 160, 214, 256, 266, 268, 274
플랜더즈, 251n.
플레브, V. K. (Plehve, V. K.), 115-117
플로에리 추기경 (Fleury, Cardinal), 132-133
피트, 윌리엄 (Pitt, William), 70
피트케언 소령, 존 (Pitcairn, Major John), 69
핀란드-소련 전쟁 (1939년), 80, 149n., 334
필 경, 로버트 (Peel, Sir Robert), 38

(ㅎ)

하워드 양 (Howard, Miss), 113
하워드, 마이클 (Howard, Michael), 197
하일레 셀라시에 황제 (Haile Selassie,
    Emperor), 100
한국-일본 관계, 93, 135-136
한국 전쟁, 80, 226, 318
해군력 경쟁, 201
해밀턴 경, 아이언 (Hamilton, Sir Ian), 21,
    312-313
해방전쟁, 106, 180, 202
해양에 의해 제공되는 안전보장, 48, 54,
    303-304
해적, 226, 273, 279-280
해전, 227, 271-272, 275
핵무기, 9, 110, 165, 169, 177, 185, 198, 204,
    263, 284, 346
핵전쟁, 185-187, 209, 263, 320, 346
핼리팩스 경 (Halifax, Lord), 79
핼퍼린, 모턴 (Halperin, Morton), 187
허스트, F. W. (Hirst, F. W.), 304
헝가리 봉기, 100, 125

헤세-카셀 (Hesse-Cassel), 267
헤이그 경, 더글러스 (Haig, Sir Douglas), 309
헤이그 회의 (1907년), 243-246
헤크셔, 엘리 (Heckscher, Eli), 138
혁명
    가을의 혁명, 150
    세금과 혁명, 135
    전쟁 직후의 혁명, 150
    전쟁의 대체물로서의 혁명, 10-11
    혁명에 대한 공포, 329-330
호전성
호전성의 쇠퇴, 16-17
호전성의 측정, 17n.
호치민 (Ho Chi-minh), 282
혼, 앨러스터 (Horne, Alistair), 230
혼두라스-니카라과 전쟁, 317
홀스티, O. R. (Holsti, O. R.), 189, 191
홉슨, J. A. (Hobson, J. A.), 211
혹점, 151
히거니트, 패트리스 (Higonnet, Patrice), 193
히틀러, 아돌프 (Hitler, Adolf), 24, 30, 50,
    77-78, 100-102, 119, 120, 122, 140, 168,
    178, 194, 217, 245-246, 276-278,
    334-337
힉스 비치 경, 마이클 (Hicks Beach, Sir
    Michael), 75, 134